北京市教育委员会专项资助

轨迹

——当代中国青年价值观变迁研究

邱吉　王易　王伟玮　编著

人民出版社

目　　录

序
全球化时代，中国青年何为

五千年的大历史，发酵了一个中华梦。

六十年的小历史，绽开了一个中国梦。

这是五千年的古老中华。

她曾有小康世界、天下大同的梦想，曾有近悦远来、万邦来仪的盛世辉煌。

她曾经历被内忧外患所困扰的窘态，经历维新自强、救亡启蒙的艰苦跋涉。

她的文明史，就像巍巍昆仑一样，历经风雨，但又安如磐石，长久矗立。因为，这是一个善于传承、勇于革新的民族。海纳百川，兼容并蓄，吸纳异质思想的精华并为己所用，这是儒家思想的气度与精神。

———

这是六十多年的青春中国。

她曾有万众一心、举国革命的激情；曾有抓住老鼠就是好猫的迷茫困惑。

她曾经历被思想混乱所困扰的焦虑；也在和谐建设、和平崛起的过程中走得自信从容。

她的发展史，就像万古黄河一样，历经曲折，但又百折不挠，奔涌前行。因为，这是一个敢于梦想、敢于实践的国家。实事求是，与时俱进，结合中国的实际不断地中国化，这是马克思主义的性格与气质。

无论是中华梦，还是中国梦，梦想的实现都离不开它忠实的践行者——中国人。所有的义务与责任，终究需要中国的脊梁来承担，需要一代代青年来承接。

在这本书里,我们主要关注一群特殊的中国人——中国青年。

在"君君臣臣,父父子子"的封建时代,"青年"是不为社会重视的;在列强入侵、积贫积弱的清朝晚期,"青年"从梁启超的《少年中国说》中显露端倪;在救亡图存、反帝反封的五四时代,"青年"逐渐从边缘走向了社会舞台的中央。他们开始为国家和民族的救亡,为自己的理想和信仰,奔走呼号于广袤的中国大地上。从此,"青年"开始作为一个充满朝气和力量的代名词,一股推动社会进步而无坚不摧的巨大力量,为中国社会所期待和指望。

基于对青年人社会功能的准确认识,新中国成立之后,党和国家一直都非常重视对青年的引导和教育,几代国家领导人都对青年人表达过特别的希望:

毛泽东同志激励青年说:"你们青年人朝气蓬勃,正在兴旺时期,好像早晨八九点钟的太阳。希望寄托在你们身上。"

邓小平同志指出:"青年一代的成长,正是我们事业必定要兴旺发达的希望所在。"

江泽民同志说:"青年兴则国家兴,青年强则国家强,青年有希望,未来的发展就有希望。"

胡锦涛同志勉励青年人要做自觉担负起时代重任的"四个新一代",他说:"希望全国广大团员和各族青年牢记党和人民的重托,自觉担负起时代的重任,以英雄模范为榜样,努力成为理想远大、信念坚定的新一代,品德高尚、意志顽强的新一代,视野开阔、知识丰富的新一代,开拓进取、艰苦创业的新一代,让青春在建设中国特色社会主义的伟大事业中焕发出更加绚丽的光彩!"

新中国成立六十多年来,在一代代中国青年不断追求政治权利、物质财富的过程中,不断提高按照自己的意愿来生活的能力的过程中,中国逐步消除了思想束缚、知识匮乏、经济贫困等的桎梏,和平崛起,屹立于世界民族之林。

然而,自上个世纪90年代以来,中国青年遇到了新的问题。随着网络技术日新月异的发展,全球各民族国家之间的联系和交往日甚一日地加强。全球化成为当前时代的知识语境,对中国社会的方方面面产生了巨大的影响。在政治领域弱化了中国青年的国家主权意识、民族意识;在经济领域带来了就业压力;在意识形态领域冲击了红色价值体系……在某种程度上说,中国在融入全球化体系的过程中,逐渐形成了一个多元并存的文化结构。西方文化、中国传统文化、马克思主义主旋律文化,共同支撑起了今日中国的文化格局。多元价值观完善了中国青年的自我意识和独立人格,强化了公民权利和责任意识,提高了竞争意识和契约精神,但也带来了诸如个人主义思潮泛滥、物欲膨胀、道德滑坡等精神危机。

在这种独特的时代背景之下,我们不由得担心这一代中国青年的未来。陷入精神危机的青春,会不会是脆弱的青春?

德国诗人荷尔德林有一句著名的诗句:在这贫乏的时代,诗人何为? 我们是否也要躬身反思:在这多元价值观并存的全球化时代,中国青年何为?

二

提出这样一个宏大问题,我们务必打破学科界限,才能拓宽视野。因此,我们试图从思想政治教育拓展到整个人文社会科学,政治学、经济学、社会学、管理学和心理学等学科都有所涉猎,文学、历史和哲学都尝试触及深处。同时,为了避免中国论著常见的定性有余、定量不足的问题,我们引用了一些理科的研究方法和思维模式。为了避免"只见森林,不见树木"之宽大空泛,我们试图通过具象化的事实去剖析宏大规律。以小见大,由点及面,比如从服饰、饮食和婚姻等方面的变迁,来归纳生活方式的变迁。

结合我们的研究主题,我们回避了传统历史研究采用的"考据学"思路,采用"大历史观"的研究范式。

传统考据学主要是基于实证主义的传统,注重资料的收集与罗列。然而事实上,考据学也不能完全真实地描绘客观历史存在,而且容易陷入"只见树木,不见森林"的局限性中,这种方法的主要缺陷就在于其宏观把握上有所欠缺。

"大历史观"是一种基于分析思辨的研究范式,如法国年鉴学派的"总体史"。这种研究范式着眼于尽可能去探求材料中展现的规律、阐发的意义。对于"大历史观",可以用两句话来解读:"一切历史都是当代史"、"一切历史都是思想史"。

"一切历史都是当代史",意思是说,历史往往能给今日以镜鉴。如温斯顿·丘吉尔所说,"你能看到多远的过去,就能看到多远的未来"。意大利历史学家克罗奇认为,历史不是纯粹的科学,它是活着的心灵的自我认识。尽管我们所研究的事情发生在过去,但是它必须在当前的认识者能够理解的范围内才能复活。① 哲学家伽达默尔也表达过类似的观点。他认为,历史不是主体对客体的简单再现,我们必须把过去纳入我们的世界中来。历史精神的本质不在于对过去的恢复,而在于与当代生活在思想上的沟通。②

"一切历史都是思想史",意思是说,历史往往存在着规律性。我们对于历史的描述,往往是一种零碎的事物加上规律性的判断的模式。比如我们说"袁崇焕是个民族英雄",而不说"袁崇焕是袁崇焕",因为后者是一个没有意义的表达。也就是说,我们描述历史时,往往预先提出一个定义、观点或规律,然后根据这些判断来观看历史。因此,这种学术思维比较重视通过杂乱无章的史实,抽丝剥茧地提炼出历史深处的规律。所以,在我们的研究中,比较关注史料中潜伏着什么样的规律。

为了对研究课题有深刻的理解,我们在研究视角上尽可能追求全面,以求尽量避免思维的盲点。我们认为以下八个视角是必要的,在此概括为"上下左右,内外前后"。

"上下":上即国家的政策和法律、法规,分析国家、政府的观点与态度。下即普通民众的看法,常常表现为一种对现实的正常反应和利益诉求。

"左右":左指媒体报道和社会舆论,往往体现了社会大众共同关心的话题;右指专家、学者的观点,从比较"专深"的角度剖析历史和现实问题。

"内外":内指国内,外指国外,内外的比较是一种横向的比较。在本书中,应用为中国青年和日本青年、美国青年的横向比较,以分析在同一个年代,不同国家青年的思想状况是怎样的。

---

① 〔英〕柯林伍德:《历史的观念》,何兆武、张文杰译,商务印书馆1997年版,第286—289页。
② 〔美〕帕特里夏·奥坦伯德·约翰逊:《伽达默尔》,何卫平译,中华书局2003年版,第32—48页。

"前后":"前"指的是历史上这个问题是怎样的,"后"指的是对问题的研究要有前瞻性。前后兼顾是一种纵向的大历史观的视角。在本书中,体现为新中国成立60周年之外的历史和趋势如何。

需要说明的是,我们关注的青年群体,年龄分布在15—34周岁之间,地域限定于中国大陆范围内。至于同为中华民族同胞的港澳台青年,由于和中国大陆青年所处的政治体系不同,所以不在本研究范围内。

本书旨在从思想政治教育的角度,提出新环境下关于中国青年思想引导的新问题。如能有助于澄清社会对当代青年一些似是而非的流俗观念,有助于中国青年在知人论世上远离狭隘、逼仄与狂妄,则本研究善莫大焉。

编者

2012 年 1 月于中国人民大学

上　篇

思潮——潮起潮落的
价值变迁

第一章　苏醒的"自我"

流连入戏,吟诗作对,鼓瑟吹笙,挥毫就墨,都是人们表达心声的方式。回首新中国成立以来一首首清丽诗作,一段段动听歌谣,一幕幕绝色光影,一幅幅精美画卷,我们看到,一代代中国青年的"自我"意识,正由沉眠而苏醒。

一、历史挥毫就诗

子曰:"诗可以兴,可以观,可以群,可以怨。"①孔老夫子的这句话可以说是对诗歌作用最精粹的评价。"所谓'兴观群怨',一般认为,'兴'指诗歌能感发意志,陶冶情操;'观'指通过诗歌可以观察风俗之盛衰,考证政治之得失;'群'是说通过诗歌交流思想感情,协调人际关系;'怨'指诗歌可以怨刺上政,即批评、讽刺执政者的过失和错误。"②英国诗人布莱克在《天真的预示》一诗中写下了这样的句子:一颗沙中看出一个世界,一朵花里有一个天堂。可见,诗歌这个小小的文化载体蕴含着多少时光流转、人生百态。

自五四新文化运动催生了中国新诗之起,诗歌与中国青年就一直有着紧密的联系。诗歌以其先锋的姿态、饱满的情绪感染了一代代青年,青年们也用诗歌作为青春的旗帜,抒胸臆、指江山,赋予了诗歌最充实的内容。可以说,诗路就是青年走过的心路。

---

① 杨伯峻译注:《论语译注》,中华书局 2006 年版,第 280 页。
② 吴励生:《学术批评与学术共同体》,河南大学出版社 2008 年版,第 280 页。

新中国成立以来,一代代中国青年在时光流逝中逐渐老去,又通过下一代得到重生。自觉不自觉地,每个时代的青年都被打上了时代的烙印。这印,刻在诗中,也烙在青年的心里。

(一)激情燃烧

经历过那个时代的老人们,每每谈起彼时情景,都难掩眼中流溢的光彩。那是个歌唱的时代,就连目不识丁的老妪都能声情并茂、歌词完整地唱出《东方红》;那也是个奉献的年代,青年们捋起袖子,随时准备将所有青春和精力献给最伟大的无产阶级革命事业。有人说,这个时期的青年是最幸福的,因为他们沉醉在一个最美的梦中。

1. 我热爱故我在——放声歌唱

新中国成立后的文艺界呈现出一幅空前绝后的奇异景象:电影、文学、音乐、戏剧……各种不同的艺术形式,整齐划一地表现出同一个主题,也是社会唯一的艺术主题——歌唱新中国。诗歌当然也不例外。诗人们纷纷加入歌唱新中国这个"艺术大合唱"中来。这时候的诗歌激情昂扬,热情澎湃,饱含着对新中国的热爱。青年们热情、欢欣的情绪在这些诗中一览无余。

何其芳,这位在20世纪30年代就已享有盛名的诗人,在参加过开国大典之后,写下了《我们最伟大的节日》。在这首诗中,他一改所擅长的轻柔的抒情方式,转向力度的释放和感情的宣泄。诗中表现出的力度、激情和色彩是当时青年内心的统一色调:

中华人民共和国

在隆隆的雷声里诞生

是如此巨大的国家的诞生

又经历如此长期的苦痛

而又如此欢乐的诞生

就不能不像暴风雨一样打击着敌人……

　　作者在诗前的提示里回忆当时的情形说:"新的国旗在广场中徐徐升起。毛泽东主席宣读中央人民政府公告。公告宣读完毕,阅兵式开始。最后,群众队伍从广场绕到主席台下,热烈地欢呼'中华人民共和国万岁!''毛主席万岁!'毛泽东主席在扩音机前大声回答:'同志们万岁'。"①

　　这首诗似乎把我们带回到中华人民共和国成立时那个激动人心的时刻。面对一个崭新的世界,青年们热血沸腾的气势可想而知。他们的青年时代也正是新中国诞生和成长的时代,新生国家特有的朝气蓬勃渗透到了他们的血液中,给了他们那一代人特有的激情。

　　贺敬之的《放声歌唱》是这个合唱的高潮,这首政治抒情诗改造发展了马雅可夫斯基的"楼梯式"诗体,将对新中国的热爱气势磅礴地爆发了出来。

　　　　　　让我们

　　　　　　　　放声

　　　　　　　　　　歌唱吧!

　　　　　　大声些

　　　　　　　　大声,

　　　　　　　　大声!

　　　　　　把笔

　　　　　　　　变成

　　　　　　　　　　千丈长虹,

　　　　　　好描绘

　　　　　　　　我们时代的

　　　　　　　　多彩的

---

① 程光炜:《中国当代诗歌史》,中国人民大学出版社 2003 年版,第 18 页。

> 面容
>
> 让万声雷鸣
>
> 在胸中滚动，
>
> 好唱出
>
> 赞美祖国的
>
> 歌声！

此外，还有青年诗人邵燕祥的《歌唱北京城》，石方禹的《和平的最强音》等等。这些耳熟能详的作品，淋漓尽致地展现出了当时青年对祖国的歌颂、对领袖的崇拜、对新世界的热爱以及对投身祖国建设的豪情。但与此同时，这一代青年的个人价值追求也被深深地锁在了这种狂热的情绪之中，其人生的指向不仅"忘我"而且"无我"——国家的需要就是"我"的需要，国家的利益高于一切，人生最大的荣耀就是为新中国的建设贡献自己的青春和热血。这种与强烈的革命热情相结合的忘我奉献和冲天干劲，成为这一代青年身上独有的特征。

2. "奉献的青春最闪耀"——《到远方去》

新中国激发起青年一代热情的同时，也为他们提供了施展自己才华和抱负的舞台。"为新中国添砖加瓦"、"献身新中国建设事业"是这一代青年的流行语。青年立志要为共产主义奋斗终身，要发挥自己所有的光和热，要奔赴生产建设的第一线去实现自己的价值，是这一代青年的主导价值取向。这一时期，大部分关于经济建设题材的诗歌都反映了青年的这种心态。1955年，党号召知识青年到农村去、到边疆去，当年就有20余万人参加了垦荒队，郭小川的《刻在北大荒的土地上》正是这种时代背景下的产物。

> 我们后代的子孙啊，共产主义时代的新人！
>
> 埋在这片土地里的祖先，怀着对你们最深的信任；
>
> 你们的道路，纵然每分钟都是那么一帆风顺，

也不会有一秒钟——遗失了革命的灵魂……

……

……继承下去吧,我们后代的子孙!

这是一笔永恒的财产——千秋万古长新;

……耕耘下去吧,未来世界的主人!

这是一片神奇的土地——人间天上难寻。

就是这首诗,让无数有志青年义无反顾地奔赴北大荒,去"继承革命事业,去开辟新的战场"。

诗人邵燕祥,是这一时期在青年中颇有影响的代表人物,他写了一大批反映建设者生活的作品,被称为咏唱经济建设的歌手。在其无拘无束的诗行里,他一面描述沸腾的建设景象,一面抒写洋溢的奉献热情。20 世纪 50 年代,事实上是一个拓荒的时代,青年们以拓荒者的身份,挥洒着自己美好的青春。他们从一个工业基地到另一个工业基地,从一个刚建成的工程奔向另一个新的工程。邵燕祥的诗——《到远方去》,将青年的青春、热情与远方的理想、希望紧紧地联系在一起,为当时青年广为传诵。

收拾停当我的行装

马上要登程去远方

心爱的同志送我

告别天安门广场

远方在诗中不仅是具体的描写对象,而且成为象征性的意象,那里是以前未开垦的土地、荒山、僻野……但沸腾的生活就要在那里展开。走向远方,就意味着走向希望,同时也意味着发挥建设者创业的奉献热情。[1] 同一时期,还有一大批这类题材的诗歌,如雁翼的《在云彩上面》、魏钢焰的《与煤

---

① 洪子诚、刘登翰:《中国当代新诗史》,人民文学出版社 1993 年版,第 140 页。

矿工人的对话》、傅仇的《伐木声声》等等。这些诗纯真、热烈,带着那个时代"青春期"特有的梦幻,天真甚至幼稚,但纯粹。

这些诗句里流淌着那个时代青年们最纯真的心声:崇尚爱国主义与集体主义,珍视"全心全意为人民服务"的价值理想,鄙视物质利益,推崇英雄,倡导完美。他们倾向于追求理想的、纯精神的价值目标,这种价值目标的高度一致性在以后任何时期都没有再出现过。这种"务虚"的价值目标与"左"倾思想相结合后,逐渐演化为浮夸、高调狂热的政治思潮。在这种绝对统一、绝对服从的价值氛围中,一场风暴正在悄悄酝酿。

(二)红色革命

1966 年的春夏之交,是一段特殊历史时期的开端。随后,中国陷入了长达 10 年的动乱。在这场史无前例的"斗争"中,青年的情绪和力量像火山一样爆发出来,造反、夺权、武斗、插队……在漫长的 10 年中,青年的人格和价值观发生了分裂:他们疯狂,他们迷乱,他们不惜以自己的鲜血祭祀不可亵渎的领袖与理想。然而,疯狂的迷乱过后,他们却感到了切肤的疼痛,逐渐从迷信中清醒。

1.圣战情结——红卫兵诗歌

"红卫兵",这是一个打着深深时代烙印的名称,有人甚至把那一时期称为"红卫兵"时代。青年纷纷加入这个"红色的队伍",以"做毛主席的战士"为荣,以"誓死效忠毛主席"为忠。这一的情结使部分红卫兵不畏肉体疼痛,将毛主席像章别在胸前肌肉上。"革命无罪,造反有理"的浪漫主义革命观,使红卫兵小将将自己的行为"神圣化",并且寻找着使这一事业"唯美化"的可能——红卫兵不仅是驱除妖魔的天兵天将,而且是涤荡大地的清洁工,是装点祖国河山的画师。当时在他们眼里,"文革"不是一场浩劫,而是一场"救世圣战",是一场清除旧世界的"污泥"、创造一个尽善尽美的新世界的唯美主义运动。①

《写在火红的战旗上——红卫兵诗选》就是这一时期青年人狂热迷乱的真实反映。诗选中的 98 首诗作,是从 1966 年至 1968 年间关于红卫兵的诗歌作品中精选出来的,理想、浪漫中夹杂着狂热、盲目、冲动,是这些红卫兵诗歌的总体特点。这些诗歌真实地记录下了一代青年在十年动乱前期的思想脉络。

《放开我,妈妈》是"文革"时期流传很广的红卫兵诗歌的代表作,在诗句中搏动着为毛主席而战的情结:

放开我,妈妈。

别为孩子担惊受怕。

到处都是我们的战友,

暴徒的长矛算得了啥!

……

再见了,妈妈!

我们的最高统帅毛主席,命令我立刻出发!

阶级斗争的疆场任我驰骋,

门庭犁院怎能横枪跃马?

等着我们胜利的捷报吧,妈妈!

总有一天,我们会欢聚在红旗下,

为夺取文化大革命的彻底胜利

儿誓作千秋雄鬼不还家!

对领袖的崇拜和为信念献身的虔诚,化作上述诗行,许多红卫兵小将就是高唱着这样的诗句走向"阶级斗争的战场"的。

英国哲学家卡尔·波普曾说,政治上的"审美热情,只有受到理性的约束,

---

① 王家平:《文化大革命时期诗歌研究》,河南大学出版社 2004 年版,第 90 页。

受到责任感和援助他人的人道主义紧迫感的约束,才是有价值的。否则,它是一种危险的热情,容易发展为某种神经官能症或歇斯底里。"①无疑,导致这场"圣战"的正是当代青年不加约束的政治审美热情,它包含了整整一代青年的群体"梦境":迫不及待、浮躁、革命饥渴、渴望牺牲与自我升华、期望从运动困境中解脱、纯而又纯的世界、永远年轻,等等。虚幻的国家共同体,在一个声音、一种思想的大同中达到了极端的异化,个人价值在"螺丝钉"精神的无我状态中消失……

2. 黎明前的黑暗——《相信未来》

1968 年 12 月 20 日下午 4 点 8 分,一列火车缓缓地驶离了北京站。食指就坐在这列火车上,"上山下乡"的历史洪流将他同千百万知青一起,席卷到了广阔天地中去。他的目的地是山西杏花村——名字美丽却无比陌生的远方。北京火车站哀哭一片的送别场面感染着他,在车窗前,他写下了《这是四点零八分的北京》,独白式的诗句,道出了一代人特殊的历史感受:

> 北京车站高大的建筑,
> 突然一阵剧烈的抖动。
> 我双眼吃惊地望着窗外,
> 不知发生了什么事情。

在一瞬间,他痛切感到的是,"我的心骤然一阵疼痛,一定是/妈妈缀扣子的针线穿透了心胸"。他发现许多人的命运"变成了一只风筝",历史出现了意料不到的"倾斜"。像有人描绘的那样:"失去平衡之后的'剧烈晃动'、倾斜的感觉。"这种惊恐的心理状态,在诗中得到这样的表现:

> 我再次向北京挥动手臂,

---

① 王家平:《文化大革命时期诗歌研究》,河南大学出版社 2004 年版,第 104 页。

想一把抓住她的衣领,

然后对她大声地叫喊:

永远记着我,妈妈啊,北京!①

青年们深切地体会到了被抛弃的感觉,被时代抛弃,被理想抛弃,抛弃到一个无论物质与精神都很匮乏的世界。他们的理想失去了依托,突然悬在了半空中,时代的限制与思想的幼稚使他们无法反思过去,更无法预想未来。正是在这种"失重"的痛苦体验中,在黎明前的无比黑暗中,食指的《相信未来》感动了一代青年人:

当蜘蛛网无情地查封了我的炉台

当灰烬的余烟叹息着贫困的悲哀

我依然固执地铺平失望的灰烬

用美丽的雪花写下:相信未来

……

我之所以坚定地相信未来

是我相信未来人们的眼睛

她有拨开历史风尘的睫毛

她有看透岁月篇章的瞳孔

……

朋友,坚定地相信未来吧

相信不屈不挠的努力

相信战胜死亡的年轻

相信未来、热爱生命

1997 年著名翻译家戈宝权之女戈小丽撰文回忆说:"28 年过去了,但郭

---

① 洪子诚、刘登翰:《中国当代新诗史》,人民文学出版社 1993 年版,第 402 页。

路生在杏花村知青厨房朗诵诗的形象,像一幅油画似的总是浮现在我的眼前:窗外是漆黑的夜,厨房里小油灯的微光在轻轻跳动,年轻瘦高的郭路生身着褪了色的布衣布裤,面对坐在水桶和南瓜上的听众,炯炯有神的大眼睛闪烁着热情的光辉,右手高高举向前方,充满感情地大声朗诵着:'相信未来!'"①这首诗,表现了一代人所拥有的理想、追求、真诚和尊严。从对领袖的盲目崇拜到现代造神运动的破产,从狂热的迷信到冷静的批判的反思,从撕心裂肺的痛楚到决心要"相信未来",这首诗虽然十分精短,却可以说表达了一代青年的心声。

同一时期这一性质的诗还有岳重的《三月与末日》,芒克的《天空》等等,这些奔腾在死寂的诗坛下面的愤怒的狂流,甚至形成了一个地下诗派——白洋淀诗群。这些作品刻画出了一代青年在"文化大革命"期间走过的思想轨迹:迷信——狂热——怀疑——觉醒。

这一代青年的价值观处在一种极不稳定的状态,一端是失去理智的疯狂崇拜,一端是对现有价值体系痛楚的叩问,在"文化大革命"结束以后,后者终于在这个跷跷板上占了上风。

(三) 梦醒时分

十年浩劫将一代青年置入困顿的境地。在这场灾难中,他们先卷入了时代的迷狂,然后在"广阔的天地"打发青春的时日。以往的理想破灭,新的希望尚未点亮,青年们把注意力放在了对逝去时代的批判、反思与争论之中。在当时的青年群体中,曾出现了多次关于人生价值问题的"大讨论"。如"潘晓"讨论、"麦克唐纳与雷锋精神"讨论、"张华救老农"讨论等等。那个时代是一个理想主义与批判精神高扬的时代,那个时代青年的兴奋点是:反思过去、思考未来和积极探索人生的意义。在那个时代,写诗甚至成了青

---

① 方泉:《食指〈相信未来〉》,见财经网,http://www.caijing.cn/1999－02－05/10002712.htm,1999 年 2 月 5 日。

年们思想和生存的方式。正是在这种时代氛围中,"朦胧诗"带着怀疑、追问、真诚、渴望占据了一代青年们的心灵空间。

1978年12月,"朦胧诗"的主要阵地——《今天》杂志在北京创刊,在以《致读者》为题的发刊词里,这些青年宣称:该刊是要"植根于过去古老的沃土里,植根于为之而生,为之而死的信念中。过去的已经过去,未来的尚且遥远,对于我们这代人来讲,今天,只有今天"[①]。的确,对于经历了理想幻灭的这一代人来讲,批判和呼唤成了这一代人的核心精神特征。他们一方面对旧有的、在"文化大革命"中幻灭的价值体系进行批判,充满了焦虑、自审、怀疑和不妥协精神;另一方面,时代的背景又赋予他们人道主义情怀和英雄主义情结,使他们将自己置于时代立言者的地位上去呼唤人的价值和尊严。

1. 批判与反思——《回答》

十年动乱,十年的青春荒废,十年的黑暗凝滞,已经疲惫不堪的青年需要一个答案。这个答案势必是批判的,这样才能告慰在漫长的十年中荒废了大好青春的受伤心灵。这个答案也势必是反思的,唯有如此才能使已信心无多的青年们还能再次鼓舞勇气向未来走去。北岛的《回答》适时出现,"它是一代人心灵和意志觉醒的诗歌雕塑,是激动的喉管里爆发出的最疼痛的声音,是有关反叛、宿命和承担的回答"[②],更是青年给自己的一个答案。

> 卑鄙是卑鄙者的通行证,
> 高尚是高尚者的墓志铭。

这两句看似矛盾的诗句,正是青年们在经历了疯狂的动乱后,对扭曲的价值体系的反思与怀疑。面对这个经历了浩劫的"废墟",他代表了一代青年向世界呐喊:

---

① 程光炜:《中国当代诗歌史》,中国人民大学出版社2003年版,第360页。
② 龙泉明主编:《中国新诗名作导读》,长江文艺出版社2003年版,第360页。

> 告诉你吧,世界,
>
> 我——不——相——信:
>
> 纵使你脚下有一千名挑战者
>
> 那就把我算作第一千零一名

　　这首诗很快在诗歌界流传开来,引起了无数青年的感情共鸣。究其成功的秘诀,就在于这首诗在艺术上表现出了真正的浪漫主义以及年轻人所特有的纯洁。它反映了知青们当时的一种普遍真实的心态,即"当千百万知识青年卧伏在草莽深处暗暗舔吮自己身上的创伤时,当昔日狂热被冷酷的现实击得粉碎时,当青年们苦闷地寻求出路时,这种孩子式形而上的信仰尽管十分盲目,仍能感动和鼓舞他们奋斗下去"①。伴随着这句振聋发聩的"我不相信",十多年来拔地而起的愚妄大厦应声坍塌。

　　具有同样意义的还有梁小斌《中国,我的钥匙丢了》,在当年也曾轰动文坛。

> 中国,我的钥匙丢了。
>
> 那是十多年前.
>
> 我沿着红色大街疯狂地奔跑,
>
> 我跑到了郊外的荒野上欢叫,

　　十多年前的那个疯狂年代,一代青年为了心中崇高的理想"沿着红色大街疯狂地奔跑",可是,当一切都结束了的时候,他们方才发现"钥匙丢了":

> 后来,
>
> 我的钥匙丢了。
>
> 心灵,苦难的心灵,

---

① 杨健:《文化大革命中的地下文学》,朝华出版社1993年版,第89页。

不愿再流浪了，

　　他们反思过去虚无的流浪，毫无价值的流血牺牲，他们感到疲倦，渴望回归本性，渴望人性的温暖：

太阳啊，

你看见了我的钥匙了吗？

愿你的光芒，

为它热烈地照耀。

我在这广大的田野上行走

我沿着心灵的足迹寻找，

那一切丢失了的，

我都在认真思考。

　　他们"丢失"了个性的独立与尊严，丢失了人类的文明与秩序，丢失了出自本性的爱意与情感需求。他们想寻回自己的"钥匙"，他们控诉使人精神蒙昧、心灵野蛮的历史，在经过了痛苦的反思之后，希望寻回文明精神，重归纯洁心灵。

2. 呼唤与回归——《一代人》

　　对非人道丑恶历史现象的批判和反思，使青年人开始进一步反思人的价值。而萨特、尼采等西方思潮的涌入，使青年们终于冲破旧的框框观念的束缚。他们开始要求人格的平等与尊严，要求自我意识的觉醒和积极向上的人文精神。他们以鲜明的人道主义精神审判历史，鼓吹人性解放和人的尊严，以热烈的姿态呼唤未来。

　　从上面所引的两首诗可以明显看出，青年们除了对以往"疯狂年代"的批判和反思，还表露了一种在精神废墟中以更高的姿态站起来的决心。这种决心在当时女性作家舒婷的作品里，表现得尤为贴切。她曾这样说："我通过我自己深深意识到,今天,人们迫切需要尊重、信任和温暖。我愿意尽可能地用我的诗来表现我对人的一种关切。"①实际上,正是因她特有的抚慰、对话之抒写方式,使得她的诗温暖了那一代人疲惫的心灵。

在这一时期的诗作《一代人的呼声》中,她这样写道:

> 我推翻了一道道定义
> 我打碎了一层层枷锁
> 心中只剩下
> 一片触目的废墟
> 但是,我站起来了
> 站在广阔的地平线上

重新站起来的青年一代急切地希望追回逝去的青春,他们潮水般地涌向各个城市的考场,一时间掀起了"读书热"、"学习热"、"成才热"。"自我奋斗、自我完善、自我实现"成了那个时代的流行语。

而在《献给我的同代人》中,反映出这一代人从上一代人那里传承下来的责任感与担当感仍在闪耀:

> 他们在天上
> 愿为一颗星
> 他们在地上
> 愿为一盏灯
> 不怕显得多么渺小
> 只要尽其可能
> ……

---

① 洪子诚、刘登翰:《中国当代新诗史》,人民文学出版社1993年版,第417—418页。

为开拓心灵的处女地

走入禁区,也许——

就在那里牺牲

留下歪歪斜斜的脚印

给后来者

签署通行证

这个时代的青年仍有很强的历史担当感,他们愿意为时代立言,愿意从形而上的角度去思考"人为什么而活"的问题。这些诗作在某种程度上正是对"潘晓来信"的一种回答:不再盲从迷信,要追求真正的真理与自由。

与舒婷同时代的被称为"童话诗人"的顾城,有一首直到现在人们还耳熟能详的代表作——《一代人》。

黑夜给了我黑色的眼睛

我却用它来寻找光明

短短的两行诗,在《星星诗刊》发表后却引起了轰动。简洁的意象表达了这一代人的处境和心愿:他们是在"黑夜"中成长并由黑夜赋予一双"黑色的眼睛"的一代人。尽管他们一切均与黑色相关,但并未因此在黑暗中泯灭和沉沦,处身苦难而并不放弃追求光明,《一代人》体现了他们不无悲壮的投入精神。

但是,历史车轮的滚滚前进却渐渐地将这种英雄主义的人道精神抛在了身后,抛在了前进的尘土中。

(四)个体觉醒

时光流转,岁月变迁,历史的视线已经转移到新成长起来的"觉醒一代"。这一时期成长起来的青年,虽然在十年动乱中度过了童年,但并没有直接承受过政治压力。在新时代到来之时,他们面临着与父辈和兄长们完全不同的人生境遇。一方面,宽松的社会环境为他们提供了多种选择的可能,但同时他们又发现,人生的方向却变得更加模糊和渺茫了。商品经济条件下,做人的标准已不仅仅只有政治标准和道德标准,人的思想、兴趣和追求都开始多元化,每个人都不必由别人代替思考,他们的个人意识逐渐觉醒,开始更加注重个人体验。对价值取向的迷乱又致使他们嘲笑社会的通行规则,表现出对社会规则的一种戏谑态度。与此相应,诗歌发展至此,出现了所谓的"先锋诗歌"。主要的代表有:"他们"、"非非"、"整体主义"、"莽汉主义"、"新传统主义"等等,这些诗歌忠实地记录了那个激变时代青年的心路历程。

1. 平民主义情绪——《有关大雁塔》

如前所述,由于没有"文化大革命"的时代背景,这一代人对上一代人所表现出的时代担当感和英雄主义情怀感到厌倦,他们的心理体验更多地来自于平民琐屑的生活,他们急不可耐地脱掉传统政治文化的紧箍咒,直接喊出了"家事、国事、天下事、关我屁事"的口号,开始转入最现实的生活。他们推崇从个人体验和平民角度来思考,崇尚"除了我自己,我谁也不代表"的思考立场。韩东的《有关大雁塔》是青年这一思想趋势的典型代表:

> 有关大雁塔
> 我们又能知道什么
> 我们爬上去
> 看看四周的风景
> 然后再下来

这首诗采取了一种平静,甚至有些冷漠的语调,与杨炼发表于 1980 年洋溢着理性激情的长诗《大雁塔》构成了鲜明的对比。杨炼所精心构筑的"智力的空间"的立体历史内涵在这里被平面化了,韩东几乎消解了杨炼赋予大雁塔的所有意义。

王晓龙的《外科病房》更是提供了一幕日常生活的琐屑"戏剧":

> 他们吃完晚饭把自己搬到床上
> 十分同情地凝视了一会儿雪白的绷带底下
> 那缺了一点什么的身体
> 然后故意把袖珍收音机开得哇啦哇啦响
> 想象自己假如是马拉多纳或者
> 是他妈的踢到门框上的足球①

这些诗中表现出的对主流价值观的疏离,是当时青年心态和价值取向的一种普遍状态。那是一个日新月异的时代,中西文化交流更为广泛和深入,拨乱反正与解放思想形成的对极左思潮的讨伐,使一些青年对当时社会的主流意识形态加以否定,并形成了多元的价值取向。改革开放的步子加快了,商品经济的浪潮越来越催生出了个人自我奋斗的积极性,个人需求和个人价值越来越突出,青年越来越多地将目光投向自身。他们的视野渐渐从"大我"转移到"小我";他们要求个性的独立与存在的合理性,注重个人的体验;他们的自我意识大大增强,而对政府的依赖性则不断减弱;他们希望消解历史和时代镌刻在他们身上的烙印,以个人独立的姿态生存和思考。这既是对集体价值的"反叛",无疑也是我国青年依赖性人格消解的重要一步。

2. 戏谑人生——《我想乘上一艘慢船到巴黎去》

这一时期,"浮躁病"像瘟疫一般在青年们身上泛滥开来,他们奉行"我可以一事无成,一无所有,但我不可以不快乐"的人生态度。受到西方"垮掉

---

① 洪子诚、刘登翰:《中国当代新诗史》,人民文学出版社1993年版,第434页。

的一代"的影响,在消解了以往政治与文化的影响后,他们开始表现出戏谑人生的态度,开始表现出对传统文化的不屑态度。他们开始注重物质需要,注重消费与享乐,崇尚以轻松和生活的潇洒为宗旨的人生哲学,思想倾向明显向个人本位偏移。这种带有"后现代化意识"的思想特征,在胡东的《我想乘上一艘慢船到巴黎去》极具代表性地表现了出来:

我想乘上一艘慢船到巴黎去

我算过这大约需要十万分钟

沿途将经过七大洲五大洋

经过我知道的全部外国

沿途我将认识印度人、阿拉伯人

美国人加拿大人以及其他什么有趣的蛮夷

我们将讨论共同关心的公家问题私人问题

我会同每个国家的领导发生争吵

会违反任何地方的交通规则

印度公安局埃及公安局甚至美国公安局

都会派出成打成打密探跟踪我

诗中反映出了一代人心态的变化,对传统人生模式的嘲讽,对社会通行规则的不屑,明显带有"垮掉派"文学的痕迹。[①] 多元化的离心结构,使青年们失去了向心力和凝聚力:这一代人多以个人意志为领导,对一切准则和权威都予以"合法性"消解。这是一个"理想真空"的时代,时代的剧烈变动与自身应变能力的不成熟,使他们拒绝像他们的父辈一样思考任何"大而公"的问题;而商品经济对个性的崇尚则催生了他们青春的叛逆情结,对传统价值观和生活模式的挑战和否定,不但没有为其找到出路,反而加重了他们的思想迷乱。面对剧烈的社会变动,他们是叛逆的,也是疑惑的。这种叛逆和

---

① 程光炜:《中国当代诗歌史》,中国人民大学出版社 2003 年版,第 294 页。

疑惑受到改革开放中社会情绪的感染,终于在 1989 年以政治风波形式暴发并结束。恰逢这一年,优秀的青年诗人海子在河北省山海关卧轨自杀。在海子的遗作和海子的死亡之间,人们嗅到了青年心灵深处的纠结之痛。

从明天起, 做一个幸福的人

喂马,劈柴,周游世界

从明天起,关心粮食和蔬菜

我有一所房子,面朝大海,春暖花开

从明天起,和每一个亲人通信

告诉他们我的幸福

那幸福的闪电告诉我的

我将告诉每一个人

给每一条河每一座山取一个温暖的名字

陌生人,我也为你祝福

愿你有一个灿烂的前程

愿你有情人终成眷属

愿你在尘世获得幸福

我也愿面朝大海,春暖花开

——《面朝大海春暖花开》

在这首海子遗作中,对生命本真状态的向往表露无遗。可是在那样一个改革和变动的时代,中国社会所经历的深刻裂变必然会表现为一系列的矛盾。这种矛盾在商品经济条件下不断膨胀,遮住了青年们还未经风尘的眼睛。在绝望与迷途中,他们采取了极端的行为方式:海子选择了死亡,广大青年则选择了戏谑人生。

除此之外,海子的死还"推动了诗人(作家)自杀的多米诺骨牌",从诗人骆一禾、戈麦到顾城,再到文艺批评家胡清河的"革命性亡故","宣喻着终极关怀的终结和文化浪漫主义的死亡……"这一系列的事件引致了知识界的震撼,也引起了社会的震撼和警觉,也是青年心灵的破冰之旅的前奏和最艰难的时刻。但真正的破冰仍有待社会大环境的变革。

1992 年之后,逐步形成的市场化浪潮,似乎为知识分子特别是青年知识分子打开了一条光明坦途,他们像以往任何一个时代的青年一样,随着历史车轮的前进而催发思想的转型。青年在艰难的探索中困惑着、前行着……

(五)众神狂欢

1991 年,上海《青年报》上一篇"梅晓"来信引起了一场同 80 年代初"潘晓"来信相似而又不同的讨论。相似之处自不用说,不同之处在于,在这场讨论中,青年们的注意力已经从"人为什么而生活"向"我怎样才能生活得更好"转变。他们不愿再从"形而上"的角度思考问题,而更乐意采用"形而下"的思考方式。在这种思考方式下,"为什么"的问题已被逐步消解,代之以更具操作性的实在疑惑:"人究竟怎样生活。"他们不愿再像潘晓一样要一个安身立命的理想性归宿,而更关注从技术层面找一个安顿自己的位置。这种由理想之梦向实际生活的转变,已经表现出了这个时代青年的一个重要思想特征——务实倾向。

而另一方面,价值多元化的纵深发展使一个词汇的曝光率急速飙升,这个词汇就是当今年轻人的王道——"个性"。"个性"在这个时代几乎成了一个褒义词,青年们以"个性"为荣,而嘲笑"随大流"的思维和行为方式。而由价值多元带来的文化消费的多样性,却也使这一时期的诗歌逐渐被边缘化。大众传媒的迅猛发展,使诗歌彻底回到了人间,回到了平民阶层甚至草根阶层。这一时期的诗歌出现了一种同以往任何一个时期都不同的景象。这一时期再没有出现过任何压倒性的"诗潮"或"流派",对诗歌话语权的普遍拥有使这一时期的诗坛旗号林立,各种流派纷繁复杂,层出不穷。

1. 务实主义——汪国真现象

90 年代初,一股"热流"在这个时代的青年中迅速升温,这就是"汪国真"热,在北京王府井新华书店,汪国真的诗集《汪国真抒情诗选——年轻的潮》以每天 100 多本的速度从柜台上消失。这位诗人以 7 位数的发行量,在百万青年中走红。他的代表作《热爱生命》在当时的青年男女中盛极一时:

> 我不去想是否能够成功
>
> 既然选择了远方
>
> 便只顾风雨兼程
>
> 我不去想能否赢得爱情
>
> 既然钟情于玫瑰
>
> 就勇敢地吐露真诚
>
> 我不去想身后会不会袭来寒风冷雨
>
> 既然目标是地平线
>
> 留给世界的只能是背影
>
> 我不去想未来是平坦还是泥泞
>
> 只要热爱生命
>
> 一切,都在意料之中

没有无缘无故的流行,汪国真的诗歌自然也不例外。这种被称为是"粉红色口红"的诗歌,简短而寓意明晰,十分适宜抄录与赠与。就阅读来说,也适宜大众毫不费力地在小块的闲暇时间得到心情舒畅的快感,这恰恰对了这一代青年的胃口——他们已经厌倦了纯粹从形而上的角度来思考问题,而更愿意从现实出发,从具体操作层面去思考生活中的问题。因此,对这个时期的青年来说,"伤痕文学"是被拒绝的,因为它过于沉重,他们需要的是实实在在的鼓励和打破迷惘的勇气,而汪国真的诗歌正好起到了这样的作用。他的诗作内容浅显,针对人们生活中常常会遇到的问题,着眼于对生活实践的导向,给出一些人所共知的哲理。这种量化的哲理,简单而又实用,因此,在当时具有务实主义倾向的青年当中特别容易引起共鸣。

2. 个性就是王道——"梨花体"诗歌

正如上文所言,新世纪青年另一个显著的特点就是追求个性、崇尚个性。这一时期的诗歌发展也与青年的这个心理暗合:诗歌世界没有主流,而是多元杂陈,各显风流。诗歌流派空前纷繁,"网络诗歌"、"第三条道路"写作、"灵性诗歌"和"荒诞主义"等各显风流。旗号林立,宣言飞舞,自称领袖,自标风流。同时,大众传媒的迅速普及使个人作品得到关注的机会大大增加。因此,在这个时期,诗歌受关注程度和成功标准必然包含一条,就是要有个性,个性才是王道,个性才能得到更多的关注,引起更大的反响。"梨花体"就是突出的一例。

"梨花体"是"丽华体"的谐音,因女诗人名字赵丽华谐音而来。2006年,"梨花体"掀起了一场"赵丽华诗歌事件",从平民阶层到作家文者,从新闻报纸到网络传媒,一时间制造出了"万人齐写梨花体"的壮观场面,招致了无数恶搞与争论。这次事件甚至被媒体称作自 1916 年胡适、郭沫若新诗运动以来的最大的诗歌事件。而"梨花体"也被《中国语言生活状况报告(2006)》收为汉语新词,可见"梨花体"受关注程度之高。如前所述,"梨花体"之所以能获得如此轰动的效应,其主要原因就在于这些诗体的个性。"梨花体"最大的特点是极其口语化,一般都是把一段普通的没什么意义的话拆成很多行。例如最初在网上流行的《傻瓜灯——我绝对不能容忍》:

我坚决不能容忍

那些

在公共场所

的卫生间

大便后

不冲刷

便池的人

另一首她的诗作《一个人来到田纳西》：

毫无疑问

我做的馅饼

是全天下

最好吃的

这些诗基本上没有任何历史或是文化意义，甚至可以说没有任何深层次的含义，而只是一些日常生活的口语，以至于一位网友也以一首自创的"梨花体"诗《我也可以是诗人的》讥讽道：

哦

我看了

笑翻了

看完了

才发现

我也可以是诗人的

因为——

我也会用回车键……

这些口语化诗歌没有任何艺术上的修饰，就像一杯白开水，因此被叫做"口水诗"。"梨花体"的出炉及其引起的轰动，无疑是青年"个性崇拜"心理的一个极好例证。市场经济体制、多元的价值观念、宽广的信息来源、发达的大众媒体、多变的社会时尚……这一切都为青年追求个性生活创造了条件，也在一定程度上促进了青年的个性化发展。

回首新中国成立以来诗歌文化的变迁,我们发现了这样一个大致趋势:青年的价值观基础由群体本位向个人本位偏移;价值判断标准由理想化转向现实化、实用化;价值取向由单一型转向多元化,由依赖型人格转为自我导向型人格。① 市场经济的自主性和平等性使他们摆脱了传统等级关系、特权关系的束缚,逐步获得了独立的人格。人的价值、尊严、权利和个人话语权成为其现实的追求,自立、自强、自尊、自信成为其价值信条。

二、时光婉转如歌

"在我们身边,什么都会背叛,可是音乐不会,哪怕全世界所有的人都背过身去,音乐依然会和你窃窃私语。"②中央电视台著名主持人白岩松,在《给生命的邮件》中这样说。不论生活在怎样的年代,不论经历过怎样的痛苦或欢颜,音乐总是和我们的心灵离得很近。音响店、咖啡厅、地铁口,不期而遇的一段旋律,常常让青春猝不及防地闯入心头,与歌声、岁月纠结在一起,难舍难分。

自五四以来的青春音乐史,是一代代青年在岁月的长河里的接力史,它承载着一代代人的梦想与荣光,同时也记录着青年在特殊年代里的无助与苍凉。新中国成立前的音乐在内容和表现形式上大体可分为:反映旧生活观和旧生活方式的音乐和反映压迫、反抗、为创建新生活而努力的音乐。后一部分音乐,为建国后中国音乐的发展奠定了基调,只是于青春而言,器乐太肃穆,歌剧太缠绵,戏曲太哀怨,只有声乐的明快与简洁,才适宜表达青春的干脆与分明。而声乐之中,又以大众歌曲最为平实,最能唤起那些有关青春的记忆。那么,追寻大众歌曲的足迹,在共和国六十余年来的岁月里,我们看到的是关于青春怎样的记忆?

---

① 戈玲:《试论当代中国青年价值观念的变化》,《中国青年政治学院学报》1999 年第 4 期。
② 白岩松:《给生命的邮件》,《北大荒文学》2009 年第 1 期。

（一）满腔激情建家园

20 世纪 40 年代的中国发生了许多大事,而其中最重要的莫过于中华人民共和国的成立。新中国的成立使青年人心潮澎湃,激动不已。自此,青年有了更多报效祖国的机会,一展身手的舞台,这一切都与中国共产党密不可分。于是,青年们喊出了"把一切献给党"的真切心声,吹响了"到祖国最艰苦的地方去"的建设号角。这种激情在音符间飞扬,连旋律也变得壮阔豪迈。这是一个火热的年代,它纯粹、坚毅、热情。

1. 激情飞扬——《歌唱祖国》

有人说,有华人的地方,就必有《歌唱祖国》的旋律。从 1950 年诞生到现在,这首歌已流传了几十年,时光流逝,而魅力不减,至今仍是许多重大场合的必唱曲目。那么,在这首歌曲的创作中,当时还十分年轻的作者究竟将一种怎样的情愫注入其中,才使其有了穿越时空的生命力?

让我们将时光的镜头拉回到 1949 年 10 月 1 日下午 3 时许。那一刻,毛泽东主席庄严宣布"中华人民共和国中央人民政府成立了"。几十万人掌声雷动,呼声震天。人群中 32 岁的青年作曲家王莘被这种巨大的热情所感染,灵感突现。《中国人民从此站起来了》,就在这一瞬间诞生。歌词饱满,但王莘觉得力度不够,思量着更好的作品。次年国庆前夕,因采购乐器途经天安门的王莘,在落日熔金下,看到五星红旗迎风招展,为节日而忙碌的人群热情洋溢,创作的灵感在瞬间被激活,《歌唱祖国》的词曲像火山般喷涌而出。1951 年,《人民日报》发表并推荐了这首歌,很快流行全国。①

王莘在这首歌中所表达的对党、社会主义和国家的热爱之情,道出了那个时代大多数青年的心声。王莘经常告诉身边的人:"这首歌不是我写的,它是人民的心声,我为人民写出来、喊出来了,我用音符替人民记录下来。

---

① 摘编自旷晨、潘良编著:《我们的五十年代》,中国友谊出版公司 2005 年版,第 198—199 页。

我不写,别人也会写。"①那时的青年人如王莘一样相信:"人民共和国正在成长","前途万丈光芒"。他们对未来充满热情,对前途充满信心。

　　青年的这种信心,即使在新中国遭遇前所未有的困难时也未消减。青年深信自己走在幸福的大路上,只要"向前进",祖国的明天就可以变成幸福的天堂。李劫夫的《我们走在大路上》唱出了在困难面前,青年人对理想的坚定与执著。

我们走在大路上

意气风发斗志昂扬

披荆斩棘奔向前方

革命气势不可阻挡

朝着胜利的方向

勤恳建设锦绣河山

誓把祖国变成天堂

向前进! 向前进!

革命气势不可阻挡

我们的道路多么宽广

我们的前程无比辉煌

我们献身这壮丽的事业

无限幸福无限荣光

……

　　歌词中倾泻而出的意气与激昂,是大多数青年的真实状态。据60年代北大学子祝明发回忆:"当夜幕降临的时候,燕园的上空便轻轻地飘荡起音乐的旋律。《我们走在大路上》、《歌唱祖国》……这些朝气蓬勃、豪气满怀的歌曲,使得校园的空气中都仿佛洋溢着奔涌的热情。"②

---

　　① 陈杰:《追记人民艺术家王莘:世世代代歌唱祖国》,《人民日报》2007年10月25日。
　　② 蒋广学主编:《北大青年:百年学府的非另类观察》,中国言实出版社2007年版,第121—122页。

这种热情源于何处？让我们拨开历史的风尘一探究竟。1962年,周恩来总理为贯彻七千人大会的会议精神,赴沈阳考察。辽宁省音协主席安波接到总理的叙谈之邀,拉上好友劫夫一起参加。谈话中,总理情绪激昂,说到了苏联专家的撤离和全国人民遇到的困难。这次持续到凌晨的谈话令二人异常兴奋,以致别过总理后,又开始了彻夜长谈。劫夫说:"总理的话对我启发太大了,我打算把他的原话'意气风发,斗志昂扬'用到歌里。我还要再写个副歌,像《斯大林颂》一样,用副歌展示主题。歌名我想好了,就叫《我们走在大路上》。"经典至此成型。①

与共和国同岁的知名学者杨东平,在回忆这个时代时写道:"我们班的一位女生毅然放弃学业,报名去新疆建设兵团。我们到火车站为她送行时,无不激动万分,焦急地盼望早日投身'三大革命运动'(毛泽东语,指阶级斗争、生产斗争、科学实验)实践。"②这个时代的青年揣着对祖国的坚定信心,关心时事政治,关心经济建设,意气风发地走在建设社会主义的大路上。

2. 无私奉献——《我为祖国献石油》

锦绣山河美如画

祖国建设跨骏马

我当个石油工人多荣耀

头戴铝盔走天涯

头顶天山鹅毛雪面对戈壁大风沙

嘉陵江边迎朝阳

昆仑山下送晚霞

天不怕地不怕

风雪雷电任随它

① 熊坤静:《歌曲〈我们走在大路上〉唱响始末》,《福建党史月刊》2009年第9期。
② 文林、海焘主编:《中国新一代思想家自白》,九州出版社1998年版,第273页。

我为祖国献石油

哪里有石油哪里就是我的家

天不怕地不怕

放眼世界雄心大

我为祖国献石油

祖国有石油

我的心里乐开了花

这首歌,当下青年对之甚为陌生,但时光若倒流40年,它的风光和影响力则远远超过今日的众多流行歌曲。《我为祖国献石油》的演唱者,是生于1935年的刘秉义。在接受采访时,他说曾去过许多油田,而塔里木之行尤其难忘。《京九晚报》是这样记述这次演出的:"他很远就能看见井架上垂下了一幅巨幅标语,上面写着'我为祖国献石油'。这是石油工人的誓言,也是对他的欢迎。他激动得差点流下眼泪。"①已过古稀之年的刘秉义曾唱过许多首歌,但只要提起他,人们想起的却只是《我为祖国献石油》。人们对这首歌的记忆其实是对当时青年的昂扬精神状态的"刻录"。

当年青年无私奉献的精神,在王进喜的豪言壮语"有条件要上,没有条件创造条件也要上"中,得到了透彻的诠释;在《学习雷锋好榜样》中,它表露得更加明了、坚定和深情。

学习雷锋好榜样

忠于革命忠于党

爱憎分明不忘本

立场坚定斗志强

学习雷锋好榜样

艰苦朴素永不忘

---

① 王雁来:《青山易老歌不老——访著名歌唱家刘秉义》,《京九晚报》2006年4月21日。

愿做革命的螺丝钉

集体主义思想放光芒

......

　　雄壮的旋律洋溢着对党和人民的一片深情。正是这样的情义让雷锋一样的青年对党和国家生死相许,不畏艰险、不惧牺牲、勇于奋斗。从《学习雷锋好榜样》的创作过程,或许可以看出雷锋精神对当时青年的影响程度。1963 年 3 月 5 日,毛泽东发表"向雷锋同志学习"的题词,全国各地迅速开展学习活动,《学习雷锋好榜样》也在这一时期创作出来。

　　"上午战友文工团组织学习,通知要在下午的游行中进行宣传。在围绕宣传的讨论中,以歌曲宣传的提议得到广泛认同,但并没有现成的歌曲可用。大家的目光集中在了歌队队长、作曲家生茂和词作家洪源身上。生茂此时也正被雷锋的事迹感动,便对洪源说:'你写词快,写个歌词吧,午饭前一定要交给我!'洪源兴奋地说:'行啊,我马上干!'写词快手不负众望,按约将歌词交给生茂,生茂兴奋地研读起来,吃饭时眼睛也未离开歌词。一个小时不到,曲子就谱好了。"①

　　60 年代的青年都不会忘记这首歌,这首歌对他们的影响实在太大。"刚开始学习雷锋时,各个学校和厂矿企业的板报都是学习雷锋的内容,学习雷锋的风气在社会上极为兴盛。"②《学习雷锋好榜样》甚至影响了一些人的生命轨迹。孙衍吾便是其中的一位。他说自己是在《学习雷锋好榜样》的歌声中长大的,自 20 世纪 60 年代学雷锋起,就决心做雷锋一样的人。27 年的时光,他用省吃俭用所得的 30 多万元创办免费书屋,而自己竟穷得连一件新衣也没有。③

　　这个时代的青年怀着对未来最美好的期盼,怀着对党和国家最热烈的情

---

　　① 长城:《〈学习雷锋好榜样〉是怎么唱响的——旋律富翁娄生茂的艺术人生》,《金秋》2007 年第 9 期。

　　② 沈全华等:《"雷锋"没有走远》,《株洲日报》2009 年 3 月 5 日。

　　③ 摘编自晓樱、魏月蘅:《山村文化传播使者孙衍吾》,《光明日报》2007 年 10 月 25 日。

感,将青春的汗水抛洒在祖国最需要的地方。在青年的字典里,更多的是"国家"、"集体"、"我们"和"奉献",而很少有"个人"、"我"、"利益"。

(二)一片红心向太阳

如果要用色彩形容1966年到1976年这十年间的中国,那一定是红色。红旗、红宝书、红领章……铺天盖地,一片红色的海洋。而比这一切更加殷红的是青年的一片赤诚之心。这个时代的青年在革命的名义下,恣意地洒泼着青春热血。他们在破四旧、大串联、上山下乡等一个接一个的运动中充当着角斗士。青年认为自己正在"打破一个旧世界,建立一个新世界";青年的心中充满了"革命"的热情与"建设"的欲望。然而在激情澎湃的"革命"之后,青年却发现竟然连自己都拯救不了,心中的苦闷与悲凉开始滋长。这一时期的歌曲也追循着他们心灵的足迹。

1. 红心闪闪——《大海航行靠舵手》

说起《大海航行靠舵手》,经历过"文革"的青年都不会感到陌生。但提到它的作者王双印,知道的人可能就比较少。而说到王双印与歌曲所结下的"成也萧何,败也萧何"的特殊情结,可能知道的人就更少了。"文革"前,学习毛泽东著作蔚然成风,"语录不离手,万岁不离口"就是这股风潮的真实写照。

32岁的王双印被这种巨大的热情所感动,于1964年创作了《大海航行靠舵手》。在迎接朝鲜领导人的哈尔滨迎宾晚会上,这首歌不仅为作者赢得了满堂喝彩,也赢得了周总理的亲切接见。1965年,在国内最权威的杂志《红旗》所倡导的十大革命歌曲中,《大海航行靠舵手》赫然位居榜首。1969年,王双印作为劳动模范代表进京参加国庆20年观礼,再次受到周总理的接见。随着《大海航行靠舵手》的流行,荣誉纷至沓来。王双印成为全国人大代表,中共黑龙江省委委员,省革命样板戏剧团的负责人,省文化局副局长,住进了高干楼,并受到江青的接见(这后来成为他遭受十年隔离审查的重要原因）。①

　　王双印的个人经历，或许在一定程度上可以反映那个时代大多数青年的心理状态。他们发自内心地对领袖进行赞美，将所有的崇敬献给心中的太阳；真心听从领袖的指引，将所有的热情献给自己心中最壮丽的事业。饱含激情的歌词是对这种情感的直接表达。

> 大海航行靠舵手
> 万物生长靠太阳
> 雨露滋润禾苗壮
> 干革命靠的是毛泽东思想
> 鱼儿离不开水呀
> 瓜儿离不秧
> 革命群众离不开共产党
> 毛泽东思想是不落的太阳。
> ……

　　青年对毛主席的无限崇敬之情，在这首红色经典中表露无遗。同一时期的《万岁毛主席》、《祝毛主席万寿无疆》、《最伟大的领袖毛主席》、《毛主席是全世界人民心中的红太阳》等作品中对领袖的崇敬之情也十分浓烈。

　　青年人对毛主席的无限敬仰不仅仅停留在口头上，更表现在行为上——积极参加造反活动。众多原有权威的轰塌使得压抑已久的青春躁动开始决堤；热情与好奇、叛逆与冲动汇集为一股红色狂流，致使主观上无节制的恣意而为与情绪上的躁动蛮横，在客观上成为"反社会"的强劲力量，对"内乱"起到了推波助澜的作用。当时在红卫兵中传唱一时的《造反歌》，在近乎叫骂的歌词中表达了青年的疯狂与嗜血的快意。

老子英雄儿好汉

---

　　①　摘编自李振盛：《王双印与〈大海航行靠舵手〉》，《文史博览》2003 年第 8 期。

> 老子反动儿混蛋
>
> 要是革命你就站过来
>
> 要是不革命就滚他妈的蛋
>
> (呼口号)滚、滚、滚!
>
> 滚他妈的蛋
>
> ……

当叛逆的情绪用"枪杆诗"、"大字报"的话语体系和歇斯底里的方式宣泄表达出来时,特别是当它变成一种群体无意识的行为时,已经充分表明青年内心深处曾有的崇高信仰坍塌了,以及受信仰支配的理性泯灭了,遗下的便是因生活之"不顺"而燃起的偏激情绪和火焰。这于青年的人生,是一场灾难;于国家,又何尝不是?

2. 欲说还休——《知青之歌》

如果说红卫兵的狂热在大唱革命歌曲,在造反、抄家、破四旧中达到高潮,那么,在上山下乡的磨炼中却开始逐渐冷却下来。当时在知青中流传甚广的《知青之歌》里,几乎看不到一丝一毫的狂热,有的只是对现实反思后的痛苦和对未来的期盼。"金色的学生时代已转入了青春史册,一去不复返",书写的是对校园生活的怀念;"跟着太阳出,伴着月亮归,沉重地修理地球是光荣神圣的天职,我的命运",流露出的是对现实的不满与无奈;"幸福的明天,相信吧一定会到来",则透射出对于未来的美好期许。作者任毅用这支歌表达了自己甚至他们这一代青年的心声,但是,这不仅没有使他得到命运女神的青睐,反而使他差点丢了性命。

1968年12月26日,21岁的任毅在毛泽东诞辰这一天来到江苏省某县的一个生产队。开始,他坚信接受贫下中农再教育是有必要的,下力气干活,每天可以拿到9.7个工分。但慢慢地,他发现,知青带给农村的不仅不是巨变,反而是负担,农民并不欢迎他们。这让许多知青备感失落,为了排遣失落,他们经常聚在一起唱歌。一次相聚中,知青们感叹,工人有工人的歌,农民有农民的歌,但知青却没有自己的歌。知青唐又在便提议让有艺术特长的任毅创作一首他们知青自己的歌,任毅备受鼓舞,一夜未眠,写出了这当时还叫做《我的家乡》的《知青之歌》。这首歌写出之后,在知青中迅速传播,以至于许多知青以不会唱《知青之歌》为耻,这一点连作者任毅自己也感到相当惊讶。他曾在听到别人唱这首歌时,故意问:"你们唱的是什么?"得到的是那些人不屑的抢白:"看你的样儿像是知青,怎么连这个歌都不知道,这叫《知青之歌》!"①不久,日趋激烈的阶级斗争将这首歌作为批判的对象,任毅也以"创作反动歌曲,破坏知青山上下乡,干扰毛主席的无产阶级大革命路线和战略部署"②的罪名被捕,判处十年有期徒刑。

狂热的激情褪尽之后,歌曲中的意象不再是宏大的场景、遥不可及的信仰,而只是触手可及的家乡美景。狂热不可能是生活的常态,当狂热离去,磨难登场之后,这些青年更加明白了生活是一种平淡的真实。他们经历过太多,曾经天不怕地不怕地到处冲锋、到处抄家,呼喊着打倒一切;也曾住着茅草屋,在毒辣的太阳下劳动,为一日的三餐发愁,为未卜的命运担忧。经历过这些,他们更多了一些厚重,多了一些反思,多了一种担当。

(三)拔剑四顾心茫然

十年浩劫给青年人的心灵留下了不可磨灭的伤痕,那些从受教育起就逐渐建立起来的价值体系被彻底颠覆了。青年人在思想上似乎一下子恢复到一无所有的境地。在信仰的真空地带,他们无法为自己找到一个安身立命的根本。他们反思,他们批判旧的价值体系,他们也开始寻找新的精神支柱与情感归宿。风靡一时的极具反思批判精神的摇滚风与西北风,应运地表达了他们的迷茫。而充满温情的港台歌曲和内地歌曲的逐渐流行,则反映了这代青年备受煎熬的心灵对人性关怀的渴望。

---

① 摘编自郜合启:《"南京之歌"遭封杀真相》,《文史博览》2007 年第 4 期。
② 胡云发等主编:《沧桑人生——中国特殊群体写真》,湖北人民出版社 1998 年版,第 6 页。

1. 人性启蒙——《甜蜜蜜》

邓丽君,这是每一个80年代的青年都无法忘怀的名字。但是,他们认识她的方式却有些奇特。1979年前后,一些青年在调收音机波段时,意外地发现了这个有着甜美、柔婉声音的奇特女子。此后,青年对她的喜爱便一发不可收拾。他们冒着偷听"敌台"的危险,关上门,拉上窗帘,将声音调到最小,每天晚上守候在收音机旁等待着那个温暖的声音。随着卡式录音机的盛行和"盒带"的"偷渡过境",邓丽君的歌声随之传遍了大陆的每一个角落。陈徒手对邓丽君的回忆,让我们更加真切地了解邓丽君带给那一代青年的感动。

1978年夏,陈徒手考上厦门大学,在宿舍时常常可以听到海峡对面的广播声。"内容大多是反共的,煽风点火的。但是在播讲文稿之间,却夹播着邓丽君的歌声。你想,在刚刚开放禁锢,朦朦胧胧想象外面世界的时候,清纯、柔美的邓丽君歌声会给我们带来怎样的震撼和冲击。我们躺在宿舍的床上,静静地聆听着,谁也不敢评价什么。就像柔软的水润滑过原本麻木迟钝的心田,一天天变得鲜活起来。同时也极大影响了我们情感表达的方式——我们变得有些多愁善感,对男女之情也开始敏感,丰富起来了。"①

当集体虚无的美梦破碎之后,青年回想起那些为了虚无的梦想而荒芜的青春、残忍的行径,心中充满了疑惑。他们发出了这样的追问:"人为什么活着?"以集体主义为基点的解释似乎不能再让他们满意,倒是当时涌入中国的各种西方思潮为这个问题的解决揭开了一个新的切口。在弗洛伊德、萨特等人的著作中,个人被不断地强调着,使青年人第一次意识到,集体之外还有个人的存在。他们开始渴望有个人的真实情感、个人的生活空间、个人的美好未来。邓丽君在《甜蜜蜜》中委婉、温柔的歌唱,恰恰满足了当时大多数青年那种渴望关怀、渴望纯真的心理。因此他们极力推崇邓丽君,哪怕被冠以不良青年的称号,也无怨无悔。

---

① SOHO小报编著:《那一年》,江西人民出版社2004年版,第330页。

受邓丽君影响,以温情和关怀为主题的《乡恋》、《妹妹找哥泪花流》、《军港之夜》、《太阳岛上》等内地歌曲也大受青年人欢迎。《太阳岛上》的作者王立平曾在北京电视台的大型音乐纪事片《岁月如歌》中讲过这样一个故事。《太阳岛上》作为电视剧插曲播出以后,风靡全国。其中所描绘的"小伙们背上六弦琴,姑娘们换好了游泳装"的美好生活,激起许多青年"带着真挚的爱情"来到太阳岛上。但歌中的美好场景并不存在,他们中的一些人写信给王立平,埋怨他骗人。王立平每次都会道歉,说自己没有去过太阳岛。但是他说:"虽然我没亲眼见到太阳岛,但我是借用太阳岛这个响亮的名字,把青年人对社会对未来的愿望都写了进去。"①

2. 反思呐喊——《一无所有》

1986年5月9日晚,一群打扮入时、谈笑风生的明星齐聚北京工人体育馆。他们中,一个穿着旧军装,裤脚高低不齐的沉默青年显得怪异孤僻。但谁又能够想到,正是这位看起来怪异孤僻的青年,将在这天晚上带给所有在场的人无比的震撼,之后,他成为整个80年代中国青年寻找精神家园的拓荒者,他的名字和歌曲名一样,成为那个时代青年追寻与反思的特有象征。

轮到他出场了,他一下子蹦到了台上。键盘声响起,吉他在他手中疯狂地晃动,激烈的伴奏里是他重重砸出的嘶哑吼叫。

我曾经问个不休

你何时跟我走

可你却总是笑我

一无所有

我要给你我的追求

还有我的自由

可你却总是笑我

---

① 黄瑾:《王立平:一朝入梦终生不醒,本报记者访"红楼梦"主题曲作者》,《新疆都市报》2008年11月10日。

> *一无所有*
>
> *为何你总笑个没够*
>
> *为何我总要追求*
>
> *难道在你面前*
>
> *我永远是一无所有*
>
> *……*

现场的观众傻了眼,唱歌竟然可以这样痛快。几分钟静默后,雷鸣般的掌声表达了对崔健的认同。但崔健并未获得在场所有人的认同,一位领导在崔健尚未唱完这首歌时就拂袖而去,扔给晚会的负责人王昆一句话:"你看看,牛鬼蛇神都能登台了!"①

虽然当时的主流舆论对崔健并不认可,但这并不影响崔健在 80 年代青年心中的地位。对他们而言,崔健唱出了他们的心声,是他们的英雄。1988年,崔健在北大受到的礼遇或许可以看做中国最早的追星活动。上千学子的夹道欢迎," 2000 人的礼堂已黑压压地坐定了近 3000 人"②,掌声、呐喊、泪水在空气中飞扬。而北大后援队大概可以算作大陆最早的追星组织。"在崔健又获得在首都体育馆公开登台演唱的机会时,一排排北大学子在现场一齐站起,哗地展开一面旗帜——'北大崔健后援会'。"③

80 年代青年对于崔健的痴狂,是因为崔健道出了他们这一代人的迷茫。崔健在歌曲《红旗下的蛋》中对这代人的处境做了非常形象的描绘:80 年代青年是"红旗下的蛋","一直走着别人划的印儿","现在机会来了",他们想"走起来四处看看","可谁知道该干些什么?"但无论是处在"一无所有"还是"不知干什么"的境地中,青年人对于未来的热情从未消退。《一无所有》歌词中写道:"告诉你我等了很久/告诉你我最后的要求/我要抓起你的双手/你这就跟我走。"这其实就是这一代青年的选择,他们继上一代的沉沦、

---

① 谢轶群:《流光如梦:大众文化热潮三十年》,广西师范大学出版社 2008 年版,第 185 页。

② 沈之、郑晓琳编:《全国山河一片"红"》,团结出版社 1993 年版,第 320 页。

③ 谢轶群:《流光如梦:大众文化热潮三十年》,广西师范大学出版社 2008 年版,第 186 页。

困惑之后,开始寻找新的精神家园,希望借助精神的力量去适应这个新的时代,以实现自己的梦想。

崔健之后风靡歌坛十年之久的"西北风",可以说是对"一无所有"反思精神的继承。西北风的领军人物之一刘欢在 24 岁之时所唱的《少年壮志不言愁》,更是将那一代青年的反思、批判及对未来的期盼表现得人气磅礴。"几度风雨几度春秋/风霜雪雨搏激流/历尽苦难痴心不改/少年壮志不言愁",也成为那一代青年耳熟能详的歌曲。

这一代青年有着历史带给他们的沉重负担,因而在社会变革中不能毫无顾忌地奋勇向前,却也不能停滞不前。他们在踟蹰的脚步间或激烈的飞奔间,寻找着个人与集体的平衡点。他们有责任感,但也开始关注个人利益。他们对理想与现实间的矛盾感到茫然,也对未来的美好生活有着强烈的期盼。

(四)乱花渐欲迷人眼

当时光的指针回到 1992 年时,我们看到的是市场经济的大潮汹涌澎湃,势不可挡。90 年代的年轻人几乎没有什么沉重的历史负担,他们不需要从理想回归到现实,因为从一开始,他们面对的便是现实。他们从小就生长在改革开放的春风里,沐浴在市场经济的自我、利益、效率观念中,与他们的父辈相比,他们更自主,更独立,更务实。在商品化浪潮的冲击下,卖方市场逐渐转变为买方市场,歌曲的题材很少再以作曲者个人或国家的意志为准绳,开始迎合市场并以听众的爱好为标准。各种特色的流行歌曲大行其道,内地、港台、欧美流行歌曲各领风骚,网络歌曲更是把这种平民化的文化推向了高潮。

1. 失落迷惘——内地流行歌曲

上个世纪 80 年代末,还有一种倾向值得关注,那就是青年人在对"文革"进行批判和反思,并经过多年的沉寂之后,青年人再次表现出了对毛泽东的强烈关注。"北京大学、清华大学图书馆里有关毛泽东的书籍被学生们抢借一空。"①大学中各种关于毛泽东思想的研究组织不断涌现。书店中，《走下神坛的毛泽东》、《红墙内外》、《毛泽东和他的秘书田家英》等数十种书备受年轻人的青睐。90 年代初，青年人对毛泽东的关注达到了极致。他们戴着毛主席像章踏上了寻找毛泽东的征程。无论是湘潭的毛泽东故居，还是北京的毛主席纪念堂都留下了他们的足迹。"毛主席纪念堂仅 1991 年就接待上千万人；最高峰人流量每小时 9000 人，每秒钟 2.5 人。"②而这其中青年人居多。

这种景象让苦苦寻找市场以扭亏为盈的中国唱片上海总公司编辑部主任冯海宁眼前一亮。她萌生了翻唱毛泽东颂歌的想法，并很快付诸实践。实践的成果——这盘名为《红太阳——毛泽东颂歌新节奏联唱》的盒带于 1993 年即毛泽东诞辰一百周年之际正式推出。"上市三个月内，它的销售额就突破三百万张，盗版层出不穷。但即便如此，这盘带子仍创造了中国音像界迄今为止最好的销售记录——720 万盒。"③"据有关资料透露，歌颂毛泽东的盒带《红太阳》仅一个月内就销售二百多万盒，其中绝大多数购买者是学生。"④《太阳最红毛主席最亲》等歌曲回荡在大街小巷。

太阳最红毛主席最亲

您的光辉思想永远照我心

春风最暖毛主席最亲

您的光辉思想永远指航程

……

在充满深情的吟唱中怀念已故领袖，真实地反映出这一时期大多数青

---

① 张卫红：《大学生"毛泽东热"的类型分析》，《当代青年研究》1990 年第 5 期。

② 章夫：《红太阳永不落——毛泽东热写真》，《党的建设》1994 年第 3 期。

③ 摘编自武文溥：《〈红太阳〉热销，稿酬寄给"毛主席"》，《北方音乐》2008 年第 11 期。

④ 殷明：《校园流行歌曲与当代大学生心理透视》，《青年研究》1994 年第 4 期。

年人的矛盾心理。改革开放在物质文明建设上取得一定成就的同时,也伴随着分配的不公、官员的腐败和道德的失落等现实问题。这在一定程度上消解了青年对新社会的美好向往,备感失落的他们想要寻找一种公正的精神。在父辈们口中,他们听到了毛泽东时代的社会状态,于是,他们才将目光投放到这位伟人身上,希望可以从中获得一种精神力量来应对社会急剧变迁所产生的种种问题,尤其是精神上的困惑。

就业制度的改革也让青年人感受到了来自现实的巨大压力,感受到了梦想与现实间难以弥合的差距。走向市场化、产业化的唱片公司,抓住了青年人的这种心理,制造出了一大批以伤感怀旧为主题的流行歌曲。

1990 年,18 岁的杨钰莹签约广东"新时代"唱片公司。首张唱片《为爱祝福》在同年推出,但销售状况并不理想。"新时代"公司投资十万在央视为其做广告,开大陆造星运动之先河。在广告的推动下,唱片销售过百万。但"新时代"唱片公司并不满足于此,将毛宁与杨钰莹以"金童玉女"之名宣传,打造了中国内地最早的青春偶像组合。[①] 经过商业化运作,与他们同时走红的歌手还有李春波、陈明、甘萍、李进等。剔除商业因素,这些歌手获得广泛认同的一个重要因素,在于他们唱出了当时许多社会青年的茫然,那种无法在改革洪流中为自己找到一个合适位置的茫然。就像甘萍在《大哥,你好吗?》中所唱的那样,大多数社会青年人为了"一个属于自己的梦","愿意忍受心中所有的伤痕",但现实中的伤痕远远超过了他们的预料,他们感到梦想开始从手指间滑落,困惑袭上心头,对家的思恋与日俱增。《一封家书》中"尽管我很少写信,其实我很想家"的句子,唱出了无数漂泊青年的心声。

如果说都市民谣唱出了社会青年在打拼中的艰难与迷茫,那么校园民谣则唱出了青年学生在校园中的迷茫。90 年代是一个注重效率和金钱的年代,这个时代的大学生更加务实。他们不再热衷于讨论社会问题,而是关注如何拥有一个美好的前途,宁静的校园躁动起来。许多人怀念即将逝去的青春,怀念白衣胜雪的年代里曾有过的寂寞、浪漫、纯洁、幻想和感伤。一把

---

① 摘编自黄锐海:《杨钰莹毛宁这样从广州走红全国》,《南方都市报》2009 年 3 月 11 日。

木吉他,一些略带忧伤的叙述,将他们心中对理想与实现的差距,对未来的迷茫,对于过去的怀念温和地表现出来。《同桌的你》、《睡在我上铺的兄弟》、《青春》、《白衣飘飘的年代》等歌曲成为那一代青年学生挥之不去的记忆。

但他们并未在这种迷惘中沉沦,《一封家书》中最后说道:"以前儿子不太听话,现在懂事他长大了。"正是在市场经济的严酷考验下,这一代青年获得了对自己的正确认识,为自己的理想找到了一条现实的实现路径。刘欢在《好汉歌》中以更加明晰的语言表明了青年人的这种决断。"该出手时就出手,风风火火闯九州!"词句里弥漫的,尽是青年人敢闯敢干的精神。

内地的流行乐坛中,无论是红太阳歌曲,还是都市民谣、校园民谣,都以一种真切的方式反映着这一时期青年更加注重个人情感、注重个人利益的思想倾向。但是,在这一过程中,随着产业化运作机制的引入,内地流行歌曲的批量化生产曾一度走向极致,许多唱片公司只是为了商业利益而生产,粗制滥造的流行歌曲充斥着市场,关于歌手"假唱"的报道也层出不穷。内地流行歌曲似乎与青年人渐行渐远。2002年崔健首倡的"真唱运动"便是对这种现象的一种回应。而与此同时,港台歌曲和欧美歌曲则以其精美的包装和较高的质量获得大多数青年的喜爱。

2. 张扬个性——港台歌曲

早在80年代的春节联欢晚会上,就出现了费翔、张明敏、苏芮、齐秦等港台歌手的身影。早在80年代引进的港台电视剧中,就有了罗文、珍妮、叶丽仪的歌声。但直至1989年中央电视台《潮——来自台湾的歌声》这档节目播出,大陆青年才通过官方媒体对台湾歌手有了系统的了解。他们从此认识了张雨生、齐秦、小虎队、姜育恒、王杰等众多港台歌手。而这其中,最令青年人难忘的便是小虎队。

小虎队组建于1988年,当时只是综艺节目"青春大对抗"选出的主持人助理。但节目播出后,小虎队却出人意料地俘虏了众多少男少女的心。"在唱片业的怂恿下,本来不打算在歌坛发展的小虎队在一年之内推出了一张合辑、两张专辑，并且一下子突破了百万张唱片的销售记录。"①在1989年播出的一期《潮——来自台湾的歌声》中，小虎队的歌声第一次与大陆青年的心灵相撞。自此，《青苹果乐园》、《红蜻蜓》、《逍遥游》、《骊歌》被许多青年传唱。小虎队的走红与其超前的包装有极大的关系。费尽周折才找出小虎队一个成员的苗秀丽说，"三人的爆红并非毫无道理。比如，当时的男孩不怎么打扮，而小虎队的包装复制了日本少年队的操作模式，因此人们突然发现，中国台湾的男孩也挺可爱，挺帅的。"②这种包装为小虎队找到了一个准确的定位，即青春、朝气，这使他们与其他歌手区别开来，独具个性。追逐着他们的年轻人，实际也在追求着自己的与众不同。

90年代初期，比小虎队稍晚一些的"四大天王"在这一代青年的心中留下深深的印记。张学友的《吻别》、刘德华的《来生缘》、黎明的《对不起我爱你》、郭富城的《我是不是该安静走开》，都是这一代大陆青年心中永恒的经典。除了在歌坛强劲发展，他们在影坛也相当活跃。"在'四大天王'最红火的时候，他们几乎就是整个香港娱乐圈。"③"四大天王"的成功与成功的商业运作密不可分。"四大天王"原本是一个佛教用语，但却被用来指称歌坛的四位新秀，商业炒作的意味极为明显。而后四人被放在一起做宣传，四人一起登台演出，只不过是这种商业运作的延续。但这种运作却是以各人的特长为基础来进行的。张学友的歌，郭富城的舞，刘德华的歌与戏，黎明的气质，都成为他们各自的优势，使他们具有明显的个性特点。对于四种不同个性的支持，反映了青年人对于自我个性的不同认识。

青年人对于歌手个性的认同，在新千年后走红的周杰伦身上表现得更加突出。媒体对他的宣传主要集中在他非凡的才华，低调的为人，张扬的内心，不懈的努力以及咬字不清但轻松随意的曲风上。正是这些铸就了青年人心中独特而完美的自己。他们对周杰伦趋之若鹜，对他的歌爱不释手。一曲《我的地盘》将当下青年人追求独特、追求自我的心理展现得极为准确。

①　施波：《小虎队万花筒》，《世界博览》1990年第10期。
②　邱致理：《1988.7—2006.7最早的"超级男声"18岁了》，《上海青年报》2006年7月17日。
③　林萍：《四大天王的昨天与今天》，《电影》2007年第2期。

> 在我地盘这，
>
> 你就得听我的，
>
> 把音乐收割，
>
> 用听觉找快乐，
>
> 开始在雕刻，
>
> 我个人的特色，
>
> 未来难预测，
>
> 坚持当下的选择
>
> ……

在呢喃乃至像是呓语的歌声里，青年人释放着青春的压抑，背离了传统，收获了自我。《双截棍》、《蜗牛》、《夜曲》等一首首含混不清的歌中充满了叛逆和张扬。青年人迷恋上了周杰伦，想要在他的歌声里找到独特的自己。而王力宏、陶喆、蔡依林、五月天、阿信等人的歌也因各具特色而广为流行。

无论是在小虎队的青春气息里，还是在"四大天王"形象和实力的完美结合中，甚或在周杰伦叛逆的呢喃里，商业化的因素都不可避免地存在着。但正是这些商业化的运作，才让青年人有了寻找自己、张扬个性的机会。根据青年的多种需要，业界生产着特点各异的歌手。在这些各具特色的歌手身上，青年人获得了自我确证的满足。

3. 忠实自我——欧美歌曲

20 世纪 70 年代末 80 年代初，随着开放局面的形成，欧美流行歌曲开始传入内地。但在 90 年代中期以前，这种传播都是小范围的。1994 年，内地放宽对欧美影片的引入限制，欧美影片大举进入内地。乘着欧美电影的春风，欧美歌曲也开始了在内地的大规模传播。迈克·杰克逊、席琳·迪翁、麦当娜、卡朋特、惠特尼·休斯顿的歌被越来越多的青年人所认识和喜爱。

在众多欧美歌曲中，席琳·迪翁倾情演绎的《My heart will go on》一曲在内地青年心中占有独特的位置。1998 年，美国电影《泰坦尼克号》在内地上映。该片以凄美的剧情、完美的画面赢得了无数大陆青年的喜爱。而以该片的主题曲《My heart will go on》为代表的一系列配乐也使《泰坦尼克号》成为一场华丽的听觉盛宴。《My heart will go on》第一次奏响,是在杰克一人孤独地站在甲板上之时。"辽阔的海面上深情的音乐响起,韵律形成了无形的压抑,悄悄向杰克袭来。从音乐中,我们已能感觉到杰克的孤独。接下来的与露丝船头的紧闭双目与大自然相融的拥抱,带来了影片第一个视觉高潮,音乐声轰然大作,如滔滔巨浪倾泻而下,达到了背景乐与画面的完美组合。"①杰克参加舞会时的音乐,海水进入油轮时的音乐都非常巧妙地将人物的情感与音乐融为一体。片尾充满温情的主题曲奏响,似乎是对灾难的控诉,又像是杰克对露丝的爱情宣言。该片播出至今,多年过去了,《My heart will go on》的旋律还时常会在大学校园的广播声中响起。

而后,随着欧美影片的引进,许多奥斯卡获奖金曲如《yesterday once more》、《big big world》和《only you》、《holiday》等也大受青年人的欢迎。

许多欧美歌曲都以舒缓或激烈的节奏来表达个体的内心感受。可以说,对于欧美歌曲的喜爱反映了这一时期青年人对自我感受的愈发忠实状态。这种忠实自我感受的状态,或多或少地影响了早期的中国摇滚。1993 年,"《无地自容》的黑豹火了,《梦回唐朝》的唐朝火了,张楚、窦唯、何勇火了。"②中国摇滚迎来了新的春天。张楚在《孤独的人是可耻的》这首歌中的叙述,明显有着欧美歌曲忠实于自我感受的痕迹。"我们不能让自己枯萎/为了美丽在风中在人们眼中变得枯萎"这两句话勾勒出了青年人的真实心态。

4. 崇尚反叛——网络歌曲

有人说,2004 年可以称作中国的娱乐年。这一年,有了遍地开花的网络歌曲,有了令无数少年痴迷的"超级女声"。音乐创作和表演自此不再是少数精英和明星们的"专利",而是多数人的参与。参与权的获得,让青年们将

---

① 周莉艳:《四维空间中视听结合的音乐赏析——以泰坦尼克号主题曲为例》,《电影评价》2007 年第 18 期。
② 李皖:《从解放到迷茫:中国流行歌曲 20 年》,《中国青年研究》2002 年第 2 期。

青春的叛逆表现得更加淋漓尽致。

网络歌曲的兴起与网络的发展紧密相连。90 年代末,互联网开始出现在青年人的视野中。QQ、网络游戏带给青年人前所未有的新感受,上网在青年人中逐渐流行起来。第一批网民也随之出现,电脑高手贝贝龙就是其中的一员。

2001 年,一首网络歌曲引起了贝贝龙的关注。为了让更多的人认识这首歌,贝贝龙给这首歌配上了一段精美的 flash,并将其放到网上。出乎意料的结局发生了,不计其数的青年网友观看了贝贝龙所做的 flash。[①] 歌曲演唱者的名字几乎在一夜间被青年网友记住,歌曲的最后一句"翠花,上酸菜"竟然成了当年的网络流行语。那首歌的歌曲名就是《东北人都是活雷锋》。之后,《丁香花》、《两只蝴蝶》、《当你孤单你会想起谁》、《2002 年的第一场雪》、《猪之歌》等网络歌曲风行一时。

网络流行歌曲是青年人塑造出的流行事物。它似乎可以看作青年人的一次集体性的青春反叛。在鼠标的轻轻点击中,青年确认了自己的力量,背离了父辈的审美传统,以戏谑式的演唱和直白的歌词表达着对传统的藐视和对正统的疏离。

青年人的反叛不仅存在于网络中,而且存在于现实中。"超级女声"便是这样的一例。"超级女声"是湖南卫视创办的一档歌手选秀节目。这档开播于2004 年的节目,在 2005 年引发一场席卷全国的"超女"风暴。"15 万选手的参加、4 亿观众的观看、900 万观众的投票"[②],共同打造了一场全民的狂欢。而这场狂欢的主角几乎都是青年,他们以投票、宣传、呐喊支持着自己喜爱的选手。他们创造了"玉米"、"凉粉"、"盒饭"等极具特色的"粉丝团"。经过几轮的PK,这场全民狂欢终于在李宇春登上冠军宝座的那一刻落下了帷幕。

虽然"超女"在宣传、投票、PK 等环节上存在着商业运作,但不可忽略的是它对传统娱乐节目的反叛,这种反叛通过弱化权威、张扬自我来实现。权威的

① 摘编自雪村、老刀:《翠花,上酸菜——雪村自述》,陕西师范大学出版社 2001 年版,第 134—135 页。

② 黎晨:《解读"超级女声"》,中国优秀硕士论文全文数据库,四川大学,2007 年 1 月 19 日。

弱化在评委本身所具有的知名度和"生杀予夺"的大权的消减中可见一斑。而张扬自我、崇尚反叛则在青年人自己选出的偶像身上得到很好的体现。这场比赛的冠军李宇春身上就集结着许多青年崇尚反叛的理想。她以一副富有磁性的中低嗓音、一身中性化的装扮、一副冷酷无比的样子将传统的审美观念统统击碎,塑造了一个叛逆张扬的自我。这些特点符合了青年人渴望反叛的心理,才有了万千"玉米"的狂热,有了李宇春唱片的热卖。此后的"快乐男生"、"我型我秀"、"加油好男儿"只不过是对"超级女声"的翻版。

这是一个个性张扬、青春激扬的年代。这个时代的青年有过对理想和现实的迷惘,但他们在市场化的大潮中最终选择了现实。他们更加注重自我的感受,更加注重个性的张扬,更加自由地表达青春的叛逆。

有人说,他们缺乏锻炼。没有经历过上山下乡的磨砺,没有经历过"下海热"、"出国潮","他们没有 60 年代人的沉重,没有 70 年代人的彷徨"①。他们在父辈搭建的安乐窝里酣然入睡,怡然自乐。这一代欲求享乐甚于怕苦怕累的青年,何以担当起中国的未来? 在梁启超"少年智则国智,少年富则国富,少年强则国强,少年独立则国独立,少年自由则国自由,少年雄于地球则国雄于地球"②的预言中,对这一代青年的担忧是必然的,但若由此而看不到这一代青年身上的闪光点,失去对他们的信任,则过犹不及。

在新中国成立以来大众歌曲的发展中,我们大致可以看到这样的轨迹:大众歌曲由为国家服务而转为表达个人的心声,由专业人员的制作转向全民的狂欢,最终演变为大众文化的一部分。这一过程与我国由封闭走向开放,与全球相融合的过程一致。在这些如歌的岁月里,我们看到一代代青年在不断前行的过程中,在经历了困惑与迷惘、追寻与探求之后,逐步走向成熟与理性,担当起每一代青年应该担当的责任,为祖国的富强和个人的幸福而奋斗不息。

---

① 王思琦:《1978—2003 年间中国城市流行音乐发展和社会文化环境互动关系研究》,中国优秀博士论文全文数据库,福建师范大学,2005 年 9 月 27 日。
② 梁启超:《梁启超文集》,陈书良编,北京燕山出版社 1997 年版,第 81 页。

三、光阴流连似戏

五四运动后,中国青年开始作为一个真正意义上的社会群体在社会舞台上呈现出自己的力量。同时,电影也开始在中国登台亮相。1905 年,京剧《定军山》的拍摄标志着中国光影时代的到来。可以说,电影在中国自诞生之日起,就与青年一起经历了中国近百年来所有的社会变迁。电影作为一种反映人们生存状态、引领人们思想潮流的艺术形式,常常给我们带来对往昔的追忆或对现实的思考。通过那一卷卷胶片,我们试图穿越时光的隧道,再次走进那过往的岁月,思考那些流逝的青春经历了怎样的思想演变。

新中国成立前,尽管征战连年、社会动荡,但仍然有一些优秀影片激励了一代代青年为国家富强、民族解放而斗争。抗日战争中,《狂流》、《中华儿女》等影片洋溢着如火的爱国主义情怀,展现了那个时代作为保家卫国中流砥柱的中国青年,是如何用生命和鲜血换回了中华民族的胜利与尊严。国内战争爆发后,广大中国青年在阶级对立的不争事实中控诉呐喊,为民族统一奔走呼号。同样的中国青年,或坚持革命,或中途叛变,或奔波流浪,或醉生梦死。《一江春水向东流》(1948)就是一部感怀时局的愤激之作,书写了乱世的民族影像,书写了青年迥异的生存状态,用极度的差异刻画出他们在黑暗现实中的抗争。在新中国成立之后,新中国的青年和新中国电影,紧追新中国的脚步一起成长和发展。

(一)"主旋律"与"英雄"

新中国的诞生,实现了无产阶级的集体梦想,社会生活日新月异。与新中国成立初期青年的成长历程相一致,这一时期的中国电影,在马列主义艺术思想和毛泽东"艺术为工农兵服务"方针的指导下,高唱着《东方红》主旋律的赞歌,塑造着时代的"英雄"。

50年代的青春是热情的,是火红的。作为战争年代的中流砥柱,建设时期的中坚力量和未来社会的接班人,青年们的独特地位受到了极大重视。毛泽东曾说:世界是你们的,也是我们的。但是归根结底是你们的。你们青年人,朝气蓬勃,正在兴旺时期,好像早晨八九点钟的太阳,希望寄托在你们身上。……世界是属于你们的,中国的前途是属于你们的。

与此相应,几乎所有成长在50年代的青年,也都对毛主席有着难以割舍的感情,这与当时媒体舆论和文学艺术对伟人的极力讴歌是分不开的。

因此,主旋律电影就是这一代青年最为丰盛的精神食粮。电影《南征北战》(1952)就是一个典型。它通过描写人民解放战争,形象地歌颂了毛主席天才的"运动战"的战略思想。这种颂扬在影片结尾段落表现得最为直接和集中:解放军师长站在敌人废弃的坦克上慷慨激昂地讲:"我们所获的所有的胜利,主要是我们忠实地执行了毛主席的战略方针……这就是我们毛主席战略思想的伟大胜利!"听到这里,群众、士兵兴奋地举起手和枪,高呼"毛主席万岁!"正是这种对伟人的讴歌和极力赞美,造就了那个年代特殊的奇观——"万颗红心向太阳"。

在主旋律电影中,英雄人物是不可或缺的元素。在新中国树立的英雄模范中,青年占据了极大的比例。根据美国学者阿妮达·陈(Anita Chen)的分析,50年代和60年代的英雄模范,"有两种是特别为政府所推崇的。第一种是战斗英雄和革命烈士……第二种即社会主义建设时期的英雄。"①这种分析也可以囊括同一时期电影中英雄的出身。

《董存瑞》(1955)、《党的女儿》(1958)、《回民支队》(1959)、《红色娘子军》(1961)分别成功地塑造了董存瑞、李玉梅、马本斋、吴琼花等英雄。这些英雄有着相似的经历,他们几乎都是在遭受了暴敌的蹂躏或失去了家园之后,抱着复仇的强烈欲望走进人民军队的温暖大家庭,然后通过上级(或是"政委"或是"党代表")的言传身教逐渐醒悟并投入党的怀抱,最终完成党

---

① 〔美〕阿妮达·陈:《毛主席的孩子们——红卫兵一代的成长与经历》,史继平等译,渤海湾出版公司1988年版,第76—77页。

交给的任务而成为"英雄"的。他们的成长"往往要经过三个循序渐进的阶梯——入伍、入党、完成预定任务"①。

在电影"英雄"的感召下,新中国的青年也为自己树立了明确而伟大的人生的坐标。于是,做"党的女儿"成为那个年代的时尚。电影《李双双》(1962)、《我们村里的年轻人》(1959)、《五朵金花》(1959)塑造了社会主义建设事业中大公无私、乐于奉献、开拓进取的个人或群体英雄。

然而,无论是哪种英雄的成长,都离不开集体主义名义的关照,这几乎成为电影塑造英雄的唯一途径。借助于电影这种工具,新中国克服了个人主义的家庭观念,成功地树立起了集体主义的国家主流意识形态,②并将这种价值观灌输给青年,集体主义成为新中国成立初期青年安身立命的精神信条。

在这样的时代背景中,这一代青年树立了与祖国同呼吸、共命运的高远理想,并以高昂的激情投身于新中国的各项事业。他们深明大义、维系家庭、承担责任、忍辱负重,具有新中国长子型的人格。③他们迎着灿烂的阳光,肩负起建设新中国的历史重任。

(二)狂热与迷乱

这一阶段的时间为1966年至1979年,因为考虑到任何一段历史的发展都有一定的反刍期,时间的脚步驶出了1976年,并不意味着驶出了"文革"的阴影。将时间向后推至1979年,有利于我们完整地看待"文革"从发生到纠错的一系列过程,从整体上体会"文革青年"由狂热到失落再到反思的心路历程。

在1966年,当"文化大革命"的序曲奏响后,在这场长达十年的历史浩劫中,其主角就是当时的青年。他们出生于新中国成立初期,他们从一出生就呼吸着浓厚的政治空气,体验着集体主义的幸福感和自豪感。然而,"文

---

① 李道新:《中国电影文化史:1905—2004》,北京大学出版社2005年版,第271页。
② 李道新:《中国电影文化史:1905—2004》,北京大学出版社2005年版,第263页。
③ 廖开顺:《世纪之交的回眸:三代青年人格》,《中国青年研究》1998年第6期。

化大革命"的最终结果,打破了他们的美梦,改变了他们的生活轨迹。

特殊的政治生活造就了别样的青春岁月,在对最高领袖的极端服从和对革命运动长久的心仪下,青年们重温了暴力革命的旧梦,开始了狂热而迷乱的心路征程。这是一段别样的征程,多少年后依然为世人欷歔不已。然而,在中国银幕上却几乎没有它的痕迹。这是因为,在"四人帮"和"文艺黑线专政论"的粗暴压制下,八亿中国人能看到的只有极少量的"样板戏"——《红灯记》、《智取威虎山》、《沙家浜》、《红色娘子军》、《白毛女》等。直到1972年以后才断断续续出现了一些故事片,即便这样,它们也被涂上了浓重的政治色彩。可以说,这个年代的中国电影,几乎无力关注民众的生存状态,更谈不上反映青年的心理状态。然而,历史终究抹不去那些曾在人们心灵打下的烙印,在70年代末期,少有的几部直面历史悲剧的电影中,我们还是可以触摸到一代青年斑斑血泪的心路历程,这里仅以《枫》(1980)为例。

《枫》的剧情大体上是这样的:1967年,一对曾经是恋人的青年学生卢丹枫和李红钢分别参加了井冈山和造总兵团两个相互敌对的群众组织。在真枪实弹的武斗里,两人在战场上重遇,卢丹枫面对"敌人","至死不做叛徒",高喊着口号跳楼身亡,李红钢则被后来掌权的井冈山派诬判为强逼卢丹枫跳楼的凶手而处以死刑。《枫》的结局是残酷的,天真而坚定的女主角为了"理想",献祭了自己的一切,包括爱人和自己的生命。男主角在爱人离去之后,似乎明白了些什么,但他实在太弱小,根本无力改变什么,只能陷入追忆、反思和彷徨之中,最终也没有逃脱新一轮革命的残杀。

电影来自于生活的抽象,几乎每一个镜头都可以在生活中找到相似的情景。在"文革"前期,青年们造"走资派"的反、破"四旧"、"大串联",他们狂热地执行着领袖的命令,誓死捍卫无产阶级政权;"文革"中后期,他们响应毛主席"知识青年到农村去,接受贫下中农再教育"的"最高指示","上山下乡"、"插队落户"、"扎根边疆",在恶劣的生存条件下依然坚守着自己的理想和信念。虽然也有不少人曾因此失望过、沉沦过,但从主流上来看,他们中的大多数在经历了社会和人生的大起伏之后,开始冷静思索、反省自己曾走过的道路,重新评价过去的一切,形成了一代人特有的精神素质。这些沧桑和磨难,也铸就了他们的"责任感、进取心、敬业精神、团体意识、吃苦耐劳精神"①。最终,他们成为当代劳动者群体的中坚力量。

(三) 反思与展望

当历史的闹剧在时间与空间的考验下草草收场时,新时代的主角——"第三代青年"开始登上青春的舞台,演绎这一代人的叛逆和精彩。"第三代青年"是指出生于 20 世纪 60 年代、70 年代的人,80 年代正值青春年少。这代青年虽然经历过政治动荡,但因为当时年龄尚小,受到的冲击和影响不大;他们赶上了改革开放的历史机遇,就业和学习比前两代人顺利;他们初步受到一些西方文化的影响,价值观与前两代人有所不同。他们一方面反思刚刚过去的历史悲剧,另一方面也展望即将到来的新时代。他们力求在全球政治、经济和文化广泛交流的背景下,通过参与改革的实践来完成自己的"成年洗礼"。他们的生存状态,被刚刚从历史阴霾中走出来的中国电影真实地纪录了下来。

1. 感怀反思——"伤痕电影"

鲁迅说,人生最痛苦的事莫过于梦醒后无路可走。如果说十年动乱曾是中国青年的恍然一梦,那么 70 年代末 80 年代初便是梦醒时分。在经历了信仰被清算的阵痛之后,他们对自身重新定位。

有这么一群人,他们曾经为了理想,忍受着生活环境的恶劣、失去亲人和爱人的痛苦,甚至付出了生命。然而,即使如此不幸的遭遇也没有使他们泯灭人性和情感,相反,他们依然保留着一种唯美式的怀旧感伤和理想主义情怀。这是电影《我们的田野》(1983)所讲述的故事。主人公们在北大荒中度过了艰苦而难忘的青春岁月,多少年后却依然诚挚而坚定地认为,"很少有我们这一代的青年遭受这大的摧残。但我们的理想和信念不会毁灭,

---

① 廖开顺:《世纪之交的回眸:三代青年人格》,《中国青年研究》1998 年第 6 期。

不会消亡。就像一场大火过后,无论留下多么厚的灰烬,在大地母亲的哺育下,从那黑色焦土中生长出来的新芽,只会更加青翠,更加茁壮。"①影片中的希南最终重新回到北大荒,是一代青年重拾理想、缅怀往昔情怀的极度体现。

这就是"伤痕电影"。没有人能忘记1978年的那篇小说——《伤痕》,它以含泪的控诉和体恤之手触抚着一代人伤痕累累的青春,"伤痕电影"由此而来。它的出现是中国电影史上独特而意味深长的一笔,它往往以普通人的视角演绎一个个令人心碎的悲剧故事,以此来唤醒人们蛰伏的愿望,逼迫人们反思刚刚逝去的悲情岁月,其代表作有《泪痕》(1979)、《巴山夜雨》(1983)、《芙蓉镇》(1983)、《天云山传奇》(1983)、《我们的田野》(1983)等。

此外,《巴山夜雨》、《芙蓉镇》、《天云山传奇》等电影的反思还追溯到了50年代的"反右运动",这些"伤痕"电影不仅诉说了十年磨难后青年对极左思想体系的否定,更倾注了青年对人生价值、对国家命运等问题的真挚关怀。

2. 失落茫然——《阳光灿烂的日子》

生于20世纪60年代的这代人,既没有新中国成立初期青年的艰苦磨难,也没有"文革一代"的心灵创伤,同时也缺乏体系化的正统理想和价值观教育。简雄曾说,"对于60年代这一代来说,'红卫兵'不过是有些情绪性的记忆而已,成年时又正处于旧家园轰然倒塌、新家园不知在何方的时候,因此这一代既无法深刻理解红卫兵一代的沉重与悲怆,又很难忍受'新人类'的个体咏叹调。"②由"60后"电影人姜文执导的影片《阳光灿烂的日子》(1994)展现了他们在动乱中的迷惘青春,可谓其追忆似水年华的咏叹调。

影片以主人公马小军年少的青涩恋情为线索,展现了"60后"一代的心路历程:在迷恋于硝烟战场的同时,也在稚嫩中伪装得世故老成,如马小军;

---

① 陈景亮、邹建文主编:《百年中国电影精选第3卷——新时期中国电影(上)》,中国社会科学出版社2005年版,第365页。

② 简雄:《80中国:转型中的影视文化》,古吴轩出版社2005年版,出版后记。

在没有坐标的成长中,以男孩子为自己争风吃醋为骄傲,挥霍着青春的资本,如米兰……当朝气蓬勃的革命歌曲越来越远,当笑颜如花的欢迎队列逐渐退却,只有马小军骑着单车在疯狂地奔跑,身后闪过傻子拄棍的身影和"欧巴"的应声。青春岁月的彩色记忆如此鲜明,凸显出成人后的相逢苍白无力,影片流淌出一种难以名说的失落感。在《阳光灿烂的日子》中,关于青春的矛盾——理想与现实、个人与集体、自尊与自卑、爱慕与嘲讽……都得到了淋漓尽致的体现,个人的成长始终离不开时代的根基,也许信仰的缺失和道德的失范不能完全归结于个人,所以在影片的最后,当成年后的他们再次对傻子大喊"格伦木"时,得到的竟是傻子鄙夷的"傻 B"的回应,不知这是在否定他们的青春还是在否定往昔的岁月?

"按照姜文的解释,《阳光灿烂的日子》是为了完成一个'青春的梦':那是一个正处于青春期的国家中的一群处于青春期的人的故事……"[1]也许这才是青春的含义,宽容与释怀是追忆的最美情感。

3. 戏谑人生——"王朔电影"

80 年代中后期,随着改革开放的不断深入,中国青年的心态、价值观念、行为方式等都发生了很大变化。在文化领域,许多作家和导演都向社会展示着 他们看待历史及现实的新方式,"王朔电影"就是其中的一个典型。以王朔作品改编的电影,最突出的是一种对于传统旧秩序及陈腐道德观的批判心态和反叛意识,《轮回》(1988)、《顽主》(1989)、《一半是火焰,一半是海水》(1989)等电影深刻地展示了这一点。电影里所反映出的思想以及王朔形象的本身都是思想解放、时代变幻的产物。就连王朔自己也说,他不过是时代的秘书。

在影片《顽主》中,无所事事甚至穷极无聊的三个青年开办了"替你解难,替你排忧,替你受过"的"三 T 公司",为成名无门而求助于公司的"青年作家"宝康举办了一个为其颁发"三 T 奖"的联欢大会。联欢会上,在深沉的

---

① 李道新:《中国电影文化史:1905—2004》,北京大学出版社 2005 年版,第 457 页。

音乐中，比基尼女子的健美与时装表演、拖着辫子的前清遗老、延安羊肚毛巾束头的持枪农民押着日本鬼子、土布军装的解放军战士押解着将校呢军装的国民党、羊角辫旧军装的红卫兵挥动着大字报批斗黑帮……各种形象在同一个舞台上纷纷登台，人们握手言欢，共舞拥抱，所有的界限被纷纷撤除。这样一幕荒诞剧无疑是人们对传统价值观颠覆性的解读。此外，影片还以调侃、戏谑的方式对改革开放中病态的人格和行为进行了嘲讽，将80年代都市青年人的各种情绪渲染得淋漓尽致。夏钢一针见血地说，"王朔的东西决不仅仅是现在很多人认为的一种调侃，仅仅是一种玩世不恭，或者仅仅是一种痞子文学。从历史上看，他的作品意义非常重大。意义重大在于他真实地表现了'文革'结束时这一代人的状态。"①

可以说，"王朔电影"承接了"第三代青年"的反思否定和失落茫然，导致其行为在社会变革中采取戏谑人生的表达方式。90年代，当这一代人中的一些人作为新中国第六代②导演成长起来时，他们曾经的成长故事得到了更丰富的演绎。

（四）个性与张扬

众声喧哗过后，历史又开始回复到理性的轨道。中国青年在经过又一次的洗礼之后，再次审视一切：他们完成了一个否定之否定的过程，这既是对自我的逆反，又是对自我的超越。而中国电影在这世纪交替的近二十年中，也奏出了主旋律和多样化并存的交响乐。不仅电影的题材由政治片、戏曲片向文艺片、武侠片、喜剧片、伦理片等扩展，而且电影的主题内容也大为丰富。从宏观的家国天下到个人的生存状态，它将更多关注的目光投至弱势群体和边缘阶层。

---

① 吴小丽、徐甡民：《九十年代中国电影论》，文化艺术出版社2005年版，第119页。
② "第六代"导演一般指生于20世纪60年代后期和70年代中后期，在80年代末进入北京电影学院、中央戏剧学院、北京广播学院等高等院校，接受过正规影视教育的青年导演，其中还有一部分热爱电影的自由职业者。代表导演包括王小帅、娄烨、路学长、管虎、贾樟柯等。

20世纪90年代,青年的心路历程在电影的两类层面上延展着。一类是在第六代导演电影中的"第三代"青年的成长故事:他们在时代变迁中的困顿和迷惘,集中展现了变革时期青年的心路历程。另一类是在第六代导演电影中"80后"和"90后"的生活状态。"80后"是指出生于1980年至1990年之间的人,"90后"是指出生于1990年以后的人,这两代人又被称为"新新人类"。他们自出生就感受着物质生活上的充裕富足和现代科技的快捷便利。他们淡化理想信仰,讲求实用主义,不再为理想的缺失而迷惘哀叹,而是力求参与实际财富分配;他们看似对政治漠不关心,但在关键时刻能够挺身而出,挑起重担,成为中国发展的支柱和希望;他们集流行文化于一身,有着多元化的价值观;他们讲求速度、标新立异、强调个性、张扬自我,是中国历史上崭新的一代。

1. 寻求支柱——《长大成人》

90年代,深化体制改革、加快市场经济建设成为推进中国社会发展的主题。青年价值取向也随之出现了明显的转变。"第三代青年"不再像80年代初的"潘晓"一样非要给自己寻找精神上的理想性归宿,开始从技术层面为自己寻找在现实中安身立命的位置①,尽管如此,这种转变仍然使青年经历了艰难的选择和心灵的阵痛。就像第六代导演作品,不论是路学长的《长大成人》(1996)、《非常夏日》(1999),还是贾樟柯的《小武》(1997)、《任逍遥》(2002),抑或王小帅的《冬春的日子》(1993)、《扁担·姑娘》(1998)等都宣泄了青春在社会化过程中所忍受的煎熬。这些作品几乎都充满了理想的幻灭感和情感的茫然感,充满了灰色抑郁的情绪。第六代导演多以自己的生活体验来书写人物,这些人物在很大程度上就是他们隐喻的自指。

以《长大成人》的故事为例:主人公周青在唐山大地震的防震棚里学会了吉他,后来他顶替父亲到铁路上当了一名检修员,在这里他遇到了朱赫来这个影响他一生的人。然而在一次火车事故中,朱赫来突然在他的生活中

---

① 乐锋:《理性与躁动——关于青年价值观的思考》,学林出版社2002年版,第39页。

消失了。几年以后,周青从德国归来。他继续寻找朱赫来,其中有他和一个女孩的浪漫交往,也有他对摇滚艺术圈的新看法。当周青得知朱赫来眼睛失明时,他在幻想中惩罚了伤害朱赫来的罪犯,完成了自己的成长仪式。影片最终以成人后的周青重新踏上寻找朱赫来的道路而结束。

周青这一代人面临的,是一个由变革而诞生的价值和精神混乱的社会,这些在迷惘中成长起来的青年,很容易因信仰和理想的瓦解而走向放纵无聊的生存状态。在影片中,不论是朱赫来铁路工人的职业身份,还是不时出现的"钢铁是怎样炼成的"的线索,都暗含着朱赫来其实就是导演要建立的一种价值判断,他所具备的刚毅性格和朴实平凡的人格魅力,不仅是那个年代所缺少的品质,更是青年在成长过程中最易忽略掉的人格。周青对朱赫来的苦苦寻觅,正是基于他对现实的焦虑和否定,基于一代青年真诚地反思生活、寻求价值支柱的愿望之体现。

2. 挣扎叛逆——《十七岁的单车》

有人说,"80后"是"自我忠实的一代",是"挣扎叛逆的一代"。他们做自己喜欢做的一切,为了理想可以奋不顾身;他们接受新事物的意识和能力很强,但在生活中却总以批判的眼光来审视一切。面对分歧,他们中的大多数会竭尽全力阐述自己的理解,想方设法让别人接受自己的观点和做法。对于利益,他们不善于妥协,宁可在现实中争得头破血流,也不愿放弃自己的利益。于是,他们的成长历程充满了与现实诸多的矛盾和纠结。

《十七岁的单车》(2000)是反映"80后"青春成长的典型故事。影片以两个同为十七岁的男孩子为主人公,展现了小贵从失车、找车再到与小坚争车等一系列事件,最后以小贵、小坚与其他青年的血腥群殴而结束。作为一部青春电影,《十七岁的单车》着重描写了作为个体的青春在残酷的社会中挣扎与反抗的痛苦。不论是小贵之于自行车还是小坚之于女友,他们的青春都是执著的。车子是小贵的饭碗,是安身立命的手段,他对它的珍爱无以复加,在青春的赤贫中,这种珍爱足以让他以生命来换取。而对小坚来说,漂亮的女友是他走向独立和作为男人的一种象征。拥有车子就能获取女友的芳心,车子的丧失直接导致了女友的离去,而这种离去严重伤害了他青春的自尊,一下子撬开了他苦心经营的成长轨道,于是他拿起板砖,拍向了情敌,以此来消解内心的挫败感。可以说,这里的青春也因为执著而显得格外残酷。作为通往成人世界的最后一站,青春忍受着现实与理想的双重煎熬,而青春的力量又无法使个体在这个夹缝中超生,于是,叛逆者最终以盲目的冲动换来"玉石俱焚"的结局。

3. 张扬自我——"网络电影"

互联网时代,"80 后"和"90 后"是网络的主角和生力军。通过网络,他们占有了大量的信息资源,拓展了自我发展的空间,同时也在自由的平台中倾诉着成长的心情和烦恼,"网络电影"是其中的一个产物。"在网易 2007年 1 月推出的关于网络电影的网上调查中,参与调查的 1111 人中,有 567 人认为'单身时就看网络电影,谈恋爱时就去电影院',占调查人数的 51%。这表明网络电影的'自我'表述的风格特征,已经获得网民的认可,成为表达或服务个性的首选。"①而且"数据证明我国网民群体 30 岁以下者占 70%"②。

影片《第一次亲密接触》(2000)是根据"80 后"网络作家蔡智恒的同名小说改编而成的,曾被人称为"中国内地第一部网络电影"。影片的剧情是:大学研究生痞子蔡通过网络 BBS 与女孩轻舞飞扬偶遇,随着渐渐熟悉,两人达成了每晚在网上交流的默契。终于,他们在现实中见了面,轻舞飞扬的美丽漂亮和痞子蔡的聪明睿智互相青睐,他们有了难忘的第一次亲密接触。然而,正当二人憧憬着美好的未来时,轻舞飞扬的病情急剧恶化,生命已处弥留之际。痞子蔡强忍悲伤,陪伴轻舞飞扬走过生命最后的美好时光。失去轻舞飞扬的痞子蔡,意外地收到了轻舞飞扬生前写给他的信,面对这份迟来的爱的承诺,他终于感悟到生命的飞扬。

尽管人们对该片的评价褒贬不一,但不可否认的是,它集中反映了"新

---

① 张成良:《网络电影:草根文化的视觉狂欢》,《电影评介》2007 年第 6 期。
② 刘亚力:《博客电影:迷茫中期待赢利曙光》,腾讯网页:http://tech.qq.com/a/20051103/000161.htm,2005 年 11 月 3 日。

新人类"的网络恋情和前卫生活,让人直观地看到了新一代青年的非常生活状态,看到了他们在简单率性的表象背后对生活的领悟。

如果说《第一次亲密接触》作为"网络电影"还略显稚嫩的话,那么"博客电影"的走红则集中体现了当代青年的娱乐精神和网络电影的新走向。"剧作来自博客群体,博客群体参与摄制,首映式在博客门户网络媒体发布的新影像,简称为博客电影。90 分钟以内的称为博客电影短片。"①

《小强历险记》是由博客王小峰自编自导的一部博客电影,主人公小强是一家网站专门拉人做博客的"业务员",长相颇似曾志伟、姜文和颜峻的综合版,一天晚上,小强因被误认为抢银行的嫌疑人,被警察从出租车里拦下,在审讯室发生了一系列哭笑不得的故事。

一群非职业演员的青年博客们、一个嬉笑怒骂中产生的剧本、一台 4000 元的 DV、一台电脑,《小强历险记》就这样诞生了。在宣传海报上,它被称为"零诚意、零新意、零意义、零特技、零演技、零逻辑、零床戏、零打戏、零哭戏、零专业、零职业、零事业、零票房"②。在主创人员来看,网络是自由的,放荡无羁的自我娱乐则是博客精神的核心,他们不希望与任何严肃的东西产生瓜葛。他们觉得,看着自己熟悉的博客煞有介事地成为演员,是无法言传的快乐。

对于"80 后"和"90 后"们,"张扬"是其个性的一个准确表达,"娱乐"是其生活的重要佐料。借助于发达的电子媒介,"网络电影"正以其贴近现实、贴近青年,甚至可以无门槛拍摄的草根性,逐步进入当代青年的主流文化视野。它凸显了"新新人类"对自由的向往和对人性的追寻,极大满足了他们渴望独立、追求个性的迫切需要,成为这两代人在当下最重要的精神诉求。

4. 率性开放——美剧、韩剧的流行

近些年来,美剧和韩剧在我国青年群体中颇为流行,异域文化的输入不

① 文长辉:《媒介消费学》,中国传媒大学出版社 2007 年版,第 203 页。
② 王鹤:《首部博客电影:一场来自民间的娱乐荒诞秀》,《经济参考报》2006 年 1 月 16 日。

仅拓展了青年们的视野,也在无形中影响了他们的价值观和生活态度。

《老友记》是一部典型的美国情景剧,该剧前后拍摄历经十年,诙谐幽默、充满睿智,却也不乏诚挚的伤感。"娇纵可爱的千金小姐瑞秋、正直专情的博物馆考古学家罗斯、从不服输且控制欲极强的莫尼卡、幽默风趣的钱德勒、古怪迷人的菲比和天真到有些傻气的花花公子乔伊。这六个美国'普通年轻人'起伏的情感、波折的事业和生活中的喜怒哀乐,吸引了全世界的观众。"①《老友记》就像人们生活中的一面镜子,透过它,初涉世事的年轻人看到了自己稚嫩的身影,成家立业的中产阶级忆起了他们幸福的单身时光。

对青年来说,《老友记》的精彩不仅来源于对生活原生态的再现,更来源于美国文化对性的开放和自由。那些轻松诙谐的人物对白,始终蕴涵着一种独特的"美式"幽默,流露出对性的探讨和追求,蕴藏着率性而开放的生活态度。《老友记》在中国引起了强烈反响,那种异域青年的生活状态,不仅扩展了中国青年的视野,也满足了青年在文化上的饥渴。

如果说《老友记》所呈现的只是一种语言上的"性"调侃的话,那么韩国电影《色即是空》的风靡则更直白地表达着当代青年开放的性爱观。

《色即是空》是一部关于性演绎的青春剧,在轻松搞笑的背后,流露出在校大学生对于性的那种神秘和渴求。《色即是空》在传统文化的基础上吸收了情色电影中的人性部分,彰显了青年们的人"性"本色,连极具冲击力的性爱镜头也多了一份唯美,显得舒缓而平和。靓丽的形象、细腻的情感、纯真的故事、开放的底线,不少人竟将影片中的主人公视为自己的梦中情人。

青春的不安和躁动洋溢在大学的校园,处于青春朦胧期的青年们对性有无限的好奇和向往。每晚的男生和女生宿舍,总在或热烈或含蓄地谈论着关于性的各种话题。青年男女间随意的性玩笑和对性爱的追求,在当下不少年轻人的生活中已不再是严厉的禁语。

总体上讲,新中国电影经历了由"主旋律"到"多样化"的嬗变。透过那流动的光影岁月,我们可以感受到青年愈加扩展的生存空间,愈加多元的价

---

① 翟頔:《6个老友10年笑声》,《21世纪经济报道》2004年5月17日。

值取向。我们可以看到，每一代青年的心灵都打下了深刻的时代烙印。由新中国成立伊始的理想与激情，到"文革"时的狂热与迷乱，再由"第三代青年"的反思与迷惘，到"新新人类"的个性与张扬，中国青年经历了服从协调——怀疑反叛——失落浮躁——充实更新——理性务实的心路轨迹。

尤其在这世纪交替的二十年，"青年价值观变化的一个鲜明特点就是：由原来的激情式的参与，转化为务实性的参与；由原来的反叛、先锋、对立转变为在宽容、协调中求发展；抛弃了浮躁、冲动，而以理智、平静、积极的态度接受并投身于社会改革。"①他们在社会需要和自身能力之间的不断平衡中，日益凸现出协调、理性、务实的价值理念。

特别需要关注的是，当下正在成长中的"80后"和"90后"，他们具有前几代青年无可比拟的优点和特点：接受新生事物的意识和能力更强，更具有独立思维和批判精神，强烈的公民意识和平等意识等等。但他们的缺点和不足也不容忽视，如学术兴趣缺乏、艰苦奋斗意识淡薄、合作精神欠缺等。因此，作为承载意识形态重要工具的电影，其引导中国青年健康成长的工作还任重而道远。

四、岁月泼墨成卷

有一种能力，是我们生来就从造物主那里得到的礼物，那就是对画面的感知能力；有一种艺术，是我们从孩提时代就懂得经营的事业，那就是创造美的艺术。从呱呱坠地起，我们就努力地想睁开眼睛摆脱黑暗，去打量这世界缤纷斑斓的色彩。从牙牙学语起，我们就迫不及待地用信手涂鸦的方式，勾画着幼小心灵中关于这个世界的奇特形状。也许，我们长大后并没有成为能够熟练运笔作画的画家；也许，我们长大后甚至不太了解一幅名画背后的故事。然而，图画终究是我们认识世界的一种重要方式；美术，注定成为

---

① 乐锋：《理性与躁动——关于青年价值观的思考》，学林出版社2002年版，第55页。

人们人生伊始的第一门艺术……

新中国的文艺史,各个门类的文化艺术形式如悄然润物的春雨,细致地照顾到所有的感官。如果说音乐吟唱了时代的旋律,文学述说了社会的变迁,那么美术则从它的视觉角度,描绘渲染了每一个时期人们的心灵和情感。

新中国美术的发展,并不单纯是艺术家与艺术受众之间互动的结果,中国共产党作为领导党也自觉、主动参与建构的成分占有相当的分量。美术家们选择题材的指导思想、提炼主题的方式、采用的艺术语言和创作方法,包括对待艺术传统的态度,都与其所处的时期占主流地位的政治意识形态相关联。因此,新中国美术发展历程所反映出的,不仅是新中国的形象和社会的变迁,更是对不同时期意识形态和社会思潮影响下的几代青年的思想、价值观的变迁历程的折射和反映。

(一)暖色时代——艺术重塑中国形象

1949 年新中国成立后,中国美术随着中国历史一同进入了一个新时代。早在新中国成立前夕,即 1949 年 7 月,第一次全国文学艺术工作者代表大会在北平召开,为建国初期的文艺事业包括美术工作提供了思路,指出了发展方向。新中国的成立,使饱受多年战乱之苦的中国从苦难中解脱出来,艺术的重任之一是重塑一个新的国家形象,这使新中国成立初期的美术工作呈现出以下几方面的特点:在体裁上,具有普及性的年画、连环画、宣传画大放异彩,多种体裁共同发展;在选材上,形成了以缅怀革命历史和歌颂社会主义新中国的两大主流题材;在创作思想上,美术作品中的非艺术因素较多,受政治话语引导的影响很大。

1."虎踞龙盘今胜昔"——年画之盛

自古以来,无论在什么样的历史时期,只要条件允许,人们都不会放弃对美的追求。新中国的成立使人民的生命安全得到了基本保障,精神生活的需求,尤其是在旧社会颠沛流离的生活中无法得到满足的审美要求开始凸显出来。年画、连环画及宣传画这类宜于大量复制印刷、具有实用型和普及性的美术体裁在政府的提倡下被美术家们大量创作,在普及美术、满足大众审美要求的层面上发挥了重要作用。这些体裁中,尤以年画为最盛。那一时代的年轻人都有亲身经历,一到腊月,各地的新华书店都腾出最大的店堂或高搭席篷用以销售年画。在店堂内(或篷内)屋顶分门别类地挂起年画样张供人挑选。"那时的年画市场,每个销售点都有百种到几百种画样。来买画的顾客拥挤不堪,每人至多买几十张至少也要买近十张"。① 仍以年画为例,"从创作和出版的数量来看:1950 年全国各地区创作年画的总数是300 余种,出版年画的总数是 700 余万份。1952 年全国各地区创作年画的总数是 500 余种,出版年画的总数是 4000 万份"。② 数量之大,发展之快,反映出当时的人们对审美普及的需要极为迫切。

　　这一时期由林岗创作的《群英会上的赵桂兰》,原名《党的好女儿——赵桂兰》,成为当时流行的劳模题材的代表作品。该作品以为保护工厂的财产不受损失而负伤的劳动模范赵桂兰得到毛主席接见为主题,一经面世就广受好评,被认为是"民间年画,延安时代以来的新年画进一步发展的一件具有代表性的作品"。后来,此画共出版发行百万份以上,并不断参加出国展览。画面里,宽广明亮的大厅,干净整齐的服装,领袖伟岸的形象,众劳模崇敬的眼神……一切都在表达着新社会的种种美好意象,传递着中国人民对国家寄予的期盼——文明,富强,民主,充满希望……

2."忆往昔峥嵘岁月稠"——《艰苦岁月》

　　刚刚从战火纷飞的旧中国跨入一个希望无限的崭新社会,"忆苦思甜"成为美术创作者和受众自然而然的思维方式。"忆苦"反映在以追忆艰苦岁月,缅怀革命历史为内容的作品上。其中的代表作,最为广大青年所熟知的

---

① 王树村主编:《中国年画发展史》,天津人民美术出版社 2004 年版,第 480 页。
② 邹跃进:《新中国美术史:1949—2000》,湖南美术出版社 2002 年版,第 20 页。

即为《人民英雄纪念碑》浮雕部分，以及潘鹤创作的代表着50年代圆雕艺术最高水平的《艰苦岁月》。青年人将自己对过去岁月的缅怀寄托在这些作品里，通过追忆，感慨着战争时代的艰苦生活，并由此歌颂为新中国的创立流血流汗的革命英雄。因此，从某种意义上讲，美术中的"忆苦"并不是纯粹的忆苦，也不是为了忆苦而忆，而是"颂人"，是为了歌颂在"苦"环境下坚强抗争的英雄。青年人在当时普遍怀有一种英雄主义情结，希望能像父辈一样为国家建功立业，这种情结直接转化为抗美援朝战争及之后"大跃进"运动中的极大热情。

3."可上九天揽月"——《农村大跃进，社社放卫星》

新的政权建立后，人人满心欢喜，加之"大跃进"和"浮夸风"的鼓舞，青年一代普遍怀有一种虚浮的乐观精神，对崭新的社会主义国家充满美好的期待，对新中国当时的情况估量过高。赞美共产党，歌颂新中国，憧憬美好生活的"思甜"情绪的高涨，充分体现在当时流行的年画和宣传画上。叶浅予的《中华各民族大团结》，金梅生的《菜绿瓜肥产量多》，呈现的就是一派祥和美好、喜获大丰收的景象。青年一代经历了战争时代的苦难童年，新的国家对于他们来讲具有无限可能。广阔天地、摩拳擦掌，这是他们人生第一次能够尝试创造奇迹的机会。在热血和激情的支配下，在领袖"敢叫日月换新天"的鼓励下，在夸张的想象力的"怂恿"下，一批严重脱离实际以至于今天看来充满讽刺意味的美术作品被炮制出来，"放卫星"主题系列成为各地争相邀功的重要方式。青年人沉浸在自己创造的神话之中，无所质疑，不能自拔。这并不代表着"神话"没有破绽，真正的原因是少有人相信自己的判断、倾听自己的语言——公社说的绝对没错，国家说的肯定正确。在青年人心目中，国家意识大过天，个人意识渺如烟，"我"这个词早已静静躺在心中，酣然入眠。

（二）红色时代——个性的湮灭

从新中国成立到十年动乱结束，美术事业是一个沿着毛泽东文艺路线所引领的方向连续不断发展的过程,其间并没有类似从十年动乱到改革开放时代的那种明显的时代分区。而十年动乱期间,这种美术被推向顶峰,完成了从观念到表达的全部建构,创造了与这种时代的思想和社会理想完全匹配的风格样式和创作方法,最终成为这种时代的形象表达和视觉象征。同时,十年动乱的结束也标志着这种时代美术模式的终结。

如果可以把十年动乱期间那种带有强烈政治色彩,明显以鼓吹个人崇拜为目的的美术出版物与雕像称为艺术作品的话,那么十年动乱期间的艺术作品的数量是相当多,发行量是相当大,传播范围是相当广的。从城市到农村,从文艺工作者到非文艺工作者,从老人到儿童,各个阶层的人们无一例外地时时处于美术作品的包围之中。甚至从某种意义上来说,十年动乱时期,美术是与大众生活距离最近、产生影响最大的一个时期。

1."看万山红遍"——《在大风大浪中前进》

"在十年动乱中,许多美术作品都以《毛主席是我们心中最红最红的太阳》为作品名称,这是陕北民歌'东方红,太阳升,中国出了个毛泽东'的延续和更为极端的表述方式。一些带夸张手法的作品,还在毛主席形象周围画上或制作出万道光芒,以此把毛泽东直接比喻为红太阳。当然,更为有力的说法还在于把毛泽东视为心中的红太阳。它表达了毛泽东不仅占据或者说能温暖我们外在的身体,而且能够从外在世界进入我们身体内部,成为心中的红太阳,照亮和占有我们的灵魂"[1]。在这些作品中,毛泽东统一地被塑造成"导师"、"舵手"的"高大全"形象。宣传画《炮打司令部》,沈尧伊版画《马克思列宁主义毛泽东思想万岁》,唐小禾1971年《在大风大浪中前进》即属此类作品的典型代表。

这一时期的青年一代,对毛主席的崇拜自然而然地在一系列的宣传和引导下走向巅峰。既然毛主席是"心中最红最红的太阳",是"导师"、是"舵手",那么自己作为一个平凡的被阳光普照的子民,一个荣幸的学生,一个忠

---

① 邹跃进:《新中国美术史:1949—2000》,湖南美术出版社2002年版,第195页。

诚的护航者,又有什么资格和必要去问问自己要什么、自己怎样想呢? 更不用说去反思"文化大革命"本身正确与否了。毫无疑问,毛主席指的路就是自己要走的路。这个时代青年的字典里,不存在真正的个人价值观念与价值判断,有的只是简单的、非此即彼的是非界定;而"是"与"非"的唯一界定标准就是是否被毛主席所肯定。"毛主席说过的话就是真理,一切按照毛主席说的办"就是当时青年人的思维模式。

2. "书生意气,挥斥方遒"——《毛主席去安源》

除了印刷出版的宣传型美术作品之外,在正统的创作领域,影响最大的莫过于当时被称为样板画的刘春华的油画《毛主席去安源》。画面上的毛泽东,一改平时高大伟岸的形象,身着长袍,气质儒雅。可以说,毛泽东在这幅画中并不是以领袖的形象出现的,而是以一个工人阶级中的知识分子形象出现的。这幅画的政治含义很明确,就是要改变把毛泽东仅仅看做是农民领袖的那种错误观念。当时的一些历史画创作如《毛主席在井冈山》,强调了毛泽东早期作为农民领袖的形象,这种历史定位,在"无产阶级文化大革命"时代把工人看成是无产阶级和领导阶级的历史背景下,当然是不可容忍的。于是《毛主席去安源》这幅作品就在这种要求下诞生了。这幅画在当时影响巨大,除了它的题材的重要性以外,其表达效果也相当独特:它满足了当时处在革命激情之中的人们对毛主席特殊感情的需要,包括知识分子在内的工人阶级青年在这幅画中找到了与偶像共通的契合点——毛主席不仅是农民阶级的代表,也是我们工人阶级的代言人! 由此,广大青年工人内心顿感豁亮温暖,无论是干革命还是搞生产,都表现出了更大的积极性和更高的热情。

3. "欲与天公试比高"——毛主席塑像

中国历来不是一个艺术全民化的国家,古往今来,艺术都只是少数人的谈资。在十年动乱中,作为不具有艺术创作能力的一般民众,广大"非艺术青年"寻找到了另外一种力所能及而又与艺术有关的形式寄托对偶像的崇拜,那就是为其塑像。中国自古就有为神灵"塑金身"的传统,中华民族也在几千年历史中形成了这种表达虔诚的一贯形式。十年动乱时期各地竞相安放毛主席塑像的行为,也可以说是这场造神运动的古典方式。放置在各种公共广场的毛泽东塑像比较早地出现在清华园,后来又在全国各地被建造。"十年动乱期间,造神运动,偶像崇拜确实达到了登峰造极的地步,在中国大地上,在各种公共空间和私人空间中,所有有中心的地方,都被毛泽东的画像、毛泽东的塑像所占据;没有中心的地方,也会因有毛泽东的画像和塑像而成为中心。从农民家中的神龛,个人的办公桌,会议室的中间位置,到巨大的广场,到处都能看到毛泽东的塑像和画像。"①中国有古话曰"举头三尺有神明",活跃在各个公共场合的青年人,每当抬头之时,总能看到毛主席高高在上的形象,这无疑是为已经走向极致的个人崇拜又加上一层心理暗示式的效应,毛主席的地位在青年人心中一次又一次地得到巩固。

4."中华儿女多奇志"——《把青春献给新农村》

知青题材也是十年动乱期间美术作品的重要选择。毛主席对城镇知识青年"上山下乡"的号召得到了广大青年人的热情响应,由此产生了一大批反映此类内容的作品,如周树桥的油画《春风杨柳》,沈尧伊的宣传画《把青春献给新农村》等。虽然在构图上没有出现毛主席,内容上也有别于歌颂毛主席的宣传画,但其本质仍是宣传弘扬毛主席的决策。同时,这些作品也反映出了当时的青年人在毛主席号召下怀有的普遍价值观——不计个人得失,全心全意为祖国奉献青春。

"上山下乡"的目的是经济建设,但其本身却是一个标准的政治口号。发起之初,在铺天盖地的宣传和号召中,有一部分青年热情高涨地投入这场运动中,所谓"满怀豪情下农村","紧跟统帅毛主席,广阔天地炼忠心"。但更多城市青年是盲目跟风或被政府强制离家、迁往农村的。与其在城市的生活相比较,知青们普遍感觉在农村生活很艰苦,缺乏正常的知识教育和文

---

① 邹跃进:《新中国美术史:1949—2000》,湖南美术出版社 2002 年版,第 138 页。

化生活,由于生活习惯的不同,和当地农民的关系也并非理想中的融洽。这改变了知识青年原本的生活轨迹,使之见识并体验到了另一种生活方式,对其思想既是一种冲击也是一种丰富。他们之中,有的从这种人生体验中获得了灵感和创作素材,成为著名作家,如张抗抗、史铁生、梁晓声等等;但更多的人因此丧失了继续受教育的机会,使 80 年代的中国出现了知识断层的局面,同时也引发了许多层面的其他社会问题。这为 80 年代"伤痕美术"的兴起埋下了伏笔。

(三) 金色时代——美术的全盛与个人意识觉醒

1978 年,是新中国历史上重要的转折点。在这种体制变革和思想觉醒的历史情境下,不论是一个国家,还是象征着国家希望的青年一代,都焕发出生命的无限激情,这使得这一时期的美术创作出现了不同于以往的社会风貌。1979 年 10 月 30 日,中国文学艺术工作者第四次代表大会在北京召开,邓小平在大会上做了热情洋溢的祝辞,他指出,艺术要继续坚持百花齐放、推陈出新的方针,文艺创作要提倡不同形式和风格的自由发展,艺术理论要提倡不同观点和学派的自由讨论,要把最好的精神食粮贡献给人民。这段话可以概括改革开放以后整个艺术界的发展特点,美术事业进入了现代史中光芒四射、无可替代的黄金时期。艺术家们从实践中获得经验,用画作提示人们:只有面向现实,从生活中获得真切的感受,才能摆脱陈旧模式,获得与时代同行的正确途径。这时,"乡土美术"、"伤痕美术"等思潮的风行,传达着青年人的心声。

1. "只把春来报"——星星美展

这一时期,不得不提的是一个民间组织的画展——星星美展。画展的成员大多为非正统的青年业余画家,他们为追求艺术的自由而创作,反叛了十年动乱的美学模式,以现代派的艺术语言引起了社会的广泛关注。1979年 9 月 27 日,在北京中国美术馆东侧小花园铁栅栏外,由黄锐和马德升发起,举办了一次画展,引起了观众的极大兴趣,并且吸引了一批专业美术工作者。展览的第二天警察出面干涉,要求撤回展览作品。对此艺术家们做出了一个惊人的反应,即在10月1日上街游行,抗议警察对其美术展览的干涉。他们打出"要言论自由,要艺术自由"的游行口号,艺术问题转为政治问题。11月23日到12月2日,展览在北海公园的画舫斋继续举行。①

星星美展从展出到被禁,再从游行到续展,体现了整个80年代中国现代艺术的发展方向。改革开放的钟声惊醒了青年人心中沉睡已久的"自我",苏醒的"自我"迫不及待地急于在这新天地里初试啼声。在言论被严重禁锢的十年动乱之后,艺术家们为艺术呐喊的声音第一次被接受被采纳,这也是青年人争取自由的价值观得到认可和肯定的重要事件——在被压抑了多年之后,青年人终于通过自己的努力和抗争获得了宝贵的发言权。如果说中国改革开放是一组气势恢弘的交响乐,那么"星星美展"就是前奏中的一个高亢的小节。

2. "天堑变通途"——《泼水节——生命的赞歌》

1979年9月,新中国成立30周年前夕,新建成的首都国际机场与公众见面。美术家为新的首都机场候机楼创作了七组壁画,其中袁运生的壁画《泼水节——生命的赞歌》引起了巨大的争议。这组出现了三位傣族少女沐浴时的裸体形象的壁画,曾一度致使它的作者在争论和非议中远走国外。反对者坚决主张修改,认为最起码要画上个裤衩。然而,壁画的意义远远超出了艺术范围,甚至被视为中国改革开放政策是否稳定的风向标。"据说当时正在内地投资的霍英东,每次到北京,都会先看看这幅画到底还在不在,如果在,心里就比较踏实。"②海外许多媒体报道说,中国的公共场合的墙壁上出现了女人裸体,预示了真正意义上的改革开放。但最后这幅画还是被遮了起来。先是用纱帘,1982年开始"清除精神污染"后,纱帘换成了三合板。直到1990年北京亚运会,"裸女"才又露面。要是在十年动乱期间,使

---

① 邹跃进:《新中国美术史:1949—2000》,湖南美术出版社2002年版,第195页。
② 万静:《谁是我们——中国当代艺术30年切片》,《南方周末》2008年12月11日。

用"裸女"这样的意象,是艺术家们想都不敢想的,更不用说在公共场合使用。这幅画能够在首都机场与公众见面,就已经代表着艺术的自由度有了极大的突破,而后来从遮挡再到面世,更是说明了中国社会改革的决心。这幅画的使用就如同一个明确的赦令,将青年们内心中蠢蠢欲动的"我"纷纷释放出来。原来的"天堑""不可逾越的鸿沟"不存在了,青年们挥舞热情,不止在艺术界,在整个社会都显示出了积蓄已久的强大爆发力。

3. "往事越千年"——《1968 年某月某日·雪》

"伤痕美术"是应这一时代的特点而诞生的一个新名词。这一词来自于卢新华的小说《伤痕》。《伤痕》通过主人公插队青年王晓华与其母亲骨肉分离的遭遇,揭露了极左路线和血统论给中国社会特别是青年人造成的悲剧和灾难。由于它契合了当时人们对于十年动乱时期伤痛的回忆,小说出版后立刻得到了人们的共鸣。美术界也开始出现具有"伤痕"倾向的作品。如连环画《枫》、程丛林的《1968 年某月某日·雪》、高小华的《为什么》等。这些"伤痕美术"作品不仅仅是对十年动乱的批判和反思,而且也代表了中国艺术观念的重大转变——即从新中国成立以来追求光明、歌颂新中国、表现人民幸福生活的主旨,转向对历史现实的正视。当年上山下乡的知青们,在这些飘着浓浓忧郁气息的作品中追忆当年的岁月,感怀逝去的青春,默默舔舐着那个年代留下的伤痕,一代人的心灵在这种悲剧美中获得了一种净化,这也促使着青年们去反思这场浩劫的是与非。

4. "风景这边独好"——《父亲》

在伤痕主义兴起的同时,另一股思潮——乡土写实主义也势不可挡。它可以特指 20 世纪 70 年末 80 年代早期,中央美院一批毕业生的绘画风格,同时也代表了整个画坛共有的思想倾向。罗中立的《父亲》和陈丹青的《西藏组画》是其中最具代表性的作品。1980 年,四川美术学院的学生罗中立创作了一幅反映大巴山农民形象的大幅写实油画——《父亲》。它在当年 5 月的全国青年美展上展出后,对此后的中国美术史产生了始料未及的影响。

毫不夸张地说,它曾经感动了当时整整一代人。当时看到这幅画作的广大青年们反应不一:有惊奇,惊奇于竟然可以用描画伟人领袖的尺寸去为一个名不见经传的山村老农创作肖像;有愤怒,愤怒于这幅画展现的不是社会主义祖国的强大而似乎是穷困和落后;但更多的是感动,很多观众在美展上看到这幅画后甚至失声痛哭。这幅超现实主义经典画作开创了"乡土写实主义"的先河,甚至成为80年代的标志之一。这也印证了80年代整个社会、整个青年群体的价值取向从理想主义到现实主义的转变。

(四)蓝色时代——美术的冷静与思想的现实

90年代中国美术的发展与中国社会的发展是密不可分的。80年代的改革开放与思想解放运动对90年代的美术产生了深刻的影响。"新生代"的青年艺术家拉开了90年代中国美术的序幕,成为90年代美术的一个重要起点。90年代的美术多是用写实的手法表现他们自己的生活,这与80年代现代艺术运动中的青年艺术家所追求的西方现代艺术风格完全不同。

1. "粪土当年万户侯"——《大批判》

1993年,香港举办了"后89中国现代艺术展","政治波普"在这个展览上浮出水面。直至90年代中期,"政治波普"都是中国当代艺术中最重要的现象之一。简单地说,"政治波普"就是用波普艺术的手法和观念表现政治题材。

进入90年代之后,随着中国经济的快速发展,社会中的大众文化与商业文化迅速发展起来,当代社会所提供的新鲜的视觉经验开始反映在当代艺术中。政治波普主要有两种表现方式。一是"85新潮美术运动"的参与者,经历过十年动乱的一代艺术家:他们采用波普艺术的手法来表达他们在十年动乱时期的经验,充满了对历史的反思与批判。代表作品主要有王广义的《大批判》系列及张晓刚的《大家庭》系列。在他们的作品中,十年动乱时期的标语、宣传画、政治口号以及历史图片、旧报纸和老照片等都作为现成品进入画面,用夸张的手法表达了对现实与历史的反思,在某种意义上说,它们是80年代的批判现实主义的延续。

2."冷眼向洋看世界"——"新生代"艺术

另一类政治波普的影响更大,主要源于新生代艺术家。新生代艺术家大多是在十年动乱后接受中学教育、80年代末90年代初毕业于艺术院校的一批人。他们没有经历过十年动乱和知青生活,当其走向社会的时候,中国已经经历了十年的改革开放,正处于由计划经济向市场经济转变的重要时期。由于不同的经历,这一代年轻人没有知青一代的理想主义和历史使命感,他们对现实的生活更加敏感,更关心个人的生存经验和前途。他们在记录生活的同时,也记录了一个正在变化的时代,记录了正在兴起的都市文化和大众文化,他们是这种文化的接受者与参与者。他们希望用一种写实的手法来表现自己的生活和感受,从而由政治波普中分离出了一个门类,从特定的角度反映了流行文化对公众生活的影响。

无论是哪一流派哪一风格,90年代的美术作品的突出特点是直白地表达着青年艺术家个人对于社会的体验和关注,倾注着对社会的疑问或诠释。同这一时期所有的青年人一样,他们将自己的个人价值投入到社会变革和发展的滚滚洪流中去,在实现社会价值的同时表达着自己的个性与观点。

3."百舸争流"——城市雕塑兴起

90年代中期以来,城市雕塑的发展格外引人注目。随着城市建设的发展,城市雕塑出现了繁荣的景象,但大多数作品是迎合公众趣味的唯美型雕塑。到90年代后期,现代派雕塑开始从室内走向公共空间,一些有创造性的艺术家注重艺术性和观赏性的结合,在内容上也反映了很强的主题感。1997年,青岛市五四广场的雕塑"五月的风"就是这方面的代表作。这一时期,与以往相比,中国的人口流动大大增加:高考制度的稳定,私营企业的发展,都使青年人不再终身凝固在一个阶层或扎根于各自的家乡。对青年人来讲,辽阔的祖国大地,到处都有可以奋斗的地方。各个城市也通过各种方式提高自己的魅力和品位以吸引更多的人才。由于视觉艺术的优势表达地位,雕塑成为许多城市打造个性的第一选择,这些城市希望用不同风格的雕塑反映各自的城市"个性"。这在某种意义上,与青年人的自由选择和个性彰显,既有因果联系,又有相互印证的关系。

(五)彩色时代——个性的艺术与个性的社会

进入21世纪,随着与国际社会的联系更加紧密,西方的自由理念渗透到中国社会的各个方面。追求个性,崇尚自由成为社会的关键词。与之相适应,21世纪的美术没有主流,而是门派林立、各显神通,同时伴随着经典的缺失。因此,有人说新世纪的艺术是百家争鸣,也有人说新世纪意味着艺术之死……

1."万类霜天竞自由"——标新立异的个性作品

"拓印长城,6米多高墨迹斑斓的条幅充满了整个美术馆;复制飞机,等大的机翼放置一片空地上;头发砌墙,近100万人的头发粘在一起砌成头发的长城;倒吊活人,二三十个人体雕塑被倒吊起来……这是正在北京展出的《墙:中国当代艺术二十年的历史重构》展览中的作品,诡异度不下于社会新闻。"①

21世纪的美术,流派空前纷繁,旗号林立,各踞一席。同时,网络的普及和美术的商业化运作使个人作品得到关注的机会大大增加。在这样的环境下,想要使作品受到关注就必须标新立异。只有个性才能得到更多的关注,引起更大的反响。"有个性"就是王道。青年们在宽松的环境下淋漓尽致地表达自己、释放自己,不求立意,但求创意;不求更丰富,但求更张扬。

---

① 欧强:《消费时代,艺术与时尚之间的墙与门》,《风采》2005年第10期。

2."知向谁边"——"为艺术而艺术"的怪圈

这种求新、求异、求变乃至求怪的倾向,让青年们极度亢奋。有些青年艺术家甚至陷入了"为艺术而艺术"的怪圈。他们嗤笑传统艺术为人民服务的观点,只追求更标新立异的表达方式,却发现结果不尽如人意,甚至让艺术走向了边缘化的危险境地。原因就在于他们忽略了艺术的最广大支持者——普通的老百姓,以至美术作品空前地缺少人文关怀,脱离社会大众,成为小资艺术。但对于这些"个性"的艺术青年而言,这又有什么关系呢?他们创作的目的,从来都不是为了让作品和受众产生什么共鸣,而纯粹只是个人意识的宣泄而已。这种思想,绝不仅仅代表了这些青年艺术家们构成的个别群体,更反映出他们所处的这个时代中整个青年一代的价值取向。因为,没有一个人生来就是艺术家,在成为艺术家之前,这些青年与所有的同龄人一样无差别地要在社会环境中成长,他们的思想深深打着这个年代特有的印记。而美术,只是他们表达的一种方式而已。

公共艺术的发展预示着中国艺术的新趋势。年轻一代的艺术家利用现代图像的制作技术与方式,如摄影、摄像、计算机图像和信息技术等,来表达自己的艺术追求与生活方式,他们也因之成为把中国艺术引领到网络时代的一代人。更加自由和便捷的网络为他们提供了一个更广阔的平台,在这个平台上,"个性"与"自我"与以往的时代相比,得到了从未有过的展现和强调。

然而,在今天自由广阔的天地里经历这样的发展,对艺术本身来讲,究竟是福祉还是灾难?艺术在此之后,是会得到新生还是走向衰落?一切不得而知,因为没有人能够预言未来。艺术的未来走向,只能等我们去经历,去体验……

新中国美术史的变迁,所反映出的不仅仅是一个艺术门类的发展轨迹,还有艺术的创造者和欣赏者——青年一代的心路历程。青年人的思想、价值观一直是一个不断变化的过程,是一个逐渐疏离政治、追逐个人感受的过程,是一个个体意识不断觉醒的过程,同时,也是不断从理想主义走入现实主义的一个过程。

　　六十年的岁月泼墨成卷,婉转如歌,流连似戏,挥毫就诗。无论在绚烂的诗画,还是在华美的歌舞中,青年的自我意识都在不断增强。他们不再宏远地思量诗画歌舞的价值,而是更多地力求表达自我、展现自我。精神上的枷锁被打破,集体主义意识逐渐淡化,自我意识逐渐苏醒,过往的一切,均成为一代代青年关于青春的记忆。

第二章　复归的人性

"回首人间行乐事,春风过,水无痕。"当激情澎湃的政治狂热在理性平静的市场经济中冷却,意识形态的神话便穿过云端,落入人间,甚至复归到关于柴米油盐、穿衣戴帽、饮食男女、自我成长的平淡生活。在这里,虽然它缺少精神世界中的流溢华彩,但却用悄无声息的方式记载了物质生活的变迁和社会生活的发展,也见证了中国社会的人性复归和理性重生。

一、"食"贯春秋看发展

"民以食为天。"饮食,自古以来就是社会物质生活条件最直接的反映形式之一,食物的丰富与否影响着人们的精神世界,也影响着青少年的价值观。新中国饮食变化史,不只是一部食物发展史,其中也折射着青年价值观的变迁历程。符号是破译历史的关键,解读新中国六十年饮食符号的变迁,一代代青年的价值观清晰可见。

(一) 尝尽苦"色"味,齐心搞建设

新中国成立初期,在为恢复生产而奋斗的日子里,人们只能过着节衣缩食的生活,青少年也不例外。天涯论坛曾经做过这样的调查,建国初期人们吃些什么呢? 人们对那时的记忆是那么的简单,又是那么的相似:从草根、树皮、红薯、红薯叶、野菜、粗糠、高粱,到稍微好一点的面糊糊、麦子皮馍馍,吃肉只是一种奢望……那个时代饮食不仅品种单调,就连量的消耗也被规

定限制着。

1. 票证食代：我的饮食票做主

"票证"是计划经济时期，人们领取额定生活品的凭证。饮食的"票证食代"开始于 1955 年城镇粮食凭折定量供应。所谓的"折"就是《市镇居民粮食供应证》（俗称"粮本"）。"在粮本的使用上，政务院《关于市镇粮食定量供应暂时办法》规定居民口粮依据劳动差别、年龄大小及不同地区的粮食消费习惯，确定了 9 个等级的供应标准。副食经营货品，除食油（包括酱油）早于 1954 年实行计划供应并由粮食部门管理外，1958 年春节开始，国家对猪肉、牛羊肉、鲜蛋、红白糖、粉丝、糕点等 8 种副食品实行凭票定量供应。汉民每月每人供应猪肉 6 两，牛羊肉 5 两；回民每月每人供应牛羊肉 1 斤 4 两；红白糖各 4 两，鲜蛋 2 个。1959 年开始，市场副食品供应全面紧张，对大白菜、萝卜、葱、蒜、副食调味品、糕点、糖块也采取按人口分配，限量供应或凭票证供应的办法。此后，限量供应或凭票供应的种类逐年增加。"①粮票、油票、肥皂票、布票、香烟票、鱼票等等一切可以想到的物品的票证，充斥着人们的生活。

这种按计划限量供应食品的方式，是特定历史时期不得已的选择。粮食和蔬菜为票证所限，人们开始为吃饭而发愁，"最苦的是还在成长的孩子，正值发育的年龄，却只能眼巴巴地看着碗里掂得出分量的饭粒。所以，在那时候，你常能看到这样的景象——那些饿得腿发软的孩子，窝在墙脚，对着镜子，愤懑而幽怨地挤着脸上旺盛的青春痘。"②可见，经济的困难使那个时代的青少年在生理发育上受到严重影响。此外，票证的使用还使得每张餐桌上的菜肴十分雷同，人们的生活逐步被统一化。

2. "老莫"餐厅：梦开始的地方

倘若说新中国成立初期这段时间百姓的生活是以野菜、粗粮等"绿色"

① 旷晨、潘良编著：《我们的 1950 年代》，中国友谊出版公司 2005 年版，第 279 页。
② 旷晨、潘良编著：《我们的 1950 年代》，中国友谊出版公司 2005 年版，第 279 页。

食品为主调的话,那么北京城里的"老莫儿"便是这"万绿丛中的一点红"。"老莫儿",是老北京的青年人对北京莫斯科餐厅的昵称。它修建于1954年,是由苏联专家设计的特级俄式西餐厅,建筑风格高雅,室内布置别具一格,厅堂敞亮、灯饰华丽,服务员身着民族服装,餐厅里配以男音歌剧,洋溢着异国情调。

在那个多数人都为食物发愁的日子里,"老莫"成了满足特殊需要的地方。很多关于那个年代的影视作品中都曾出现过"老莫"。《阳光灿烂的日子》里便有莫斯科餐厅的亮相;《血色浪漫》中以钟跃民为首的一群高干子弟聚餐必聚"老莫儿";《和青春有关的日子》里到"老莫"撮一顿的场景反复出现……"老莫"与高干子弟紧密相连,代表了一种贵族气质,带给当时思想上受压抑的青年们无尽的新鲜感,延伸了一个个年轻的美梦。对于五六十年代的中国青年人来说,莫斯科是他们的梦想所在,"老莫"自然也就成为"梦开始的地方"。

在特殊的时代背景下,青年的饮食水平受到生产力水平的巨大影响。一方面,物质的极端匮乏导致了青年没有食材可用;另一方面,为了集中力量恢复发展生产,国家统一分配粮食和副食品,青少年的饮食缺乏自主权。成长在这种社会环境下的青少年,习惯了省吃俭用的生活,自然就养成了勤俭节约的生活习惯。在艰苦的环境中,他们将梦想带来的动力融入了祖国的建设中。这种生活环境也带给青少年很多消极影响,甚至沉积了不少对社会的幽怨之情,其中,最突出的就是人和人之间的关系疏远了,社会的人情味儿淡了。

(二)尽"香"中西餐,同声赞改革

改革开放唤醒了人们的个体意识,也开创了开放的饮食时代。尤其是80年代以来,人们的生活发生了巨大的变化,不仅能吃饱了,而且能吃好了。中餐转型,西餐入驻,全新的社会环境让青少年们备感新鲜:原来外国的"馅饼"是用两片面包夹着肉和菜的;食物还可以用叉子来吃;那种叫做可口可乐的黑色的汽水很好喝……透过饮食,青年开始看到了外面的世界,那里真的很精彩。

1. 中餐转型：旧貌换新颜

进入 80 年代,"票证食代"虽然"涛声依旧",但是改变早已在餐桌上悄然上演。粗粮淡出,细粮日渐成为餐桌的宠儿,粮票的世界里粗粮和细粮结伴而行着,小麦和大米逐渐荣升为一日三餐的主角,开始以各种形象扮演着"主餐"角色。

进餐的环境也开始有了变化。饭店不再只是有身份有地位者的乐园,也逐渐成为平民百姓的圆梦之所。80 年代前期,政策的宽松使得个体饮食户、私营饭店不断增加,街头巷尾的酒楼、饭店以及各种面馆、饺子馆、早点铺如同雨后春笋般出现,迅速改变着人们的生活。从此,青少年的头脑里开始有了"走,下馆子去"的概念……

80 年代中后期,火锅"红"极一时,人们相聚一堂"涮羊肉"的热闹场景几乎在每个饭店都火爆上演。那时的火锅主要是炭炉火锅,圆形的火锅中间放炭,四周用来涮东西,既做炉子又当锅,人们可以边吃边添炭。这种进餐方式改变了人们以前先做再吃的饮食习惯,因而备受青睐。虽然当时我国正处于经济转型期,人们的腰包还未鼓起来,对食物也没有过多的欲望,但中餐的转型,却让成长中的孩子们体验到了不一样的生活。

2. 西式快餐：胸怀容世界

封闭已久的国门一经打开,异域的饭香就飘了进来。汉堡包、热狗、炸鸡腿、牛排、比萨接踵而至,全新饮食时代已然来临的号角开始奏响。

肯德基就是这个时代的先行者。这家由美国人山德士先生创立的世界著名炸鸡快餐连锁企业,在它成立后的第四十七个年头即 1987 年,远渡重洋,落户北京,由此拉开了洋快餐在中国的发展序幕。洋快餐带给我们的不仅是口味上的不同,更是饮食文化和用餐观念的改变。肯德基有着十分明确的顾客定位,"就是青少年,有人说'你要看青春少女,你就去泡肯德基好了,你要知道如今中小学生的兴趣,你就去吃肯德基好了'。肯德基的消费主体是城市青少年,他们正是长身体的时候,是食物需求量最大的时候。"①正是这种定位,使得肯德基从食品开发到就餐环境各个方面都照顾到了青少年的需求,到肯德基就餐的时尚之风在青少年群体中流行起来。

肯德基登陆中国不久,美国另一快餐品牌麦当劳也于 1990 年进军中国深圳市场。麦当劳公司由麦当劳兄弟和 Ray Kroc 创建于 20 世纪 50 年代,有着不同于肯德基口味的特色商品,如巨无霸、麦香鸡、麦辣鸡翅、鱼柳堡等等,虽然仅是一块面包夹上了肉饼,但新异的口味、舒适的饮食环境、淡淡的汉堡香让很多青少年流连忘返。

西式快餐在中国青年中掀起饮食流行风的原因不外乎这样几点:一是西式快餐的就餐环境往往充满着西方的温馨与浪漫,让青少年们耳目一新;二是全新的口味激起了青少年的好奇心,促使他们争相品尝;三是快餐改变了青年一代的饮食方式,带给青年的不仅是异国风味,更是一种国际文化理念。借助这一桥梁,青少年的观念与生活方式慢慢与国际接轨。

和西式快餐一起到来的还有以可口可乐为代表的洋汽水。80 年代之前,汽水就是那种玻璃瓶装的"精水"(香精、糖精和色素加水混合而成)的代名词。粗糙的包装,单一的味道,却是中国计划经济时期的唯一饮品,备受当时青少年的青睐。可口可乐的到来使"精水"的辉煌不再。

可口可乐,是 1886 年美国亚特兰大一位名叫约翰·彭伯顿的药剂师在试验糖浆新配方时,偶然兑入苏打水而发明的。1927 年,它曾一度打开中国大门,但不久又销声匿迹。改革开放后,可口可乐在第一时间再度进军中国市场,以其凉爽甜丝的口感和易拉罐的便携包装受到了青少年的喜爱。青年人甚至把喝可口可乐当作展现个性、追求时尚的一种消费方式。

生活在这个时代的青少年是幸运的,因为他们见证了国门打开的那一刻,见证了自家的饭桌从粗茶淡饭到细粮白面的变迁,见证了同龄人在初次品尝到汉堡等西餐时的欣喜与好奇……国门打开了,探索世界的好奇心也

---

① 陈芬森:《西方饮食在中国》,中国社会科学出版社 2007 年版,第 67 页。

被激活了。这一代的青少年感受到了改革带给他们的惊喜,也将改革的精神自觉地融入了自己的思想深处。

(三)品"味"饕餮宴,八方汇多元

1992 年后,随着社会主义市场经济体制的确立,人们的积极性和创造性被调动起来,食品的种类日渐丰富,国内外各具特色的餐饮集团蓬勃发展。物质匮乏的生活已成为历史,超市里琳琅满目的食品、街头巷尾风格各异的饭店,构成了一个饕餮丰富的饮食时代,在这样一个多元的饮食语境下,社会为青年提供了充分的食品选择机会。

1. 多元食代:我选择,我喜欢

肯德基与麦当劳的到来,拉开了洋快餐在中国流行的帷幕。紧接着美国的艾德熊、罗杰斯,意大利的必胜客,日本的料理,韩国的泡菜、烧烤,法国的烤羊排等等纷纷进军中国市场,受到众多青少年的青睐。他们中的一些人甚至把能够品尝新式的异国风味作为炫耀的资本。来自全国各地的家常菜也开始撑起半边天。以麻辣著称的川菜从 90 年代开始风靡,它的招牌菜如酸菜鱼、宫保鸡丁等成了青少年去餐馆的首选。更有许多中式快餐,因其便捷、实惠以及干净的就餐环境而深得青少年喜爱:面爱面、康师傅拉面、永和大王、真功夫、呷哺呷哺涮涮锅……无论在食品种类还是就餐方式上,这个时代都给予了青少年极大的自主选择空间。

与 70 年代为充饥而食不同,与 80 年代的因好奇而吃有异,90 年代青少年对饮食有独特的倾向。随着家庭收入的增加,青少年的零花钱逐渐增多。吃饭不再只是为了填饱肚子,满足温饱的需求,而增加了更多的文化元素和情感表达的需要。从家庭聚会到同学聚餐,"吃"在潜移默化中丰富了感情、深化了友谊,饭桌由此成为交流思想和表达感情的平台。

2. 休闲饮食:青春的浪漫情调

曾几何时,街头巷尾开满了各式各样的休闲食品餐厅:"星巴克"、"上岛"、"哈根达斯"、"breadtalk"……这些休闲食品不同于正餐,亦替代不了正餐,但这些餐厅别具一格的风味和浪漫情调,对追求新鲜、时尚、轻松的青年有着极大的吸引力。请女朋友喝一杯咖啡、吃一份冰激凌,对现代青年而言已经成为恋爱不可或缺的浪漫。

说到浪漫,又不得不提到巧克力。这种来自欧洲的舶来品,天生就是浓情浪漫的代表,常被青年用作传递感情的信物。巧克力曾在20世纪20年代的中国昙花一现,又在90年代重新浮现,成为青年时尚生活的一部分。费列罗、德芙、金帝等品牌争奇斗艳;榛仁巧克力、白巧克力、黑巧克力、松脆巧克力等口味各吐芬芳。对青少年而言,巧克力是一种奇妙的零食。它有一种淡淡的苦涩,又不乏可可脂的醇香与甜蜜,那种美妙的滋味在他们的味蕾上留下了深深的印记。

青少年对巧克力的钟爱,除了它的食用价值之外,还与它的深层寓意有着密切的关系。巧克力是一种爱意的表达。每年的情人节、圣诞节、感恩节、父亲节、母亲节、元旦等节日,都是巧克力的狂欢节,乔装打扮过的巧克力配以娇艳欲滴的玫瑰花代表了友谊,表达了爱意,成为永不褪色的情感交流方式。

这一时期青少年对饮食的关注点,不是吃饱,也不是节约,而是吃什么的问题。随着国内食品的丰富和外来食品的不断进入,青少年首先要学习的是如何选择。他们在之后的选择中,逐步形成了对食品选择取向的真实表达:"选择我所喜欢的,喜欢我所选择的。"通过选择,他们懂得了如何根据自己的需要来取舍,同时,也在对食品的选择中显示出了自我的消费观。

(四)"美"味我做主,饮食显个性

新世纪的青少年,越来越关注自我、展示自我,饮食成为其中的一种重要的载体。在饮食日趋多样化的前提下,人们越来越关注饮食的品质,其中包括饮食本身富含的文化品质。自古以来,柴米酱醋茶五味生活,生旦净末丑迷彩人生。饮食与文化总有千丝连、万丝结的联系。今天的饮食更加丰富多彩,它所受的文化影响更加多元,使其本身所富含的文化因素也更加多样。于是,青少年在饮食的选择和消费中也表现出了其群体特征。个性化、时尚化的文化特质也在青少年的饮食选择和消费中呈现出来,青少年食物搭配上的自我意识在不断增强。

1. 饮食 e 时代:我的饮食我选择

科技发展带来的不仅是饮食种类的丰富,而且是饮食方式的创新。随着 e 时代的到来,青少年的饮食消费方式也变得越来越便捷。与以往的"吃厨房"、"吃食堂"不同的是,现代通讯的发达实现了青少年足不出户的就餐愿望:网上订餐,电话叫外卖等等,免去了点餐时的等待。服务周到的"宅急送",使更多的青少年爱上了"宅男""宅女"的生活方式。

e 时代的到来也扩展了青年们的饮食视野。打开收罗天下美食的大众点评网,从餐饮风格,到口碑,再到方位地点,甚至优惠券等等,几乎所有关于"吃"的问题都可以在这里找到答案。e 时代如此全面而便利的饮食条件真正开启了充满个性化的自我选择时代:在鼠标的轻盈步伐间,我的饮食由我选择。

在 e 时代快节奏生活中,速食成为青年不可或缺的饮食选择。当前中国青年接触到的速食主要有三种:快餐食品、方便食品和休闲食品。其中,快餐食品即指我们通常意义上的中西式快餐,如麦当劳、肯德基、比萨饼;方便食品指部分或完全加工成熟、食用前只需稍微处理或完全不处理即可食用的食品,如快速米饭、方便面、方便粥、冷冻饺子、春卷、饼干等;休闲食品则常指传统意义上的零食类速食食品,如膨化类、果仁类、瓜子类、炒货类等。[①]速食使青年的生活大大提速而又充实起来。赶时间时,有方便面和面包相助;打发时间时,零食炒货是最好的陪伴。速食使独生子女们免了油烟熏炒的艰辛,避开了柴米油盐酱醋的烦恼,极大地适应了 e 时代快节奏生活的需要。

---

① 魏文青:《速食之健康 e 时代》,《招商周刊》2004 年第 8 期。

2. 美食与健康的博弈：我的健康我做主

在这样饮食多样的时代，食品安全问题与色彩多姿的美食并存，人们很难控制美食的诱惑，尤其是青少年。

首先，饮食选择上的多少、种类影响着青少年的健康。古人云"病从口入"，是说病因植根于饮食的不恰当。很多青少年早餐不吃、午餐对付、晚餐过剩，偏食严重、膳食摄入不平衡，活动量不足⋯⋯这些不良的饮食习惯对青少年的健康构成了威胁。青少年中出现了越来越多的"小胖墩"和"豆芽菜"。高血压、脂肪肝、高血脂、糖尿病这些以前被认为只有中老年人才会罹患的疾病，现在却越来越多地出现在学生群体中，而其中 80% 是肥胖儿。针对这种状况，中国学生营养促进会将每年 5 月 20 日确定为中国学生营养日，以便广泛、深入地宣传学生时期营养的重要性。2009 年 5 月 20 日，我国第 19 个全国学生营养日的主题是"食品安全营养、孩子健康成长——远离肥胖与慢性病"，该主题更加突出了良好饮食习惯与健康之间的关系。

其次，不合格食品对青少年健康造成了巨大的威胁。提到食品安全，总有这样一些回忆让我们心有余悸：陈馅月饼、毒大米、地沟油、"苏丹红"、"三聚氰胺"毒奶粉等等。除了这些触目惊心的事件，习以为常的食品也在不知不觉中腐蚀着青年的健康。青少年最爱的薯片、饮料，乃至奶糖都难逃食品添加剂带来的困扰；甘之如饴的"十大垃圾"食品不仅是导致青年们的不正常饮食和肥胖的重要原因，而且还不同程度地含有致癌物质，严重威胁着青少年的健康。

在媒体的广泛宣传和师长的谆谆教导中，青少年逐渐认识到食品安全对自身健康的威胁。对待各种非健康的食品，他们有自己的态度：对于存在严重质量问题的产品，坚决远离；对于快餐等"垃圾食品"，通过限制食用数量来减少对健康所造成的不良影响。越来越多的青少年开始关注早餐，其中牛奶和鸡蛋是必备的"黄金搭档"。喜欢张扬个性的青少年正在寻求一条"我的健康我做主"的生活之路。越来越多的青少年接受来自家庭和学校关于健康饮食的教育,正逐步将"一把蔬菜一把豆,一个鸡蛋加点肉"①、"带着水果上学去"②等饮食号召付诸实践。尤其是屡屡发生的食品安全事故,让更多的青少年从中警醒,自我保护意识在不断增强。

3. 营养保健品:我的零食不一般

在这样一个广告泛滥的时代,很多风靡一时的广告都在时光的冲洗下褪去了颜色,这样一句广告词在我们的脑海里却根深蒂固——"今年过节不收礼啊,收礼只收脑白金。"脑白金制造了一个广告的神话,同时也开启了一个保健品的时代。

保健品"缺啥补啥"的功能满足了青年生长的需求,受到家长越来越多的青睐。青少年正处于生长发育期,新陈代谢旺盛,容易出现因生长过快而造成的疾病,如缺铁性贫血、缺钙、缺锌等。青年人饮食习惯不好,容易出现肥胖、抵抗力差等疾病。针对这些问题,市场上出现了"葡萄糖酸锌口服液"、"黄金搭档"、"生命一号"以及含双歧因子和益生菌的食品等等。青少年的零食也逐渐向功能型发展,如补充维生素的"果维康"、"雅客v9"、功能型饮料等等。

保健品的畅销,既是生活水平提高的体现,又是青少年及其家长饮食观念和健康观念革新的标志。在享受美味的同时,足量补充所需微量元素,这是功能型食品带给这一代青少年的全新饮食感受。

回顾新中国成立六十年来青少年的饮食发展历程,我们不仅看到了一个国家在六十余年里旧貌换新颜的巨变,也看到了一代代中国青少年的成长。对于每个时代的青少年来说,食物的多寡、优劣不仅影响着他们的生长和发育,而且在更深层次上影响着他们对这个社会的看法,影响着他们的社会价值观。

---

① 中国学生营养促进会对中小学生的副食摄入量提出建议:希望中小学生每天既要保证吃一定量的主食,还要满足"一把蔬菜一把豆,一个鸡蛋加点肉"的副食摄入量,从而保证营养的均衡。

② "带着水果上学去"是由中国学生营养与健康促进会主办的社会公益活动,通过鼓励广大小学生每天合理摄食1—2份水果,来培养青少年均衡营养的饮食观念和健康科学的生活方式。

二、"穿"过岁月记青春

服装是穿在身上的历史,是时代变迁的符号。它就像一个多棱镜,通过堆红叠翠的衣着折射出社会的进步与发展,也折射出青年价值观的变迁①。六十余年来,中国青年的服饰发生了翻天覆地的变化。但不论是 50 年代的列宁装、60 年代的中山装、70 年代的军绿装,还是 80 年代的牛仔裤、90 年代的透明装,都深深地打上了时代的烙印,表征着一代青年的价值追求。

(一)同穿革命服,眷眷表忠诚

墨子曰:"食必常饱,然后求美;衣必常暖,然后求丽;居必常安,然后求乐。"②新中国成立之初,一穷二白的经济状态使得无产阶级朴素的生活方式备受推崇,革命化和朴素化成为这一时期服饰的主题。兼具朴素与革命化的"苏式"服装和中山装极为流行。革命意识浓重的军便装将这场与旧有生活方式的决裂推向极致,形成了"十亿人民十亿兵"的奇特服饰景观。

1."苏式"服装引潮流

"一场神圣革命将东方时装的典型——旗袍连同它所附带的'小资情调'和性感,从中国女性的身体上驱逐出去。从此,旗袍开始了漫长的流亡生涯,旗袍的领地迅速被革命化的'列宁装'所占领。"③从国家机关女干部到女学生几乎都身着列宁装。所谓列宁装,实际就是西服领、斜插袋单排扣或

① 《改革开放三十年:中国人走过"衣"路潮流》,白马服装网:http://www.baima.com/news/15107.html,2008 年 12 月 8 日。

② 华梅:《服饰与中国文化》,人民出版社 2001 年版,第 48 页。

③ 张闳:《"列宁装":革命热情裹住女性身体》,新浪博客,http://culture.ifeng.com/special/clothes/200811/1107_4924_868390.shtml,2008 年 11 月 7 日。

者双排扣的西装,看上去非常整洁利落、朴素大方。① 当时受革命思想的影响,穿上"苏式"衣服被认为是思想进步的表现,青年人对此趋之若鹜。

在列宁装盛行的同时,从苏联传入的连衣裙"布拉吉"也非常受欢迎。一位苏联的领导人来中国访问时,提出中国人的服装不符合社会主义大国形象,建议女性人人穿花衣,以体现社会主义欣欣向荣的面貌。于是,色彩鲜艳的"布拉吉",很快成了中国大街小巷中一道亮丽的风景线。此外,男士"伊凡诺夫"式的鸭舌帽、立领"哥萨克"式小偏襟衬衫都为青年们所喜爱。

2."中山"服饰最正宗

50 年代与"苏式"服装一起盘踞在时尚潮头的是中山装。早在开国大典,毛泽东身着改良版中山装的亮相就引发了中山装的流行热潮。60 年代初,中苏交恶后,"苏式"服饰销声匿迹,取而代之的是稍加改良的中山装。当时毛泽东特别喜欢这一款式,在很多场合都穿着它。这对革命意识浓烈的青年产生了潜移默化的影响,他们纷纷脱下列宁服,换上中山装。随后,共和国副主席宋庆龄也换上了女式中山装(基本上是在中山装的领子处稍作改良,即将有风纪扣的立领改成翻领,取消左右两个上兜),女式中山装也开始流行起来。

3.军绿服装流行风

60 年代前期一枝独秀的中山装,到了"文革"则将风光尽让军绿装。1966 年 8 月 18 日,在身着绿军装的毛泽东第一次接见红卫兵之后,军绿装就成为万千青年竞相追逐的理想服饰。"军人子弟翻出父辈的军服,一身军绿加上褐色皮腰带,显得格外神气"②。而普通青年则通过穿仿制的军便装来圆自己的军装梦。声势浩大的"破四旧"对绿军装的流行起了推波助澜的作用。它将一切所谓非无产阶级服饰打入地狱,旗袍、高跟鞋等无一幸免,

---

① 华梅:《服饰与中国文化》,人民出版社 2001 年版,第 765 页。
② 华梅:《服饰与中国文化》,人民出版社 2001 年版,第 770 页。

使得革命化、军事化和战斗化色彩浓重的解放军服饰,"成了最革命、最神圣、最纯洁、最可信任的象征"①。

无论是绿军装、中山装,还是"苏式"服装,大都色调单一,款式肥大。这种现象一方面受制于当时的经济条件,另一方面也折射出青年略带政治色彩的审美观。在他们看来,服装不仅是美的载体,更是革命化意识的象征。因而,这一时期的青年似乎并不是把美穿在身上,而是把建设、革命、热情和理想等崇高理念穿在身上。这一时期青年的思想与社会主流意识形态高度统一,国家的意志和目标就是他们的追求和选择,"文化大革命"期间,他们对国家的忠诚超越了一切,达到了"无我"甚至"忘我"的境地。

(二)换上霓裳衣,大胆寻自由

"文革"结束后,随着物质生活的丰富,服装的花色、款式逐渐多样化,面料、质地发生了很大的变化。的确良、小白鞋、假领子等服饰出现,人们纷纷要求告别"灰蚂蚁"、"蓝蚂蚁"和军便装,把自己从整齐划一的僵硬气氛中解放出来。当时上映的国产故事片《庐山恋》中女主角新颖的时装,令人耳目一新。女主角扮演者张瑜在影片中换了多少套衣服,成为当时年轻人讨论的热门话题。② 随着国门的打开,西方服饰在中国青年中风靡起来,这一时期的青年人开始追求自由多样的服饰打扮。

1. 西式洋装新潮流

70 年代末,西方时装开始涌入中国,给古老的中国带来异样的风采。最早掀起流行热潮的是喇叭裤。"喇叭裤使中国人耳目一新,这是一种立裆短、臀部和大腿部裁剪紧身合体,而从膝盖以下逐渐放开裤管,使之成喇叭

---

① 华梅:《服饰与中国文化》,人民出版社 2001 年版,第 770 页。

② 《建国 60 周年 细数"衣路"进程(下)》,爱美网:http://clothing.lady8844.com/clothing/fashion/2009-09-15/1252996610d296551.html,2009 年 9 月 16 日。

形状的长裤"①。"在当时流行的日本电影《望乡》里,由栗原小卷扮演的女记者穿着一条喇叭裤,栗原小卷俏丽的面容、优雅的气质和优美的身体线条,把喇叭裤文化推向了令人神往的境界"。②"猫王"埃尔维·斯普雷斯也非常喜欢穿喇叭裤,在他以摇滚式的激情将人生推向高潮的同时,也把喇叭裤推向了时尚的巅峰。喇叭裤流入中国以后,中国青年几乎在一夜之间接受了它,并将其迅速传遍全国。

由于受到西方思想的影响,中国人的服饰也变得开放起来。1984 年在电影《街上流行红裙子》中,赵静饰演的陶星儿所穿的一条红得耀眼的露肩裙,迅速激活了青年人的爱美之心,一时间关于裙子的话题变得格外热闹。虽然老古董们唉声叹气,但当勇敢的姑娘们把一条条的红裙子穿在自己身上时,他们也不得不接受了这个事实。③

随后,牛仔裤、直筒裤、萝卜裤、夹克衫、蝙蝠袖、休闲装、一步裙等纷纷成为时尚。

2. T-shirt 文化印情绪

80 年代后,T-shirt 进入中国,成为青年的挚爱。对他们来说,T-shirt 前胸后背的空白为他们提供了表达意见的空间,他们在 T-shirt 的胸前后背印上情绪化、个性化的文字或图案,以表达自己的喜好和情感。80 年代末 90 年代初,"别理我,烦着呢"是极度流行的一种文化衫标语。穿着此种文化衫的时髦青年借着 T-shirt 偌大空白处的个性涂鸦在宣泄苦闷、压抑等情绪的同时,标榜着自己的理想生活:"随遇而安、淡泊悠闲、保有真实自我、注重真性情。"④

---

① 华梅:《服饰与中国文化》,人民出版社 2001 年版,第 777 页。

② 张闳:《喇叭裤:快让我在雪地上撒点儿野》,新浪博客:http://zhanghongpp.blog.hexun.com/18134097_d.html,2008 年 4 月 7 日。

③ 《街上流行红裙子》,http://i.chinaren.com/group/msg/13291/124591813009270,2009 年 6 月 25 日。

④ 秦恒:《解读:在文化视域中展开——论当代中国青年服饰符码的文化涵义》,中国优秀硕士学位论文全文数据库,华中师范大学,2006 年。

当服饰的色彩由暗淡变鲜亮,服饰的款式由单一变得多样,服饰所追求的效果由一致变为个性,这代"青年对人生和自我价值的思考也已经由某种不自觉的状态,开始进入了自觉的认识之中。这里所谓的'自觉',指的是青年们开始以各种不同的形式注意到自己与社会的差异,从而比较有意识地考虑自己与社会的关系,以及自己个人生存的意义和价值。他们开始以一种多取向的、积极的方式和态度寻求新的价值观念"[1]。服装款式的变化,仅仅是青年们思想领域由过去的整齐划一逐渐走向独立自由的一种外在表现。

(三)着我薄罗衫,性感秀身段

80 年代末期,中国第一次有女性穿着比基尼在舞台上亮相。多少年来,封建思想的幽灵盘桓在中国人的脑海中。从一而终的封建礼教,穿衣不能露出皮肤,笑时不能露出牙齿的陈规陋习,如同一道道镣铐,紧紧地束缚在中国女性的身上。当第一批中国女青年战战兢兢地把自己健美的肢体最大限度地展示出来时,整个民族对美的追求开始对全世界表露。青年对于美的追求主要集中在对服饰中性感主题的关注,吊带衫、渔网装、透明装、露脐装等能体现性感的服饰备受青睐。

1. 牛仔热潮寻自由

当电影《无端的反抗》和《天伦梦觉》中身穿牛仔裤的男主角被誉为"全世界少女的梦中情人"时,牛仔裤也形成了流行热潮。20 世纪 80 年代,牛仔裤作为自由的象征在青年中流行一时。90 年代以后,象征自由的牛仔裤将其所体现的自由淋漓尽致地表现在对性感不加掩饰的追求上。粗犷、带有野性的制作,腰部以下有斜形"约克",后臀各有一方形贴袋,口袋等开线处用铆钉加以固定的牛仔裤,将男性的臀部和大腿紧裹起来,使人们的注意力

---

[1]　单光鼐等主编:《中国青年发展报告》,辽宁人民出版社 1994 年版,第 415 页。

和想象力集中在了人体的这一部分,给人造成的"视觉触摸"效应是男性刚强的性感魅力。而一些女款牛仔裤将面料处理得柔软细腻,或采用低腰设计,或采用"坐姿褶",或采用萝卜型等,将女性圆润的臀部曲线、纤柔的腰形、修长的体态,在张扬中交代得更加潇洒妩媚、婀娜健美。身着牛仔裤的青年们从社会范畴所强加的限制与身份认同的约束中解放出来,穿牛仔裤成为一种性感的符号。① 当时的青年为了彰显自我,常常把好端端的牛仔裤剪破,把牛仔裤袖口、口袋、裤脚口拆成纤维状,或是把长裤改成短裤。在他们眼中,叛逆就是自由。穿牛仔裤不再单纯是为了美,更是为了表达一种自由。

2."内衣外穿"最时髦

伴随着麦当娜首创的穿衣风格——内衣外穿席卷全球,很多西方影视中的女主人公也把这一穿衣风格表现得淋漓尽致。在电影《罗拉快跑》中,女主人公在整个奔跑过程中始终穿着一件与她红头发相得益彰的红色吊带背心,象征着她的活力、性感与奔放,犹如一只火鸟在城市中奔跑。《生化危机》中女主人公的形象也被塑造成一个野性与性感的混合物,她身着性感的吊带背心,在一个性失衡的世界里,寻觅着女性的解放和自由。② 90 年代末期,这种穿衣方式在中国女青年中流行起来,随后,渔网装、透明装、露脐装也逐渐流行。女青年穿衣服变得更自在了,不必刻意穿着不甚舒适的无肩带内衣,也不用担心不该露的肌肤露出衣服,自然舒适最好。青年们的这种倾向是对传统审美观的颠覆。中国传统的审美观以含蓄的表达为美,以"不露"为美。而如今,从前那种令人"望而却步"的,甚至感觉"轻浮"的内衣穿着,却在青年一代中流行起来。

对性感服饰的追求,颠覆了传统的审美观。它一方面表明,90 年代的"青年能够主动自觉地意识到自己的价值追求,成为自己价值观念的主体,

---

① 秦恒:《解读:在文化视域中展开——论当代中国青年服饰符码的文化涵义》,中国优秀硕士学位论文全文数据库,华中师范大学,2006 年。

② 邓伍英:《试论服饰文化在影视作品中的视觉表现》,《理论与创作》2006 年第 1 期。

从而开始按自己的意愿去进行价值选择与判断"①。另一方面也表明：在日益开放的时代，"青年价值观发展呈现出极强的异质性，仍处于高度分化与冲突的阶段。社会发展的过程，必然是一个社会不断分化、异质性日益增大的过程。这不仅是社会结构与功能的分化，同时也是观念分化的过程"②。

（四）不慕盛世服，且求个性装

随着世界服装时尚进入中国速度的加快，青年们对服饰的追求表现出更加个性和多元的倾向。

1. 个性才是王道

电影《花样年华》中，演员张曼玉在幽暗的灯光下，不断变换着旗袍的颜色和款式。一时间，旗袍这种在"文革"中被极力打压的，代表着东方人古典气质的服饰，在中国社会又流行开来。女青年们为了表现自己的个性，纷纷把具有复古韵味的旗袍穿在身上。此外，人体彩绘作为一种新兴的身体装饰也在青年人中流行一时，成为青年们彰显品位与个性的一道独特的风景。他们认为将彩绘作为身体的装饰是一种个性的表现形式，可以肆意地宣泄自己的情绪、表达自己的思想，显示自己的与众不同。与此同时，个性脸谱、"绝版"和"无季节"等服饰现象也在青年中风靡一时。很多经济条件优越的青年们为了防止"撞衫"的尴尬，都倾向于买一件号称"绝版"的名牌服饰，有的甚至在自己的T-shirt上直接写上"绝版"二字，以体现自己与别人的不同。更有甚者，在天寒地冻的严冬季节，穿着夏天的轻衫薄裙掠过你的视线。21世纪，个性才是王道！

2. "日韩流"之激荡

进入新世纪，受日韩影视文化的影响，"韩流"、"日流"在中国风靡开来。

---

① 单光鼐等主编：《中国青年发展报告》，辽宁人民出版社1994年版，第453页。
② 单光鼐等主编：《中国青年发展报告》，辽宁人民出版社1994年版，第453页。

《蓝色生死恋》使格子裙和黑西装刮起流行风;《冬季恋歌》播出后,剧中李民亨的围巾、毛衣、羊绒长外套风靡一时;《天国的阶梯》中韩静书小小的卷发被很多女生效仿;《大长今》中"长今"美丽的韩国装束,也被许多时尚女孩青睐。同时,随着动漫文化的传播,源于日本的 cosplay 现象也盛行起来。为了把自己完全打扮成动漫里的人物,青年们不遗余力地去准备份相用的服装和道具,每一套服饰都浸透着扮演者的心血,甚至连一针一线都不让他人代劳。由此可见,天生喜好新事物的青年为了表现自己的个性,已经到了一种如痴如醉的地步。

服饰上的效仿带来了思想观念、价值选择上的巨大变化。有相当一部分中国青年以追随日韩服饰潮流为时尚,在发型、化妆、配饰、着装上极力模仿,并以此来展现自己的个性心理和审美追求。在现实生活中,恰恰是由于服饰的多元,喜欢与众不同的青年反而找不到最适合自己的服饰了。这时,他们就更多地倾向于从电视剧中去寻找自己喜欢的服饰,并极力地模仿,以展示自己与剧中角色相似的个性特征。

21 世纪,全球化作为一种不可逆转的历史发展潮流,涤荡着世界的每一个角落。从西方传来的"个性化"思潮深深地影响着中国青年。为了展示个性,青年们不遗余力地尝试各种服饰,从模仿韩剧、日剧里的真人到模仿动漫里的人物。面对全球化潮流的冲击,部分青少年还没有做好充分的知识储蓄和心理准备,就盲目地追求个性生活,因而有时在思想和行为的某些方面表现得过于激进。

时代在变,观念在变。一些渐渐消失的服饰词语,记录着一去不复返的时代。六十余年来,青年对穿的追求可以说经历了穿暖、穿好、穿得漂亮、穿得帅气、穿得精神、穿得潇洒的过程。服装,这一社会文化的产物,承载着青年深层次的精神需求。透过青年衣着的变迁,我们看到了一个崭新的、开放的中国,看到了时代的进步和青年价值观念的转变。

三、爱越红尘忆峥嵘

如果说家庭是组成社会有机体的细胞,那么婚恋则是这个细胞的细胞核。因此,婚恋模式可以从一个侧面反映时代的特点。新中国成立以来,年轻人婚恋理念和风俗的变迁,阐释了中国青年情感选择的主调与走向,折射出了青年价值观变迁的轨迹。

(一)破除旧婚俗,兴起自主风

《礼记·昏义》说,昏礼者,"上以事宗庙,而下以继后世也。"传统婚姻是为了延续香火、传承家业,故多由"父母之命,媒妁之言"主宰,青年几乎没有发言权。"五四"时期,对封建礼教的猛烈抨击和对新式婚姻的提倡,使婚恋自主的思想开始在青年中传播、滋长。新中国第一部《婚姻法》颁布,则为这种婚恋自主的思想提供了良好的实践土壤。在这个过程中,青年人的自主意识日渐增强、自主行为逐渐增多。

1. 废除旧婚俗

新中国成立后,封建制度被废除,旧式婚姻的社会基础不复存在,自主婚姻取代包办婚姻成为历史的必然。1950 年 5 月颁布实施的《中华人民共和国婚姻法》规定:"废除包办强迫、男尊女卑、漠视子女利益的封建主义婚姻制度。实行男女婚姻自由、一夫一妻、男女权利平等、保护妇女和子女合法利益的新民主主义婚姻制度。""结婚须男女双方本人完全自愿,不许任何一方对他方加以强迫或任何第三者加以干涉。"这些规定确立了新中国婚姻法的基本原则,使之与以前的婚姻制度有了根本区别。为反对和禁止买卖婚姻,该法还明确规定了"禁止任何人借婚姻关系问题索取财物"。这就使得婚姻当事人能够冲破物质条件的限制和束缚,自主地决定自己的婚姻。

从此,新型的社会主义家庭秩序和婚姻制度建立起来,中国青年的婚恋模式也随之发生了根本性的变革,男女平等、婚姻自由等观念深入人心。

2. 幸福之舵自己掌

婚姻自主观念增强,最明显的例子莫过于寡妇改嫁不再成为讳莫如深的话题。新中国成立伊始,全国许多地方仍然封建思想浓厚,普通百姓尤其是农民对寡妇改嫁的行为还难以完全接受。新中国第一部《婚姻法》针对这种特殊情况做出规定:"禁止干涉寡妇婚姻自由。"为了真正解放广大妇女,彻底摧毁封建主义的婚姻观,国家还在全国范围内开展了宣传普及和贯彻执行《婚姻法》的工作,寡妇的恋爱与婚姻自由正是其中非常重要的宣传内容。其间,一部名为《寡妇改嫁》的作品以民间戏剧、话剧评书等形式出现在各地,对婚恋自由思想的传播起到了巨大的作用。剧情大意是:某个妇女在丈夫死后,和一个勤劳的男人相爱,但是遭到了家人或族人,甚至乡干部的反对。但是,她和他勇敢地使用婚姻法赋予的权利作为武器,经过艰苦的斗争,终于取得了胜利;坏人受到了惩罚,糊涂的人受到了教育,有情人终成眷属。这样的剧目在各地产生了强烈反响:有不少寡妇看了备受鼓励,勇敢地改嫁,追求到了自己的幸福;而一些深受旧观念影响和束缚的人,也从中受到了教育,对婚姻自由有了进一步的认识。

3. 新中国首次离婚潮

新中国的婚姻自主不仅包括结婚自由,还包括离婚自由和复婚自由。解放前的旧式婚姻制度催生了大量的父母包办婚姻、家族逼迫婚姻和媒妁之言婚姻;在婚姻自由、自主的背景下,其中的矛盾凸显出来并有加剧之势,因此,化解由旧制度所引起的家庭不幸被提上日程。这一时期,离婚案件的数量急剧增加:由法院受理的离婚案件总数从 1950 年的 18.6 万件猛升到 1953 年的 117 万件,[①]形成了新中国成立后的第一次离婚高峰。这些从旧婚

---

① 邓伟志、徐新:《爱的困惑:挑战离婚观念》,上海人民出版社 2003 年版,第 121 页。

制下解放出来的青年男女,获得了自由。正是他们最先用特殊的方式实践了婚姻自由的原则,并最先领略了婚姻自由给他们带来的幸福,这对婚姻自由观念的普及产生了极大的推动作用。

(二) 携手工农兵,建设新世界

三大改造完成后,全国上下掀起的建设热潮,让青年自然而然地将找对象与报效祖国的追求联系在一起,即"爱情 = 理想 + 事业"。同时,刚刚走出战争年代的人们仍然保留着饱满的革命热情,对英雄和模范有着十分崇敬的心理。所以,青年在择偶方面出现了爱劳模、爱英雄的倾向。

1. 劳动能手共创新世界

20 世纪 50 年代中期,我国的农村和城镇都在进行大规模建设,城镇工人骨干和农村种植能手受到人们的尊重,在社会上有着较高的地位,成为青年人理想的结婚对象。正如赵树理在小说《登记》中所描述的,结婚登记时,在回答"为什么愿意和他结婚"的问题时,"因为他能劳动"几乎成为一种标准答案。劳动模范固然值得爱,但这毕竟只是少数,不是所有人都能实现与劳动模范结为夫妻的愿望。大多数人只好退一步,选择那些热爱劳动的人。当时甚至流传着这样一些话:"不管老和嫩,只要能挑起一担粪";"我爱他,因为他爱劳动"。懒汉无人爱,女孩子喜欢的男孩首先要能够为建设社会主义做贡献,然后才看是否专一、形貌如何。而男孩子们不仅追求女孩的漂亮,更看重她们的"又红又专"(有正确的政治立场,高尚的情操以及掌握过硬的知识)。

2. 倾慕卫国者

"吃菜要吃白菜心,跟人要跟解放军",反映了当时相当一部分青年女性的择偶心态:只要是当兵的,就努力去追求。她们认为军人的政治条件、身体条件好,受到国家重视、社会尊重,而且军队待遇好,嫁给当兵的比较有保障。结婚后还可以得到很多方面的照顾和实惠,比如:生产队给予工分补助;服役够一定年限或提干后可以随军;复员后一般都能找到工作,即使在农村,多数也能当上干部。在选择军人的大前提下,军官更是受到姑娘们的青睐。当时在许多地区还流传过这样两首民谣:其一是"一个花花太小,两个花花嫌少,四个花花太老,三个花花正好"。其二是" 个花花不理,两个花花稳起,三个花花可以,四个花花争取。"(注:"花花"是人们对军人肩章上的星的俗称,"花"越多代表军衔越高。)①在农村,情况也是如此。当时,男青年只要当了兵,就不愁讨不到老婆。因此,不少男青年都想方设法去当兵。

(三)唯尚成分说,苦战沧桑恋

随着50年代后期政治运动的发展,政治身份开始直接对青年的婚恋生活产生影响。工人和贫下中农的子女如果爱上了成分不好或家庭有政治问题的青年,往往被认为是"落后"的表现,不仅不被人理解,还会招来非议。在十年动乱中,这种现象发展到了极致。在夹缝中生存的知青,则在那仅有的一丝罅隙里无奈地做着选择。

1. 阶级爱情唯成分

"文革"期间,"唯成分说"盛极一时。个人及其家庭的政治背景不仅会牵连到自己,而且会对下一代的上学、工作等产生巨大影响。这导致了只有贫下中农的子女才能实现社会的"向上流动",家庭出身不好或历史上有"黑点"的青年就只能留在农村"改造地球"。这种严峻的形势促使政治因素成为影响青年择偶的首要因素,人们十分看重对方的"阶级出身"、家庭有无"政治历史问题"等条件。不仅个人选择结婚对象时如此,甚至对恋爱关系也要进行严格审查。例如,军队、公安系统对军官、警察的婚恋对象要进行"政审",国防、军工、邮电等部门对干部和职工的恋爱对象也要进行"政审"。

---

① 罗开玉:《我国近五十年择偶标准札记》,《中华文化论坛》1999年第4期。

政审通不过,不允许结婚;否则将受到纪律处分,甚至调离岗位,是军官的还有可能因此而不得不复员或转业。

2. 知青恋曲重实惠

在这个婚恋政治化的年代里,有一个特殊群体的婚姻不能忽视,那就是知青的婚姻。知青们上山下乡、扎根农村,当他们到了谈恋爱、找对象的年龄时,却发现困难重重,只好在高不成低不就的夹缝中作出无奈的选择。知青的婚姻大体可以分为三种类型:一是知青间的婚姻,大约占一半。正如当时的一首知青歌谣中所唱:"嫁个军哥守空房,嫁个干部要下放,嫁个工人守厨房,嫁个知哥最稳当。"①二是女知青选择城镇男性的婚姻。一些女知青为了摆脱艰苦的农村生活,重新享受城市生活,便把城市户口作为择偶的最低条件,只要有城市户口,不管年龄大小,都成为她们考虑的对象。当时的一首打油诗形象地反映了这一情况:"知妹今年二十五,挑粪打谷好辛苦,若想回城找工作,四十五十不择主。"②三是知青与当地青年的结合,这是"过日子型"的选择。这种选择与当时"扎根农村闹革命"、"支援边疆,扎根边疆"的宣传口号有很大关系,此类婚姻由于后来的知青返城而大多宣告解体,成为新中国第二次离婚潮的直接原因。

(四)重视人本性,一改旧理念

改革开放带来了社会全方位的变化,这种变化不仅仅体现在经济生活和政治生活领域,而且渗透到了社会文化价值层面——婚姻观的变化之大尤其令人关注。如果说传统社会中的婚姻是出于经济、政治、社会、家族等方面利益关系的考虑,新中国成立后的30年仍然较多地延续了传统的话,那么,改革开放后的婚姻观念则更多地体现了个体的情感需要。

---

① 《二十世纪中国实录》编委会主编:《二十世纪中国实录(5—6卷)》,光明日报出版社1997年版,第4737页。

② 罗开玉:《我国近五十年择偶标准札记》,《中华文化论坛》1999年第4期。

1. 择偶标准人性化

进入新时期的青年在确定婚恋对象时,终于可以不再像以前那样,总是小心翼翼地掩饰自己或求证对方的"成分"、"出身"了。这个时期择偶标准中的政治因素迅速下降,"阶级意识"渐被"人的意识"所替代。越来越多的年轻人在选择配偶时把目光集中在人的身上,把对方的人品、性格爱好、文化素养等条件列为重点考虑的因素。1984 年底有人在北京对五种行业的525 个青年人进行了一项调查,在 19 个择偶因素中,"你选择对象考虑的第一个因素是什么?"排在前三位的是:(1)人品好(31% 的人选择);(2)文化水平高(12% 的人选择);(3)相貌风度好(8% 的人选择);最后三位是"本人政治条件好"、"家庭政治地位高"和"家庭人口简单"。① 谈婚论嫁注重对方本身的素质条件,政治因素逐渐变为次要的因素,择偶的主导思想逐渐从政治成分的枷锁中挣脱出来,转向了对人和情的关注。再后来,外表和长相也逐渐成为择偶的重要标准。男子越来越看重女性的形象美,女青年们也争相"为悦己者容",把容貌美放在了日益重要的位置。人们争相选择身材好、容貌美的"帅哥"、"靓女",恋爱的审美取向不再被视作一种"生活作风有问题"的事情。这既是择偶观进步的反映,也是人性得以回归的具体显现。

2. 征婚途径社会化

改革开放以前,年轻人想要寻觅到一个理想的伴侣,主要是以自己认识和亲朋介绍的方式为主。随着社会主义市场经济体制建立,第三产业特别是信息产业得到了极大发展,择偶方式日益社会化,通过各种婚姻介绍机构和大众传播媒介择偶的人越来越多。那么,第一个吃螃蟹的人究竟是谁呢?

1981 年初,北京《市场报》编辑部收到一封来自四川江津青年丁乃钧的求助信。他 40 岁,精明能干,曾经历过动荡坎坷的岁月;"17 岁在大学时被错划为右派。'文革'后,虽然得到平反,但是,爱情的甜果却很难摘取了;青

---

① 单光鼐:《中国婚恋观的变化趋势》,《上海青少年研究》1986 年第 1 期。

春已逝,每月工资仅仅43.5元。凭这可怜兮兮的条件,他那男性的进攻欲衰减了,只盼着梦一般的奇迹降临到他的头上,盼望哪天会有个姑娘送上门来。但幻想毕竟不是现实,这种奇迹终究不能实现。"①一天,他在看电视广告的时候,忽然萌发了登广告、扩大交友范围、增加成家机会的念头,因此选择了当时信息交流方面比较活跃的《市场报》,想请它为自己登一则征婚启事。编辑部的同志经过了犹豫,怀着同情和真诚,鼓起勇气、决定冒着风险刊登这第一例征婚广告。结果启事一发出,这位教师在一个月内收到来自全国各地应征者的信300多封。不久,一位吉林姑娘还真打动了他的心。②由此,丁乃钧成为一项新事物的第一位尝试者,《市场报》也开创了社会媒介择偶的先河。就像一个闸门被突然打开,从此以后,全国各地的婚介机构纷纷建立,电视、广播、报刊征婚开始成为十分普遍而自然的社会现象。由此形成的征婚潮,在共和国情感史上写下了人性的一页。同时,它又为广大青年开辟了传统介绍之外的另一种新的婚恋模式,使他们的生活面和情感触角伸向了更为广阔的空间。

3. 离婚理由情感化

1981年春天,一个普通的女人,以没有爱情为理由,要同她那个品行端正、忠厚老实、事业心强而且做出了一番成就的丈夫离婚。北京市朝阳区法院受理了这桩离婚诉讼。这件事立即引起了舆论的注意,社会开始了大讨论。《民主与法制》编辑部仅三个月就收到了寄自大江南北的一千多封来信。不论讨论中意见多么纷纭、看法有多大距离,但最后还是一锤定音:判离!③ 人们终于意识到,离婚观念已经发生了巨大的变化——"情感论"终于战胜了"理由论"。

案例引发了人们对婚姻自由更加全面、深刻的思考。自然,对以前高稳定、低质量的"维持式"婚姻也提出了质疑。关于离婚条件,原婚姻法规定:

---

① 辛汝忠:《红绣球:征婚世界探秘》,中国工人出版社1998年版,第9页。
② 摘编自陈重伊:《中国婚姻家庭非常裂变》,中央编译出版社2005年版,第270页。
③ 摘编自陈重伊:《中国婚姻家庭非常裂变》,中央编译出版社2005年版,第265页。

"男女一方坚决要求离婚的,经区人民政府和司法机关调解无效时,亦准予离婚。"1980 年修改后的婚姻法在此基础上增加了"如感情确已破裂"的条件,为解决这一问题提供了法律保障。社会上越来越多的人对离婚持认可和赞同的态度,认为夫妻感情不和,用离婚来结束婚姻属于正常现象,是对婚姻自由的必要补充,对双方来说都是一种解脱。在这样的社会环境下,离婚当事人在面对离婚问题时,已不再像过去那样感到孤独无援和见不得人。因此,过去那种"马拉松"式的离婚案大大减少,"离婚就得吵,不吵离不了"的观念逐渐被"好离好散"的观念所替代。同时,社会还向那些婚姻破裂的家庭尤其是女性伸出援助之手,鼓励她们树立积极的生活态度,帮助那些离婚后无法面对精神孤独和生活重压的人们走上自强自立的新生活之路。

(五) 拥抱改革潮,倾力向钱看

80 年代中后期,物质利益在择偶过程中得到了强化,结婚要求"四大件"成为潮流。至商品经济风雷激荡的 90 年代,婚姻中的物质因素被不断强调,部分婚姻出现了商品化倾向,有钱人成为追逐的焦点。

1. 从"四大件"到住房、户口

"四大件"是大部分 80 年代青年缔结婚姻的必备物质条件。那时,青年们结婚都要求父母或单独由男方提供"四大件"。农村青年大多要求的是旧四大件,即三转(自行车、缝纫机、电风扇)一响(收音机);而城市青年已经开始更新换代,要新四大件(电冰箱、黑白电视、石英手表、洗衣机)。除"四大件"之外,在当时住房紧张的条件下,很多大中城市的女性在择偶时非常重视家庭住房情况,把男方的住房条件作为择偶的重要条件之一,有住房条件的优先考虑,没有住房的不予考虑。农村青年当中对体貌的要求都不是太高,多以"一般化"为主,但门当户对却是"硬框框",尤其是身在农村但改变了户口的农村青年教师的择偶观念更充分印证了这一点:农村青年教师中

85.7%以上的人都要求对方是城镇户口。① 这是当时中国特有的城乡二元结构的体现,更是对经济物质条件的切实考虑。这表明:青年择偶开始有了较强的功利性倾向。

2."款爷"的吸引和"洋太太"的沉迷

80年代末期,随着商品经济不断发展,"下海"、"赚钱"、"当老板"、"做生意"成为很多青年人生选择的一种主导趋向。他们为金钱而努力,为利益而奔走。这种倾向渗透到婚恋之中,男性以貌美作为择偶的标准,女性则把钱、财、物作为标准,"郎才女貌"变成了"郎财女貌"。在许多女性眼中,经济是基础,没有钱再好的感情也不会持久;有了钱,才有可能过上幸福的生活。到了90年代,婚姻中这种物质化的倾向表现得更为明显,有人甚至把婚姻看成一件可以用来换取自己所需物的商品。如首先出现在沿海经济发达地区的"包二奶"现象:一些"大款"在与元配维持着婚姻关系的同时,又在外面"金屋藏娇"。这些被包的"二奶"一般都年轻貌美,有些甚至是知识女性。她们之所以甘做不被社会认可的"二奶",关键是金钱欲的驱使。"男人有钱就变坏,女人变坏就有钱"这句话虽有以偏概全之嫌,但却在很大程度上道出了"大款"和"二奶"现象产生的原因。②

还有一些女性为了出国,专找国外和港澳台男性。他们认为,出国是目的,嫁人是手段。信奉只要能出国,嫁给谁都行;只要你姓"洋",阿妹跟你走。她们中的一些人甚至无法与老外作基本的交流,仅仅为了出国,就充当了"丈夫"性欲的工具。③ 这种功利性目的支配下的婚姻歪曲了婚姻的原意,大多以失败而告终。没有两人感情上的一致,即使很有钱,也很难得到家庭生活的温馨。况且外国人并不是富裕的代名词,不少女性被她们的丈夫抛弃在异国他乡,出国享乐成为"南柯一梦"。

① 徐春赋等:《农村青年教师婚姻问题的调查》,《当代青年研究》1991年第5期。
② 潘贵玉主编:《婚育观念通论》,中国人口出版社2003年版,第311页。
③ 潘贵玉主编:《婚育观念通论》,中国人口出版社2003年版,第311—312页。

（六）激荡多重曲，自主我婚恋

1996 年以后，市场经济的深入发展促进了社会平等观念的增强，青年男女的婚恋择偶观开始出对外在条件的关注转向对内心感受的注重。昔日被定义为"政治保护伞"、"经济合作社"、"生育共同体"的婚姻演变成"情感、心理、文化共同体"。"合得来"取代社会地位，成为择偶的首要标准。

1. 网恋——虚幻的真实

2003 年 12 月 30 日的《南国都市报》里转载了一篇有趣的电子情书：

亲爱的 MM：

我仍记得我们在聊天室里第一次相遇的情景，我们彼此之间的感情"传递系统"和"接受系统"都飞快地发挥起来，从没出现过"死机"。从那时起，我们的爱情"程序"就"启动"了，别人都说我们很"兼容"。是属于"超级链接"。特别是我们见面的那几天，感情很快"升级"了，你对我"发送"的那些"信息"，表明你很愿意让我打开你的"文件"。MM，你知道我有多爱你吗？我有一个永远为你"超频"为你"奔腾"的"芯"。我的"硬盘"里下载的"数据"和"比特"，我可为你更改我的程序……你的父母很反对我们之间"连网"实现"资源共享"，老嫌我"内存"（存款）太少，又没有"硬件"（房子）。唉，看来你家人真是个难以突破的"瓶颈"。不管怎么样，584（我发誓），51211314（我要爱你一生一世）！①

随着互联网大举进军中国市场，网恋成了这一时期的社会时尚。在这个新奇而美妙的世界里，人们第一次忽略了身份的差别，第一次可以近距离接触世界各地的人。网络如一块磁铁深深地吸引了青年男女为之"赴汤蹈

---

① 摘自佚名：《电子情书》，《南国都市报》2003 年 12 月 30 日。

火"。当虚拟的网络身份可以填补现实中诸如身高、容貌、金钱、事业和地位等缺憾时,青年们不再拘谨,不再自卑,通过一个个虚幻的身份向巡游于网络中的人表达爱意。OICQ的风靡,掀起了一股网络情感的狂潮。在那一片小小的网络空间里,你来我往的网聊、E-mail的传情、照片的漫天飞舞、一句句在键盘敲打下飞跃而出的没有多少真实感的爱情誓言,一句句暧昧而撩人的话语,铺天盖地地传递在网聊者中间。陷入其中的许多"网络中人",都不知道这虚拟的爱情童话是否可以变成现实,只是在"你好,可以聊聊,很想你,再见,88,886"等这些熟悉的字眼中体验一场场网络爱情。

这些网络语言和电子情书,在无形中颠覆了传统的严肃而神圣的爱情话语,男女的情感在虚拟的网络载体上,越来越带有了游戏和玩耍的味道。

2. 性爱——"顺其自然"的尝试

西方性自由观念的传播,冲击着每一个青年人的思想,甚至成为年轻一代人实行未婚同居、婚前性行为的理论依据。谈论性问题、性行为已经不再是忌讳,青年中一些人开始出现回避婚姻的现象,传统的恋爱结婚方式和过程已经在很大程度上被青年人剔除。据中国共青团上海市委2005年进行的一项针对上海青年的大型调研显示,对于恋爱和结婚的关系,超过一半的青年认为谈恋爱与结婚是一回事,但也有43.9%的青年认为二者并不相同,恋爱更多的是一种体验和经历。[1] 对于婚姻,现在的很多年轻人抱着体验恋爱和享受爱情的心态,认为只要有爱情,婚姻不是什么必需的事;而对于"性",青年认为是一种个人行为,"自己负责就行了",婚前性行为是一种"顺其自然"的过程,不应该受到外界的干预和约束。[2] 越来越多的年轻人逐渐倾向于接受和认可婚前性行为。

3. 婚制——家庭新形式

婚恋观念的日益开放也带来婚姻质量的改善,现代人与伴侣结合的方

---

① 林蔚:《上海青年眼中的爱情婚姻家庭:不再信奉爱情至上》,《中国青年报》2005年4月25日。
② 龚瑜:《市场经济大学生婚恋观:有心恋爱无力婚嫁》,《中国青年报》2006年3月20日。

式也发生了前所未有的改变。以前那种"上班——下班——回家"的生活模式,正被丰富多彩的新的生活方式所代替。对出生在 80 年代后期,吃着"麦当劳"、喝着"可口可乐"长大,接受了西方自由、个性观念的一代而言,尤其如此。在他们看来,父辈们的婚姻承载了太多繁重的义务,他们没有也不愿考虑这些。他们习惯了安逸的生活,婚后家务活基本都是请"钟点工"来做,一日三餐几乎也都在外面解决,两人每月的工资基本花光,但这种情况,近期随着长线生活消费品价格的上涨,如住房压力的增加而有所改善。在家庭开支方面,这些新式夫妻还采取了"AA 制",体现出现代人简单实用、公平合理的价值观念。婚后的生活情景也不再仅仅局限于"同一屋檐下、同睡一张床",出现了夫妻平时各忙各事、分室而居,等到了周末再一起共度二人世界的"周末婚姻"。为此,衍生出了如下与传统婚姻观相左的现实行为。

闪婚:闪电式结婚的简称。指认识很短时间就迅速结婚。奉行此观念的青年被称作"闪婚一族"。与此相对应,出现了"闪离"一族,即结婚后不久又迅速离婚。

试婚:顾名思义,就是试验性地结婚。它不是正式的婚姻,只是男女双方在正式步入婚姻殿堂前,为了考察性情及性爱上是否"匹配",是否能在真正的婚姻生活中协调而共同生活的阶段。

丁克:它是英文 double income and no kids 的缩写 DINK 的译音,意即双收入、无子女的家庭。丁克夫妇主张摆脱传统婚姻生活中传宗接代的观念,更倾向于过有质量的、自由自在的"两人世界"生活。近年来,丁克家庭在城市青年尤其是白领夫妇中的比例有逐渐增加之势。

4. 独身——另类的选择

当代青年婚恋观念除上述变化外,另一个重大变化是个人的婚否权利受到尊重,使"男大当婚,女大当嫁"的传统观念受到挑战。在我国的婚姻家庭文化中,历来都是鼓励结婚、鄙视独身的,因而结婚率极高。在人们的潜意识中,没能结婚的人,不是有生理缺陷,就是家庭条件太差结不起婚。对结婚晚的人,无论家长还是朋友,都会极力劝导他们尽快结婚,并为他们创造条件;对具备条件而不结婚的人,则感到不可思议。没能结婚的人不仅需要承受巨大的外界压力,而且会因此而终身抱憾。①

90 年代中期以后,中国青年婚恋观出现了新的变化。在新的婚恋观的影响下,使以往结了婚才算"长大成人"的思维模式,以及结婚——生育——传宗接代——养儿防老的人生目标,逐渐成为昨日风景;许多人自愿保持独身,终身不娶不嫁。1999 年美国《读者文摘》对中国的上海、香港、台北三地年轻人的价值观进行了一次调查。当问及"人生什么最重要"时,香港和台湾有超过半数的人认为家庭最重要,而上海受访者中持此态度者只有 30%;当问及婚姻与独身的态度时,台北的受访者中有 2/3 的认为,"如果有选择的话,结不结婚无所谓",上海的受访者中有 12% 的选择"宁可独身"。② 虽然持独身主义观念的人还很少,但反映出传统的婚姻家庭观念在年轻人中间已经发生变化。

当下流行的"剩男剩女"一词又为"独身"做了另一种注解。男大当婚女大当嫁,暂时找不到对象的大龄未婚男女,就叫"剩男剩女"。其实,并非"剩"下来的都是不优秀的,在许多"婚恋工作室"的会员中,以及报社组织的派对人群里,并不乏高学历、高收入、高素质但却因种种原因"剩下来"的大龄青年。尤其是其中的女性,与过去的"老大难"相比有着本质上的不同。她们在经济能力、文化程度等各方面均不输于男性,外形条件也并不差,她们注重生活品质,独立能干有主见,有个性有气质,却往往由于太过挑剔,而令男士望而却步。不管是自愿还是"被迫",不知不觉,相亲这种"老土"的方式也随之渐渐流行起来,成为她们追寻另一半的主要途径之一。

5. 波澜——同性恋婚姻

2006 年"两会"期间,著名社会学家、中国社科院社会学所研究员李银河再次发起提案,呼吁同性婚姻合法化。这已是李银河第三次发起相关主题

---

① 潘贵玉主编:《婚育观念通论》,中国人口出版社 2003 年版,第 312 页。
② 晓红:《沪港台三地青年价值观调查:回答悬殊》,《青年参考》1999 年第 9 期。

的提案。她对现行婚姻法提出了两点修改方案：一是设立同性婚姻法案；二是将婚姻法中的"夫妻"改为"配偶"，并加注"性别不限"字样。公众对该提案反响热烈，"同性婚姻"一时间成为热门的社会话题。

1973 年，美国心理协会、美国精神医学会将同性恋行为自疾病分类系统中去除。对同性恋的定义更正为：同性恋，是指 个人无论在性爱、心理、情感及社交上的兴趣，主要对象均为同性别的人，这样的兴趣可能并未从外显行为中表露出来。[①] 自然，同性婚姻就是指两个相同性别成员之间的结合。2004 年，我国官方首次向外公布了中国同性恋人群的数量：500 万—1000万。[②] 有专家估计，这个地下人群数目远不止此，更可能在 5000 万人左右。[③]而其中的年轻人占据了很大比例。因此，它对未来婚姻观念的潜在影响不容小觑。

毫无疑问，同性婚姻是反传统的，因为它违反了公认的性别定位，背叛了通行的道德观念，可能引起社会的不稳定。但是今天，同性婚恋得到了比较多的宽容与理解。人们开始从生理学、社会学和文化学等角度去思考和研究同性恋现象，相关的行为也不再绝对地被列为禁忌。许多大城市中出现了同性恋酒吧和同性恋文化沙龙，一些同性恋网站和同性恋杂志在表达着同性恋者自己的声音。在社会文明发展的进程中，人们开始认识到，这个庞大人群的生活情况、心理感受也同样重要；他们也是公民中的一员，应该与我们享受同等的待遇。

其实，只要不害及他人，每个人都有选择自己生活方式的权利，就像我们可以自由选择所喜爱的颜色、食物一样。同性婚恋可能离我们并不遥远，他们可能就生活在我们的身边，可能就工作在某个我们熟悉的岗位上；他们或许正在用不同的方式为我们的社会做出贡献，或许就是我们的家人、朋友、同事……尊重他们的选择，客观评价这些行为，才是我们现在应有的

---

① 陈天翔主编：《大学生健康教育》，四川大学出版社 2006 年版，第 166 页。

② 史春东：《不能结婚却可选择生活，中国"同志"生活新动向》，新华网：http://news. xinhua-net. com/focus/2005 – 09/13/content_3479305. htm,2005 年 9 月 13 日。

③ 史春东：《不能结婚却可选择生活，中国"同志"生活新动向》，新华网：http://news. xinhua-net. com/focus/2005 – 09/13/content_3479305. htm,2005 年 9 月 13 日。

态度。

在这个全新的时代,社会的婚姻、家庭观念越来越开放,每个人在不违反法律和规则的情况下,可以这样诠释爱情,也可以那样演绎婚姻;可以这样选择自己的生活节奏,也可以那样定位自己的家庭关系。人们遵循着自我的价值取向去享受自己的感情、婚姻和家庭生活,这无疑是社会进步的一大表现。在这个背景下,中国青年的婚姻也越来越世俗化、个性化,一代新人享受并创造着前所未有的婚恋自由与惬意。

四、生活色彩绘斑斓

如果说食物滋养了青年的肠胃,服饰温暖了青年的躯体,爱恋诉说了青年的情思,那么"读万卷书,行万里路"的磨砺则造就了青年强健的体魄与成熟的思想。回首新中国成立以来中国青年在健康、读书与出游观念上的变迁,我们看到,中国青年循着时代的路标,为自己绘制了色彩斑斓的生活图景。

(一) 为国兴锻炼,为己展风采

新中国的成立,中国青年的强国之梦被激荡起来,青年立志要改变强敌环伺、经济凋敝的现状,建设出一个红彤彤的新世界。但体质的羸弱,知识、能力的欠缺阻碍了他们前行的脚步。对此,毛泽东发出了"身体好,学习好,工作好"[①]的号召。青年人积极响应,誓把强健的身体和美丽的青春献给祖国;积极接受社会主义教育,立志做一代新人;积极在政治运动中游历四方,渴盼成为祖国的栋梁。

---

① 1953 年 6 月 30 日,毛泽东在接见共青团二大主席团时,祝贺青年们身体好,学习好,工作好。很快"三好"就被运用到教育中来,成为评价学生的主要标准。"三好"的内容也变成了"身体好、功课好、品行好"。后来其又演化为"思想品德好、学习好、身体好"。"三好学生",见百度百科:http://baike.baidu.com/view/281733.htm。

1. 增强体质,保卫祖国

平均寿命在一定程度上代表了一定群体的健康状况。新中国成立初期,全国人均寿命仅有 35 岁,说明国人的身体素质较弱。柔弱的身体素质,不仅影响人的生活质量,而且影响国家建设和国防力量。"1950 年的抗美援朝的时候,许多年轻人要参军,但体检时发现许多青年的身体不合格。教育部对学校的体育教育很有意见,年轻人健康素质太差。"[1]毛泽东注意到这一问题,给教育部长马叙伦写信强调"健康第一"。增强青年体质迫在眉睫,但资金有限,基础为零,青年的健身之路应如何走?

新中国派出了第一支体育代表团前往苏联考察,以期有所收获。苏联的"劳卫制"让代表团成员眼前一亮。"劳卫制"是"准备劳动与保卫祖国体育制度"的简称,根据体能和年龄设计不同的运动项目,要求各个年龄段的人都要达到相应的标准,很具科学性。同时,"劳卫制"所涉及的项目大多并不需要复杂的器材,这对当时资金并不宽裕的中国来说具有可操作性。于是,"劳卫制"很快就被引入中国。[2] 其中受苏联群众性运动启发而创立的广播操,成为六七十年代中国人的主要健身方式。自 1951 年 12 月 1 日起,每天上午 10 点广播体操的旋律便会从喇叭里倾泻而出,从学校到厂矿,从城市到农村,到处都有热情饱满的青年在做着同样的动作。这样的动作,不仅是促进个人健康的手段,而且成为衡量一个人思想落后与先进的指标。摄制于 1962 年的体育电影《大李、老李和小李》中,大李对老李"不要做体育方面落后分子"[3]的劝说,就是对此状况最好的说明。

2. 青春韵律"健美操"

80 年代风靡世界的健美操热潮是由美国著名影星简·方达所掀起的。为了保持良好身材,她编制了这种集音乐、舞蹈、体操于一体的运动项目,并

---

①　《大李、小李和老李——体育电影系列》,CCTV-10,《重访》2008 年 9 月 7 日。
②　于丽爽:《广播体操——半个世纪的全民健身记忆(上)》,《北京日报》2008 年 7 月 15 日。
③　《大李、小李和老李——体育电影系列》,CCTV-10,《重访》2008 年 9 月 7 日。

在《简·方达健美操》一书中做了详细介绍。此书后来成为畅销书,健美操也流行世界。这一热潮在70年代末80年代初传到中国,一些体育老师发表了一些关于健美的文章,编制了一些健美操动作,如"女青年健美操""男性哑铃健美操"等。而其中影响最大的是"青春韵律操",由1984年北京体育学院成立的健美操研究组编制,顿时遍传大中小学校。青年人积极投入学习韵律操的热潮中,许多学校甚至把健美操纳入教学课程。除了在学校,健美操在社会上也掀起了热潮。1987年,我国第一家健美中心——"北京利生健康城"向社会开放。许多青年被这种新颖的健身方式所吸引,众多健身中心相继开业,健美热潮一时兴起。①

"1986年11月,深圳体育馆内突然一片漆黑,当两柱强光亮起的时候,一位身着几乎不能蔽体的巴掌大三块布头的少女翩翩登上舞台。几乎所有用肉眼直观比赛的观众都惊呆了!"②这是一位亲历第四届"力士杯"男女健美邀请赛的观众的感受。

这股热潮在中国的兴起,除了健美操简单易学外,还因为它契合了当时青年的健康状态。在改革开放所形成的"饕餮时代"里,青年人在日渐丰富的食品供给中保证了饮食质量,但也出现了因营养过剩而导致的肥胖、心脑血管等疾病。旧式的、以保健为目的的健身方式满足不了青年的需要,他们需要活动量较大的新型健身方式来保持良好形体。简·方达倡导健美操的初衷,就是以运动的方式保持良好体型,从而摆脱身体上的困扰。富有节奏的音乐、动感十足的动作,更使健美操的风靡成为理所当然。在这一过程中,青年关注健康的取向由国家需要转向了个人审美。

3. 魅力无限"极限运动"

十一届三中全会的召开,尘封已久的社会又重新焕发出生机,人们的健康观念不断发生变化。锻炼身体不再只是为了保家卫国,接受教育不再只

---

① 摘编自阎艾萍:《专家教你做健美操》,江西科学技术出版社2004年版,第5页。
② 焦林芳编:《五环旗下大突围》,北岳文艺出版社1993年版,第157页。

是为了做社会主义接班人,走遍万水千山也不再只是为了见到领袖,"自我"的健康意识在青年的心中越来越重。

人潮如织的街道上,忽然一个身影灵巧地从身旁滑过。感到了风,未及躲闪,那少年便已到了前面。轮滑少年在街头的涌现仅是90年代以来极限运动兴盛的一个缩影。不仅轮滑,蹦极、攀岩、漂流等项目也将极限运动的魅力展现得淋漓尽致,吸引了无数青年参与。"据不完全统计,我国的轮滑、滑板厂家已经超过100家,年产值已经过亿。北京小姑娘李雪保持的轮滑钻竿吉尼斯世界纪录(13.6厘米)至今令人望尘莫及。北京大学的飞鹰社(攀岩社团)在北大百年校庆之际,登上了8201米高的卓奥友峰,将校旗插在了峰顶"[①] 在蹦极刚刚落户我国时,十渡蹦极跳台在"1997年高峰时,每天要接待200多名蹦跳者,许多人等待了一天还排不上队"[②]。

极限运动在青年中掀起的这股热潮,与其健康状况有很大关系。90年代以后,随着竞争的日趋激烈,青年人的生活节奏加快,生活空间变小,在心理上所承受的压力越来越大。抑郁症、焦虑症、失眠症等心理疾病缠上了青年人,他们中的部分甚至因此终结了生命。"据2007年初,北京心理危机研究与干预中心发布的《我国自杀状况及其对策》中披露,中国每年有28.7万人死于自杀,200万人自杀未遂;自杀在中国总人口死亡原因排名上位居第五,但却是15—34岁人群死亡的首要原因。另据专家分析称,八成自杀者患有抑郁症,其中生活压力大是城市人的第一杀手。"[③]面对如此巨大的压力,排解郁闷情绪是保持青年健康的重要选择。除了一定的心理援助外,自身的情绪发泄与信心重建也是必要的。那些风驰电掣的疾行,命悬一线时的嘶喊,或是置身激流中的拼力划桨,有利于青年人将沉积已久的情绪宣泄出来。在这些颇具冒险性的运动中,青年们感到,每成功一次,无疑会为自己增加一份信心。当然,这些高难度的运动也锻炼了他们的体能,为他们应对压力提供了良好的生理基础。

---

① 摘编自李悦主编:《探险与野营与蹦极技术》,吉林文史出版社2006年版,第3页。
② 隗台军:《勇敢者的游戏——蹦极跳》,《科技潮》1998年第6期。
③ 牛日成:《记者心迹》,暨南大学出版社2008年版,第74页。

可以说,90年代青年锻炼身心的运动方式各具特色。惧怕高空的人选择轮滑,喜爱训练臂力的人选择攀岩,喜欢塑身的人选择健美操,喜欢武术的人选择少林拳,喜欢舒缓内敛运动的人选择太极拳……这些不同方式的运动完美地演绎了青年们独特的个性。

(二)扬帆远航中,追索新自我

"读万卷书,行万里路"不仅是一种美好的人生追求,也是人在思想上成熟的两种途径。虽然游历成为自古学人成长的一种重要途径和方式之一,但新中国的青年,通过游历来辅助学习,完成成长的历程与新中国的自身发展路径形成了天然的契合,一定意义上可以说,其游历方式,镌刻着新中国成长中,人们行为表达方式的某种一致性的轨迹。

1. 史无前例的大串联

"文革"时期的青年,由于社会整体价值导向对政治的偏移,导致学校教育受到越来越多的质疑,由此引发青年对革命意识的过度关注和对文化知识的忽视,于是,大串联式的游学成为替代学习的一种典型方式。

1966年8月18日,毛主席在天安门检阅红卫兵,大串联正式发动。为了亲耳聆听伟大领袖的教诲,1200万红卫兵历尽艰辛,从祖国各地奔赴北京。巨大的客流量使铁路系统近乎瘫痪,于是党中央倡导步行串联,很多步行串联队伍随之出现。与坐车串联相比,他们在路途中遭遇了更多的艰难。但在1966年11月16日《人民日报》上的文章《长征宣言书》中,青年表明他们步行串联的决心不可动摇:

我们的长征是宣言书。它向全世界宣告:毛泽东时代的红卫兵和所有革命青年……不怕苦,不怕死,不图名,不图利……能够接好革命的班……

我们的长征是取经队,同时又是宣传队。我们一路上要不知疲倦地学习毛泽东思想,执行毛泽东思想,宣传毛泽东思想,捍卫毛泽东思想。……

和工农民众相结合。

长征红卫队再一次庄严地宣告:我们决不辜负毛主席对我们的期望,决不辜负沿途革命群众对我们的期望,不走到北京非好汉!①

这是青年们的誓言,也是青年们的行动。这支长征红卫队在田头给社员高声朗读毛主席语录,在村镇集市张贴传单和标语。他们一路上省吃俭用,只为购买宣传材料;他们不顾疲惫地找报纸,学文件,只为及时宣传。他们特地选择山路走,只为让更多人听到党中央、毛主席的声音。这些路途中的磨难使青年们的革命意识更加浓烈,革命意志更加坚定。

但串联的艰难似乎并不止此。卧轨拦车所致的伤残或死亡,迷失路途所致的踩躏或饿死,时有发生。这在一定程度上叩击着青年的心扉,使他们开始思索生命的价值与意义。后来,在对上山下乡的反思中,青年人对这一问题展开了更全面、更深刻的探究,并最终找到了自己的精神依托。在一位跳下回城火车、奔赴边境自卫反击战战场知青所说的一番话中,前几代人对于国家的责任感得到了延续:"知青朋友们,我们也是知青,我们已经决定不回城里去了。我们决定上前线,国家兴亡,匹夫有责。……我们上山下乡、请愿、卧轨、写血书,我们是对的吗? 哦! 不! ……人民宽恕了我们。……我们想说的是,向昨天告别吧,知青朋友们,用我们的血,用我们的勇气和胸怀,来证明我们不是窝囊废的一代人。我们不再错误,不再狂热,不再漠视生活。现在,是我们报效国家,证明我们,自新自我的时候了!"②一代青年在生活的磨砺中逐步走向成熟。他们与其父辈一样有着对国家、集体、领袖的强烈热爱,甘为祖国流血牺牲。

这种与祖国、领袖保持高度一致的心态,为当时的大多数青年所共有。强烈的社会责任感,以国家利益为行为准绳和出发点是其鲜明的代际特征。以至于50年代的"劳卫制"、"思想改造"与60年代的"广播操"、"社会主义

① 燕帆编著:《大串连——一场史无前例的政治旅游》,警官教育出版社1993年版,第144—145页。
② 王宇珍编:《拥抱战神的孩子们》,北岳文艺出版社1991年版,第118页。

接班人"、"大串联"之间,虽隔着岁月之河,亦可通过建设家国、发展集体的理想而遥相呼应。

2. 万水千山"旅游热"

80年代的青年几乎没有人不知道《乡恋》。在李谷一的深情演唱中,它时常勾起人们关于三峡风光的记忆——风光如画的山水仿佛在歌曲的旋律中行进。那些镜头究竟在何时与这歌声融为一体,难分难舍?当历史的镜头向后回溯30年,在1979年北京电视台的纪录片《三峡传说》里,答案清晰地被呈现出来。80年代,是风光纪录片的春天,《哈尔滨之夏》、《话说长江》、《望长城》、《话说运河》、《黄山》等都红极一时,《话说长江》创造了百分之四十的收视率。① 这些纪录片叙述了一个共同的主题:祖国有着秀美的山河,悠久的历史,奇特的民俗人情。这些传媒呈现,诱发了青年踏遍千山万水的冲动。

青年人开始走出家门,走向渴望已久的远方。无论是文化名胜,还是自然风景区都留下了他们的足迹。"穿行在大西北滚滚黄尘中的旅游车上,也少不了他们。许多高校经常组织假期自行车旅游,长途颠簸几千里,可是报名者照样踊跃不绝。"②除了在校学生,适婚青年也是旅游的重要群体。那时,"外出旅游结婚似乎成了一种文明,有修养的标记。小两口带上两三千块钱,天南地北一趟,回来就宣布:我们结婚了! 显得多潇洒! 此风之盛大有取代传统婚礼之势。"③

不过,虽然旅游带给青年全新的生活感受,但旅游热潮中的艰辛好像又超出了青年的预计。拥挤的车厢,被人群挤得水泄不通的景点……旅游究竟是为了享受生活还是为了被生活所累?青年人在心中发出了这样的诘问。但不快总是少的,青年人总是能够很快释然。他们每到一个景点,大都会匆忙留下一张"到此一游"的照片。那个时候,关于旅行甚至流传着这么

---

① 张立宪主编:《读库0701》,新星出版社2007年版,第286页。
② 朱光春主编:《圣环与阴影——当代中国热点透视》,陕西旅游出版社1992年版,第345页。
③ 朱光春主编:《圣环与阴影——当代中国热点透视》,陕西旅游出版社1992年版,第345页。

一句话:"上车睡觉,下车撒尿;一到景点,疯狂拍照;回去一问,全不知道。"

这种猎奇式的旅游方式,呈现出了相当私人化的选择态势,使其迈开双脚走向远方的动机不再是"大串联"时的神圣召唤,而是想寻找一些关于自我的感觉,它带给青年的更多是直观上的感受,而不是深层意义上的文化或人生价值思考。踏遍千山万水,只是一种自由的确证,是一种追求时髦的象征。这样的旅游,仅仅是一种表现手段,仅仅等同于表层的"观光",其对陶冶性情、培养情操等这些深层内涵则被忽略或被遗忘了。"浮躁"成了这一时期青年的社会心理特征之一,浮躁让青年的心无法沉静下来,以致他们实际从这其中获得的,比他们应该获得的要少得多。这是青年在社会急剧变化的过程中不可避免的社会心理反映,也是下一个时期青年们所要勇敢突破的自我困境。

3. 徒步旅行新热潮

1992 年,余秋雨《文化苦旅》的出版,引发了朝圣式的文化旅行热潮。书中提到的白发苏州、江南小镇、风雨天一阁都留下了青年的足迹。他们开始感受旅游的文化意蕴,开始追寻旅行的深层意义。这种意义在黄金周制度实行以及旅游业大发展之后有了新的变化,青年人开始觉得,"跟不跟团,拍不拍照,做不做功课,自虐或腐败,结伴或独行……这些都不重要"[1],最重要的是追寻自己的感受。

2000 年大学毕业的 Lethe,这样描述自己的徒步旅行:

> 不蓄意准备旅程,旅行的原因很简单,比如一本书,一部电影,一首歌,一个人。……脚步是丈量城市的唯一方式。历史和文化并不重要,重要的是看当地的人们的生活,食物,房子,音乐。旅行是一种相聚,当找到那本书、那部电影、那个人,旅程就可以结束了,这是一场为了告别的聚会,一场为了聚会的告别。

---

① 佚名:《我的旅游观》,《风景名胜》2004 年第 3 期。

这里,兴之所至的豁达与随意跃然纸上,理想主义的风格十分突出;而在《城市画报》摄影记者曾翰的文字里,则表现出比较明显的现实主义倾向:

想去完全陌生的地方,像活在正在播放中的电影。度过多于常人的人生!没什么计划性可言……见到喜欢的地方就会下车步行,走累了就躺在路边拦车……风光是上路的原因之一,更多时候,是游离熟悉的城市,工作,人际,琐碎,奇妙的时空抽离感……自由、孤独、自省。

其实,无论是现实主义还是理想主义的出游,只要符合青年自己的喜好,便是成功的出游。无论是目及雄奇的北国风光,还是远眺秀美的南国亭阁,青年人只要找到了自己力求寻找的感觉,就已实现了旅程的意义。结识志同道合的好友,也是当代青年人热爱旅行的原因之一。自助游爱好者鱼儿就是其中一例。她在旅行途中与年龄相仿的朋友们一见如故,相处几日竟如十几年的好友。当他们徒步走到长城,当目及千里冰封、万里雪飘、原驰蜡象的景色,鱼儿觉得一切辛苦与冒险都是值得的。她说,正因为这些路上的经历,人也变得愈发豁达,少了许多从前对现实生活的苛求。①

不仅在出游中获得了心灵的成长,也在博览群书中滋养了精神,为他们日后实现自我价值奠定了基础。

青年人的生活,总是丰富多彩。无论经历怎样的岁月,他们都力图探寻时代对他们的要求,并为之不懈努力。改革开放之前,他们为了神圣的召唤而齐做广播操,誓做一代新人,徒步大串联;80年代中,他们为了自我的实现而掀起健美操热、旅游热;90年代之后,他们又为了自我的彰显而投身极限运动、考试热潮、徒步旅行,将欢腾、追索与拼搏诠释得淋漓尽致。在这个转变中,我们看到,青年看待问题的视角逐渐从国家移向了个人。但这并不意味着他们对集体、国家、社会不再关注。相反,他们学会了用一种更加理性和务实的态度来平衡个人与国家、社会的关系。

新中国六十年来的衣食饱暖、爱恨情愁、自我奋斗,随着时光的流逝而不

①　佚名:《我的旅游观》,《风景名胜》2004年第3期。

断变迁。白衣少年曾将多少人生美梦留在了桨声灯影里、将多少人生遗憾忘在了阳关三叠中,又曾把多少人生豪情消磨在疏狂一醉中、把多少相思流露在眉端眼角旁? 也许,这些问题只有时光记得。时光亦记得:青春中国的青年们,在六十多年的风雨历程中,逐渐摆脱了精神上的枷锁,拥有了更多的自由与选择权,也因国力的逐渐强盛而拥有更多的自信和更强劲的人生拓展力。他们可以凭着自己的意志,来决定自己的衣食、爱恋、人生之路,复归人性的生活。

第三章　社会的约束

六十年在浩渺的时光长河中只算得上一朵小浪花。但是,在新中国成立至今这朵微小的时光浪花里,新中国却开创出了崭新的历史篇章。中国逐渐走出阴霾,人们的生活发生了翻天覆地的变化:色彩缤纷的流行时装取代了朴素单调的制服工装,美味健康的各色佳肴替代了仅可果腹的粗糙食物,自主自愿的婚恋形式代替了压抑人性的封建婚姻……这些变化在仓廪殷实的过程中不知不觉地发生。与此同时,青年们逐渐把注意力转向了音乐、美术、电影、诗歌等精神生活方面,更加关注健康、旅游、教育等可以提升自身的人力资本,促进个人全面发展的要素上。

那么,中国青年为什么会发生这些变化?导致这些变化的动力和阻力是什么?

我们认为,这需要从社会生活大背景的变化中去寻找。从总体趋势上看,青年生活方式从一体化到多样化、精神追求从主旋律到多元化的变化,是社会整体限制逐渐减少的体现,也是社会价值观逐渐多元化的反映。

如果把偶像、成就和信仰看作是青年追求人生目标的内在驱动力,那么,教育和就业则是社会对青年的外部塑造和外在约束力量。这些能够影响到青年人生轨迹的力量,让青年人在想成为什么样的人和社会需要什么样的人之间徘徊、选择。一般情况下,青年人在追求理想的过程中,常会遇到自我内在欲求与社会外在规约之间的矛盾;同时,社会对青年的期望与实际塑造之间也存在着不同程度的差异。如何使差异缩小,不仅是青年成长值得关注的问题,也是国家人才发展战略必须关注的问题。

一、学有所成争上游

亚里士多德说:"人是天生的政治动物。"马克思说:"人的本质不是单个人所固有的抽象物,在其现实性上,它是一切社会关系的总和。"[1]从两位不同时代的哲学家的话语中,我们能够清晰地了解,人总是在与社会的互动中成长的。如果一个人从一出生就被抛弃于荒野,他就难以获得人的社会性,而只能成为一个拥有人类外表的动物,比如"狼孩"。

那么,在人的社会化过程中,教育扮演怎样的角色?

法国著名社会学家涂尔干说:"教育作为一种社会现象,其制度、内容与目的等都与社会密切相关,受社会制约;教育的根本功能在于将个人同化于社会,同时将社会内化于个人。"[2]在涂尔干看来,人首先通过接受教育使自己获得参与社会的知识和技能,此称之为内化;其次,人将知识和技能应用到社会生活,此称之为外化。人只有在完成了内化与外化两个环节之后,才能从"自然人"转变为"社会人"。因此,青年人要适应社会生活,就必须接受教育的塑造;青年要创造性地生活,同样离不开教育的教化。与此同时,社会要发展,也必须以教育为手段,为青年提供正确的发展指向标和良好的土壤,以塑造自己所需要的青年。

(一) 人才战略应革新

中华人民共和国的诞生,使饱受战乱之苦和沉重压迫的亿万百姓翻身做了主人。然而,在半殖民地半封建社会留下的废墟上、在错综复杂的国际形势中建立起来的新中国,却是一个千疮百孔的"烂摊子"。百废待兴,百业待举,国民经济亟待恢复和发展,意识形态领域更是鱼龙混杂,急需净化和

---

① 《马克思恩格斯文集》第 1 卷,人民出版社 2009 年版,第 501 页。
② 转引自何齐宗:《世纪之交的教育沉思》,中国社会科学出版社 2001 年版,第 55 页。

统一。因此,建国伊始,培养国家经济建设人才、进行社会主义思想改造无疑成为教育界的首要任务。

1. 教育新思路

1949 年 9 月,中国人民政治协商会议第一届全体会议上通过的具有临时宪法性质的《共同纲领》(以下简称《纲领》)规定:"中华人民共和国的文化教育为新民主主义的,即民族的、科学的、大众的文化教育。人民政府的文化教育工作应以提高人民文化水平,培养国家建设人才,肃清封建的、买办的、法西斯主义的思想,发展为人民服务的思想为主要内容。"①《纲要》为新中国的教育性质定了基调,并为其日后发展之关键点指明了方向:"有计划有步骤地普及教育,加强中等教育和高等教育,注重技术教育,加强劳动者的业务教育和在职干部教育,给青年知识分子和旧知识分子以革命的政治教育,以应革命工作和国家建设的广泛需要"。② 培养新中国恢复性建设人才,成为建国伊始教育界的目标。为实现这一目标,建国初期的中国教育工作不得不从起点极低的状况开始。

理顺教育体制。政权的更迭在教育体制上的反映是,国家必须逐步接管旧式公立学校、私立学校和接受外国津贴的学校(主要是教会学校)。③ 并通过对旧教育的整顿与改造,逐步建立社会主义教育体系,确保新中国教育体系下培养起来的青年为社会主义建设服务。

确保进步群众和青年教育机会。新中国成立之初,革命热情高涨的广大工农群众文化水平都比较低,甚至不少人是文盲,这种情况极不利于新中国的发展和成长。于是,1949 年 12 月召开的第一次全国教育工作会议指出:"教育工作的发展方针是普及与提高的正确结合,在相当长的时期内以普及为主,除维持原有学校外,教育应着重为工农服务,学校要为工农子女

---

① 转引自杨宏雨:《困顿与求索:20 世纪中国教育变迁的回顾与反思》,学林出版社 2005 年版,第 157 页。
② 传引自董宝良主编:《中国近现代高等教育史》,华中科技大学出版社 2007 年版,第 252 页。
③ 师吉金:《构建与嬗变:中国共产党与当代中国社会之变迁(1949—1957)》,济南出版社 2003 年版,第 160—163 页。

和工农青年开门"。① 为了培养一些工农出身的新型知识分子服务于社会主义建设,中央决定创办工农速成中学,即以中学毕业生直接升入相应高等院校的方式,培养并增强社会主义的建设力量。"据统计,从 1950 年到 1954 年,全国共创办了 87 所工农速成中学,招生 64700 余名。"②这些举措,在短期内为新中国培养了一批急需的建设人才。

以实践教育促进青年思想的转变。理论与实践相结合不仅是中国共产党革命斗争的经验总结,也是中国共产党在革命过程中积累起来的行之有效的教育经验,新中国成立后,政府号召青年人分批到农村参加土地改革运动,深入认识社会,在实际斗争中了解和运用马克思主义和毛泽东思想。这一措施对青年树立全心全意为人民服务的人生观起到了潜移默化的作用。

2. 知识分子新政策

教育除了解除文化水平对新中国建设的制约外,思想意识方面的桎梏也必须解除。

新中国成立伊始,对于大多数中国人而言,社会主义是一个新生事物,知识分子也不例外。部分对社会问题特别敏感的青年,面对天翻地覆的变化,表现出彷徨与迷惘,与党刻意保持一定距离。他们一方面对新中国的建立和民族振兴充满无限的憧憬和向往,另一方面又对中国共产党能否带领中华民族建设好新中国,社会主义制度是否适合中国国情等问题持怀疑态度。

毛泽东发现了这个问题并针对性地指出,大部分知识分子已经有了明显的进步,赞成、拥护社会主义,但还有少部分人在怀疑甚至不赞同社会主义。基于对这一情况的认识,他指出:"不论是知识分子,还是青年学生,都应该努力学习。除了学习专业之外,在思想上要有所进步,政治上也要有所

---

① 杨宏雨:《困顿与求索:二十世纪中国教育变迁的回顾与反思》,学林出版社 2005 年版,第163 页。

② 杨宏雨:《困顿与求索:二十世纪中国教育变迁的回顾与反思》,学林出版社 2005 年版,第166 页。

进步,这就需要学习马克思主义,学习时事政治。没有正确的政治观点,就等于没有灵魂。"①对社会主义的认同成为建国初期教育界的重大课题,社会主义建设顺利进行的首要条件是思想的统一。教育要为无产阶级服务,坚定人民的无产阶级立场成为新中国教育的题中之义。

抗美援朝战争的胜利、土地革命的深入开展、镇压反革命运动成效显著,使广大知识分子和青年逐步认识到中国共产党和中国人民的伟大力量,逐渐产生了对新的社会制度的认同感。

虽然第二次世界大战以一种破坏性的方式向世人展示了科技的可怕,但也显示了科技作为发展和壮大一个国家实力的有效力量。由此,通过科技来发展和壮大国家力量几乎成为所有国家的共识。党中央基于社会主义经济建设的思路,适时提出了"向科学进军"的口号。在"双百方针"指引下,广大学生积极响应党中央号召,刻苦学习。此时,国家因适应建设需要而大量发展专门学院,仿照苏联模式进行院系调整以培养专门人才。调整后,除少部分综合性院校外,绝大多数成为工科院校。这对青年接受教育的价值导向产生了较大的影响,"学好数理化,走遍天下都不怕"的响亮口号,可以作为这一时代教育价值观的印证。

科技的发展,离不开人才;人才的培养,离不开对人才的正确认识和定位。1956 年 1 月,中共中央在北京召开的关于知识分子问题的专门会议上,周恩来作了《关于知识分子问题的报告》。他在报告中强调:"在社会主义时代,比以前任何时代都更加需要充分地提高生产技术,更加需要充分地发展科学和利用科学知识"②,他指出,知识分子中的绝大部分已经成为国家工作人员,成为工人阶级的一部分。他要求要给知识分子必要的工作条件和待遇,让他们更好地服务于社会主义现代化建设。

知识分子的地位得到党和政府的肯定,这使他们心情舒畅,深觉春天已经到来。费孝通这样写道:"周总理的报告对于那些心怀寂寞的朋友们所起

---

① 《毛泽东文集》第 7 卷,人民出版社 1999 年版,第 226 页。

② 转引自杨宏雨:《困顿与求索:二十世纪中国教育变迁的回顾与反思》,学林出版社 2005 年版,第 187 页。

的鼓舞作用是难以言喻的,甚至有人用了'再度解放'来形容自己的心情。知识分子在新的社会里的地位是肯定了,心跟着落了窠,安了。心安了,眼睛会向前看,要看出自己前途,因此,对自己也提出了新的要求。有的敢于申请入党了,有的私下计议,有余钱要买些大部头书,搞点基本建设。这种长期打算的念头正反映那些老知识分子心情的转变。不说别人,我自己都把《二十四史》搬上了书架,最近还置了一部《资治通鉴》。"①费孝通的这一变化,是当时很多知识分子的心情变化和生活变化的一个缩影。

(二)思想改造须加强

第一个"五年计划"的顺利完成,极大地调动了全国人民的热情,人们迫切希望能够迅速改变我国经济落后的面貌。但这一强烈愿望也导致了急于求成,脱离实际、脱离群众要求的官僚主义和教条主义倾向。这些不良作风一度严重影响了人们的建设热情。1956 年的后半年间,全国不少地区接连发生工人罢工,学生罢课,农民闹退社、闹缺粮的风波。② 为了使党适应新时期的执政要求,1957 年 4 月 27 日,党中央发出《关于整风运动的指示》,决定把正确处理人民内部矛盾作为整风运动的主题,进行一次既严肃认真又和风细雨的思想运动和恰如其分的批评与自我批评运动,切实纠正主观主义、官僚主义和宗派主义的错误倾向。

在整风运动中,广大干部群众向党提出了大量批评意见和建议,绝大部分的意见和建议都是善意的,但也有少数人利用这个机会"煽风点火",导致一些地方群众和干部的矛盾激化,出现了少数人闹事、罢工、罢课的情况。据此,毛泽东认为,这种异常情况说明知识分子党员和青年团员中存在严重的修正主义倾向,他提醒广大干部要认清阶级斗争形势,防止右派的进攻。

随着形势的发展,整风运动逐渐演化为反右斗争扩大化,进而导致整个

---

① 转引自杨宏雨:《困顿与求索:二十世纪中国教育变迁的回顾与反思》,学林出版社 2005 年版,第 188 页。

② 参见张雷声等编著:《新中国思想理论教育史》,高等教育出版社 2005 年版,第 55—56 页。

社会阶级斗争扩大化的趋势。在这种形势下,毛泽东认为,社会的主要矛盾已经演化为"无产阶级和资产阶级的矛盾",加强对知识分子和青年学生的思想改造势在必行。

1."又红又专"的接班人

1958 年 1 月,毛泽东在《工作方法六十条(草案)》中明确指出:"红与专、政治与业务的关系,是两个对立物的统一。一定要批判不问政治的倾向。一方面要反对空头政治家,另一方面要反对迷失方向的实际家。政治和经济的统一,政治和技术的统一,这是毫无疑义的,年年如此,永远如此。这就是又红又专。"[①]为了使知识分子和青年学生的思想状况能够同社会主义全面建设相适应,在整风运动、反右斗争的同时,国家在学校里展开了"红专大辩论",广大青年学生积极参与到"又红又专"的大讨论中。一时间,"又红又专"成为社会主义青年的人生追求,"坚持政治挂帅,走又红又专的道路"成为广大青年的努力方向。热情、积极地跟随党探索社会主义建设道路是青年的思想主流。尽管有些大学生发出了与党和政府异样的声音,但只是个别现象,他们中的大部分是围绕着如何搞好社会主义建设、如何搞好党的建设等问题而展开思考的,并没有偏离社会的主流舆论。青年人在这一时期喊出的最响亮的口号是:"愿做螺丝钉!""革命青年是块砖,哪里需要往哪儿搬。"

50 年代末,虽然社会主义制度已经确立,但是,人们头脑中旧的观念并没有随着私有制的消灭而完全消失,社会主义在意识形态领域还没有取得彻底胜利。因此,加强社会主义教育就变得尤为重要,让广大青年人树立无产阶级革命事业接班人的思想成为当时的主要教育目标。为此,毛泽东在《关于正确处理人民内部矛盾的问题》中指出:"我们的教育方针,应该使受教育者在德育、智育、体育几方面都得到发展,成为有社会主义觉悟的有文

---

① 《毛泽东文集》第 7 卷,人民出版社 1999 年版,第 351 页。

化的劳动者。"①"三育两有"方针,在当时有很深刻的现实意义。

"把我们的后代培养成为坚强的革命后代,具有坚定的社会主义的政治方向,具有坚强的无产阶级的革命意志,具有崇高的共产主义道德品质,具有热爱劳动的习惯和艰苦朴素的作风,是我们未来的希望所在。"②毛泽东出访苏联,在看望中国留学生代表时,充分表达了希望青年顺利成长为社会主义建设者和接班人的殷切期待之情:"世界是你们的,也是我们的。但是归根结底是你们的。你们青年人,朝气蓬勃,正在兴旺时期,好像早晨八九点钟的太阳,希望寄托在你们身上。……世界是属于你们的,中国的前途是属于你们的。"青年人的社会担当意识在国家的重视和领袖的激励中被充分激发出来,确立了加强学习、做合格的无产阶级革命事业接班人的人生目标。

2."教育要为政治服务、与生产结合"

1958 年 8 月,毛泽东在视察天津大学时说:"学校是工厂,工厂也是学校,农业合作社也是学校,要好好办。"9 月在视察武汉大学时又指出,"学生自觉地要求实行半工半读,这是好事情,是学校大办工厂的趋势,对这种要求可以批准,并应给他们以积极的支持和鼓励",又一次强调了教育要与生产劳动相结合,为实现劳动人民知识化服务的思想。③

1958 年 9 月 19 日,中共中央发出《关于教育工作的指示》,指出:"党的教育工作方针,是教育为无产阶级政治服务,教育与生产劳动相结合。"④"这样做的目的是要培养出共产主义的全面发展的新人,就是既有政治觉悟又有文化的、既能从事脑力劳动又能从事体力劳动的人,而不是旧社会的只专不红、脱离生产劳动的资产阶级知识分子。"⑤《指示》发表后,全国掀起了落实教育工作方针的高潮。然而,在"大跃进"的历史大背景下,教育为无产阶级政治服务变成了为政治运动服务,学校师生整天参加各种政治活动,若不

---

① 《毛泽东文集》第 7 卷,人民出版社 1999 年版,第 226 页。
② 转引自程凯主编:《当代中国教育思想史》,河南大学出版社 1999 年版,第 132—133 页。
③ 转引自程凯主编:《当代中国教育思想史》,河南大学出版社 1999 年版,第 125 页。
④ 转引自程凯主编:《当代中国教育思想史》,河南大学出版社 1999 年版,第 109 页。
⑤ 转引自程凯主编:《当代中国教育思想史》,河南大学出版社 1999 年版,第 186 页。

积极便被扣上觉悟不高的帽子,甚至被插"白旗",遭批判斗争;教育同生产劳动结合,变成了整天参加生产劳动,谁要看书学习即被扣上走白专道路的帽子。① 受"左"的影响,教育偏离了健康发展的轨道,教学质量明显下滑,学生素质普遍下降,也给"文革"期间兴起的"读书无用论"埋下了种子。

为改变"大跃进"造成的国民经济严重衰退,各种物质资源短缺,尤其是食品资源的匮乏给人们生活带来的困难局面,1961年中共中央决定实行"调整、巩固、充实、提高"的八字方针,与此同时,对文化教育方面的调整也拉开了帷幕。

教育战线在周恩来的关怀下召开了一系列会议,总结经验教训,批评了文教战线上的"共产风"、"浮夸风"、"强迫命令风"、"干部特殊和瞎指挥风",并制定了各种条例以贯彻执行"八字方针",提出以教学为主,肯定课堂教学为教学的基本形式,肯定教师的主导作用。在各种因素的共同努力下,教育工作重新走上正轨,教育质量迅速回升。② 改革开放以后,我国经济、文化建设等方面的许多骨干都是在这个时期培养出来的。但这段时间的调整是在总体上肯定"三面红旗"正确性的前提下进行的,因而调整程度有限,教育指导思想这一根本性的问题并未得到有效解决。特别是对"左"倾错误思想、错误认识没有从根本上清理和纠正,从而导致一些正确的政策在实施中被中断。

1962年9月,中共八届十中全会使"左"的错误思潮愈演愈烈。此后,有关调整的会议和条例还没有进行公开宣传、公开发表就被束之高阁了。1963年至1965年又发生了意识形态领域过火的政治批判。在"阶级斗争为纲"、"反修防修"的口号下,"左"倾错误越来越严重,强调教育为阶级斗争服务,甚至提出"阶级斗争是学校的一门主课",学校教育被纳入"防止资本主义复辟"、"反修防修"的轨道中来。③ 这些做法逐步偏离了教育的预先设想,为即将到来的"文革"埋下了"政治狂热"的伏笔。

---

① 程凯主编:《当代中国教育思想史》,河南大学出版社1999年版,第111页。
② 参见程凯主编:《当代中国教育思想史》,河南大学出版社1999年版,第188—189页。
③ 参见程凯主编:《当代中国教育思想史》,河南大学出版社1999年版,第191页。

（三）教育要"政治挂帅"

对于社会主义建设过程中,特别是"大跃进"过程中出现的一些问题,知识分子和青年学生提出了一些质疑。这本是正常现象,但在"左"的社会思潮环境中,却被少数人利用为向党发难的武器。最后,毛泽东做出了错误的判断,提出"两个阶级"、"两条路线"的斗争是当时社会的主要矛盾。

于是,为了"反修防修"、巩固无产阶级专政,防止社会变色、保证社会主义的方向,毛泽东发动和领导了"文化大革命"。一场"以阶级斗争为纲"为指导方针的群众运动,迅速深入社会各个方面;意识形态领域首当其冲,教育界也成为阶级斗争的主战场。

1. 极左教育思潮的泛滥①

1966 年 2 月 2 日至 2 月 20 日,林彪委托江青在上海召开部队文艺工作座谈会。《文艺工作座谈会纪要》提出:在社会主义阶段,文化战线上存在着无产阶级和资产阶级两个阶级争夺领导权的斗争。该文发表以后,很快从文艺战线影响到各条文化战线,教育战线也未能幸免,教育领域的"大地震"旋即到来。

1966 年 8 月 18 日,《人民日报》发表《彻底搞好文化革命,彻底改革教育制度》的社论,明确提出教育战线存在着一条资产阶级、修正主义的教育路线,并号召要"搞掉这条反党反社会主义的黑线"。"钻到教育界的反党反社会主义反毛泽东思想的资产阶级代表人物,对社会主义怀着刻骨仇恨,对广大工农兵的文化翻身深恶痛绝。他们利用所盘踞的教育阵地,坚持执行资产阶级、修正主义的教育路线,千方百计地阻挠和破坏党中央和毛主席的教育路线。如果不搞掉这条反党反社会主义的黑线,毛主席的教育路线就贯

---

① 参见程凯主编:《当代中国教育思想史》,河南大学出版社 1999 年版,第 254—255 页。

彻不了","因此教育制度改革的过程,必然是一个尖锐复杂的阶级斗争的过程"。①

1967年3月27日,陈伯达与北京大学师生代表座谈教学改革问题时说:"我们的教育制度是从清朝末年演变而来的,后来又接受苏修一套东西,教育制度、教育内容、教学方法基本上是资本主义的……我们一定要大破大立。"4月12日,江青针对当时教育现状提出了更严厉的指责:"教育培养出一些完全脱离工农兵,脱离无产阶级政治,脱离生产的知识分子。"②

1971年,"四人帮"在全国教育工作大会上提出了"两个估计"。其内容为:解放后17年"毛主席的无产阶级教育路线基本上没有得到贯彻执行","资产阶级专了无产阶级的政";大多数教师和解放后培养的大批学生的"世界观基本上是资产阶级的"。③ 在"四人帮"眼里,过去十七年的教育统统都是资产阶级的,都应该推翻。④

自此,基于"两个估计"而展开的教育战线的斗争,成为"教育革命"的依据。在这种思想的指导下,极左教育思潮泛滥,甚至上演了让人啼笑皆非的闹剧:《红旗》杂志1974年刊载的一篇调查报告提出,教学计划交贫下中农讨论,改革课程教材找贫下中农商量,教学方法请贫下中农评议,教学质量让贫下中农评估。⑤

2."用马列主义、毛泽东思想改造大学"

"文革"开始以后,大部分青年学生参与到停课闹革命的洪流之中,往日熙熙攘攘的大学人去楼空。愈演愈烈的革命形势造成了社会的动荡不安,几乎所有的大学都停止了招生。

青年学生秉承毛泽东"对反动派造反有理"的精神,积极参与到红卫兵

---

① 转引自程凯主编:《当代中国教育思想史》,河南大学出版社1999年版,第254—255页。
② 转引自程凯主编:《当代中国教育思想史》,河南大学出版社1999年版,第255—256页。
③ 转引自《中华教育历程》编委会:《中华教育历程》(上卷),光明日报出版社1997年版,第1902页。
④ 参见程凯主编:《当代中国教育思想史》,河南大学出版社1999年版,第257页。
⑤ 参见程凯主编:《当代中国教育思想史》,河南大学出版社1999年版,第213页。

队伍中,掀起了一轮又一轮造反行动。青年学生们高呼着"舍得一身剐,敢把皇帝拉下马"、"我们就是要抡大棒、显神通、施法力,把旧世界打个天翻地覆,打个人仰马翻,打个落花流水,打得乱乱的,越乱越好"的口号涌向社会。

在毛泽东的支持下,全国掀起了"破四旧"和"大串联"的高潮。红卫兵们强烈批判所谓的修正主义教育路线,按照打倒权威、打倒领导、打倒老师,破除一切"旧规章制度"的路径狂热地开展活动。这一系列运动,使全国教育工作基本处于停滞状态。

毛泽东一直对农民和工人怀有无限的同情和关心,有着解不开的工农情结。他想创造一个属于工农群众的最理想的教育制度。当他发现上海机床厂的经验之后,他认为自己多年来一直思考的农民、工人子弟读书升学的问题终于有了答案。因此,1968 年 7 月 21 日,毛泽东在《人民日报》关于《从上海机床厂看培养工程技术人员的道路》的编者清样中,加了这样一段话:"大学还是要办的,我这里主要说的是理工科大学还要办,但学制要缩短,教育要革命,要无产阶级政治挂帅,走上海机床厂从工人中培训技术人员的道路。要从有实践经验的工人农民间选择学生,到学校几年以后,又回到生产实践中去。"①

在毛泽东的肯定和赞誉下,1968 年 9 月,第一所以"七·二一"命名的厂办大学首先在上海机床厂挂牌成立,成为当时的宣传热点。"七·二一"办学模式,一时成为高等教育的样板,很快风靡全国。至 1972 年,全国共有"七·二一"大学 68 所,在校生 4000 多人。1974 年配合批林批孔,加速发展至 383 所,学生 2.3 万人。1976 年迎合"反击右倾翻案风"的需要,膨胀至33374 所,学生总数高达 148.5 万人,为当时普通学生总数的近 3 倍(普通高校在校生为 50.6 万人)。②

普通高等教育基本陷于瘫痪。高校停止了从应届高中毕业生中招收大学生,开始依照"七·二一"大学模式试招"工农兵学员",吸收他们"上大

---

① 转引自程凯主编:《当代中国教育思想史》,河南大学出版社 1999 年版,第 224 页。
② 参见董宝良主编:《中国近现代高等教育史》,华中科技大学出版社 2007 年版,第 365—366页。

学,管大学,用马列主义、毛泽东思想改造大学"①。1970 年 7 月大面积试招启动,首届工农兵学员招生 41870 人,此后每年递增,1976 年最后一届招生21.7 万人。"文革"期间,中高等学校共招工农兵学员 7 届,总计 94 万人,占新中国成立以来大学毕业生人数的 21.4%。②

3. "接受贫下中农再教育"

"文革"初期,红卫兵运动风起云涌,在中央领导层的支持下,他们高呼"革命无罪、造反有理"的口号,活跃于全国各地。然而,青年保卫社会主义胜利果实的强烈愿望,却被别有用心的人借机利用了。打、砸、抢、抓、抄的非法行为一时泛滥于全国各地。之后,武斗等流血事件不断发生,引发了社会大动乱,人民陷入极度恐慌之中。

当党和政府注意到问题的严重性时,开始在全国阻止红卫兵"大串联"。为妥善解决此问题,也为了更好地让青年人成为"无产阶级革命事业的接班人",毛主席提出了知识青年上山下乡,走与工农相结合的道路。

1968 年 12 月 22 日,《人民日报》发表毛主席关于"知识青年到农村去,接受贫下中农再教育,很有必要"的指示。全国各地、社会各界开始动员知识青年上山下乡,接收贫下中农再教育。据统计,"文革"期间上山下乡的知识青年约有 1600 万。③

纵观十年动乱时期的教育发展,"以阶级斗争为纲"、"反修防修"是贯穿其中的主线。过度强调"政治挂帅"的教育导向,使青年一代放弃学业,走上了政治狂热的道路,造成了十余年的人才断层。

(四)新式人才需"四有"

十年动乱,高等教育遭受了极左思潮泛滥所带来的浩劫。粉碎"四人

---

① 转引自程凯主编:《当代中国教育思想史》,河南大学出版社 1999 年版,第 227 页。

② 参见董宝良主编:《中国近现代高等教育史》,华中科技大学出版社 2007 年版,第 367 页。

③ 参见朱政惠、金光耀主编:《知青部落:黄山脚下的 10000 个上海人》,上海古籍出版社 2004 年版,第 19 页。

帮"后,恢复教学秩序,清除极左思潮的影响,尽快使教育工作进入正常发展轨道被提上议事日程。

1. 消除极左思潮对教育的影响

"文革"初期,我国高等学校已经全部停止招生,但70年代初恢复的招生适度,实行的是"群众推荐,领导批准,学校复审"的办法,此法实施之后,弄虚作假、营私舞弊、"走后门"等事件不断发生,导致生源文化水平偏低等问题,严重影响了青年的学习积极性。继"文革"之初的又一轮"读书无用"论在"文革"接近尾声时又产生了。"文革"结束以后,虽然教育战线掀起了一场揭批"四人帮"破坏教育事业的热潮,但由于当时主要领导人奉行"两个凡是"的是非判断标准,使得极左思潮的影响并未真正终止。1977年春,最后一届工农兵大学生入学,同年6月召开的全国招生会议继续提出1978年的推荐计划。与此同时,各地仍继续上映"左"倾色彩浓重、摄制于"文革"期间的彩色故事片《决裂》,教师继续戴着"资产阶级知识分子"的帽子。[①] 但这一现象在1977年的下半年发生了根本性的改变。

在总结过去的经验教训时,中央认为,改变教育现状,特别是改革招生制度势在必行。为此,1977年8月8日,以邓小平为首的党中央提出了恢复高考招生制度的具体想法。他说:"今年就要下决心恢复从高中毕业生中直接招考学生,不要再搞群众推荐。从高中直接招生,我看可能是早出人才、早出成果的一个好办法。"[②]于是,在1977年冬,高考招生制度在终止了近十年之后得以恢复,教育又重新回到了正确的发展轨道。对于渴望知识滋润的青年来说,这一年的冬天无疑是个暖冬,它改变了无数人的命运。

1978年春,全国范围内开展了真理标准问题大讨论,"两个凡是"在理论上受到质疑。1978年12月18日至22日,十一届三中全会彻底否定了"两个凡是"的思想,确定了"解放思想、开动脑筋、实事求是、团结一致向前看"

---

① 董宝良主编:《中国近现代高等教育史》,华中科技大学出版社2007年版,第397页。
② 转引自杨宏雨主编:《困顿与求索:二十世纪中国教育变迁的回顾与反思》,学林出版社2005年版,第228页。

的指导方针。

十一届三中全会的召开,标志着我国社会主义建设新时期的到来。全会重新认识了现阶段社会的主要矛盾,即人民日益增长的物质文化需要同落后的社会生产之间的矛盾。中国共产党果断地把工作中心转移到社会主义现代化建设上来。确定现代化建设的根本任务是发展生产力,发展生产力的关键是发展科技,而发展科技的关键是培养人才,培养人才的关键则是教育的振兴。于是,教育不仅成为经济和社会发展的一般要求,而且成为解决现实社会主要矛盾的迫切需要。

自此,教育界对极左思潮产生的消极影响进行了深刻的反思,率先解放思想、转变思路,重新担负起培养社会主义建设人才的重担。通过恢复高考制度、为知识分子平反等措施的实施,教育工作逐步走上正轨。之后,根据中央提出的"调整、改革、整顿、提高"的方针,收回了"文革"中被占的校舍、恢复和增设了一批高校、整顿了部分成人高校、恢复了重点学校制度、增加了对高等学校的基本建设投资⋯⋯高等教育事业在调整、改革和整顿中逐渐得到恢复和发展。[①] 教育的目标终于从服务阶级斗争转移到服务经济建设上来。

2. "百年大计,教育为本"

1982 年 9 月,中共十二大召开,提出将农业、能源、交通、教育和科学作为我国今后二十年经济发展的战略重点。这可视为党中央科教兴国战略决策的萌芽。

为了使教育更好地适应经济建设的需要,更好地为社会主义现代化服务,党和政府对教育目标进行了一系列的修订。

1982 年,在中央军委召开的一次座谈会上,邓小平提出"搞社会主义精神文明建设,主要是使我们的各族人民都成为有理想、讲道德、有文化、守纪

---

① 参见董宝良主编:《中国近现代高等教育史》,华中科技大学出版社 2007 年版,第 403 页。

律的人民"。① 随后,中共十二大报告把培养"四有"新人确定为社会主义精神文明建设的根本目标。年底,第五届全国人民代表大会把这一目标写进《中华人民共和国宪法》,培养"四有"新人目标上升为国家意志,成为新时期高等教育培养人才的指导方针。

1983 年 10 月,邓小平为北京景山中学题词,创造性地提出了教育要"面向现代化,面向世界,面向未来"的目标,明确了教育的价值不仅在于培养人才,还在于为国家富强、民族振兴提供智力支持和精神动力,这对于中国教育的发展具有里程碑式的意义,自此,中国教育迎来了全面发展的春天。

1992 年初,邓小平在南方谈话中对社会主义本质这一重大问题做出了明确的理论概括,他指出:"社会主义的本质,是解放生产力,发展生产力,消灭剥削,消除两极分化,最终达到共同富裕"。② 在社会主义初级阶段,要以是否有利于发展社会生产力,是否有利于增强综合国力,是否有利于提高人民群众的生活水平这"三个有利于"的标准来判断各方面工作的得失。其中,"发展社会生产力"是核心。

怎样发展就成为最关键的议题。邓小平指出:"我们要实现现代化,关键是科学技术要能上去。"③为此,党的十二大和十三大均把教育列为经济建设与现代化发展的战略重点之一,并达成了共识:"科技的发展,经济的振兴,乃至整个社会的进步,都取决于劳动者素质的提高和大量合格人才的培养。百年大计,教育为本。"④培养适应社会需要的人才,促进人的全面发展成为教育发展的指向标。

(五)"科教兴国"应提倡

改革开放的步伐与思想解放的程度相互促进,相得益彰。邓小平南方

① 《邓小平文选》第 2 卷,人民出版社 1994 年版,第 408 页。
② 《邓小平文选》第 3 卷,人民出版社 1993 年版,第 373 页。
③ 《邓小平文选》第 2 卷,人民出版社 1994 年版,第 40 页。
④ 转引自程凯主编:《当代中国教育思想史》,河南大学出版社 1999 年版,第 314—315 页。

谈话之后,经济建设中的思想困境得到较为彻底的"解套",经济领域变化日新月异。同时,历经 1989 年的政治风波之后的青年在思想上的摇摆不定状态和价值取向多元化趋向有所缓解,但中国数千年来传承的传统文化、新中国成立以来在主旋律文化熏陶下形成的集体观念和改革开放之后涌入的西方民主自由潮流,在中国思想界的交织、碰撞依然激烈,对青年思想和内心造成的冲突依然巨大。他们一方面希望在社会生活中发挥一定的作用,展示自身存在的价值;另一方面,又忽视中国国情,试图将中国从过去的束缚中完全摆脱出来,甚至向往用西方式的民主、自由制度来改造中国的现状。这些意识和观念最终成为 80 年代末社会风波产生的内在根源。

苏东剧变展示了世界局势的瞬息万变和意识形态领域斗争的剧烈性、复杂性和残酷性,党和国家更加清楚地认识到重视和加强青少年思想政治教育势在必行。邓小平在总结我国改革开放初期的经验教训时指出:"我们最大的失误是在教育方面,思想政治工作薄弱了,教育发展不够。"①90 年代后,国家对青年的爱国主义教育、集体主义观念教育逐渐得到强化;进入新世纪后,随着思想政治理论课地位的加强以及马克思主义理论研究和建设工程的日益深入和完善,国家对青年的思想政治教育提到了一个崭新的高度。

与此同时,知识经济时代昭示人们,提高全民族的科学文化素质是国家富强、民族振兴的先决条件,普及基础教育、发展高等教育是关键。

1. 科教兴国,提高全民族的文化素质

1995 年 5 月,江泽民同志在全国科技大会上的讲话中提出了科教兴国战略。这一战略在十五大报告中得到集中体现:"培养同现代化要求相适应的数以亿计高素质的劳动者和数以千万计的专门人才,发挥我国巨大人力资源的优势,关系二十一世纪社会主义事业的全局。要切实把教育摆在优

---

① 《邓小平文选》第 3 卷,人民出版社 1993 年版,第 290 页。

先发展的战略地位。"①

教育作为一种国家发展战略,其具体落实以基础教育为切入口。邓小平曾指出:"教育要从娃娃抓起。"国家为落实基础教育政策,大力普及九年义务教育、扫除青少年文盲,积极发展职业教育和成人教育,开展多种形式的岗位和技术培训,取得了很大的成绩。到2003年底,小学适龄儿童入学率达到99%以上,2004年初中毛入学率达到94.1%,高中阶段毛入学率达到47.6%,青壮年文盲率下降到5%以下。②

"1999年初,在亚洲金融危机、国内市场低迷的背景下,从拉动内需的角度出发,国务院决定高等学校大规模扩招,并提出'高等教育大众化'的目标。"③"2003年底《民办教育促进法》的出台,进一步确定了发展民办教育和教育产业的合法性。"④从此,中国高等教育由"精英化"向"大众化"转型。1998年,普通高校共招收本专科学生108.36万人,研究生7.25万人。从1999年起,连续三年大规模扩大招生,年增幅平均达30%左右。⑤ 扩招确实圆了很多学生的大学梦,但是其中的隐患却在几年后爆发,大学生毕业生就业难成了一个困扰教育和社会的"魔戒"。不扩张,更多想进入高等学校深造的学生的梦想将落空,而扩招,毕业生就业难似乎成了一个解不开的结。

高等教育从"精英化"到"大众化"的转型,预示着教育目标的改变,由培养社会精英、国家干部过渡到满足公众接受高等教育的机会均等要求,让希望而且有能力接受高等教育的人都能接受高等教育。⑥

1999年中共中央、国务院《关于深化教育改革,全面推进素质教育的决定》提出:"实施素质教育,就是全面贯彻党的教育方针,以提高国民素质为

---

① 《江泽民文选》第2卷,人民出版社2006年版,第34页。

② 参见王义祥:《当代中国社会变迁》,华东师范大学出版社2006年版,第204页。

③ 邹东涛主编:《中国经济发展和体制改革报告:改革开放30年(1978—2008)》,社会科学文献出版社2008年版,第707页。

④ 邹东涛主编:《中国经济发展和体制改革报告:改革开放30年(1978—2008)》,社会科学文献出版社2008年版,第701页。

⑤ 参见邹东涛主编:《中国经济发展和体制改革报告:改革开放30年(1978—2008)》,社会科学文献出版社2008年版,第707页。

⑥ 参见张秋山:《大学生社会角色时代变迁》,人民出版社2007年版,第101—107页。

根本宗旨,以培养学生的创新精神和实践能力为重点,造就'有理想、有道德、有文化、有纪律'的德、智、体全面发展的社会主义事业的建设者和接班人。"①

2. 增强社会主义意识形态的吸引力和凝聚力

各国经济、文化等交流的日益深入,全球一体化进程的逐渐加快,使世界成了一个名副其实的"地球村"。不同国家、不同民族的思想文化正在发生激烈的碰撞,多元价值、普世价值等成为当代青年耳熟能详的新概念。

值得注意的是,西方颇具影响的"后现代主义"思潮登陆中国,对中华民族的凝聚力产生了一定的消极影响。后现代主义强调强烈的批判精神以及无中心、非权威的解构精神,与中国的集体主义价值传统背道而驰,对保持民族文化独立性带来了一定的难题。为此,教育应发挥其引导和塑造的功能,继承发扬民族精神,培养青年的民族自尊心、自信心。

党的十五大报告指出:"大力弘扬爱国主义、集体主义、社会主义和艰苦创业精神。提倡共产主义思想道德,同时把先进性要求和广泛性要求结合起来,鼓励一切有利于国家统一、民族团结、经济发展、社会进步的思想道德。"②

党的十六大报告在文化建设和文化体制改革方面指出:"坚持弘扬和培育民族精神。民族精神是一个民族赖以生存和发展的精神支撑……在五千多年的发展中,中华民族形成了以爱国主义为核心的团结统一、爱好和平、勤劳勇敢、自强不息的伟大民族精神……面对世界范围各种思想文化的相互激荡,必须把弘扬和培育民族精神作为文化建设极为重要的任务,纳入国民教育全过程。"③

党的十七大报告在提到推动社会主义文化大发展大繁荣时指出:"建设

---

① 转引自王义祥:《当代中国社会变迁》,华东师范大学出版社 2006 年版,第 206 页。

② 《江泽民文选》第 2 卷,人民出版社 2006 年版,第 33—34 页。

③ 转引自吕澄、王国田主编:《新编共产党员先进性教育问答》,红旗出版社 2003 年版,第 20 页。

社会主义核心价值体系,增强社会主义意识形态的吸引力和凝聚力。社会主义核心价值体系是社会主义意识形态的本质体现。要巩固马克思主义指导地位,坚持不懈地用马克思主义中国化最新成果武装全党、教育人民,用中国特色社会主义共同理想凝聚力量,用以爱国主义为核心的民族精神和以改革创新为核心的时代精神鼓舞斗志,用社会主义荣辱观引领风尚,巩固全党全国各族人民团结奋斗的共同思想基础。"①

党对思想文化教育的高度重视说明:越是在多元文化和多元价值观并存的今天,就越是要强调民族精神,越是要加强社会凝聚力的建设;否则,中华民族就可能在一体化的影响下逐渐失去自我,被其他民族的文化所消解和淹没。当一个国家在文化上失去话语权,进而在意识形态上失去掌控权(正如苏联所经受过的那样),那么,这个民族的发展就必然受到抑制,甚至逐渐走向衰亡。

在新中国的发展历程中,无论社会风云如何变幻,国家通过教育培养社会主义事业建设者和接班人的目标始终未变。从建国之初国家恢复重建到社会主义制度确立和巩固,从"接受贫下中农再教育"到"文化大革命",从恢复高考的岁月到改革开放的年代,从有计划的商品经济时代到建立健全社会主义市场经济时代,从小康社会到和谐社会,教育按照国家意志塑造青年的脚步一刻也未停止。即使在价值多样化、青年的自我意识和个性不断彰显的今天,教育依据国家意志对青年进行塑造的主旨和功能也只是受到了更多的挑战,并没有被弱化,更没有消失。但需要注意的是,同样的主导性也有着不同的侧重点。从新中国成立伊始到十一届三中全会召开的三十年间,教育的国家意志体现为"又红又专",其中政治倾向性占据了绝对主导地位;改革开放以来的三十年,教育不仅关注政治,体现意识形态一元的主导价值,也关注着社会经济发展的现实诉求,按照社会的需要进行人才培养规格和模式的设计,完成了从单纯塑造少数社会精英到造就成千上万合格的

---

① 转引自宋公志等主编:《高举中国特色社会主义伟大旗帜——学习党的十七大报告》,武汉出版社 2008 年版,第 23 页。

社会主义公民的转变。这是中国教育发展历程中的质的飞跃。

教育对青年的塑造,一定意义上决定着青年的发展方向。但教育的成效究竟如何,则必须接受现实的严格检验。现在,让我们把目光聚焦到检验教育是否符合社会需要的就业,看看教育的指向标和就业的试金石是如何互动并培养出符合时代需要的青年。

二、投身社会始见金

经过教育培养和训练,适龄就业的青年手捧毕业证书走入社会,掀开了人生的新篇章。就业——这块试金石,为一代代青年的成长和成功搭建着梦想的舞台。

从新中国成立到 80 年代初,人才培养与配置完全靠计划,没有"产—销"结合;大学生的学费、生活费几乎完全由国家承担,毕业后直接由国家分配,没有任何后顾之忧。"进了大学门儿,就是国家的人儿",这是那几代大学生合情合理的就业心理。

从 1985 年开始,我国就业制度开始向"自主择业,双向选择"过渡。原先的就业分配模式逐渐弱化。上大学不再等于进了保险箱,大学生也得接受市场的选择。1988 年以前,上大学基本是免费的,1989 年开始象征性地收费,1990 年有了少量的自费生,1997 年开始全面收费。[①] 国家不再承担学生的学费,就业风险需要个人来承担。进入 20 世纪 90 年代之后,国家的就业政策继续放开,单一的计划模式完全转变为市场调控模式。这一系列的变化对青年产生了深远的影响。它一方面为青年提供了更大的就业空间,使青年人在广阔的社会舞台上大展拳脚,在为社会、国家和民族做出贡献的同时,也成就了自我的价值;另一方面,在严峻的就业现实前又使青年的生存压力越来越大,青年们不断将关注的目光由外在转向内在、由社会转向

---

① 张秋山:《大学生社会角色时代变迁》,人民出版社 2007 年版,第 125 页。

自我。

（一）"我是革命一块砖"

新中国成立以后，为适应集中发展的需要，中国仿效苏联体制，建立起计划经济模式。劳动就业体制受国家相关政策制约，对毕业大学生总体上实行"统包统分"政策，"统筹安排，集中使用，保证重点，照顾一般"是当时就业体制的具体体现。

为了改造在国民党统治时期形成的教育体系，1950 年 6 月 22 日，中央人民政府政务院发出《有计划地合理地分配公立高等学校毕业生的通令》。提出了毕业生"政府招聘和地区调剂相结合"的就业政策。

由于国家急需经济恢复性和发展性人才的需要，于 1951 年 6 月通过了《关于 1951 年暑假全国高等学校毕业生统筹分配工作指示》的议案，取消了大学生招聘或自谋职业的就业办法，规定大学生毕业后实行地区调剂，以适应国家经济发展工作。这标志着统分统配就业政策的正式确立。此后颁发的《关于改革学制的规定》、《关于 1952 年暑假全国高等学校毕业生统筹分配工作指示》、《关于教育事业管理权力下放问题的决定》等一系列文件，进一步对统分统配的就业政策进行了调整和完善。

这一时期，在"国家先于个人、集体先于个人"、"大河有水小河满，大河无水小河干"等价值观引导下，大学毕业生们听从祖国的召唤，服从社会的需要、政府的安排，走向祖国的四面八方参与国家经济建设。"我是革命一块砖，哪里需要哪里搬"是对这一现象最好的诠释。对于没有机会接受中高等教育的城镇青年，多以"接班"的形式，跟随父辈的脚印、接过父辈的旗帜，参与到社会经济建设中。对于广大农村青年，在户籍制度的严格控制下，大多数人"脸朝黄土背朝天"，将自己的青春和热血挥洒在新中国的热土上，只有少数人通过考学，走进政府机关、学校或研究单位。

这样的状态，一直延续到"文革"前夕。十年动乱使就业模式发生了相应的改变。不仅各项社会生活、工作遭到了破坏，而且国家各级行政机关运转失灵,大学毕业生分配工作也受到严重影响。1967 年到 1970 年毕业的大学生,统一由学校所在地的省和自治区革命委员会负责分配,必要时实行相互调剂的办法。1972 年,又开始实行"三来三去"政策,即社来社去、厂来厂去、哪来哪去。大学毕业生基本上得返回到原来的单位和地区工作,原有人才的小范围调剂和交流也基本停止了。

1978 年高考制度的恢复,让青年看到了改变自身命运的机会。于是,他们拾起课本,埋头苦读,希望能够追回逝去的青春,找回曾经的梦想。这是中国教育史上的一件大事,也是那一代青年人生历程中的一个里程碑。多少青年因为恢复高考,彻底扭转了命运车轮的走向。

张维迎,中国最早提出并系统论证双轨制价格改革思路的经济学家,北京大学光华管理学院经济学教授,他的命运就是在恢复高考制度中得以彻底改变的。

张维迎从小就是个学习非常勤奋的孩子,但是高考制度的取消打断了他的求学路。幸运的是,在他 18 岁那年全国范围内恢复了高考制度,他扛着一大摞烧饼走进考场,考一门吃一个,考完了,烧饼也吃完了。最后这位"烧饼考生"被陕西省最好的综合大学西北大学录取,就读政治经济学专业,从此开始了他的经济学研究之路。

他在接受凤凰卫视王鲁湘采访时坦言:"可以说没有改革开放不会有我的今天,我刚好是 1978 年上大学,因为在这之前的话,大学招收工农兵学员必须要推荐,如果靠推荐的话,我肯定没门。恢复高考制度,不光改变了我的命运,而且改变了好多好多人的命运。"

高考制度的恢复,大学生就业政策也做出了相应的调整。1981 年,国务院先后通过《关于 1981 年毕业研究生和大专毕业生分配问题的报告》《关于 1981 年普通高校毕业生分配工作的报告》和教育部、国家计委、国家人事局颁布的《高等学校毕业生调配派遣办法》。这三个文件,是新时期中国高校大学生就业统一分配制度再次确立的标志。

从新中国成立到此,大学生就业一直靠国家统一分配,学生本人基本上没有自主权。但这几个时期的大学生也有自己的想法,也试图表达自己的情感:当因为"统包统配"而被分到专业不对口的岗位上时,他们也曾伤心纠结;当为了响应祖国的号召而放弃个人理想时,他们也曾暗自哭泣;当在"铁饭碗、铁交椅、铁工资"中重复着不变的生活时,他们也曾怀疑过人生……然而,在封闭而单一的现实制度制约下,他们终究还是战胜了自己的欲望和痛苦,服从了国家的安排,在平凡的岗位上,安安稳稳地完成了时代交给他们的任务。

这几个时期的青年对职业的选择认知排序,第一是社会地位,其后是社会意义、发挥个人才干,最后才是薪酬水平。也许是因为斗私批修、割资本主义尾巴、上山下乡等经历留给他们的印象和创伤实在太深,大多数青年对务农、经商等职业持否定态度,他们宁愿去工厂上班,也不愿意从事农商行业。青年的职业理想也大多局限于"科学家"、"工程师"、"医生"等职业。这一现象,也成为后来经济体制转向市场经济、社会环境走向开放过程中,就业意向变化最为明显的一点。

(二)稳定之上求发财

随着改革力度的加大,开放程度的深入,统包统分就业政策的弊端暴露得愈发明显,越来越不适应社会经济形势的发展。国家适时对就业政策进行了调整,使其更加趋于开放和自由。

1. 从"供需见面"到"双向选择"

随着家庭联产承包责任制的实施,农业生产的效率大大提高,农村剩余劳动力开始产生。同时,城市化的迅速发展使得城镇对劳动力的需求大大增加,尤以建筑业和服务业最为突出。于是,80年代中期,我国出现了大批农村青年进城务工的"民工潮"现象。

在城镇,青年的就业模式也悄悄发生着变化,尤其是高校毕业生。1985

年5月27日颁布的《中共中央关于教育体制改革的决定》是国家对高等学校毕业生就业政策改革的重要标志。《决定》指出："要改革大学招生的计划制度和毕业生分配制度,改革高等学校全部按国家计划统一招生,毕业生全部由国家包下来的分配办法。"进而提出在部分学校进行小范围试点"供需见面"政策,学校和用人单位通过计划内供需见面落实大学生就业,而毕业生自己则不直接与用人单位见面。1985年,这一政策首先在清华大学和上海交通大学等少数学校进行了试点,继而慢慢推广开来。尽管这一制度并不是真正意义上的、毕业生与用人单位的"供需见面",但它结束了长期以来计划经济指令下的政府分配制度,为进一步改革大学生就业制度、增强大学生就业的灵活性进行了有益的尝试。

在总结清华大学和上海交大试点经验的基础上,1989年3月2日国务院批转了国家教委《关于改革高等学校毕业生分配制度的报告》和《高等学校毕业生分配制度改革方案》指出:"改革高等学校毕业生分配制度是高等教育体制改革的重要组成部分。通过这次毕业生分配制度改革,逐步把竞争机制正确引入高等学校,增强其活力和动力,从而使高等教育更好地为社会主义建设服务。"①国家通过就业分配制度的改革,逐步将毕业生计划分配就业制度改革为社会选择的就业制度,也就是以学校的就业指导为前提、逐步实行毕业生自主择业与用人单位择优录用的"双向选择"制度。这一变革,增强了高校主动适应经济与社会发展的能力,促进了用人单位对人才和知识的尊重。这也是新中国成立后高校毕业生就业制度史上的一个重大转折,因此,这一方案又被称为"中期改革方案"。同年,100多所院校在招生时宣布实施该方案,该年入学的学生在1993年毕业的时候都按照此方案进行择业。

2. 从注重"社会地位"到注重"高收入"

就业政策从"供需见面"到"双向选择"的转变,进一步改变了过去自上

---

① 转引自丁振国主编:《就业指导教程》,中国地质大学出版社2002年版,第7页。

而下高度统一的计划分配模式,使高校就业制度适应了从计划经济体制向市场经济体制转轨的现实需要。也为学校教育的改革提供了重要参考标准。社会需要什么样的人,具有什么样素质的学生更容易被用人单位接受,对毕业生的就业指导需要做哪些方面的努力和改进……这些都是高校根据毕业生就业状况可做也必须要做的针对性调整。

但对于青年学生来说,这些就业政策调整所带来的结果喜忧参半。一方面,它有助于改变过去专业不对口的情况,增强择业的灵活性和自主性,有更多的机会展现自己的才华,实现个人价值;另一方面,在竞争机制的作用下,就业能力和职位层次的高低均会一览无遗地显现出来,竞争、淘汰带来的压力是前所未有的。工作前途从"一律"平等变成了由能力、关系、机会等多种因素决定,这些境况对青年人的心理产生的冲击是巨大而深层的。但在社会大趋势的推动下,青年必须接受竞争带来的一切压力和挑战,否则,他们最终将因无法适应社会变化的要求而被淘汰。

在恢复高考的最初几年,青年学生对知识和学历有着非常高的追求。他们普遍认为,做一个有文化、高学历的当代青年不仅是一种荣耀,更是其社会地位的象征。但80年代中期以后,这种形势发生了逆转。研究生报考人数急剧下降,尤其是1987年,仅北京地区研究生报考人数就少了近千人;1989年,全国本科生报考人数还不如同等学力报考者多;在1987年到1989年这两年间,全国共有700多名研究生中途退学;对理工科感兴趣的大学生比例降到五成以下。[①]"做导弹的不如卖茶叶蛋的",这句顺口溜也反映了当时年轻人的内心想法。

如果说,此前青年人看待工作好坏的标准是其社会地位的高低,那么这个时期青年判定一份工作好坏的标准就是收入的高低。据调查显示,该时期青年在择业过程中首先考虑工作薪酬和福利的占36.6%,其次是自我价值实现,占27.9%,看重工作社会地位的只剩下23.4%。[②] 这一时期的青年

---

① 参见丁振国主编:《就业指导教程》,中国地质大学出版社2002年版,第7页。
② 转引自刘成彬:《改革开放三十年与青年就业观念的变迁》,《中国青年研究》2008年第1期。

人已经开始更多地关注自己的生活质量,希望有较高的个人收入来保证稳定的物质生活。在生活的天平上,物质需求压过了自我价值,吃好、住好、生活好成为青年人选择工作的第一追求。

当将这一段往事放到整个社会大历史的背景中去看时,我们除了看到社会制度和政策变化给青年人带来的影响外,还看到了青年人自我意识的觉醒。从为国家无私奉献到开始为个人的生活打算,青年人就业观从此呈现出务实、理性的倾向。

3. 从"机关"到"企业"

就业取向,实际是人生价值取向的直观反映。80 年代初的大学生,大多把大专院校、研究机构、党政机关或大型国营企业单位作为自己就业的首选;到了 80 年代末,大学生的择业观则开始由"社会价值型"向"经济价值型"转变,经济利益和物质待遇被提到相当重要的位置。据北京社会经济科学研究所 1988 年对北京、哈尔滨、上海、南京、合肥、武汉、广州、西安、兰州等城市 1300 多名大学生关于当代大学生人生观、价值观、职业观等 14 个方面的调查结果显示,有近 40% 的大学生希望毕业后到经济特区和沿海开放地区工作。从职业大类的选择来看,他们特别倾向到沿海开放地区的"三资"企业去工作,中外合资企业被置于择业考虑的第一位;传统的优势单位如党政机关、科研部门、文化系统等的吸引力大幅度降低。① 这是青年自我意识觉醒的象征。之后,青年将更多的注意力转移到对自我的关注和对个人生活的追求上的倾向越来越突出。

这一时期青年就业的突出特点是:不再固守本职,职业流动性增强。一直被父辈们强调的职业稳定性和就业观,进入 80 年代后期,被青年人用自己的行为打破了。

据当时的调查显示,青年希望改变职业的比例高达 67.5%,许多青年打出了"第一职业求稳定,第二职业求发财"的口号。刚毕业的大学生从"一步

---

① 参见刘成彬:《改革开放三十年与青年就业观念的变迁》,《中国青年研究》2008 年第 1 期。

到位"到"骑马找马"的越来越多。人才的流动逐渐频繁起来,择业"三级跳"现象层出不穷,从"国营"跳到"集体",从"集体"跳到"合资",从"合资"跳到"独资"。于是,90年代之后的经济生活出现了"国有企业"工人急剧萎缩,"集体企业"职工纷纷外流,"三资"企业"人丁兴旺"的局面。尤其到了1993、1994年,出现了大学生踊跃奔赴沿海开放地区的热闹景象。[①]

这一时期,还出现了一个颇具特色的现象——官员下海热。一些比较年轻的官员纷纷离开机关,辞去官职、抛弃铁饭碗,投身到滚滚的经商大潮中去,成为时代的弄潮儿。下海,不仅是对青年勇气的考验,更是对社会主义市场经济体制的检验。

冯仑,便是一个典型。1988年,海南因为刚刚被国务院批准设省并建立全国面积最大的经济特区。此时,曾经在中央党校、中宣部、国家体改委和武汉市经委等国家机关工作过的年轻干部冯仑,揣着一纸1万台彩电的批文来到了海南,一经转手,顺利赚到30万。之后,他用这笔钱筹建了海南改革发展研究院,其中一部分用于经营。自此,冯仑算是一只脚踏入了商海。1991年,冯仑手揣一张500万欠条的单子再次来到海南,这是他利用人脉关系从北京的信托公司借来的创业资金。他创建万通公司,从事房地产行业。自此,他正式迈入了经商的行业。从一个年轻的政府官员到如今北京万通实业有限公司的董事长,冯仑的人生刻下了时代的烙印,记下了社会转轨的痕迹。[②]

在官员下海的大潮之中,冯仑并非唯一的特例。这股潮水跟随着市场经济体制的建立和不断完善,越发澎湃激荡;也有越来越多的官员在潮起潮落中沉沉浮浮。2000年后,这种热潮又开始涌现。2000年4月,信息产业部信息化推进司副处长高红冰,辞去公职创办北京互联通网络科技有限公司;2002年3月,浙江省地税局总会计师徐刚辞职后担任吉利集团首席执行官;2002年12月,江苏省东台市市长王小平在换届之前递交辞呈,就任建湖县

---

① 参见孙晔:《中国青年择业观20年回顾》,《北京观察》2003年第20期。
② 张小平:《官员下海潮》,价值中国网:http://www.chinavalue.net/Article/Archive/2009/1/15/154739_2.html,2009年1月15日。

永林油脂化工有限公司总经理;2003年2月,温州市副市长吴敏一辞职,3个月后出任"红蜻蜓"集团"惠利玛"商业物流连锁机构总裁;2003年6月,51岁的琼海市副市长王文进辞官下海,出任新组建的海南博鳌中足体育综合训练基地有限公司总经理;2003年9月,湖北某区委副书记蔡德山下海,成为万家乐燃气具公司新任董事长……这一系列案例让我们看到热闹场景。

老百姓看到这种现象说:当了官,熟络了人脉,当然下海就会在这方面占点便宜;官员们却反驳道,仅仅靠人脉是经不住市场经济颠簸的,他们为这样的人生转变付出了常人难以想象的努力和艰辛。他们认为,市场经济对每个人都是公平的,他们的成功,应归功于自身的素质和努力,而不是其他。对此,官民各执一词。但是无论是谁,都从一个侧面肯定了下海经商的必要性,市场经济需要这样的弄潮儿。只是在这一过程中,百姓强调的是公平与合法,而官员则更看重市场和个人素质。如果在现实中,能有一个具体的机制来使这两方面更好地达到平衡,想必"官员下海"会成就更大的业绩,会造福更多的百姓——这也可能会成为他们个人职业生涯的最完美演出。

(三)上学择业自做主

开放、自主、独立、多元是20世纪90年代中期以来,青年就业的新特点,但随着教育和就业政策的进一步调整,其就业形势不容乐观。

1. 从"双向选择"到"自主择业"

1993年2月13日,中共中央和国务院颁发的《中国教育改革和发展纲要》中明确指出:在90年代,随着经济体制、政治体制和科技体制改革的深化,教育体制改革要采取综合配套、分步推进的方针,加快步伐,改革包得过多、统得过死的体制,初步建立起与社会主义市场经济体制和政治体制、科技体制改革相适应的教育新体制。[①] 改革的目标是要逐步使大学生就业由

① 参见余立编著:《中国高等教育史》(下册),华东师范大学出版社1994年版,第321页。

"统包统分"、"供需见面"、"双向选择"过渡到"自主择业",除少数师范院校学生、艰苦行业和边远地区的毕业生实行在一定范围内的分配就业外,大多数毕业生要在国家就业政策指导下,通过人才市场自主择业。

这是大学生就业制度的一次重大变革,意味着大学生就业已经完全融入市场体系,受市场调控。大学生不再代表着一种社会身份,大学给了青年的也不仅只是一个学历上的证明。90 年代初期,大学生在就业市场上还是个"稀罕儿"——那时高校还没有扩招,大学毕业基本上可以被称为"知识分子",在就业市场上比较"吃香"。90 年代中期以后,为了适应经济的发展,我国的大学生就业政策又开始有了一些新的调整和变化。国家教委在1997 年 9 月颁布的《普通高等学校毕业生暂行规定》中,首次将"毕业生分配"的提法改为"就业",并且明确了国家与高校毕业生的权利义务关系。"交费上学,自主择业"成为这一时期大学教育改革过程中的突出特点。从此,大学生就业就要完全接受市场的检验,接受优胜劣汰的现实。社会对人才资源的配置不再只是被动地接受高等院校的供给,而是根据组织自身的客观需要主动地招揽人才。一个真正靠本事吃饭、靠自身努力奋斗求生存、求发展的时代已经到来。只有那些适合社会需要的、得到用人单位认可的毕业生,才可以顺利进入就业市场,实现就业预期。

2. "盲目流动"的打工者

80 年代中期,大批农村青年进入城镇打工,在减少农村剩余劳动力的同时也给城镇管理带来一系列问题,如社会治安变差、劳动力过剩等。为解决这些问题,国家采取了"堵"的方式,陆续下发了《关于严格控制民工外出的紧急通知》和《关于进一步做好控制民工盲目外流的通知》等文件。然而,城市化的发展对低端劳动力的需要是不可避免的,打工成为这一时期农村青年求职的新道路。因此,1992 年以后,国家调整政策,把"控制盲目流动"转变为"鼓励、引导和实行宏观调控下的有序流动"。自此,农村青年的就业基本实现了自由流动。大批农村青年离开土地,为城市建设贡献着自己的力量。

从农村走进城镇,从依附土地生存到从事第三产业的劳动,农村青年在这条道路上走得辛苦而充实。对于大多数没有接受过中高等教育的农村青年而言,脱离土地是他们对人生的美好向往。在扔掉锄头走进城市,切身感受过五彩斑斓的城市生活之后,他们不甘只当城市的"过客",而希望以"主人"的身份立足于城市。这个时期的农村青年,虽然接受教育的机会没有城镇青年多,但与他们的父辈相比,身上的乡土气息已经淡了很多。他们认同城市的生活方式和价值观念,为城市的建设创造着辉煌的成绩。

在美丽的滨海城市青岛,提到"北大荒人",几乎绝大多数人都会竖起大拇指称赞不绝。别误会,我们这里说的"北大荒"可不是东北那块黑土地,而是在青岛家喻户晓的一家酒店。这家酒店是当地最大的经营东北菜的餐馆,以其正宗而独特的东北特色菜和北大荒精神闻名青岛。它不但品牌知名度高,生意也兴隆昌盛:固定资产770多万元,年营业额2300多万元,年上缴利税160多万元。但是令人诧异的是,这样一个庞大规模酒店的经营者竟然曾经是个农民工。

"北大荒人"的老板名叫隋海波,土生土长的东北人。1992年,年仅16岁的隋海波在完成牡丹江卫校的学业后回到家乡密山。次年,他怀着对未来美好生活的向往只身一人来到首都北京,在一个远亲开的饭店里开始了买菜进料的打工生涯。其间的生活自是艰辛,但是勤劳朴实、头脑灵活的隋海波没有意志消沉——他从没有因为自己是个打工仔而放弃对事业的追求。他不断琢磨饭店菜系、面点、服务等方面的特色,发现在偌大的一个北京城里却缺乏真正特色的东北菜。于是,大胆的隋海波毅然辞去了工作,先后在河南与山东开了两家规模较小的东北菜馆。在他的悉心经营下,反响非常好。2003年,隋海波在慎重考虑和前期调查后,在青岛创办了"北大荒人"酒店。几年时间,"北大荒人"就从一个普通的东北菜馆发展成为一个颇具规模的酒店。隋海波,也从一个买菜进料的打工仔发展成为酒店的老板。[1]

---

[1] 尹正文:《成功的农民工隋海波》,密山市农业信息网:http://www.mss.gov.cn/xk/nykj.asp?id=836,2006年12月7日。

隋海波只是众多成功的打工仔中的一个。他和那些四处漂泊的农民工一样,曾经茫然过,曾经失去希望过,但是他没有消沉。他用勤劳的双手和智慧的大脑为自己打拼出了一个全新的世界。今天,走在繁华的城市大街上,仍然随处可见外来的农民工、打工仔;在他们心中涌动的是,对美好生活的无限憧憬,这是支撑他们在城市坚守的信念。

3. 实用主义的就业倾向

90年代市场经济的深入发展,在促进大学生个性意识增强的同时,也促使其功利主义倾向日趋严重。以北京、上海等大城市为例,北京高校中绝大多数学生开始注重实用知识的学习,尤其是理工科受到越来越多的青睐;传统的文史哲学科则渐渐被看作是"没用"的知识。大学生普遍反映,纯理论研究过于清苦,不实用;他们在选择工作时开始更多地考虑经济收入、社会地位、工作环境,甚至职业发展的潜力等问题。在当时的上海校园里,流传着一句经典的顺口溜:"哪里工作? 新三到——到国外,到沿海,到赚钱最多的地方。"这是大学生以个人需求为中心、以实用价值为标尺的自我发展设计取向的真实反映。

总之,90年代青年人的择业观开始向务实化发展。一方面,市场经济的刺激作用使得更多青年人试图通过个人奋斗来实现人生价值;另一方面,就业政策的变化也让更多青年人必须直面人生的一个难题——生存。尤其大学生,尽管还被称为天之骄子,但已失去了特殊称谓的特殊福利——分配工作。更多的青年人需要独立自主地选择职业,从而选择自己的生活方式,在这样的转折点上,务实观念遍地开花就不足为奇了。

(四) 供过于求勇创业

新世纪以来,有两股潮水激荡着原有的就业结构。1999年的大学扩招,使得激增的毕业生在2003年如海水般涌向社会;国有企业改革带来的附属品——下岗,也沉重地打击着青年的就业市场和就业信心。两股潮水的汇合,使整个就业市场供过于求的趋势有增无减,并合流为一股汹涌的巨流,拷问着中国经济、拷问着中国教育。

1.严峻的就业形势

2003 年以来,面对人才市场供过于求的就业现实,大学生逐渐丧失了职业选择的权利。"不是我找什么样的工作,是什么样的工作能要我!"反映出了大学生就业的艰难境况。为改变此现状,国家出台了一系列政策法规,力图突破毕业生的就业瓶颈,使其找到满意的工作。2004 年,国务院办公厅出台了《关于进一步做好 2004 年高校毕业生就业有关工作的通知》。通知指出:2004 年是毕业生就业数量持续大幅增长的一年,就业形势严峻,就业工作任务艰巨。搞好就业工作,关系到广大毕业生的切身利益,关系全面建设小康社会的全局,关系社会政治稳定。要通过构建完善的就业服务体系、加强就业教育和思想宣传、深化人事制度和劳动用工制度等做好毕业生就业工作。

2007 年底,教育部、人事部、劳动保障部发布《关于积极做好 2008 年普通高等学校毕业生就业工作的通知》;2008 年,国务院出台《关于做好促进就业工作的通知》;2009 年初,国务院办公厅下发《关于加强普通高等学校毕业生就业工作的通知》……这些通知的主题都是要千方百计促进大学生的就业工作,缓解越来越大的毕业生就业压力。

此外,国家还为毕业后到西部、到基层就业的大学生提供优惠政策,鼓励重大科研项目聘用高校毕业生,鼓励毕业生应征入伍服兵役……力求多渠道、多途径缓解就业市场上的供需矛盾。

整体就业状况的不理想,再加上教育供给与市场需求的脱节,已经让所谓的"双向选择"退化为"单向选择"。在如此激烈的就业压力下,稳定成为青年人择业的主要标准。其就业目标,由坚持找一份称心如意的工作,逐渐变化为找一份稳定的工作,稳定压倒一切。

在这样的社会背景下,很多人开始怀念"铁饭碗"的时代。于是,公务员职位和具有事业单位编制的工作被大学生竞相追捧。用大多数大学生的话说,这就是"吃皇粮,旱涝保收"的工作,对他们具有强大的吸引力。报考公务员,在中国演变成一幅千军万马齐争"铁饭碗"的壮景。2005年,全国报考公务员的人数为54万;2006年,逾75万;到2009年,则首次突破百万,达到105万;2010年达到130多万人,较2009年增加了30余万,再创历史新高。各职位平均竞争比例更是接近100:1,使公务员考试成为当之无愧的"中国第一考"。

王同学就读于南京大学法律系,在就业问题上他做了"三手准备"——考公务员、考研、找工作,一个也不能少。在参加完2008年1月份的研究生入学考试后,他到南京某律师事务所实习。当实习单位欲与其签约时,研究生考试分数揭晓,他以414分的高分位居榜首。在直接工作和读研间,他还是毅然地选择了读研——毕竟在这个日新月异的社会,高学历已经成为了一种必然的趋势。就在他做好一切准备读研的时候,4月份参加的公务员考试也出结果了:他被无锡市某法院录取。其选择太多,似乎也成为了负担。他在徘徊犹豫后,最终还是选择了读研。

然而,不是所有人都能像王同学一样幸运,但继续深造已成为目前的新趋势。一方面,出于社会对就业者学历要求的提高,深造确实能提升就业的机会;另一方面,不少大学生认为就业压力来势凶猛,但不会长期持续,在学校待几年再出去也许机会能更多。从一年比一年多的研究生报考人数就可以看出,"考研热"正逐步向"考研烫"发展。

2. 先就业,再择业

随着就业压力的增大,青年人的心态逐渐成熟与理智。他们慢慢意识到,作为一个刚刚走入社会的年轻人,工作对其而言更多的是一种经历,是积累经验的过程,而不是一开始就能赚很多钱和实现自身价值的唯一方式。

先就业,再择业,成为当代青年的全新就业观。职业经理人李开复给青年人的建议:"机会远比安稳重要,事业远比金钱重要,未来远比今天重要。"

第一份工作固然重要,但不代表会做一辈子:在 21 世纪的今天,平均一生换四五次工作是再正常不过的事。第一份工作更重要的是积累经验和资本,而非追求待遇。

2008 年毕业于南京某重点大学的小张,大学期间成绩优秀,担任班干部,获得过很多荣誉。在别人眼里,她是一个拥有较高求职资本的毕业生。但是,由于其专业相对较冷、社会需求量小,她在找工作之时也遭遇措手不及的打击。几年前可以轻松进入重点中学做老师的师范专业,现在也成为冷门。被众多重点中学拒之门外后,百转千回,小张终于在无锡找到了一份工作。虽然只是一个普通中学,但她自己没有太多的怨言,用她的话说就是:"现在就业形势如此不景气,我能暂且签到一个 offer 已经很不容易了,至于好坏先不说吧,等我有足够的经验和资本的时候,我想我会找到更好的工作的。"

小张说这些话的时候,语气淡定而充满信心。她代表了大多数青年人的心态:虽遇挫折,但用心面对。

3. 创业时代到来

当越来越多的毕业生拥挤在各个招聘会场的时候,一部分学生却在为自己的小公司忙忙碌碌,到处奔波。创业,已经成为青年就业的新时尚。

24 岁的陈谦是浙江湖州人,2004 年考入重庆工商大学。大一下学期,他加盟了广州一家专卖化妆品的网站,在学校代销化妆品。由于价格便宜,并且免费送货、货到付款,陈谦的生意非常好,后来还发展到了沙坪坝、渝中区、渝北区的各大高校。由于网购与快递业务紧密相连,她又于 2007 年接下一个快递公司。但是,由于缺乏管理经验,公司亏损得厉害。为了节约成本,她便自己亲自步行送货,再便宜的业务也要送到收件人手中。三个月下来,她瘦了 10 公斤。凭着过硬的服务质量,公司业务量急速上升,很快在快递业内崭露头角。2008 年 7 月一毕业,她便自立门户,加盟国内领先的同城快递公司,将快递业和化妆品联合经营,创造了新的成功。①

大学生自主创业,并不意味着就能成为数着钞票过日子的小老板。陈谦的经历让我们看到:创业不仅需要资金投入、管理经验和创意,还需要不懈的努力和踏实苦干的精神。其中,勤奋与实干是最大的资本。

国家对大学生的自主创业持肯定和鼓励态度,并给予了相应的政策优惠和技术指导。温家宝总理在十一届全国人大二次会议上作政府工作报告时指出,要千方百计促进就业,加快建设一批投资少、见效快的大学生创业园或创业孵化基地,为大学生创业提供条件。此外,各高校也纷纷推出各项创业活动,帮助大学生自主创业。如浙江师范大学的工商学院在 2004 年成立"创业学院",不断组织创业团队撰写策划书、进企业见习、与公司举办校企合作班,培养创新型人才。江苏省在全省高校大力开展大学生创业教育的基础上,遴选确定了南京航空航天大学、中国矿业大学等首批 13 所大学生创业教育示范校,推动大学生创业教育的全面展开。

在就业难已经成为社会普遍问题的今天。年轻人在抱怨大学扩招、高校教育不适应社会需要、就业机会少的同时意识到,就业作为一个试金石,也是历练真本事的一道门槛,不仅需要通过自己的奋发、智慧、热情和干劲为自己挣得生存的一席空间,也需要勤奋和努力去承载社会发展与时代进步赋予他们的重任。

社会总是需要以某种方式挑选出适合的人才,与其彷徨、犹豫、怨天尤人,不如珍惜现在,做好手边该做的事情。于是,身处象牙塔的学子们,开始了忙碌的大学生活:利用学校的丰厚资源去充实自己,提升自身的整体素质;在职业学校学习专项技能的学生,开始关注技术、技能的培养,各种各样的考证变得热火朝天;已经踏入社会的青年人,有许多人放弃了休闲的时光,回到课堂,为自己的人生做着储备,他们深知,机会总是留给那些有准备的人……

---

① 雍黎:《大学生成功创业实例分享》,《重庆晨报》2009 年 3 月 1 日。

三、激流抚听时代脉

如果说上述探讨从教育政策、制度和就业政策、制度两个方面宏观地分析反映了社会对青年的影响和约束的话,那我们还有必要从潮起潮落的"读书热"这一更加具体的视角,去分析社会对人才的需求对于青年观念和行为的约束和影响。伴随着新中国的成长,中国青年从对理想主义的热衷到对十年蹉跎岁月的反思,经历了由狂热向理性,由单一向综合,由国家向自身的转变过程,这一转变从青年对知识的追求中能够清楚而集中地体现出来。

(一)"读书无用论"抬头

新中国的成立,不仅是政治制度的改变,社会主义用自身的价值体系教育和塑造着一代新人,使之与旧思想彻底决裂,这是建设新社会的思想前提。它在建国之初改造青年知识分子的运动中就初见端倪,在 1957 年"反右"运动中得到强化,而到了"文化大革命"时则走向极端。在与旧思想决裂的过程中,青年人的革命化意识渐趋增强,而学习科学知识的意识却日益弱化,以致出现了"读书无用论"的倾向。

这种倾向在"文革"的特殊产物——工农兵大学生身上体现得尤为明显。1974 年 1 月上海第二医学院的工农兵学员对考试方案所发表的意见,或许可以看作这种倾向的一个缩影。"学员针对'考试时不准交头接耳,要按时交卷'开火了,说'这是复旧',是'分数挂帅'。教师辩解:'要分数有什么不好? 要反映成绩,总得有个分数啊! 即使是篮球比赛也要计分,也要比胜负。'学员们反驳:'你们这样考会冲垮无产阶级政治,是在搞智育第一。'教师说:'学习本来就是艰苦的劳动,必要的压力还是要的。'学员说:'问题的实质是不信任学员,对学员搞管卡压。'学员越说越激动,以致'四五十名学员挤进了一屋子,一个考试方案的讨论会变成了对旧考试制度的批判会。'几经争论,最后的方案是:教师由监考变助考,师生共同出题、命题,帮助考生在考场'掌握考试内容'。"①造成这种重革命意识、轻文化知识倾向的原因是复杂的。其中,高考制度被废止是一个不可忽视的原因。1966 年大学的停招使青年人的学习热情遭到打击,1970 年群众推荐上大学的政策,更是令许多青年的学习热情跌入冰点。

这一时期,青年将越来越多的热情投注到如何成为社会主义事业接班人上,更加关注革命形势、领袖指示和国家的号召,而非科学知识的学习。这一方面造就了一批政治觉悟极高的社会主义建设者,保证了建设的方向。但另一方面也造成了"文革"后的文化断层,给国家的建设造成极大损失。

(二)读书热潮汹涌澎湃

1977 年 9 月,已是初秋时分,恢复高考这条石破天惊的消息却让无数青年心中泛起暖意。"当年上山下乡的知识青年们,从田间地头扔下锄头镰刀,放下高高挽起的裤管,洗净满身的污泥,重新捧起了荒废多年的课本。"②当年 570 万考生涌入考场,寻找命运的转机。尽管只有百分之四左右的人通过这场考试扭转了生命的航向,但知识改变命运的观念却在青年人心中扎下了根。

次年,一篇名为《哥德巴赫猜想》的报告文学进一步激起了青年的学习热情。在上海摄影师薛宝其记录时代的照片里,这种热情可见一二:"买书的人在新华书店门口排成长龙,从他家到复兴公园十几分钟的路上,稍一留神,就能发现人们在茶馆、在树荫下、在路上、在公园长椅上忙着读书。"③在流行书目中,备受青年推崇的是萨特、尼采、叔本华、弗洛伊德等人的著作。这些书籍因与马克思主义和毛泽东思想不同的思维和观点,对精神上饥渴了十年之久的中国青年产生了巨大的吸引力,尤其是其中张扬自我、关注人

① 周全华:《"文化大革命"中的"教育革命"》,广东教育出版社 1999 年版,第 185 页。
② 时间、乔艳琳主编:《实话实说的实话》,上海文化出版社 1999 年版,第 311 页。
③ 石文:《寻找六十年》,《东方早报》2009 年 8 月 24 日。

性的部分抚慰了青年们备受摧残的心灵。但如同极度饥渴下的暴饮暴食导致消化不良一样,青年在饥不择食下对西方书籍中的思想的接受,易使之对现实做出有失偏颇的判断和评价。为此,一些青年怀着"振兴中华"的美好初衷,试图将西方模式嫁接到我国的改革开放上来。

到了 80 年代后,这股"读书热"渐渐退去,"读书无用"的思想潮流悄然浮现。不可忽略的现实是,工农体力劳动者在商品经济发展的第一个阶段,比知识分子拥有更多的选择权,成为改革开放的第一批受益者。最早的"专业户"、"万元户"出现在他们中间。对作为脑力劳动者的知识分子来说,虽然国家提出要提高知识分子的工资,给予知识分子职称、地位,也在专利、版权方面给予了相应法律肯定,[1]但未见明显的收入提高,"脑体倒挂"出现并有加剧之势。因此,在知识分子后备军——大学生中蔓延着这样一种想法:"读书无用"。[2]为了更好地实现自我价值,青年人纷纷退学投身商海。"1988 年上半年,上海 35 所高校退学人数达 386 名。中山大学有两名研究生在筛选考试中故意使两门不及格,以达到自我淘汰、早日降格结束学业的目的。"[3]

"读书热"的潮起潮落,其实是青年学习目的、学习动机变化的具体表征。当教育可以改变个人命运且推进国家繁荣时,青年埋头读书、勤奋学习,掀起了"读书热";但当商品化的意识渗透到教育领域,青年人用投入与产出比的经济学原理去衡量学习对于自身的价值时,青年发现,读书的"长线投入"无法满足现实价值"及时兑现"的需要,于是,"读书无用论"便浮出了水面。

(三) 再度掀起"读书热"

曾几何时,"脑体倒挂"的现象让知识分子失去了心理平衡,也让青年人

---

① 参见李友梅主编:《中国社会生活的变迁》,中国大百科全书出版社 2008 年版,第 153 页。

② 李友梅主编:《中国社会生活的变迁》,中国大百科全书出版社 2008 年版,第 230 页。

③ 苏颂兴、胡振平主编:《分化与整合:当代中国青年价值观》,上海社会科学院出版社 2000 年版,第 72 页。

对教育的作用产生了怀疑。国家很快就注意到了这个倾向,并采取了一系列相应的措施来扭转这种认识。1992 年,珠海市生化制药厂厂长、高级工程师迟斌元研制的"凝血酶"以最经济的提取技术获得珠海市颁发的特别奖——奖金 26 万余元、"奥迪"牌小轿车一辆、三室一厅的住房一套。① 1993年 2 月 25 日,中科院数学所研究员堵丁柱等 6 位年轻的科学工作者获首届"中国青年科学家奖"。1995 年,国家又提出了"科教兴国"的重大战略,"脑体倒挂"现象开始好转,青年人重新确立起"知识创造价值"的观念。"读书无用"开始转变为"读书赚钱"。② 知识的工具性价值日益凸显,青年人纷纷选择适合自己的读书方式。

在校青年开始通过考研与留学的方式以期在教育"大跃进"中站稳脚跟。以合校和扩招为标志的教育"大跃进"开始后,其弊端在随后的几年迅速显现。高校毕业生的人数不断攀升,就业岗位增速却较为缓慢,本科生"身价"暴跌,毕业即意味着失业。于是,他们中的一些人把就业的希望转寄到攻读研究生或国外学位上。于是,读研和留学热了起来。从 2001年我国开始扩招研究生起,每年的报名人数均以 20% 左右的速度增长。2007 年,全国研究生在校人数达到 150 万,规模仅次于美国,位居世界第二。③ 教育部公布的数据显示,2007 年中国各类出国留学人员总数为 14.4 万人,其中自费留学 12.9 万人。与 1978 年的 860 人相比,留学生的人数增至167.44倍。④

除了在高等学府求学之外,也不乏其他各种形式的学习方式。很多已入职场的青年也选择经常"充电",以提高自己的竞争力:有人忙着发展英语技能,有人忙着攻读管理学位,也有人忙着考职业认证书。事实证明,职场人士的种种行动并非盲目。82% 参加调查的人士表示,"充电"可以丰富知识,提升专业水平;68% 的人认为"充电"可以扩大圈子内的人脉;52% 的人

---

① 参见李友梅主编:《中国社会生活的变迁》,中国大百科全书出版社 2008 年版,第 231 页。
② 李友梅主编:《中国社会生活的变迁》,中国大百科全书出版社 2008 年版,第 232 页。
③ 参见倪光辉、原小瑛:《考研热"拐点"初现》,《人民日报》2008 年 1 月 21 日。
④ 参见黄蓉芳、饶贞、刘海健、杨明:《30 年百万学子出国门,7 个留学生有 1 中国人》,《广州日报》2008 年 1 月 24 日。

把"充电"作为职位晋升的有效途径;20%的人把"充电"作为一条转行的通道。[1] 许多人通过"充电",使得自己在职场态势中由被动变为了主动。随着"知识经济"时代的到来,学习已成为一种终身的事业。

在青年"读书热"和"读书无用论"的起伏之间,总与国家经济社会发展的总体价值导向密切相关,特别是90年代中期之后,当青年意识到,个人的整体素质,不仅与社会发展相关,而且与自我成就密切关联时,青年的学习热情自觉地呈现出稳定而持续发展的态势。这是青年发展之幸,也是国家兴盛之镜像。

综观上述分析,我们要问的是,教育、就业、读书之间是否存在着一种张力,在互动中最终决定了青年的发展方向呢? 答案是肯定的。

如果把教育比作一座工厂,那么经受教育塑造的青年就是一件产品。其中,有些是成品,有些是半成品。但无论是成品抑或是半成品,他们的命运终将与其他产品一样进入市场、接受检验。如果该产品能够满足市场的需要,那么这种产品就会畅销,如手机市场中的诺基亚、冰箱中的海尔;如果产品不能满足需要,那么这种产品就会被淘汰,如副食品市场里的春都火腿肠、奶制品中的三鹿……

虽然这仅仅是简单的类比,但在一定程度上体现了教育与就业的关系;只不过生产一般产品的工厂的掌控者是企业家,而造就人才产品的教育机构的掌控者是教育工作者。主体虽然不同,道理却是相近。

古代的教育多是为了陶冶情操,与就业无甚瓜葛,至少没有太直接的关系。但不知从什么时候开始,教育和就业实现了联姻。到了近现代,教育程度越高,就业机会也就越好。尤其是在当代,这一倾向表现得更加突出,教育的功利主义色彩也越来越浓。教育作为人才培养的指向标,塑造着社会需要的人才。而就业状况作为人才是否适应社会的试金石,不断输送着反馈信息,以便教育不断做出调整。教育对青年的塑造与就业对青年的历练,

---

① 参见《08年末,"充电热"席卷陕西职场》,WEB开发网新闻资讯:http://www.cncms.com.cn/news/other/14589.htm,2009年1月6日。

共同促使青年不断调整着自我的期望和努力的方向。

　　基于前文论述，让我们一起来回顾和总结一下教育与就业在过去六十年间对青年人生轨迹的影响。

　　"文革"之前，我国实行的是计划经济，一切社会资源都根据国家建设的需要进行配置。这个时候，国家的需要就是个人的需要。国家按照需要培养人才，毕业生直接被分配到需要的地方，没有个人的选择权。

　　这一阶段的教育资源完全由国家投入，包括学生的学费、生活费。青年学生为了祖国建设而努力学习，成为顺理成章的事情。另外，共产主义教育深入到社会生活的方方面面，在集体主义价值观念的指导下，服从和奉献成为社会的主旋律。按照国家设定的社会角色——社会主义事业的建设者和接班人，青年严格要求自己，毫无怨言。即使国家把他们分配到最艰苦的地方，那也是祖国的需要，绝大多数青年人没有丝毫的怀疑。这种强烈的集体主义价值观决定了他们的行为方式，青年人在政治、经济、文化中的表现均由此而生。

　　80年代初到90年代中期，我国处于计划经济向市场经济的转型时期。国家极力消除极左思潮对教育的影响，并提出了"科教兴国"的战略。"四有新人"成为那个时代青年的培养标尺。"双向选择"的就业模式使青年人拥有了一定的职业选择权。他们的人生追求，逐渐从社会地位转向经济收入，理想职业也从按部就班的政府机关转向自由度较高的企业。

　　90年代中期以后，全球化的步伐加快，多元文化在中国发生了碰撞与融合。在多元价值观的冲刷下，中国青年在思想领域获得了更多的自由，在人生追求上越来越强调自我意识。尽管国家在这一时期力图培养思想政治水平较高的高素质人才，但在严峻的就业压力下，多数青年人只能选择实用主义的就业倾向：先养活自己，才能顾得上国家与社会所赋予的时代任务。

第四章　心灵的诉求

　　生活的变化直接而简单,而其背后的思想变化却不那么容易察觉。如果说偶像是时代的恋人,成就是时代的追求,那么信仰就是时代的动力,它们均是青年成长的重要参照系。对偶像的崇拜、对成就的追求、对信仰的执著,在一定程度上为我们勾勒出新中国青年在思想上的变迁,在人生追求上的变迁。

一、众星捧月恋偶像

　　人过留名,雁过留声。时间的脚步虽然匆匆而过,但却留下了无法抹去的印记——历史。一段历史结束后,人们总会记住一些人,一些深深打着时代烙印并独领风骚的人。我们称他们为时代的恋人,他们是那个时代的偶像或榜样。

　　在历史翻开21世纪的篇章时,回望那些曾经让一代代中国青年激情澎湃的人,我们有一些深刻的思考,获得了一些启迪。

(一)英雄化的偶像

　　英雄是一个时代的标志。每个时代都有自己独具特色的英雄人物。时光流逝,英雄的内涵也在时代的转换中不断丰富和发展。唐代杜甫曾有诗曰:"出师未捷身先死,长使英雄泪满襟。"毛泽东也曾在他的《七律·冬云》中写道:"独有英雄驱虎豹,更无豪杰怕熊罴。"这些英雄多是颇具才智、勇武过人之人。到了新中国成立初期,群众中间不断涌现出许许多多的英雄模范人物。"他们是在共产党的领导下,自觉地为着社会主义事业、为着人民群众的利益而奋斗。他们的先进事迹成为群众学习的榜样,并在不同方面不同程度上促进了祖国建设事业的发展。"①

时势造英雄。"被封锁"、"贫穷"可以形象地描述中华人民共和国成立初期的基本国情。巩固新生政权,逐步恢复和发展被战争摧毁的生产力成为全国人民的首要任务。在那样的艰苦岁月里,物质生活的极度贫乏并没有使人们失去对新中国的希望。恰恰相反,人们把这种困境当作美好前景来临之前的考验,坚持着"天将降大任于斯人也,必先苦其心志,劳其筋骨,饿其体肤,空乏其身"的信念。于是,战士为国出生入死,工人为国顽强拼搏,干部为国鞠躬尽瘁……整个中国都在为开辟一个新天地而努力奋斗着。邱少云、王进喜、邓稼先、雷锋等人就是其中的典型。他们影响了众多中国青年的人生观和价值观,使之积极热情地投身于国家建设之中。

1. "最可爱的人"——邱少云

抗美援朝战争中,志愿军被誉为"最可爱的人"。在这些最可爱的人中涌现出一批被中朝人民永远铭记的英雄,邱少云就是其中之一。

一九五〇年六月二十五日,美帝国主义悍然发动了侵略朝鲜的战争,把战火烧到了鸭绿江边,严重地威胁着不满周岁的中华人民共和国。在此关键时刻,党中央和毛主席英明地决定,派遣中国人民志愿军开赴朝鲜,同英雄的朝鲜人民和朝鲜人民军一起,并肩作战,抗击侵略。邱少云就是在这场战争中,于三九一高地上,为了完成潜伏任务,严守革命纪律,任烈火在他的身上燃烧了三十多分钟,以钢铁般坚强的意志,纹丝不动地忍受火焰一丝一丝吞噬着自己的肌体,直到献出他二十五岁的生命……②

---

① 蔡美彪:《人民群众和英雄模范》,工人出版社 1956 年版,第 35 页。
② 姜安:《邱少云》,黄河出版社 2003 年版,第 2 页。

这是一种什么精神？是什么让一个战士在烈火中纹丝不动？是对伟大祖国的爱和对朝鲜人民的深厚情谊！正是这种无私的革命英雄精神和国际主义精神，让我们的战士将生死置之度外。在短暂的半个小时里，邱少云用自己的坚忍演绎了一个爱国主义英雄和国际共产主义战士的神话。

在这场战争中，熊熊燃烧的烈火夺去了邱少云年仅25岁的生命。但是，生命的终结并不能使他存在的意义消失，反而使他的精神得到了更广泛的弘扬。抗美援朝战争结束之后，邱少云的英雄事迹被收入中国中小学的语文教科书中，他的爱国主义和国际主义精神也由此感染和激励了一代新中国的青年为国奋斗。作为人们心中"最可爱的人"，邱少云成为新中国成立初期青年们共同的偶像。随着战争的结束，战斗英雄渐渐远离了人们的视线；但是，革命英雄主义的精神却仍在闪耀，它具有跨越历史、穿越时空的永恒魅力。

血与火的考验、生与死的抉择可以造就英雄，在本职岗位上履职尽责，也同样可以成为人们心中的英雄。在国内，一大批这样的英雄活跃在工业、科技等各条战线上。

2. 中国工人阶级的先锋战士——铁人王进喜[①]

抗美援朝战争的胜利鼓舞了整个中华民族的士气。但胜利背后，新中国却一贫如洗，是一个满目疮痍的烂摊子，没有一点工业基础。因此，无私奉献、艰苦奋斗、勤俭节约、吃苦耐劳等中华民族传统美德，成为那一时期国家大力倡导的民族精神。在这样的时代背景下，一个普通工人的名字响彻祖国大地。他，就是"铁人"王进喜。

"怎样才算艰苦奋斗？以前我认为自己是个共产党员，要吃苦在先，享受在后，多干活，少睡觉，就是艰苦奋斗。这话不全对。这是低标准的艰苦奋斗。应当能为革命挑更重的担子，能在最复杂的环境里做艰苦工作；能在

---

① 大庆革委会报道组，新华社记者编：《中国工人阶级的先锋战士——铁人王进喜》，四川人民出版社1972年版，第1页。

最困难的时候顶上去;能在最危险的情况下不怕牺牲;能做别人不愿干、不敢干的革命工作。艰苦奋斗是我们党的性质确定了的。为了实现共产主义,就要艰苦奋斗一辈子。更重要的是教育青年要艰苦奋斗,把党的光荣传统世世代代传下去。"①王进喜不只这么说,更是这么做的。"在一次钻井中,突然出现井喷现象。为了保住油井和钻机,王进喜奋不顾身,跳进泥浆池里,用身体搅拌泥浆,压住井喷。"②"铁人"这一称号也由此而来。

艰苦奋斗的精神不仅锤炼了王进喜铁人般的意志,也为新中国的建设画卷描上了浓浓的一笔。他的率先垂范、身体力行,不仅得到中央领导的充分肯定,更是感染了同时代的无数青年。在"铁人精神"的感召下,青年人更加忘我工作、无私奉献。正是有了他们,新中国的工业化进程才得以顺利进行。王进喜的名字也随同"铁人精神"一起载入新中国的奋斗史。如果把他作为一个历史人物,那么他的意义则不仅仅是为新中国开采出更多的石油,创造了巨大的物质财富,更在于为中国青年留下了一份宝贵精神的财富——"铁人精神"。

3. 中国原子弹之父③——邓稼先

新中国成立初期,中国不仅缺乏石油,更缺乏人才。在帝国主义包围中获得生存和发展的空间,对于新中国来说重于一切。在国防科技领域中,最具有历史意义的事件莫过于毛泽东等第一代中央领导集体做出的、自主研制"两弹一星"的战略决策。实施这一决策,一方面为了应对帝国主义的武力威胁,另一方面为了增强国家实力,拓展中国的生存空间。要实现这一计划,首要条件就是要有科技人才。在祖国召唤之时,邓稼先带着刚刚取得的美国普渡大学博士毕业证书回到祖国,准备为祖国奉献自己的全部力量。

"邓稼先,这位我国核武器理论研究工作的开拓者和奠基人,他将自己

① 《学习铁人王进喜》,人民出版社 1972 年版,第 33 页。
② 中共大庆委员会政治部:《中国工人阶级的先锋战士——铁人王进喜》,人民美术出版社 1974 年版,第 17 页。
③ 董滨:《中国原子弹之父》,《北京周报》1986 年 8 月 11 日。

的智慧、个人幸福以至生命,无偿地献给了我国的国防事业。他兢兢业业、呕心沥血、孜孜不倦地奋斗了28年。继突破原子弹、氢弹的原理后,为中国研制成功原子弹、氢弹,并进一步达到武器化;随后又研制成功新型加强氢弹,对第二代新的核武器做出重大原理突破并试验成功。我们中国的国威大振,中国人民扬眉吐气,有他一份极为重要的、不可磨灭的功劳。"①

今天,被邓稼先无私奉献、艰苦奋斗精神所感染的青年人,又接过了老一辈科技工作者手中的接力棒。他们经过11年的艰苦探索和努力攻关,终于取得了我国首次载人航天飞行的成功。在新一代航天英雄的身上,我们看到了"两弹一星"精神的不断延续。无论时代怎样变迁,那些科技元勋及他们所树立的精神丰碑,将永远闪耀在时代的洪流中,记录在共和国的史册上。

4."永不生锈的螺丝钉"——雷锋

直至今天,大家都还能记得毛泽东提出的"向雷锋同志学习"的口号。这位解放军的好战士,在党的培养下成长为全国人民的好榜样。他爱憎分明、言行一致、公而忘私、奋不顾身、艰苦奋斗、助人为乐,他把有限的生命投入到无限的为人民服务之中……他的魅力不仅是对共产主义精神的完美体现,同时也是对中华民族传统美德的最好诠释。他曾说过:"钉子有两个长处:一个是挤劲,一个是钻劲。我们在学习上也要提倡这种'钉子精神'。""人的生命是有限的,可是,为人民服务是无限的,我要把有限的生命,投入到无限的为人民服务之中去。""对待同志要像春天般的温暖,对待工作要像夏天一样火热,对待个人主义要像秋风扫落叶一样,对待敌人要像严冬一样残酷无情。"这些都是雷锋精神的集中体现。

毛主席的题词,在全国掀起了轰轰烈烈的学雷锋运动。雷锋精神的传播极大地促进了社会风貌的改变。多少年来,有关雷锋的故事一直脍炙人口,他的名字成了做好事的象征。雷锋精神影响了新中国几代青年人,每逢

---

① 葛康同等:《两弹元勋邓稼先》,新华出版社1992年版,第1—2页。

3月,人们都会组织学雷锋的具体行动来纪念他。

雷锋虽然不在了,但是雷锋精神永存。听着《学习雷锋好榜样》长大的青年,在新时期将"雷锋精神"演绎得更加真实。志愿者队伍的壮大就是其充分的证明。做好事不再是一个人的事情,它成为青年人回馈社会、服务社会的一种方式。大到关乎国是民生、集体资助的募捐,小到个人扶危助困的汇款,都是对"雷锋精神"的一种真切继承和发展。

邱少云、王进喜、邓稼先、雷锋……看着这一个个熟悉而又具有时代象征意义的名字,我们不禁要问,是什么让这些人如此心甘情愿地奉献? 是对祖国的无限热爱和对美好生活的向往。

被压迫太久的中华民族终于迎来了自己的新中国。为了这样的理想,中国人民忍受了上百年的屈辱。在获得解放的那一刻,毛主席那句"中国人民从此站起来了"的宣告,道出了人们心底最深的渴望。为了新中国的诞生和茁壮成长,英雄模范式人物前赴后继地涌现,他们用自己的方式为新中国的建设添砖加瓦,为新中国的发展尽职尽责。

(二)政治化的偶像

1."毛主席万岁! 万岁! 万万岁!"

60年代中期掀起的轰轰烈烈的"文化大革命"运动,成为烙在那个时代青年心中的、一块永远难以复原的伤疤。在这十年中,人们被一种自己都说不出的情绪所感染,对毛泽东怀着无比崇拜的心情。在那段高呼"毛主席万岁! 万岁! 万万岁!""毛主席万寿无疆"的日子里,青年纷纷佩戴着毛主席像章,跳着最流行的"忠"字舞,对着毛主席像"早请示、晚汇报"。如果说崇拜应该是一种纯粹个人的事情,那么对毛泽东的崇拜则变成了全民族的疯狂。应当说,毛泽东是那个时期最伟大的偶像。

有学者认为,"如果说50年代的毛泽东崇拜是人们发自内心的对英雄伟人的真诚崇拜,那么,'文革'时期的毛泽东崇拜就是一场政治的狂欢。由此而来,所有的偶像、榜样、英雄、模范都成为阶级斗争和意识形态的工具。"①作为时代符号的偶像们,无论是雷锋,还是王进喜,自然也都没有例外。

2. "无限忠于"——偶像的异化

政治化的偶像,在那个特殊的时代,不仅作为社会的道德榜样而存在,而且在精神内涵上被涂上了浓重的阶级斗争色彩。比如,人们不仅将雷锋精神的内核——"做好事"挖掘出来以促进社会风气的改进,而且赋予了它充分的政治意义——其意义被上升并提炼为"三忠于、四不忘"的政治纲目向全国推广,即雷锋无限忠于毛主席、无限忠于毛泽东思想、无限忠于毛主席的无产阶级革命路线;做到了念念不忘阶级斗争,念念不忘无产阶级专政,念念不忘毛泽东思想,念念不忘无产阶级革命路线。就这样,雷锋不再只是道德榜样,俨然成了纯粹的政治人物。

除此之外,在那个狂热的时代曾经红极一时的"红卫兵"和"造反派"也一度成为普通青年可望又可即的偶像。但是"文革"之后,作为一种曾经具有群体化意义的特殊政治符号,他们很快消失在人们的视线中。

总之,那十年中,一切偶像都打上了意识形态的烙印,人们对于偶像的态度是非理性的、盲目的或者说是迷信式的崇拜。整个中国处于一种疯狂的状态:是非标准混乱,社会动荡不安。那时的青年也成为时代的牺牲品:他们空有满腔热情却生不逢时,不能在生命力最旺盛的时期学习知识、丰富头脑,却被时代的巨大洪流卷入了上山下乡的队伍中。孰重孰轻,孰是孰非,是那个时代的人们无法回答的问题。至今,我们仍然无法完全说清楚,那十年究竟给中国青年和中国的未来带来了哪些深层的影响。许多问题,还有待历史的进一步发展才能更清晰地呈现出来。

---

① 何小忠编著:《偶像亚文化与青少年榜样教育》,江西人民出版社 2007 年版,第 102 页。

（三）多元化的偶像

70年代末，经历长期意识形态挤压的中国社会迎来了一个百废待兴、全面复苏的时代。国门打开后，外来事物不断涌入中国，人们的视野逐渐开阔，开始关注阶级斗争之外的广阔世界。但是，他们又对新事物普遍感到陌生，不知道该怎样应对，渴望有人给出示范或者加以引导。因此，各种偶像涌现了出来以满足社会的心理需求，邓丽君、郎平、张海迪等人成为其中的代表。

他们的事迹浓缩了那个时代的核心精神：个性解放、顽强拼搏、在逆境中崛起等，这些精神深深地打动着80年代的青年。与六七十年代相比，80年代的偶像具有一个新的特点：它告别了一呼百应的全民崇拜，成为以个人喜好为主的个性化选择，每个人都可以从个人需要出发来选择自己的偶像。偶像越来越多元化，尤其是消费型偶像开始崛起并逐渐流行起来。

1. 耳畔的情人——邓丽君

1982年，邓丽君在香港成功举办五场个人演唱会，随着唱片发行范围的扩大，她的影响从香港扩散到内地。她的歌声，也被赋予了超越流行音乐的另一重含义——中国改革开放的风向标。

对于普通的老百姓来说，粗茶淡饭、平淡无奇才是他们的真实生活，与高大全式的英雄人物相差很远。改革的春风刮醒了人们的自我意识，人们开始厌倦沉重的样板戏。恰在此时，娓娓道来的"小城故事"犹如知时的春雨浸润了人们的心田，人们被歌声中生活化的真实情感所打动。"缓缓而起的旋律，低吟浅唱的音乐由此变得简单、轻松，不再出自庙堂红墙、故作神秘，不需穿凿附会、堆砌溢美，也不必声嘶力竭、大气磅礴。"①

有人说：当人们急于挣脱"革命"伦理的枷锁时，邓丽君的"靡靡之音"转

---

① 孟登科：《邓丽君：一代中国人的初恋》，《南方周末》2008年12月11日。

换成了个体自由伦理的窃窃私语,具有一种无坚不摧的力量。也有人说,在那个解放与压抑对峙的时代,她的歌声象征了人们对个人生活解放的追求。不管别人怎么评价,邓丽君本人并没有对自己的音乐做出过这样的解说。她不可能预料她的歌声的历史意义,但却在这样的"不知不觉"中用歌声统觉了全球华人的中国情。许多年后的今天,那一代青年已经在她的歌声中告别了青年,迈向中年、老年。但是,她的歌声仍留在人们的记忆深处,成为一代人的情感初恋。

2. 郎平——被时代巨手推向神话

邓丽君的"靡靡之音"给人们以情感的慰藉,而体育赛场上的凯旋则不止一次彰显了中国人的豪情。2008年北京奥运会女排决赛现场,人们在观看比赛的同时还在关注一个身影,那就是时任美国排球队主教练的郎平。

"1984年中国正逢改革开放之初,那是一个在精神上需要救助、营养的年代,也是迫切寻求新的精神支柱的年代。"[①]从模式化的生活中走出,从对个人崇拜的神坛走下,面对未来,面对人生,人们茫然无措。此时的青年需要精神的慰藉、需要重树民族自信心,需要以此来涤荡十年动乱带来的创伤和迷惘。恰在此时,郎平率领中国女排勇夺奥运会冠军,女排神话攀至顶峰。女排的胜利恰好填补了人们精神上的空虚,使人们重新振作起了精神。因此,这场胜利也被无限地扩大,被上升到民族精神的高度。"从此每逢女排比赛,整个国家都似乎停滞了下来——学校停课、工厂停工,各行各业掀起一股学习浪潮。"[②]郎平被人们当作英雄一样地敬仰和崇拜。国庆35周年游行时,郎平站在花车里,作为民族英雄接受山呼海啸式的欢呼——之后,再无运动员享受过如此荣耀。[③]

时至今日,对郎平的关注也源于那特殊的1984年。不同的是,人们已经不再把一场体育比赛的胜利当作至关重要的事情,也不再把一名运动员简

---

① 沈颖:《郎平:被时代巨手推向神话》,《南方周末》2008年12月11日。
② 沈颖:《郎平:被时代巨手推向神话》,《南方周末》2008年12月11日。
③ 参见沈颖:《郎平:被时代巨手推向神话》,《南方周末》2008年12月11日。

单地当作民族的符号。人们理解了刘翔的退赛,理解了郎平的国外执教。体育渐渐地回归了它的本位:在更高、更快、更强上不断超越人类的极限。就像一场 NBA 球赛,虽然一个中国小伙子可能会为中国没有这样出色的篮球联赛而惋惜,但是这丝毫不影响他对 NBA 的痴迷。一场没有中国运动员的比赛,同样不失为一场值得观看的比赛。当一个国家的荣耀不再靠一场体育比赛的胜利而彰显时,也许正说明它的变化和进步。

3. 当代保尔——张海迪

邓丽君的歌声唤醒了青年内心的渴望,中国女排的胜利提升了青年的自信,当青年们打点行囊准备上路时,困难和挫折又在所难免地袭来。这时有一个人告诉人们,"即使跌倒一百次,也要一百零一次爬起来。"她,就是张海迪。对命运的倔强,让三分之二肢体失去知觉的张海迪成为改革开放后中国社会的一个典型模范。

打理十年浩劫留下的烂摊子,人们需要奋斗精神的鼓舞,需要榜样的激励,身残志坚的张海迪应运而生。几十年中,学医救人、学习各种外语、写小说、画油画、拍电视、攻读博士研究生课程……一些常人无法做到的事情,张海迪都做到了。在她看来,无所谓命运,只要攥住一份希望与坚强,一样可以创造出生命的春天。她坚定地认为,"活着就要做一个有益的人"。因此,与命运的顽强抗争使她获得了"当代保尔"的光荣称号。她对不幸的坚忍与对生命的激情,成为那一时代人们涤荡旧时代创伤的最好精神寄托。1983年,邓小平曾亲笔为她题词:"学习张海迪,做有理想、有道德、有文化、有纪律的共产主义新人!"改革开放的时代乐章奏响,张海迪的精神被传遍祖国的大江南北,她对命运的抗争,鼓舞了中国青年。她让人们相信,没有比人更高的山,没有比脚更长的路。

(四)国际化的偶像

中国的对外开放不仅让外国人走近中国、了解中国,更让中国人开始放眼世界。在全球化的视野中,中国青年心目中的偶像不再仅仅局限于黄皮肤黑眼睛的中国人,那些异国他乡的成功者,也在激励着他们努力奋斗。

1. 财富巨人——比尔·盖茨

伴随着计划经济体制向市场经济体制的转轨,中国人的思想观念发生了翻天覆地的变化,对财富有了新的认识。在"大锅饭"年代,集体是每个人的"保姆",只要跟着集体走就不会搞错方向,不会饿肚子。但是在"各吃各"的市场经济条件下,人们失去了"大锅饭"的保障而被放逐在一条新的起跑线上,成功和财富在远远的那一头等着人们去摘取。于是,对个人利益的追求开始变得名正言顺,竞争意识、危机意识也开始渗入人们的心里。在这样的时代背景下,偶像崇拜的功利化和实用性取向越来越强,对于成功、财富的向往使一大批知识英雄、企业家成为当时青年的新偶像,被誉为"电脑神童"的比尔·盖茨就是其中之一。

作为微软公司创始人之一、前微软公司主席兼首席软件架构师的盖茨,给世人开拓出了一种全新的生活方式和工作方式,而他本人也因这种开拓精神而成为世界首富。至2007年为止,他13度蝉联《福布斯》富豪榜榜首,始终占据全球首富的位置。2009年他又以400亿美元的身家重新成为世界首富。这样的财富对于寻常百姓来说简直是天文数字,但是他却以神话的方式创造出来了。在成功和财富成为衡量一个人存在价值的重要标准的今天,对于青年人来说,如此巨大的财富无疑是对个人价值的最好肯定。伴随着盖茨财富帝国的壮大,青年人对他本人和他的电脑王国也充满了好奇和神往。频繁出现的各种关于他的介绍和传记,逐渐成为青年人了解他的一个重要渠道。青年人视盖茨的言语为箴言,时常以盖茨的理念来指导自己的选择和克服生活中的困难。渐渐地,青年人崇拜盖茨,不再只是因为他的巨额财富,还因为他有比物质财富更强大的精神财富——思想丰富、行动力敏健才是对盖茨特质的最好概括。这样的偶像,历久弥新。

2. 王者风范——迈克尔·乔丹

90年代以来,随着中国对外开放程度的加深,越来越多的新鲜事物涌入中国青年的视野。NBA 就是其中之一。在 NBA 的历史上,有一个人们无法忽视的高大身影,他,就是迈克尔·乔丹 。

1963 年 2 月 17 日,飞人降临人间。于是,凡夫俗子们有机会欣赏并见证飞人的篮球传奇。在青年人眼中,他早已不是体育明星那么简单,而成为了一个篮球图腾——一个集优雅、力量、艺术、即兴能力于一身的卓越运动员。他被公认为全世界最棒的篮球运动员,不仅仅在他所处的那个时代,而且在整个 NBA 的历史。曾经有人这样评价他:"乔丹丝毫不逊色于任何一位老一代球星,任何一位新一代球星也不能超越乔丹。他使 NBA 有了质的飞跃,他使后乔丹时代会经历一段没有领袖的日子。没有人能集他的技术、精神与个人能力于一身。一代天骄,谁与争锋?"[1]这样的评价在与他同为 NBA 顶级球员那里也可以得到肯定。但是,这些评价远远不能说明乔丹的时代意义。他不仅仅是一名杰出球员,他已经变成了一种文化象征——在美国人的十大"文化偶像"中,乔丹名列第六就是一个最好的证明。

在传媒不发达的年代,黑白电视机上乔丹眼花缭乱的表演和场下翩翩的个人风度让中国青年由衷欣赏。在他们眼中,乔丹是一个成功者,一个传奇的缔造者。他在 NBA 的辉煌,成为成千上万中国青年的梦想。

大洋彼岸的偶像带给中国青年一个观察世界的新视角,比如财富、成功和辉煌。弃学经商的盖茨、力挽狂澜的乔丹,他们被成功的光环缠绕着。在一个开放的年代,在一个市场经济逐步确立的历史时期,这样的人生辉煌注定成为奋斗中的青年的希望,而创造辉煌的人注定成为他们崇拜的偶像。

(五)个性化的偶像

新世纪以崭新的面貌展现在世人的眼前,偶像也随着时代的变迁出现了新的符号。大众传媒的发展为偶像的涌现提供了一个更为广阔的平台。越来越多的"星"从电视、网络中被人们所熟识,渐渐走进青年人的生活,并成为他

---

① 章宜:《永远的乔丹》,广东旅游出版社 1999 年版,第 4 页。

们心目中的偶像。其中,个性化的"明星"就是这样从草根走向精英的。

1."学术超男"——易中天

"出门要戴墨镜,因为走到哪里都会有人认出来;签名售书要出动保镖,因为前来排队的读者太多;媒体争相报道,因为他太红太火;他有自己的'粉丝',有自己的博客,有专门的贴吧……这些经常发生在当红明星身上的事,如今却真实地发生在一位教授身上,他就是易中天。"①为何一个教授会如此"火爆"? 要想了解具体情况,先来看看他的讲课风格:"韩信是待业青年";"喏,相当于现在的 ok";"朝廷派人去查吴王,也没有发现什么大规模杀伤性武器嘛。"你听过这样的历史课吗? 确实,在人们的印象中,这样讲述历史的方式是罕见的。

2005 年,易中天教授带着这份幽默走进《百家讲坛》,在点评过"汉代风云人物"后又"品三国",由此在老百姓的生活里掀起了一场文化风暴,而他也因此而成名,并且开始享有"学术超男"的称号。

一阵"易中天热"过后,人们开始了对热潮的反思。一些人认为,中国人已经习惯或者麻木于历史老师有板有眼的讲解、字正腔圆的正说,难以接受易教授的有点幽默,甚至有点插科打诨嫌疑的讲课方式。因此,就在易中天评说三国越来越热的时候,对这种评说历史的方式,学术界出现了不同的声音。有学者认为:"易教授应该保持一个起码的严肃态度,学者讲课像周星驰那样插科打诨是不合适的。"

但是,观众们说:"不管他对历史的见解是对是错,我们也不站在学术的高度去看。我觉得他能把中国历史文化用通俗的语言讲解给千千万万普通人,让更多的人理解和爱上这段历史文化,这就是进步,这就是成功!!! 我比较支持他!"

争议越大,说明影响力越大——即使是反对者也无法忽视他的存在,这是不争的事实。不可否认,无论易中天的讲课方式恰当与否,他都已经成为青年

---

① 张坤主编:《易中天妙语品读——闲话易中天》,黑龙江人民出版社 2006 年版,第5页。

人心目中的偶像。因为在青年人看来,易教授不但学识渊博,而且还可以把这份学识变成他们的一种享受:既掌握知识、了解历史,又放松情绪、感受快乐。就是这份"多余"的快乐,让青年人从沉甸甸的历史厚重感中找到了与现实的契合点并为自己所用。在这里,易教授的影响力得到了最好的说明。

2. 另类少年——韩寒

也许有人会怀疑笔者是不是起错了标题,为什么是少年韩寒,而不是青年韩寒? 其实就年龄来说,韩寒当然属于青年人,但是人们最开始认识他时,他只是一个翩翩少年。一个七门功课亮了红灯,却以一篇"杯中窥人"夺取全国首届新概念作文大赛冠军的少年。也是由此,他走入了公众的视线,并引发了社会关于"学校应当培养全才还是专才"等系列教育问题的激烈讨论。2000 年,他出版了第一部小说《三重门》,又引发了"韩寒现象"的讨论。

因为七门功课挂红灯留级后,他选择在高一第二学期休学。休学后,他继续从事写作,除小说《三重门》外,又陆续发表了散文集《零下一度》,小说《像少年啦飞驰》、《毒》、《通稿 2003》、《长安乱》,文集《韩寒五年》,赛车随笔《就这么漂来漂去》,长篇小说《一座城池》、《光荣日》,博客精选《杂的文》等作品。同时,他开始了自己的赛车手生涯,并在 2007 全国汽车场地锦标赛中获得了个人职业赛车生涯的第一个车手年度冠军。除此之外,韩寒还是一名歌手,2007 年在上海发行了个人首张专辑《寒·十八禁》。

从 1999 年备受争议的少年,到今天的作家、车手、歌手,韩寒走了一条另类的成长之路。让人们对他刮目相看的不仅是他的成就,更多的是他语不惊人死不休的气魄。他的新浪博客的点击率名列全国第一。在博客中,他以其独特的视角、犀利的文字对社会上存在的不合理现象进行嬉笑怒骂般的讽刺和批判,引起了人们对那些现象的关注和思考。在他的经典语录中,我们会看到这样一些实话——"其实高考的压力是完全的经济压力,如果高考前一天,忽然告诉你爹妈都死了,但是居然卖烧饼的爹妈有几个亿的遗产,我想绝大部分的人会以居高临下的姿态参加考试,并且在碰到一个诸如叫你分析'居然'和'竟然'两词除了笔画不一样多以外有什么区别之类的题目的时候高呼一声:爷不考了!""所谓压力大,学习苦,名额少,全是老百姓的事情,有钱有权的人,从没有说过教育有什么不好,因为这完全是他们所不能体会的东西。"这些看似平常的调侃却道出了当代中国教育的弊端。渐渐地,他的"怪言论"真的达到了他自己说的效果,"我是一块上海大金子,我会让很多人反思自己"。

如此张扬的个性,让同时代的青年人对他充满了钦佩与好奇。有人钦佩他人生选择中的坚决,以及走自己的路让别人说去的潇洒;有人钦佩他敢说敢骂的痛快;当然,还有人好奇他神秘的生活和成功经历。对青年人来说,韩寒似乎是一个新时代的先锋,从他身上看到了自己的理想,看到了个性的张扬与释放。也许,这只是个猜测,是否符合青年人心中的韩寒印象,还有待当代青年老去时的回答。

有人认为,新世纪,是一个偶像缺失的时代。在媚俗的大众文化和商业利益的推动下,明星铺天盖地般涌来,他们只是满足了青年人的消费心理,未能满足其对精神文化的需要。经历了五六十年代崇拜着英雄榜样长大的过来人,常常会感叹当今精神文化的平庸化和偶像榜样的缺失。[①]

其实这倒未必,我们可以仔细盘点一下当代的偶像。虽然和战争年代的战斗英雄相比,他们不需要抛头颅、洒热血,但是他们所取得的成就同样是个人奋斗的结果,并且承担着许多普通人不需要承担的东西。他们的成功看起来是一夜之间的事,但是事实并非如此。演员李冰冰在获得第29届大众电影百花奖"最佳女主角"时说:"从台下走到台上我只用了不到一分钟的时间,可是为了这一天我却走了十年。"可见,即便是娱乐型偶像,他们仍然在传递着拼搏奋斗的精神、积极进取的精神。而当代青年除了对他们学识、相貌的欣赏外,对这种内在精神的追求与仰慕也成为其崇拜的内核。草根明星的成功经历,更让青年人相信,成功不论出身,只要坚持梦想,在机遇来临的时候把握住它,即便是草根也同样可以创造辉煌。

纵观新中国成立之后青年偶像的变迁史,从对战斗英雄的崇拜到对人

---

① 参见何小忠编著:《偶像亚文化与青少年榜样教育》,江西人民出版社2007年版,第107页。

民公仆的敬仰,到对明星的积极拥护,从知识型偶像到娱乐型偶像,偶像的变迁体现着时代的变迁。时势造英雄,时代出偶像。时代在变,偶像也在变。50年代的人绝对无法理解周杰伦的哼哼呀呀,当代青年也无法想象那些吃不饱肚子的峥嵘岁月。

　　偶像体现的是一个时代的精神,他们传递着每一个时代的主流价值,凝聚着每一个受其感染的中国人。从这个角度讲,偶像也是一种凝聚力和一个时代的风向标。在偶像文化的熏陶下,一代接一代的中国青年在社会和自我之间寻找着平衡点、建构着生存空间,追寻生命的意义和价值。

二、寻找荣耀树成就

　　偶像与成就有着某种天然的联系,偶像是人们对成就的预期和引导,成就是偶像的蕴含和表达,与荣耀相连。提起它,人们立刻会联想到所取得的成绩、业绩。然而在青年人的思维里,成就不仅仅是一个已完成的事实、一种可以炫耀的资本,还是一种人生追求、一种价值目标。新中国的青年在对成就的追逐中成长,并在成长中思考,究竟什么才是真正的成就、才是值得用青春去追求的成就。在创造了一个又一个举世瞩目成就的同时,青年人用自己的行动给出了答案。于是,成就观的变迁便在某种程度上再现了青年人的心路历程。

(一)无私的"成就"

　　1949年10月1日,中国青年收到了一份世纪大礼——新中国成立了!这份世纪大礼凝结了无数青年人的奋斗和拼搏,为此,他们付出了青春甚至是生命。然而青年人并没有在这份举世瞩目的成就上止步不前,而是奋勇前进开拓社会主义建设事业的新篇章。在他们的字典里似乎找不到"自私"两个字。他们充满热情、无私奉献,在新中国成立的短短几年间,与全社会共同创造了一个又一个世界奇迹:抗美援朝战争的胜利、社会主义经济建设的初步胜利等等。

1."雄赳赳,气昂昂,跨过鸭绿江"

1950 年 6 月 25 日,朝鲜战争爆发后,新中国做出了一个果断而明智的决策——抗美援朝。某部连队指导员麻扶摇在出征的前夜写下了一段出征誓词:"雄赳赳,气昂昂,横渡鸭绿江,保和平,卫祖国,就是保家乡,中华好儿女,齐心团结紧,抗美援朝鲜,打败美帝野心狼!"这位年轻的指导员没有想到,他的这首"诗"会成为《中国人民志愿军战歌》在新中国迅速流传开来,并影响了几代青年人。这首歌不仅抒写了志愿军保家卫国的英雄气概,也表达了青年人献身祖国的爱国热情。

在出征前,各地掀起了一股参军热潮。青年人把参加志愿军当作一件无比荣耀的事,对敌人的憎恨和对祖国的热爱已远远超过了对流血牺牲的恐惧,他们争先恐后地参与到保家卫国的大业中。被选中参军的青年欢欣鼓舞,而没有选上的人则发牢骚说:"参军比选秀才挑女婿还难!"这与国民党时期"拉壮丁"的情形相比,简直是天壤之别。作家魏巍称赞志愿军战士是"最可爱的人",这一称呼在中国大地上广泛流传。

2."向困难进军,把荒山变成良田"

随着战争的结束,一个崭新的社会主义国家屹立于世界东方。为了巩固新生的政权,从 1953 年起我国开始了经济建设的第一个五年计划。然而,当时薄弱的农业生产能力满足不了人民生活的需要。针对当时的情况,党中央把有计划地积极垦荒,扩大耕地面积作为实现农业生产计划的一个重要措施。国家把开垦荒地作为一项长远规划来部署,计划在"五年内,将扩大耕地面积 3868 万亩,到 1957 年达到 165745 万亩"①。

---

① 李眉主编:《光荣的第一队——北京青年志愿垦荒队综述》,《荒原上的足迹——北京青年志愿垦荒队实录》,北京师范学院出版社 1989 年版,第 3 页。

　　这一垦荒计划首先得到了广大青年的响应。1955 年,在团中央的号召下,首都青年组成了第一支垦荒队——"北大荒"。在欢送大会上,团中央第一书记胡耀邦同志作了振奋人心的讲话——《向困难进军》。他号召青年们:"利用'忍受、学习、团结、斗争'的精神克服困难,在黑龙江的荒原上安家落户,多做贡献"。[①]

　　青年志愿垦荒的星星之火迅速燃遍了神州大地。在北京青年的带动下,全国范围内形成了一支气势磅礴的垦荒大军。先后有辽宁、黑龙江、河北、山东、上海、武汉、天津、湖南、广东、浙江、福建、河南、云南、江西、广西等16 个省市组织了青年志愿垦荒队,21 万多青年奔赴各地的荒山孤岛,开荒建点,安家立业。[②]

　　50 年代中期,虽然实行了工资改革,但各级工资差别不大,从国家主席到普通职工都被视为社会主义建设者而得到基本的生活保障。50 年代到 60年代中期,人们普遍生活在贫困状态中。由于生产力水平的落后,社会消费品远远不能满足广大人民的生活需要。当时青年的物质追求大多只是"食求果腹"、"衣求蔽体"。在 1959 年到 1961 年间,新中国发生了令世人震惊的大灾荒,出现了群众普遍吃不饱饭甚至饿死人的状况。

　　除此之外,给老百姓生活带来重大影响的事件,莫过于 50 年代中期开始实行的票证制度。所有与老百姓生活相关的物品都需要"凭票供应"。那个时候,没有钱不行、光有钱也不行,买东西除了花钱,还要凭票。没票,进了城,除了喝凉水,其他的只能看。当时,吃肉需要肉票,买衣服需要布票,买粮需要粮票,买油需要油票。所以,那时盛传一句顺口溜:"科级干部八级工,不如十斤萝卜一捆葱。"为了确保人民群众的生活不受影响,党和政府采取以工资分值的方法计发职工工资。因此,多挣工分就成为当时青年在物质生活上最大的动力。

---

　　① 李眉主编:《光荣的第一队——北京青年志愿垦荒队综述》,《荒原上的足迹——北京青年志愿垦荒队实录》,北京师范学院出版社 1989 年版,第 9 页。
　　② 参见李眉主编:《光荣的第一队——北京青年志愿垦荒队综述》,《荒原上的足迹——北京青年志愿垦荒队实录》,北京师范学院出版社 1989 年版,第 19 页。

但是,尽管如此,青年人对新中国的热爱也一如从前。他们相信,困难都是暂时的,只要齐心协力一定可以渡过难关。

3."大放卫星、跑步进入共产主义"

1957年,我国提前完成了"第一个五年计划"。1958年,中共中央提出"鼓足干劲,力争上游,多快好省地建设社会主义"的总路线。在这一总路线的指导下,新中国开始了轰轰烈烈的"大跃进"运动。农业上,党中央制定"以粮为纲"、兴修水利,大搞农田基本建设的政策;工业上,提出"以钢为纲"的口号。

在这些政策和口号的引导下,青年人纷纷投身到这一轰轰烈烈的伟大运动中去。他们以成为"青年红旗突击手"、进入"青年跃进突击队"为自豪,分秒必争,与时间赛跑。为了多炼钢、炼好钢,全国几千万人掀起了"全民大炼钢铁运动"。他们以为只要有热情就可以炼出钢铁,从而放下书本、烧木炭、砌高炉、洗铁砂、炼钢铁,有的青年为了提高产量甚至把家里的农具、铁锅都下了炉……

后来,"大跃进"运动逐渐演变成"高指标、瞎指挥、虚报风、浮夸风"盛行的冒进运动,各地纷纷提出工业大跃进和农业大跃进的不切实际的目标,片面追求工农业生产和建设的高速度。最终,"大跃进"运动以扰乱国民经济秩序、浪费大量人力物力、造成工农业比例严重失调的结果而告终。

虽然"大跃进"运动由于过于急功近利而失败,但广大青年尽快改变祖国"一穷二白"面貌的强烈愿望,以及在运动中表现出来的社会主义劳动热情是不容否定的。他们的初衷是善意的,他们的追求是无私的。

那个时代青年人眼中的"成就",就是为了祖国的荣誉奔赴战场,为了社会主义建设开垦荒原,为了实现共产主义的理想艰苦奋斗。他们的"成就"在于为社会主义多做贡献,在无私奉献中成就自我。青年们对精神生活的追求远远高于对物质生活的追求。

（二）扭曲的"成就"

1966 年，一场狂风暴雨般的运动席卷整个中国。一心拥护社会主义、拥护毛主席的青年被一小部分别有用心的阴谋家所蛊惑，丧失了理性思考问题、准确判断是非的能力，青年在"四人帮"的鼓动下变得盲目而激进，在对毛主席言听计从和狂热崇拜中失去了自我，青年的人性被扭曲，他们追求的"成就"趋于幼稚、荒诞、可笑。

1."破四旧，立四新，横扫全中国"

"文革"期间，全国人民对毛泽东的个人崇拜发展到无以复加的程度。在青年人眼中最有"成就"的事，莫过于"天天捧读毛主席著作"。

1966 年，红卫兵全国开始了红红火火的"大串联"。"串联就是革命，不串联就是反革命。"青年手持通行证，全国各地任意流动。

在"大串联"运动中，毛泽东曾几次在天安门会见红卫兵。见到毛主席的红卫兵激动万分，特别是作为红卫兵代表亲自与毛主席握手，成为多少人的梦想！有的青年代表和毛主席握手回来后，他们的手也变得"宝贵"，同学们争着去握这双毛主席握过的手，个个心潮澎湃。

毛主席像章成为当时最时髦的装饰，人们竞相佩戴，数目由少到多，型号由小至大，谁不戴，就表示对伟大毛主席不忠。《毛主席语录》成为最流行的"红宝书"，发行量位居世界第二（仅次于《圣经》）。那时，人们饭可以不吃，觉可以不睡，但"红宝书"不可不带，连结婚送礼也必不能少了它。

1966 年，红卫兵第一次接受大检阅时，林彪在天安门城楼上的讲话中第一次提到"破四旧"。他说："我们要打破一切剥削阶级的旧思想、旧文化、旧风俗、旧习惯，要改革一切不适应社会主义经济基础的上层建筑，我们要扫除一切害人虫，要打倒一切牛鬼蛇神！"

其实，"四旧"也是中华民族在历史发展长河中形成的，是一个复杂的社会现象。"四旧"的破除关系到新中国的发展程度和发展水平，是一个只有在发展中才能解决的问题,而不是一件仅凭一时热情就可以完成的事情。

但是,红卫兵并不这么认为。他们认为,只要下决心,破"四旧"是能立竿见影的,而且这还可以体现出红卫兵的影响力。在这份虚荣心的驱使下,青年把一切外来文化和传统文化都当作扫荡目标。红卫兵杀向街头,以打烂一切"四旧"物品为口号,到处张贴"灭资兴无"、"破旧立新"、"砸碎旧世界,创立新世界"的大幅标语。[①] 他们疯狂地摧毁文物古迹,焚烧艺术珍品,试图以此方式把一个旧世界彻底颠倒,以建立另一个新世界。

在红卫兵的影响下,史无前例的"破四旧"运动迅速蔓延到全国各地。青年们不仅毁坏了无数的珍贵字画、书刊、器皿、饰物等文物古迹,而且始终用"阶级斗争"的对立思维观察身边的事物,不断寻找革命对象。中学生在校园里"革"老师的命,走出校园"革""地主、富农、反革命、坏分子、右派"的命。在"革命"中,一大批党和国家的领导人以及知识分子被陷害,刘少奇、彭德怀等曾为新中国立下过汗马功劳的开国元勋也未能幸免。

2. "广阔天地,大有作为"

为了使动乱的局势得以缓解,使红卫兵组织的破坏力逐步降低,1968年,中央提出让年轻人"接受贫下中农的再教育",毛主席指出"农村是一个广阔的天地,在那里是可以大有作为的"。《人民日报》刊登了题为《我们也有一双手,不在城里吃闲饭》的文章,希望广大知识青年和脱离劳动、没有工作的城镇居民到农村生产第一线去。由此,全国掀起了知识青年上山下乡运动的高潮。

在这场上山下乡运动中,城市青年了解到广大农村的真实状况,切身体会到了农村生活的艰苦,改变了一直以来拘泥于课本和政府宣传对农村的认识,大开眼界。但是,农村生活的新鲜感消退后,单一而枯燥的生活使他们感到精神的贫乏,加之物质生活的艰辛、与农民的摩擦、思念家乡等原因,知识青年的牢骚越积越多,以至开始怀疑这场运动的真正意义。

---

① 参见旷晨、潘良编著:《我们的1960年代》,中国友谊出版公司2006年版,第227页。

这场轰轰烈烈的上山下乡运动,使成千上万青年人的青春被荒废,无数家庭被强行拆散,社会秩序混乱,经济发展滞后。如果说青年人最初是满怀激情地把"上山下乡"看成一件了不起的"成就"的话,那么热情冷却之后,"早日返城"则成为他们追求的另一种"成就"。

3. 票证时代"三大件"

新中国成立之初,由于底子薄,人口多,经济发展缓慢,为了更好地节约资源、集中力量发展生产,人民的衣食住行都受到了严格的控制。当时在计划经济条件下,国家普遍实行了票证制度。几乎一切生活用品都需要凭票购买,限人限量。工业券在当时与货币的地位相当,甚至在某些情况下,它比钱更重要。

自行车、手表、缝纫机是上个世纪六七十年代的"三大件",它们曾是那个年代富有的标志。如自行车中永久牌、凤凰牌等著名品牌的票证更是"一票难求"。对于一个在70年代工作的工人,月工资仅在30块钱左右,而买一辆凤凰牌自行车需要180块钱,这相当于他半年的收入。这一时期,手表同样也是家庭用品中的"贵族";谁要是有一块手表,同事们都会羡慕不已。那时想买块"上海"牌半钢手表要60元,全钢的要120元,而且还要工业券。男孩子都以自己有块"梅花"手表而骄傲,同时,它也是送给未婚妻最好的定情信物。① 而对于家庭主妇来说,拥有一台蝴蝶牌缝纫机则是一个奢侈的梦想。从60年代末开始,自行车、手表、缝纫机慢慢成为青年人结婚时最昂贵的奢侈品,也是生活水平和社会关系"成就"的一大体现。

十年动乱过后,经济发展使人们的物质生活逐渐丰富起来,以自行车、手表、缝纫机为代表的耐用消费品渐渐成为人们生活的必备品。青年在反思过去,展望未来中,开始为更加丰富的物质生活理想而奋斗。

---

① 佚名:《自行车到商品房——回顾50年中国人家电3大件》,中华网:http://tech.china.com/zh_cn/elec/other/11058477/20070424/14059967_1.html,2007年4月24日。

（三）模糊的"成就"

上个世纪70年代末80年代初是中国社会的巨变期:改革开放的号角吹响,思想的禁锢被打开,一场精神领域内的变革拉开序幕。青年人开始追求自己的理想,审视自我价值。但是,时代的巨变让他们很难找到能够平衡过去与现实的天平,于是,他们不得不在矛盾中摸索着未来的道路。

在这一历史转折期,该相信什么,抛弃什么,坚持什么,批判什么呢？青年人的价值体系开始混乱,判断是非的标准受到了前所未有的冲击。

从"文革"时期狂热的革命理想主义走出来,许多青年在思想和心理上还没来得及接受改革开放的新思想、新观念。有的人仍然怀念纯真革命年代的理想主义,对现实中的新事物嗤之以鼻;有的人则完全抛弃了以前的理想与信仰,开始走向价值观的另一端——个人发展。但对于大多数青年人来说,他们还不清楚自己内心的追求。尽管他们历经了"文革"的洗礼、"上山下乡"的锻炼,但对自己的未来和国家的未来仍无法进行理性的判断和把握。相比曾经对理想的狂热追求,现实似乎让他们更加迷惘,"人生的路到底该怎么走",是当时青年人普遍存在的人生困惑。

1980年5月,《中国青年》发表了一封以"人生的路为何越走越窄"为题,署名"潘晓"的读者来信。信用沉重、激愤的笔触书写了人生的痛苦和创伤,表达了青年一代的迷惘和彷徨,由此引发了一场全国范围的关于人生观的大讨论。

"潘晓"在信的开头说:"我今年二十三岁,应该说才刚刚走向生活,可人生的一切奥秘和吸引力对我已不复存在,我似乎已走到了它的尽头。反顾我走过来的路,是一段由紫到红到灰白的历程;一段由希望到失望、绝望的历程;一段思想的长河起于无私的源头而最终以自我为归宿的历程。""潘晓"的话道出了当时青年人的普遍感受。一方面从"文革"走出来,青年开始反思以前狂热的"革命理想"和癫狂的"领袖崇拜";另一方面,新的价值观念和追求还未树立,青年还在迷惘中摸索着人生的意义。人性是自私的吗？

人生就是"主观为自己,客观为别人"吗? 在这样的疑问中,青年开始了对人生深层意义上的追寻。有人参加高考,希望能把失去的光阴夺回来;有人追逐"铁饭碗",将希望寄托于长期稳定的生活……

1."把失去的光阴夺回来"

1977 年,高等学校招生考试制度的恢复消息公布后,无论是在山区、海岛,还是在工厂、田野,青年们奔走相告,欢呼雀跃。对他们来说,这是一个期盼已久的时刻,是一个改变命运的时刻。"一时间,图书馆、新华书店人头攒动,成为最拥挤、最热闹的地方。"①

1978 年春天,"文革"后第一批被录取的大学生走进校园,开始新的学习生活。由于 10 年积压,一朝应考,学生的年龄差距很大,有的甚至出现了两代同堂的情况。这些学生多半是在自学的情况下走进考场的,是一群始终抓住书本不放,满怀理想的青年人。虽然经过 11 年的艰难坎坷,但是却没有磨灭他们对知识的渴求,反而练就了他们的坚强的意志。那时校园中最流行的口号是:把失去的光阴夺回来! 这一个"夺"字,足以表达那一代青年人对知识的如饥似渴。图书馆、教室、宿舍组成的"三点一线"的生活图景,是对当时大学生生活的一种形象描述。

除此之外,在科研领域,青年的热情也空前高涨。1978 年,邓小平首次提出"科学技术也是生产力"。同一年,《人民日报》、《光明日报》同时转载了《人民文学》上的报告文学——徐迟的《哥德巴赫猜想》。这篇文章使成千上万的普通百姓了解了哥德巴赫猜想,认识了陈景润。"哥德巴赫猜想"这个看似简单却又深奥的问题吸引着大批的数学爱好者,而陈景润的刻苦钻研也让他成为那个年代青年人最崇敬的数学家。一句至今耳熟能详的"学好数理化,走遍天下都不怕",一度成为学生学习过程中的潜在价值导向,鼓舞着很多学生涉足科学的园地。一些青年因此走进了科学的最高殿堂,为日后中国的科技发展做出了杰出的贡献。

---

① 佚名:《1977 年冬:史上规模最大的一次考试》,《师道》2006 年第 9 期。

2."铁饭碗"与"三转一响"

在计划经济年代里,"铁饭碗"意味着一份永久的工作,一份可以一干到老、然后领退休工资的安稳工作。在政府机关、事业单位和国营工厂工作的正式职工,端的就是"铁饭碗"。"铁饭碗"从50年代国营企事业体系建立时就开始了,直到上个世纪70年代末80年代初,一直是社会关注的焦点。当千万上山下乡知识青年回到城市,出现1979、1980年前后的待业高峰时,"铁饭碗"备受青年追捧,成为众多年轻人追逐的目标。由于岗位有限,拥有一个"铁饭碗"最终只能是无数返乡青年一个难以实现的"梦想"。端不上"铁饭碗"的青年人只好被迫做点小生意,成为"个体户"。改革开放初期,"个体户"们通过自己的努力,将生活水平维持在温饱以上。然而,与"铁饭碗"相比,"个体户"仍然不被人们放在眼里。但是,谁又能料到新事物的发展趋向?

70年代末到80年代初,人们的生活水平较"文革"时期有了较大的提高。尽管人们追求的"三大件"还是自行车、手表、缝纫机,但已不再那么遥不可及。"三转一响"已经成为普通老百姓结婚时的必备品。有的地方还讲究沙发、桌子、柜子等,甚至还要加在一起算一算有多少条"腿"。

其实,生活条件的改善归根到底还是由于社会生产的恢复。如"文革"期间,"凤凰"商标被说成是反动图案,不少人用红布包着自己的自行车。"文革"后,不仅"凤凰"商标可以放心大胆地使用,而且随着先进生产技术的引进和采用,生产效率得到大幅度提高。虽然当时还在实行票证制,但吃饭穿衣已不再是百姓最关心的问题,提高生活质量才是他们追求的目标。从80年代初开始,人们的生活水平逐步提高,而物价却没有大幅上涨,人们充分感受到改革带来的实惠和好处。

(四)物质的"成就"

改革开放的步伐从农村走向城市、从沿海走向内地,整个中国发生了翻天覆地的变化。在农村,家庭联产承包责任制得到群众的普遍肯定,开始在全国范围内实行。在城市,市场经济大潮扑面而来,邓小平提出"允许一部分人先富起来,以先富带动后富,实现共同富裕"的发展策略,于是,青年人在"以经济建设为中心"理念的指引下更加倾向于追求物质成就。他们成为经济大发展、社会大变革时期的"弄潮儿"。

青年人不再迷信教条,在他们眼里,"不管黑猫还是白猫,抓到老鼠就是好猫"才是实实在在的硬道理。发家致富成为青年人普遍而实际的追求,高学历也不再是追求美好未来的唯一选择。"穷得像教授,傻得像博士","手术刀不如杀猪刀,造导弹不如卖茶叶蛋"等是这一价值取向的真实反映,知识似乎贬值到不如上街卖红薯的地步,随便做些什么都比读书强。

在这种社会风气影响下,80年代后期考研人数急剧下降,1987年到1989年,全国有700多名研究生中途退学;对理工科感兴趣的大学生人数骤减,人们把这一现象称为"知识大逃亡"。在职场上,一些青年人开始"跳槽",职业流动逐渐频繁。许多青年甚至打出"第一职业求稳定,第二职业求发财"的口号。

对物质生活的过度追求,造成青年中出现精神饥荒的现象,青年人没有信仰,没有权威,没有敬畏,同时也迷失了方向。当崔健的摇滚乐《一无所有》以完全不同于以往的音乐形式出现时,那雄浑铿锵富有蛊惑力的节奏,那嘶哑却从心底升起的苍凉沉重的呐喊,那迷惘落寞无奈却又不甘平静的怅然情绪,都让青年人感到前所未有的心灵震撼。也许青年人最需要的就是这种痛快淋漓的宣泄。一首歌代表一种相思,也折射一个时代的心声。这首歌无论在内容还是音乐表现形式上,可以说是对80年代青年反叛精神的最好诠释,是对急剧变化的社会现实与历史文化的思考,是青年对自己内心深处思想灵魂的袒露,更是自我觉醒后的呼声和剖白。

由于过于强调"以经济建设为中心",一些地方和部门出现了只顾抓物质文明建设而忽视精神文明建设的"一手硬、一手软"的现象。精神的虚空使一些腐朽思想乘虚而入,资产阶级自由化思潮泛滥。以美国为代表的发达资本主义国家,用披着神圣外衣的"民主"、"自由"、"人权"观念来蛊惑中国青年,试图使之放弃党和国家所倡导的主流价值观,用"极端个人主义"代替"集体主义"。此外,在政治制度上,他们试图用所谓的"民主"、"自由"、"三权分立"代替"民主集中制"和"人民代表大会制度";在个人生存与权利上,试图用"人权"代替"生存权"。在这些思想的影响下,少数青年产生了崇洋媚外的民族虚无主义和历史虚无主义思想。并且,随着经济体制改革的逐步深入,一些亟待解决的新问题和新矛盾在社会利益分配和调整过程中出现,也使上述思想在更多的青年人心中蔓延。这种"蔓延"以何种方式呈现出来,在当时并未引起社会的高度重视,使其成为1989年政治风波产生的直接思想根由。

1. "万元户"

与"个体户"这一新词密切相连的是另一个新的词汇:"万元户"。它是指存款在10000元以上的家庭,特指我国改革开放初期先富裕起来的一批人。《半月谈》1985年第4期报道:广西梧县潘地村,四五年间冒了富,全村30户人家,除了原五保户刘大娘年收入2000元外,都是万元户,小山村被人誉为"小金库"。当时,普通工人每月工资仅有几十元人民币,存款万元,人们简直不敢想象。很多乡镇、工商行业甚至以万元户的数量作为评选先进的重要指标。如今看来,这似乎有些夸张,但正好印证了经过改革开放洗礼之后的人民,其致富的强烈愿望以及这种愿望实现后的无比喜悦。

万元户大体由率先完成了个人承包的个体养殖户、建筑包工头、个体工商户构成,他们在经济起步阶段主要依靠的不是知识和素质,而是过人的胆量和勤劳。当时流行一句话"撑死胆大的,饿死胆小的",就是对此最好的说明。在改革初期,谁都不知道到底什么能做、什么不能做。"投机倒把"仍有一席之地,从事商业活动不仅需要面对投资失败的风险,甚至还要面对坐牢的风险。然而,风险与回报在一定程度上总是成正比的,勇于尝试往往能获得超出想象的回报。万元户就是对这些冒险家的最好回报。

2. 80年代"三大件"(电视机、洗衣机、电冰箱)

改革开放给人们物质生活带来了巨大的改观,以自行车、手表、缝纫机为代表的"老三件"已不再是青年人追求的主要物质成就。当物质生活用品逐步丰富时,黑白电视机、电冰箱、洗衣机成为老百姓追求的新"三大件"。这一时期,姑娘出嫁以有电视机、洗衣机、电冰箱作嫁妆而自豪。社会需求的增长也促进了相关行业的发展。"1980 年 10 月中国引进第一条彩电生产线。这条生产线可生产 14 英寸和 21 英寸彩色电视机,按设计要求年产彩电15 万台,到 1982 年黑白电视机在市场上已出现滞销现象。1982 年,我国仅有三年发展历史的洗衣机,年产量已经达到 200 多万台,电冰箱也供不应求。"①

80 年代到 90 年代初是人们从思想禁锢中解脱出来的时期,也是改革开放层层推进的时期。这一时期的青年充当了改革开放的弄潮儿。他们从宏大的社会理想中走出,更加关注个人的利益。而致富与发展理所当然地成为他们所探寻的、最重要的人生课题。

(五)自我的"成就"

90 年代,以建立和完善市场经济体制为目标的改革继续深化,随之而来的是利己主义的泛滥,理想主义的衰落。随着改革开放在思想领域内的深入,青年人对自身利益的关注进一步扩大。社会中的绝大多数人在为个人或家庭的利益奔波,极尽可能增益自身。与前一阶段相比,这一阶段的青年更趋理性,他们的精力也更多地花在争取优质的教育机会、获得稳定的工作岗位、建立和谐的幸福家庭上,而不只是单一的物质追求。如果说 80 年代的青年在为"人为什么活着"而困惑的话,90 年代的青年思考的主色调则是"人怎样活得更好"。

1."孔雀东南飞"

1992 年邓小平南方谈话解开了青年对社会主义初级阶段的诸多疑问。思

---

① 旷晨、潘良编著:《我们的 1980 年代》,中国友谊出版公司 2006 年版,第 33 页。

想上的解放促进了改革开放实践的飞速发展。中国出现了大量的人才流动现象,尤其是"孔雀东南飞"景象极其壮观——大批青年奔向广东、深圳等改革开放较早的南方城市。90年代初,"南下打工"成了当时中国农民发财致富、奔小康的捷径。大量农村青壮年劳动力离开赖以生存的土地,离乡背井,涌向广州、深圳、东莞等珠三角城市,进入工厂、酒楼,成为"打工仔"、"打工妹"。

事实上,蜂拥南下的除了大批农民外,还有大量知识分子、技术人才、医生、老师以及"创业者"、"淘金者"……"东南西北中,发财到广东"成为当时的一句流行语,它的"魔力"在各路人马中都得到了验证。数以百万计的精英满怀激情,轰轰烈烈只身南下,追逐各自的致富梦,而深圳和广州成为青年人成就梦想的最合适的地点。

2. "海龟"

"如果你爱他,就把他送到纽约,因为那里是天堂;如果你恨他,就把他送到纽约,因为那里是地狱。"1993年,电视剧《北京人在纽约》将出国热真切地展示在每一个中国人面前。虽然此前已悄悄兴起了出国潮,但那还是一些富家子弟的专利;出国热真正从轻波微澜演变成沧海巨浪是从1993年开始的。这一年,中央正式确定了留学工作方针:支持留学,鼓励回国,来去自由。12个字的政策转变给方兴未艾的出国热加了一把火,让雄心勃勃的人都琢磨起留学来。"搞科研的,盯着国外先进的科研条件;从商的,想到海外赚得第一桶金;搞文化的,一心盼着成为世界文化的主流;演艺明星们,也成天惦记着好莱坞、百老汇"。[①] 他们当年出国的目标不仅仅是为了汽车洋房,而是胸怀大志,渴望有一天能够衣锦还乡。

如今"海归"悄然变成了"海待",但90年代的这场出国热,无疑使我们感受到了"出国"的魅力。当时的出国热客观上对推动中国人观念的转变、正确认识我国与他国的差距起到了很大的作用。然而,在出国热中真正能实现自己的梦想而衣锦还乡的人,毕竟是少数。大部分青年在洗刷几年盘

① 叶匡政:《1993年流行词:出国热》,《观察与思考》2009年第1期。

子后,重新回到了母亲的怀抱。外面的世界很精彩,外面的世界也很无奈,这句再熟悉不过的话道出了不少"海归"的心声。

3."进外企"

1993 年 11 月,中共十四届三中全会通过的《关于建立社会主义市场经济体制若干问题的决定》明确指出,中国国有企业改革的方向是建立适应市场经济要求的"产权明晰、权责明确、政企分开、管理科学"的现代企业制度,使国有企业真正成为自主经营、自负盈亏、自我发展、自我约束的法人实体和市场竞争的主体,为建立社会主义市场经济体制创造基础。

国有企业改革的一项重要任务就是精简人员。国企改革推向纵深后,下岗职工人数每年都在累加,"1998 年国务院总理朱镕基提出了国企改革的目标并决心花三年时间,也就是到 2001 年基本解决国企裁员的问题。1998 年至 2000 年,每年下岗人数都维持在 700 万—900 万之间"。[1]

国有企业的"铁饭碗"不好端了,于是人们开始青睐待遇优厚的外企。大学生择业更是拼命往"外企"钻。"国有企业"工人急剧萎缩,"集体企业"职工纷纷外流,"三资"企业"人丁兴旺"是当时的真实景象。时至今日,进入外企工作仍是许多大学生就业的主要选择之一。

4.90 年代"三大件"(电脑、电话、彩电)

随着改革开放的深入,90 年代我国经济进入了一个新的时期。很多先富起来的人的消费水平也从百元迅速提升到万元,80 年代的三大件在短时间内升级到了 90 年代的彩电、音响、电脑、电话等物品。"在当时购买一套进口的爱华音箱大概要三四千块,一台 25 英寸的国产彩电也要五千多块,很多年轻人在结婚时购买家电的开销基本就要一万多块"。[2]

---

① 刘英丽:《中国今年将告别下岗职工概念》,新浪网:http://finance. sina. com. cn/g/20050321/11041446121. shtml,2005 年 3 月 21 日。
② 佚名:《自行车到商品房——回顾 50 年中国人家电 3 大件》,中华网:http://tech. china. com/zh_cn/elec/other/11058477/20070424/14059967_1. html,2007 年 4 月 24 日。

　　这样的状态并没有维持多长时间,"三大件"的概念在不到五年的时间就有了进一步的变化。电话、电脑很快就代替了传统家电成为人们新的追求目标,便捷的通信、舒适的居住环境和多媒体互动娱乐成为那个年代最为时尚的生活方式。那个时候有一句非常流行的广告语"呼机、手机、商务通,一个都不能少"。呼机又叫"BP 机",大概是英文 Beeper 或者 Bell. Pager 的缩写,后又因其发出的声音像"bi－bi－",因而人们也管它叫"BB 机"。手机的前身叫"大哥大",本指黑帮组织中资格老、势力大的大头头(一般头头则称大哥),由于他们在银幕或荧屏上经常是以手持无线电话机的形象出现的,所以这种电话机就被叫做"大哥大"。作为一种新型的通信工具,它最早出现于东南沿海地区,之后才逐渐进入内地。①

　　除此之外,对人们生活影响最大的莫过于电脑的出现、互联网的应用了。1995 年 5 月 17 日"世界电信日"那天,中国向社会公众开放了上网业务。邮电部在北京西单电贸大楼设立了业务受理点,普通人只要缴纳一定费用,填写一张用户资料表格,就可以成为互联网用户。中国互联网信息中心公布的"互联网大事记"表明,中国第一家网吧实华开网络咖啡屋开业的时间是 1996 年 11 月 15 日。从那以后,电脑开始普及起来,互联网成为青年人不可缺少的生活一部分。

　　90 年代的青年,其价值观呈现出前所未有的务实的特点。理想主义在社会主流价值观中所占的比例大幅度降低,现实主义开始占据绝对的统治地位。社会中的绝大多数人在为了个人或家庭的利益奔波,极尽可能地增益自身。

　　这一代青年面对着沉重的竞争压力和经济负担,需要权衡抉择并处理复杂的社会关系。他们的精力更多地花在争取优质的教育机会、获得稳定的工作岗位、建立和谐的幸福家庭上,却很少投身社会公共事业中,也很少思考社会现实和自己将承担的社会责任,甚至还在有意识地推卸应尽的社会责任。在现实的社会中,成年人大都认为,青年人越来越现实,距离"理

　　① 参见秦希贞:《手机、呼机名称的变易》,《语文建设通信》2002 年第 72 期。

想"越来越遥远了。这是否属实,如果是,究竟是谁之过? 似乎很少有人做更深入的思考。

(六)复杂的成就

2001 年中国加入世界贸易组织后,在全球化时代背景下,中国青年的心理发生了复杂的变化。他们具有强烈的自我意识,但又有保守的一面;他们善于创新,怀疑一切,但又急功近利,心浮气躁;他们对未来充满希望,但面对现实竞争时又徘徊不前。这就决定了他们成就观的多样化和复杂化。这不仅意味着不同的青年有不同的追求,而且还会因时因地而改变。他们现在追求的,或许正是他想要的,或许只是一种无奈的选择,又或许是一种无意识的选择。

1. "考研热"与"公务员热"

因就业压力而追求高学历的"考研热"始于 2001 年。由于 1999 年高校的扩招,大学生不再是"不识愁滋味"的天之骄子。在激烈的就业竞争中,很多人都尝到了成为"炮灰"的痛苦。于是,考研就成了"退而求其次"的选择。"考研热"持续升温,甚至出现了"考研村"、"考研经济"等一些新的社会现象。"2001 年研究生报名人数从 45 万人起步,以年均 20% 的速度增长,2005 年,首次突破百万,达到 117 万多人,比上年增加了 22 万人;2006 年,报考人数又猛增 10 万;2007 年达到 128.2 万人。与此同时,研究生在校人数急剧增长,2007 年达到 150 万人,中国成为仅次于美国的研究生大国"。[①]

与"考研热"一起热的还有"公务员热"。2009 年国家公务员考试报名截止时,"据初步统计,中央国家机关公务员考试报考审查通过人数达 97 万余人,预计到 26 日审核最后一天,人数将突破百万,远远超过 2008 年的 80

---

① 丰捷:《"考研热"首次"降温"》,《光明日报》2008 年 1 月 21 日。

万大关"。① 公务员考试可以说是"中国第一考",虽然是千军万马过"独木桥",但这是普通大学生进入政府机关的唯一途径。它已成为那些家庭"无背景"的大学应届毕业生的必选就业途径。对于他们来说,一旦考上公务员就能捧上"金饭碗",从此过上衣食无忧的生活,就算考不上公务员,还可以到其他行业应聘。因此,一些人为了抢一个"金饭碗",不惜放弃高薪职位,投入大量的精力财力,参加各种培训班、速成班等。在这"第一考"的大军中,有的人年年考年年落榜,但是为了捧上"金饭碗",他们还是乐此不疲。

2. 自主创业

大学生创业热始于 1998 年 5 月清华大学举办的"创业计划竞赛"。这次大赛云集了清华大学、北京大学、中国人民大学的"天之骄子"的 114 份创业计划。"创业计划竞赛"被誉为"比尔·盖茨的孵化计划",在当时倡导"择业实行双向选择"的大学才俊思维中,萌生了一个在理想状态下炼造的"老板梦"。

从 2003 年开始,随着就业压力的增大,在大学生中间又产生了一股新的创业潮流。"据统计,2004 年自主创业的大学毕业生有 8700 人,2005 年有13500 人"。② 在"创业与孵化"高校巡回演讲期间,武汉有关调查显示,至少有两成大学生创业愿望强烈。

1999 年,高校开始大规模扩招,大学生毕业生就业形势逐渐严峻起来。大学生创业的暗流开始涌动。为了应对这种就业问题,不少地区和高校都趁势推出"用创业带动就业"的办法。很多大学生在各种价值选择和利益权衡后,普遍认为创业成功能较好地实现自我价值和抱负,也可以获得更多的物质财富。在一批年轻创业精英榜样引导下,大学生们开始幻想和经营着自己的创业梦。梦想有成功,也有失败。很多人在没有做好准备的情况下

---

① 龚读法:《"考碗族"愈演愈烈,百万人报名国家公务员考试》,中国新闻网:http://www.chi-nanews.com.cn/gn/news/2008/10－26/1425416.shtml,2008 年 10 月 25 日。

② 阮家国、肖开霖:《大学生创业激情与理性的博弈》,新浪网:http://gov.finance.sina.com.cn/zsyz/2005－06－07/61814.html,2005 年 6 月 7 日。

盲目加入创业大军中,几经辗转仍然找不到自己的位置,不得不沦为城市的漂流族。在北京,大学毕业生创业团队使中关村在短短的几年内迅速成为中国"硅谷",但也有无数无名的"北漂"一族。创业成为已离开校门和即将离开校门的大学生的一种新的选择,尽管并非都一帆风顺。

3. "超级女声"

"超级女声"是湖南卫视从 2004 年起主办的大众歌手选秀赛。此项赛事没有任何附加条件,接受喜欢唱歌的女性个人或组合报名。其颠覆性的低门槛和运作方式受到了许多观众的喜爱。2005 年度的"超级女声"在中国大陆地区创造了极高的收视率。根据电视调查机构央视索福瑞发布的资料显示,"超级女声"播出时期,湖南卫视收视率在中国大陆地区排名居第二位(总收视率第一位为央视一套);超级女声节目也是同时段节目的收视率第一位。2005 年 8 月 26 日总决赛的冠军得到 352 万的短信投票。前三甲一晚共获得约 900 万的选票。[①]

"超级女声"横扫神州大地,吸引了无数青年人的眼球,而通过层层选拔和"PK"成为其中的佼佼者,成为青年人的一种美好向往。这一幕社会大戏愈演愈烈,大力鼓吹者有之,极力攻讦者有之。有人认为"超级女声"是青年人企图一夜成名、急功近利的表现;也有人认为这是青年人勇于表达自我、渴望成功的表现;甚至也有人说,一夜成名有什么不好,一夜成名总比不成名或是太晚成名要更好。

在"超级女声"之后,湖南卫视和各电视媒体又开始了类似的电视选秀节目,但都未能与"超级女声"相提并论。难道对选秀节目的追捧只是青年人一时兴起的浮躁表现?还是青年人的追求本来就善变?又或是其他的原因?

4. 新世纪初的"三大件"(房子、车子、文凭)

随着时间的脚步踏入 21 世纪,我国的人均国内生产总值突破了 1000 美

---

① 陈栋、许玮:《超级女声:社会的哀叹,传媒的狂欢》,《传媒》2005 年第 8 期。

元大关。富裕起来的中国人眼中的"三大件"也开始更新换代。现今,汽车、住房、保险或教育支出成为人们追求的主要消费目标。与50年前的皮鞋、手表相比,其跨度之大、时间之短是很多人难以想象的。

1998年福利分房制度改革后,社会允许了自由购买商品房。因此,购买一套合适的商品房成为很多百姓生活中的头等大事。但是,对于一个工薪阶层的消费者而言,购买一套商品房确实还是"生命中不能承受之重",商品房使不少青年人成为"房奴"。购买一套按揭商品房,除了要付巨额首付外,还要每月还贷,有的人甚至要二三十年才能还清贷款。这与当初积攒半年的工资购买一辆自行车相比,简直是一个天上一个地下。

除此之外,随着城市的发展,人们的日常生活区域不断扩大,越来越多的人把汽车当成了生活的必需品。在一轮轮的汽车广告的"狂轰乱炸"之下,青年人自然而然地把购车当成一种时尚。"有车一族"甚至成为许多青年人成功与否的重要标准。然而与购买一辆汽车相比,随之而来的各种费用才是这一"大件"的真正支出,这在连自行车都不普及的年代是无法想象的。

与以上两项开支相比,教育投入和各种商业保险则是一笔难以计算的"糊涂账"。在就业压力下,越来越多的人选择了"充电"来应对激烈的竞争,于是各种公办的、私办的教育培训机构充斥耳目。从小学生到职场白领,似乎真的把学习当成了一种信仰。如果不是,为何他们又如此舍得? 商业保险则是一种对社会福利保险方面空缺的补充,人们永远都有需要保险的"福利"。商业保险就像是个无底洞,怎么保都保不完。

成就观体现的是一个时代的价值追求,他们传递着每一个时代的价值取向,从这个角度讲,成就观也是一个时代、一个民族历史演变的见证人。纵观六十年岁月,从以国家的成就就是自己的成就到关注个人的成功,青年人的成就观发生了巨大的变迁。从追求精神上的"荣誉称号"到注重实际物质利益的获得,从旧三件到新三件的不断演变,向我们展示了新中国成立之后人们对个人成就追求的轨迹。

社会在不断发展和进步,人们对个人成就的追求也跟着时代的脚步前行。在异彩纷呈的社会大舞台上,每个人都在寻找自我在社会轨道上最恰当的位置。尽管在历史的足迹中,人们或许留下了这样或那样的痕迹,或许有这样或那样的迷惑,或许今天的人无法理解过去的事,但追求更美好的生活和更个性化的成就,已成为21世纪的主流成就观。

三、回归家园问信仰

偶像、成就总与执著相连,与笃信相伴。在书目检索栏中输入"信仰"两字,常常检索到的是一些这样的书:《关公信仰》、《炎帝神农信仰》、《八仙信仰》、《财神信仰》等等。似乎在中国文化中,信仰只是和神仙、老祖宗有关。其实,人们敬拜神仙并为自己祈福,并不是迷信天外仙者的超凡能耐,而是想在精神世界中寻求到一个支柱。这种支柱不是外在于人的客观精神,也不是人苦思冥想的结果,而是内心的一种力量,一种相信自己、相信未来的力量。这种力量驻扎于心,就是我们的信仰。

在现实生活中,人们为名利缠身,为高档次的物质生活奔波,似乎失去了这种力量,渐渐地忘记了自己最初的梦想和追求。在很多的人眼中,好好生活就是他们最大的信仰。而怎样才是好好生活呢? 性格迥异、经历不同、背景不一的人们有着各自的回答。许三多在电视剧《士兵突击》中告诉我们,活着就是为了做有意义的事,做有意义的事就是好好活着。

在这里,让我们来看看前辈们在青年时期的信仰,看看他们在峥嵘岁月中为我们留下什么样的精神财富。

(一)纯真期:《把一切献给党》

在经历了新文化运动和八年抗战、三年内战之后,中华民族告别了旧社会的禁锢和黑暗,于1949年迎来了黎明。

"社会主义好,社会主义好,社会主义国家人民地位高。反动派,被打倒,帝国主义夹着尾巴逃跑了……"这段歌词是人们发自肺腑的心声,把人民群众尤其是青年人信任共产党、坚定社会主义信念的心声表现得淋漓尽致,反映了50年代广大人民群众,尤其青年人对社会主义新中国的热爱和信仰。青年人不仅这样歌唱党、歌唱祖国,还积极投身社会主义建设事业,并对新中国的未来充满希望。

50年代初,作为我国兵工事业的开拓者和新中国第一代工人作家,吴运铎为我国兵器工业的发展奉献了自己的健康,左眼被炸瞎,左手4个半手指被炸掉,两条腿也落下了残疾。他还凭着坚韧不拔的毅力,一次又一次与死神搏斗,创造着生命的奇迹,由此得来了"中国保尔"的称号。他创作的《把一切献给党》一书,激励了整整一代中国青年。虽然这本书只有6.8万字,但在社会上引起的反响却异常强烈,特别是对五六十年代的学生产生了深远的影响。

当时,这本书是一切有抱负、有理想的青年的必读书。那时,中学生的书包里,几乎每人都装着这本珍贵的书。少先队、共青团活动日要读这本书,写课外读书体会要用到这本书,学生寒暑假选读书目,它也是必选之一。它就像青年学生的座右铭,时刻激励着他们不断进步。许多青年在学习、生活中遇到困难,都会不自觉地到这本书里找答案,或者写信给吴运铎,请他帮忙分析人生的困惑。在这本书的影响下,吴运铎无私奉献、艰苦奋斗、祖国利益高于一切的精神,成为大多数青年人的追求。

在新中国成立的最初几年,贫穷和落后是一个不争的事实。要改变贫穷落后的状况,要在一穷二白的图纸上画出最新最美的图纸,需要一批批的青年知识分子用自己纯真的心,用自己所学的知识和才能去承担国家政治、经济和文化建设的重任。"共青农场"就是50年代青年人为祖国建设贡献自己知识和才能的纯真的实际行动。在吴运铎精神的指引下,"共青农场"的开拓者们,用他们的青春热血,谱写了一曲美丽的"青春之歌"。

(二)狂热期:"毛主席万岁"

信仰会产生巨大的力量,这是确信无疑的。但是当信仰走向极端,这股力量带来的将不再仅仅是动力,而是灾难。在十年动乱期间,人们误把狂热的个人崇拜当作真实的、确信无疑的信仰,由此带给青年的伤害无法言表。

1966 年是一个疯狂时代的序幕。在这一年,史无前例的风暴席卷全国,它不仅搅乱了国家经济建设的步伐,而且给中国人民的精神世界带来了巨大的伤害。在那时,"万岁! 万岁! 万万岁!""毛主席万寿无疆!"等口号不仅成了全国人民的"口头禅",而且成为各个家庭、大街小巷和公共场所的必备"装饰"。

最时髦的装饰要数毛主席像章了,有的人为了表达对毛主席的敬爱甚至别上一排毛主席像章。除此之外,"红海洋"、"红宝书","忠字舞"、"忠字化"语言广为流行,成为那个时代荒诞至极的风景线。在这场疯狂的运动中,大多数青年人丧失了理性判断思考的能力,狂热的个人崇拜遮蔽了他们理智的思考。他们放弃了沉思和智慧,把灵魂和身体都奉献给了一个难以理喻的狂热信仰。

在那十年间,丧失理性的思维和行动让人不寒而栗。在那个人性中残暴的一面暴露无遗的年代,有两个青年人从疯狂的人群中站出来,向人们发出了理性的呐喊,但却为此付出了生命的代价。

提起遇罗克这个名字,想必大多数青年人都会觉得陌生,但在三十年前,这个青年却用生命捍卫了自己的尊严。如果没有反右派斗争,遇罗克可能会成为一名大学生,徜徉在校园,接受知识的洗礼。但是由于父母被打成右派,高中毕业的遇罗克没有走进大学的知识殿堂。不过,这丝毫没有削弱遇罗克的正义感。由于看不惯甚嚣尘上的"老子英雄儿好汉,老子反动儿混蛋"的"血统论",遇罗克写出《出身论》,对当时的社会现实给予深刻的抨击。正义的声音却为当时的社会所不容,《出身论》被判定为反动言论,遇罗克被捕并以莫须有的罪名惨遭杀害。年轻的遇罗克,为正义和自由献出了宝贵的生命。

鲁迅说过:"真的猛士,敢于直面惨淡的人生,敢于正视淋漓的鲜血。"在风起云涌的"文革"时代,张志新就是这样"真正的猛士"。在"文革"风暴狂袭神州大地,八亿中国人民神志昏迷、狂热地崇拜最高领袖的时候,张志新喊出了真理的声音,她对林彪进行揭露,为刘少奇及一些老帅喊冤叫屈。在今天看来,其言平平,可在那个丧失理智的岁月,她却令"革命群众"心惊,"四人帮"等政治骗子因她真理的呐喊而心悸。为此,她在监狱中遭受了令人难以想象的折磨。张志新——一个普通的中共党员,用一个女性的柔弱身躯,顽强地挺起了中华民族的脊梁,她是真正无愧于真理的英雄。

当时青年人的思想纯而又纯,甚至谈钱色变,一心只向毛主席,任何私心都不许有,即使有也会被扼杀。于是,我们看到很多人的大公无私、忘我奋斗。那个时代的青年也会困惑和迷茫,但是只要质疑,就可能会付出生命的代价,于是缄默不语。

1966年到1976年的十年间,知识青年在经历了狂热的个人崇拜、红卫兵大串联、接受毛主席接见等一系列"惊天动地"的事件之后,在被迫或自愿的情况下,组成了一支支"知青"团队奔向祖国的广大农村,接受贫下中农再教育。他们相信毛主席的话,在农村这个广阔天地中将大有作为。这场声势浩大的"知青"运动,改写了整整一代人的命运。

尽管后来人们从个人、社会、历史的角度对这段上山下乡的特殊时期做了各种各样的解读和诠释,但可以肯定的是,这段经历改变了青年人的狂热和浮躁,让他们学会了理性地思考人生,并重新审视自己的信仰。

(三)颠覆期:科学与真理的时代

在"潘晓讨论"之后,中国乐坛上的一曲《一无所有》吹进了青年人的内心,引发了他们关于信仰的痛苦共鸣。

我曾经问个不休,你何时跟我走,可你却总是笑我一无所有,我要给你我的追求,还有我的自由,可你却总是笑我一无所有。噢……你何时跟我走?脚下的地在走,身边的水在流,可你却总是笑我一无所有,为何你总笑个没够,为何我总要追求,难道在你面前我永远是一无所有?告诉你我等了很久,告诉你我最后的要求,我要抓起你的双手,你这就跟我走,这时你的手在颤抖,这时你的泪在流。莫非你是正在告诉我,你爱我一无所有? 噢⋯⋯你这就跟我走!

人们在人生的十字路口上进行抉择时,信仰会不请自到,因为它深藏在每个人的内心深处。在经历了"文革"的精神束缚和改革开放的思想解放之后,人们一直在不断地追问信仰,寻找自己的精神家园。因为,"许多人想抛掉信仰的重担,却又在短暂的轻松之后,被'生命中不能承受之轻'压垮了。人们并不能安于自己的无信仰,而是经常地感受到了心灵痛苦。毕竟,心灵对于信仰的需要是谁也逃避不了的。"①

人生是一种寻觅生的意义、生的价值的信仰历程。每个人都在为自己的心灵寻找精神的安心立命之所,尤其是在面对自己感到无能为力的天灾人祸、社会变革之时⋯⋯

当一个社会忽视个人的存在,麻痹人们的理性思考时,人们不敢也无暇顾及人生的意义问题,而当人们挣脱了精神锁链环顾四周时,突然发现:人为何变了,而且变得那么地不可思议,像梦一般不真实。

其实,这是人们在挣脱了一种不正常的精神束缚之后而产生的迷惘和困惑。伴随着这种迷惘与困惑,青年的信仰也在发生着变化。

应当说,"文革"结束后与市场经济体制确立之前,这是一段信仰的反思与颠覆时期。"文革"结束后,中国青年的信仰逐渐从狂热的政治追求转向对真理和科学的追求,又在90年代市场经济体制确立后掺入了对财富的追求。

十年动乱结束后,《实践是检验真理的唯一标准》拉开了中国人民探索中国特色社会主义道路的序幕,它为关注个人和国家命运的青年人指明了探求真理的道路。青年人是社会中最具有活力、最富有探索精神的群体。实事求是的思想路线的确立,给他们的人生和政治信仰提供了正确的方向。这一时期,真理和科学成为多数青年的追求,陈景润就是其中的一个典型代表。

---

① 刘建军:《追问信仰》,河北人民出版社1998年版,第2页。

在真理的探索之路上,人类面临着一道道的难题。200多年前,一位名叫哥德巴赫的德国数学家提出了"任何一个偶数均可表示两个素数之和",简称1+1的"哥德巴赫猜想"。200多年来,这个谜吸引了众多的数学家,成为世界数学界一大悬案。以至于有这样的说法,数学是自然科学的皇后,"哥德巴赫猜想"则是皇后王冠上的宝石。

陈景润知道了这个"谜"之后,深深被其吸引,下定决心去探寻这一数学世界的奥秘。经过10多年的推算,他撰写的论文《大偶数表示一个素数及一个不超过2个素数的乘积之和》(简称"1+2"),成为哥德巴赫猜想研究史上的重要里程碑。陈景润对"哥德巴赫猜想"的研究,代表了中国青年知识分子对知识的不懈探求精神和为科学贡献力量的勇气和胆识。陈景润的故事发生在"文革"刚刚结束和新中国开始重视教育与知识分子的特定时期,他像一面旗帜一样,激励着无数有志青年去追求科学真理。而这一事件由于其特定的时代背景而产生了深远的历史意义。

对于真理和科学的追求,促进了中国人文科学和自然科学的发展,也促使青年更加理性地认识自身、认识社会。90年代初,许多大学生开始不断地问自己:我们关心国家的前途和命运,为什么却选择了不恰当的方式?我们对社会到底了解多少?中国的问题到底该怎么解决?我们到底怎么了?

《北京高校德育二十年》一书中,北京大学在"改革开放二十年北京大学德育工作的回顾与总结(1978—1998)"中有这么一段话:"青年学生是最敏感、最富有朝气的群体,他们接受新事物、新思想和新观念比较快,对教条的陈旧的东西比较反感,思想比较单纯、幼稚,更没有经历过政治运动,缺乏政治斗争的经验,容易上当,容易被人利用。世界观、人生观、价值观都很不成熟"①,一旦有不利于社会稳定的事情发生,"很多同学为好奇心诱使而参与其中,其实只是凑凑热闹而已。有一些同学有自己的看法和观点,但是由于对中国的国情和民情并不了解,他们有很多思想并不符合实际。少数同学

① 中共北京市委教育工作委员会、北京高校德育工作委员会主编:《北京高校德育二十年(上):改革开放二十年北京高校德育工作回顾与经验总结》,北京邮电大学出版社2000年版,第42—43页。

所谓'民主'的要求,实质上是受到一种'大跃进'式的民主观念的驱动,不了解民主建设的规律,追求所谓超阶级的'全民民主'。"[①]

爱国是每一个青年人的渴望,看到国家改革开放中凸显的问题,忧国忧民,希望国家富强和民主,这些都是可贵的。但一个国家的发展,必须以本国国情为基础,理性爱国才是青年人实现自己信仰的正确途径。

(四)反思期:"我穷得只剩下钱了"

人生活在一个现实的世界里,没有物质保障的生活让人缺乏安全感。在相当长的时期里,社会淡化了人对物质生活的追求,压抑了人们最基本的物质需求。进入90年代后,一些青年人又走向了另一个极端:唯钱是问,精神追求似乎已淡出了人们的视野。90年代是一个可以理直气壮地谈论金钱的时代,也是人们不断追问人生意义的时代。诚然,每个人都会有自己的答案。但在物欲满足之后,人们发出的感叹让我们深思:"我穷得只剩钱了。"

80年代后期,青年人的思想发生了从"向前看"到"向钱看"的转变。在"文革"时期,没有人敢于向"钱"看齐,"奖金"是资产阶级思想的代名词。当时间老人把光阴拨到80年代的中后期,当市场经济开始冲击计划经济的时候,人们长期被压抑的"私心"开始显露端倪。在改革开放初期,"大哥大"、"老板"与拥有较多的个人财产和金钱联系在一起,成为人们羡慕的对象,是那个时代人们的普遍追求。在经历了物质的匮乏和精神的"饥荒"之后,青年人开始把目光转向了实在的个人利益,很多人试图通过出国留学和下海经商来实现其人生追求。

有一篇文章曾谈到了90年代人们对物欲的看法:90年代是一个思想贬值欲望泛滥的年代,也是一个缺乏英雄情结的年代,人人都想成为有钱的人,"有钱能使鬼推磨"、"今天发财了吗",成了挂在人们嘴边的话语。如果

---

① 中共北京市委教育工作委员会、北京高校德育工作委员会主编:《北京高校德育二十年(上):改革开放二十年北京高校德育工作回顾与经验总结》,北京邮电大学出版社2000年版,第42—43页。

说80年代是文学的年代,90年代就是经济学的年代。下海经商、全民炒股、读MBA,都是从90年代开始的。新兴的大众媒体为人们的发财梦提供了新的实现空间,购物杂志指导人们时尚地生活,大众文学描绘着多彩的小资情调。人们开始慢慢变得缺少精神追求,变得迷惘无助,缺乏理想。精神追求的贫乏伴随物质欲求的旺盛,随之而来的贪污腐败屡见不鲜。

90年代的中国,无论在大学校园里还是在机关里,出国是一大热门话题。以大学生为代表的各种知识群体纷纷通过各种途径走出国门,去海外镀金。一时间,留学成为一种值得炫耀的个人经历。

但在现实的淘金过程或者镀金过程中,他们面临着痛苦的挣扎和徘徊。电视剧《北京人在纽约》折射出东西方文化的差异,全景式展现了北京人在纽约的生存状态,公映后在社会上引起轰动,成为首部描写第一批赴美淘金的中国人事业与情感历程的经典之作。这部耐人寻味的电视连续剧,讲述了一些北京人在纽约奋斗与挣扎的生活故事。它让我们看到,东西方文化的碰撞引起的不只是疼痛、无助与彷徨。在家庭的分解与重组中,在婚外情的发生和发展中,在移民子女的教育及两代人的观念冲突中,这群怀着美国梦的北京人,事业与情感发生着巨大的变化。其中的主题歌形象地揭示了人们在出国后的情感经历:

千万里我追寻着你,可是你却并不在意。你不像是在我梦里,在梦里你是我的唯一。Time and time again you ask me!问我到底爱不爱你!Time and time again I ask myself!问自己是否离得开你,我今生看来注定要独行。热情已被你耗尽,我已经变得不再是我,可是你却依然是你。问我到底恨不恨你,问自己你到底好在哪里?好在哪里?[①]

人生的梦想无数,如何去圆?财富、自由、民主、人权这是人类文明始终

---

① 何剑春编:《同一首歌——九十年代经典歌曲一百首(男生版)》,北京现代出版社2004年版,第17页。

追寻的东西,靠留学就能速成吗? 西方的文明就比东方的文明发达吗? 青年人的梦只有靠出国才能圆吗? 金钱和精神追求到底是什么关系? 进入21世纪后的回国热,"海归派"为我们找到了答案。

人生的意义何在,是追逐物欲的满足,还是追求精神的充实? 或是两者兼顾? 现实世界给我们展示的一幅幅画卷,让我们深思。

（五）迷惘期:"什么是生命中最重要的"

进入新世纪后,青年人更让老一辈看不懂,猜不透了。金钱、爱情、诚信等词语常常让人反复思考。

曾几何时,"爱情"是一个非常神圣的字眼,但在今天,却出现了令人瞠目结舌的"拍卖爱情"的闹剧。人们时常听到一些青年人口里有这么几句话,"干得好不如嫁得好","要找就找有钱的"。以象牙塔里的女大学生为例,女大学生作为知识女性中最年轻、最富有朝气的一部分群体,无论作为社会的建设者,还是作为家庭主妇、人妻、人母、人友,对社会的影响都非同小可。女大学生在张扬个性与独立、追求个人物质幸福的同时,如何清醒地认识自己将要扮演的社会角色和承担的社会责任,如何通过正确的途径提升自己的素质,追求有意义的人生价值,是一个令人深思的问题。

在人类的道德追求中,诚实守信是社会秩序良性运行的保障。在当代,无论把市场经济称为法制经济还是道德经济,诚实守信都是必须遵循的准则。但在现实中,利益的驱动常常使人忘却诚实守信的道德准则,滑入功利主义的泥潭。在考试时我们总会看到诚实守信的横幅标语悬挂在考场门口,看到学校为防止替考而专门制作的考试卡,看到各校在招生考试时要求现场照相的规定。难道这些精心设置只是偶然?

市场经济是竞争性经济,其最大特点是承认"人人为己"的正当性。但同时,市场经济也是诚信经济,它必须要有道德和法律来护航。旧体制对人的禁锢已经被打破,新的社会运转体制还没有完全建立,整个社会的信任体系呈现出青黄不接的状态。同时,中国人对发展市场经济的理论准备、精神准备和伦理准备还不足。"五四"时期的反封建运动、"文革"时期对传统文化的破坏等等,使得传统的优秀道德资源逐步丧失其牢固的地位,长期的计划经济体制下的垂直管理,使人们不了解信任是调节人们行为的杠杆和市场经济良性运行的推动力。青年人作为中国市场经济的参与者和见证者,诚信的缺失是他们进入社会和建立良好人际关系的一大障碍。社会对大学生在校成绩、求职简历真实性的质疑,就是诚信危机的缩影。

(六)审视期:"他们究竟是怎样一代青年"

21世纪初,人们曾对"80后"的评价使用过一些负面的词,如"抱大的一代"、"自私的一代"、"垮掉的一代"、"最没责任心的一代"、"享受型的一代"等等。2008年,一场人类无法预见的地震,却让社会重新认识了"80后"。"80后"在面对人类的灾难、国家的荣辱时挺身而出,让人们对他们的评价换了一个词:"有社会责任感的一代"。

当代青年人到底在想什么?什么是他们内心的真实声音?什么是他们的精神支柱或信仰?这些在人们心中画上了一个深深的问号。

一部电视连续剧《奋斗》,让我们看到了"80后"的真实一面。主人公有一句台词,"我要好好想想,什么是生命中最重要的,我要想,如何度过我的一生,我还要想,我要成为一个什么样的人。"这表明他和他所代表的那些"80后"年轻人在价值观上的不确定,甚至还存在着彷徨和迷惘。但是,这并不妨碍他们的行动以及对生活和感情的选择。我们看到了他们对平凡和平淡的挑战,看到了他们对前辈们认同的价值观的质疑。虽然现实社会不断给他们困扰,甚至是当头一棒,但他们仍然自信,仍然无所畏惧地冲撞磕碰。他们为金钱、名利奋斗,但更多的是为自由、为爱情、为理想而奋斗。他们拒绝平庸,向往璀璨的未来。

新东方教育集团有限公司董事长兼总裁俞敏洪曾用下面的话来表达他对"80后"的赞赏:

尽管我作为老板之一也被"80后"炒过鱿鱼,但我仍然要对"80后"唱赞歌。因为我从他们身上看到了我正在失去的青春活力,从他们身上看到了另一种未来的大气和轻松,从他们身上看到了我们缺少的挑战精神和创新精神,更从他们身上看到了中华民族未来的新秩序和新文化。我同时也不否认"80后"身上有很多缺点,有些缺点就个人而言甚至是致命的、无耻的,比如他们中间有些人自私、脆弱、浪费,甚至无耻地啃老。但这样的情况在哪一代人身上或多或少没有呢?在他们成长的过程中,经过洗礼、淘汰,我相信"80后"整体上会比我们过去的任何一代人都更加健康向上地成长和发展。①

如前文所说,如果说偶像是时代的恋人,成就是时代的追求,那么信仰就是时代的动力。偶像、成就、信仰是一个人在人生旅程中屡屡碰到的问题,而偶像和成就归根到底还是信仰的问题。

信仰是一种非常微妙的东西,无法触摸,但又非常真实,紧连着每个人内心最深处的自我,是每个人在不断追问的人生意义,是每个人无法逾越的心灵诉求;信仰是一个魔术大师,有着能使你热血沸腾、灵感突发、力量无穷、不惜性命的魔力,有着能使你把握自我、认识自我、超越自我、追寻希望的魔力;信仰又是一棵常青之树,随着时代的变迁而变化着它的容貌和形态,具有一种诱人的生命力。②

罗曼·罗兰曾说:"整个人生是一幕信仰之剧。没有信仰,生命顿时就毁灭了。坚定的灵魂在驱使时间的大地上前进,就像石头在湖上漂流一样。没有信仰的人就会下沉。"一个人不能没有信仰,没有信仰的生命就等于没有灵魂。一个民族不能没有信仰,没有信仰的民族,就是没有希望的民族。

《以自由看待发展》——1998年诺贝尔经济学奖获得者阿马蒂亚·森,综合他在经济学以及哲学领域多年的积累,所酝酿的一部里程碑式的著作——可以说,是对中国青年六十年来思想变迁的一个恰当的诠释。

---

① 俞敏洪:《祝福你们,中国"80后"》,《东南西北大学生》2007年第11期。
② 董艾辉:《信仰沉思——当代大学生信仰教育论》,湖南人民出版社2004年版,第1页。

生活方式从一体化到多元化、精神追求从主旋律到多元化,这些都是社会限制逐渐减少的体现,也是实质自由逐渐增多的体现。那么,中国为什么会发生这些变化,导致这些变化的驱动力是什么?

阿马蒂亚·森认为,发展就其本性而言是自由的增长,人的实质自由是发展的最终目的和重要手段。发展是涉及政治、经济、文化、社会观念等多方面的一个综合的过程,它意味着消除贫困、人身束缚、各种歧视压迫、缺乏法治权利和社会保障的状况,从而提高人们按照自己意愿来生活的能力。

中国青年有意无意地实践了阿马蒂亚·森的这些观点。不是根据财富,而是根据我们获得的实质自由来衡量生活质量。

伴随新中国的成长,中国的青年人逐渐摆脱了精神上的枷锁,拥有了更多的选择权。他们可以根据自己的判断,来决定自己的人生之路。那一首首清丽诗作,一段段动听歌谣,一幕幕绝色光影,一幅幅精美画卷,标志着几代中国青年的"自我"意识正由沉眠走向苏醒。

在这个全新的时代,社会观念越来越开放,每个人都可以在不违反规则的情况下去选择自己生活方式的空间。我们可以感受到青年们愈加扩展的生活空间,愈加个性化的价值观念。几代中国青年在社会和自我之间寻找着平衡点,追寻着生命的意义和价值。

下 篇

沉淀——当代青年
思想素描

诺贝尔经济学奖获得者阿马蒂亚·森,就"发展"提出了一个"自由"的新视角,并在《以自由看待发展》一书中论证了两个主要命题。

第一个命题是:"自由是发展的首要目的"。这个规范性命题认为,自由本身就具有重要价值,本身就是值得人们追求的重要目的,它不需要通过其他有价值的事物来表现其价值。如我们在第一篇中所述,新中国成立后中国青年价值观的变化过程,是一个逐渐摆脱外部控制、追逐个人感受的过程,是一个集体意识逐渐势弱、个体意识逐渐觉醒的过程。这一过程,与我国由封闭走向开放,与全球相融合的过程相一致。市场经济的自主性和平等性、全球化的开放性和多元性,使青年摆脱了传统等级关系、特权关系的束缚,逐步获得了独立的人格。人的价值、尊严、权利和个人话语权成为其现实的追求,自由成为这些追求的核心表征。第二个命题是:"自由是促进发展的不可缺少的手段"。这个实证性命题讨论了自由具有促进发展的功能性。阿马蒂亚·森用大量的证据证明,自由如何促进发展,而缺乏自由、压制自由又是如何阻碍发展的。

那么,在新中国成长和发展的过程中,中国青年在政治参与、经济参与、文化参与、社会责任等方面,形成了哪些特点呢? 在逐渐融入全球化体系,与其他国家青年同台竞技之际,这些特点是我们的优势还是劣势呢? 我们需要做哪些针对性的工作呢?

第五章　从价值关怀到实用取向

铺开历史的长卷,我们看到,每当中华民族的尊严与利益遭受威胁和挑战时,青年们总能挺身而出,似一把利刃凌鞘而出,穿透暗夜,为中国带来光明。

青年总是走在时代的前列,他们的社会行为,尤其是政治参与的程度和强度往往影响着民众的思想意识以及社会的变迁。

一、弄潮儿向涛头立

在中国现代史上,青年在社会革命中的先锋、桥梁作用引人注目。辛亥革命前的留学生运动,1919 年的五四运动,1925 年的五卅运动,1931 年九一八事变后对蒋介石的不抵抗政策的抗议运动,1932 年一·二八事变后配合工人支援十九路军的抗战运动,1935 年的"一二·九"抗日救亡运动,抗战爆发后青年纷纷投身抗日武装和建设民主根据地的运动,抗日后方的救国宣传和支援前线运动,以及抗战胜利后国民党统治区爆发的以学生运动为主的反内战、争民主的"一二·一"运动,①都记下了青年们志慷意慨的热情和奔走呼号的身影。壮烈的爱国情怀,在一系列的革命运动中彰显无遗。

新中国成立后,青年们的爱国热情一如既往。经过无数先烈换来的国家独立、人民民主,青年没有理由不用心经营、没有理由不倍加珍惜。

1950 年 6 月,抗美援朝战争爆发。为了消除美帝国主义对新中国的军事威胁,青年摩拳擦掌,踊跃报名参加志愿军。从皑皑雪原到鱼米之乡,从

---

① 参见翟作君、蒋志彦:《中国学生运动史》,学林出版社 1996 年版,前言部分。

黄土高坡到东海之滨,到处都可以看到广大青年积极报名的生动场面。尤其是在距离朝鲜最近的东北地区,美军的侵略行径激起了广大青年强烈的爱国热情,激愤的情绪化为踊跃参军的行动,仅辽宁、吉林、黑龙江三省青年参加志愿军的人数就高达16万人之多。据资料载,在抗美援朝战争中,中国掀起4次参军高潮,全国青年有207万人参加了志愿军,保证了中国人民志愿军兵员供给,在抗美援朝战争中发挥了不可替代的作用。他们中的代表人物邱少云、黄继光、罗盛教等,其英雄事迹,感动了一代代中国人。

这场战争的意义对中国青年来讲不同以往,不仅是保家卫国的爱国主义精神的体现,还是一种民族自豪感、民族强盛感的体现。"雄赳赳,气昂昂,跨过鸭绿江。保和平,为祖国,就是保家乡。中国好儿女,齐心团结进。抗美援朝打败美帝野心狼!"在这首《中国人民志愿军战歌》里,青年们威武昂扬,展示出了前所未有的意气风发。

之后,青年们在"三反"运动、"五反"运动、"反右斗争"、"大跃进"等重大政治活动中也扮演了极其重要的角色。基于对新生国家的热爱和拥护,他们广泛参与了各级党、团组织,争当"青年突击队"队员,学习解放军、学习雷锋、学习毛主席著作等活动。在新社会所倡导的社会理想与政治目标的强烈吸引下,青年对政治事务的参与程度较高。参与动机纯正,少有自身利益诉求,参与形态呈现"信念型"、"呼应型"的态势。

60年代中后期,长达十年的"文化大革命",党和国家领导人是发起者,一些别有用心的权力集团是导演,广大青年则是这个舞台上最主要的演员。青年,离"政治"这个词语似乎极远,又似乎很近,他们时时刻刻都与政治运动联系在一起,却又从未接触到政治核心阶层。但泛政治化色彩和情绪盲动是这一时期的主要特征。"红卫兵",这个特殊的时代符号,给这个国家留下了深刻的记忆,它的来历也与热血青年学生密不可分。"红卫兵"作为一种狂热的政治力量和主流的青年活动方式,在相当长一段时间内,在中国大地上呼风唤雨,直至十年动乱结束。

历史总是有些巧合让我们欷歔,但不能否认的是,这些巧合又内含着某种必然性。那帮年幼而激情的学生助燃了十年"文革",他们也同样是结束这场动乱的先行者。"文革"期间，不断有青年挺身而出，以上书、张贴大字报等方式批判"四人帮"的极左路线。

1976年3月下旬，南京市学生和市民举行集会，沉痛悼念周恩来，揭开了"四五"运动的序幕。作为一场悼念周总理、反对"四人帮"的抗议运动，"四五"运动波及全国，形成了强大的群众革命运动，为后来粉碎江青反革命集团奠定了群众基础。青年们对社会的有力影响再一次得到彰显。

"文革"结束后，中国开始关心经济状况和实实在在的生活水平。从"文革"中走来的青年，经历了政治运动的洗礼，逐渐变得成熟起来。他们依旧血气方刚，期待着在新的社会环境中大展宏图，但也开始根据自己独特的经历来思考社会发展的多种可能性。青年们以多种多样的政治参与方式，与转型期的剧烈社会变革交互作用，构成了"文革"以后青年政治参与的崭新图景。

1978年10月，共青团第十次全国代表大会召开，这个因"文化大革命"而中断十年之久的中国最重要的青年组织，开始在国家的政治生活中重新发挥作用。其时，全国团员总人数达到了4854万人，占青年总数的26.7%。[①] 围绕经济建设这一新时期的中心任务，各级团委积极发动、领导和组织青年参与现代化建设。1979年，团中央承继五六十年代开展的社会主义建设积极分子活动和红旗青年突击手活动的传统，开展了"争当新长征突击手"的活动。被评为"新长征突击手"的是"各条战线上为实现四个现代化做出优异成绩的又红又专的青年先进人物"[②]。社会秩序的重建和更新，意味着传统的、以党团组织为主导的动员型政治参与模式的恢复和发展。

80年代开始，伴随着贯彻干部"革命化、年轻化、知识化、专业化"的"四化"方针，干部队伍大规模的新老交替，以及各级党组织后备干部队伍（即所谓的"第三梯队"）的建设，在广大青年中形成了一股从政的热潮。从1980年到1985年的6年时间内，领导干部队伍整整换了一茬，主体为新中国成立

---

① 参见单光鼐等主编：《中国青年发展报告》，辽宁人民出版社1994年版，第467页。
② 单光鼐等主编：《中国青年发展报告》，辽宁人民出版社1994年版，第466页。

后党所培养的知识分子干部。截至 1985 年 2 月,共有 90 万余老同志退居二、三线;8 万多名中青年干部到县以上各级领导岗位就任。从 1984 年起,各级党组织部门将"第三梯队"建设列为中心工作,按省部级、地局级、县处级三级初步建立起后备干部队伍。1984 年、1985 年全国范围内的整党,建设"第三梯队",提拔年轻干部等工作使"从政热"达到了高潮。①

中国是一个具有"官本位"传统的社会,从政入仕曾长期是中国知识分子的首要职业选择,它与 80 年代中期干部制度改革所唤起的青年学生投身改革、报效国家的政治热情相契合,极大地激发了青年学生政治参与的意愿。"假如我是市长"、"假如我是校长"成为演讲和征文的常见主题,②众多大学生把去国家机关工作作为优先的职业选择。1977 年恢复高考之后,最初的几届毕业生大量被吸收进国家机关,这个现实更加增强了大学生从政的信心。

由于各种原因,1986 年 5 月,中共中央组织部决定停止从大学毕业生中定向培养后备干部,而主要从有实际工作经验的干部中选拔,"从政热"逐渐退潮,青年们政治参与逐渐现实化、利益化的倾向如大海礁石逐渐凸显了出来。

经历了 1989 年的政治风波之后,青年的政治热情开始迅速降温。随着社会为青年提供的实现人生价值的机会和方式逐步增多,"出国热"、"经商热"等接踵而来,青年们的政治热情随之转入低谷。

二、潮起潮落终务实

90 年代中后期以来,随着经济全球化进程的加快和改革开放事业的不断深入,我国社会主义市场经济建设和民主法制建设得以不断发展和完善,

---

① 参见单光鼐等主编:《中国青年发展报告》,辽宁人民出版社 1994 年版,第 469 页。
② 参见单光鼐等主编:《中国青年发展报告》,辽宁人民出版社 1994 年版,第 470 页。

社会多元利益格局逐步形成。中西文化在冲突中不断交融,理想和现实在碰撞中依然激烈,但随着国力的日渐上升,青年从政治低谷情绪中逐渐走出,开始主动关注国家大事乃至世界大局,并从对政治运动的社会性后果的反思和对自我成长的预期中,尝试以务实和理性的态度重新投身于社会活动。在多种因素的共同作用下,这个时期的青年政治参与形成了独具特色的特点。

(一)积极活跃的政治参与意向

在伴随自己学习生涯的各类书本中,在长辈们的回忆和念叨中,当代青年对改革开放有了一定的了解。然而,事实上,他们对改革开放的印象是模糊的。他们成长的环境,很大程度上已经是改革开放后的社会。在这个环境里,一切都以经济建设为中心,没有"以阶级斗争为纲"的口号,也没有"大鸣、大放、大字报"的政治符号。他们不能理解父辈对政治的狂热,却也并非对政治漠不关心。中国传统的敢为天下先的精神依然遗留、嵌刻在他们身上,使其政治参与表现出了当代青年特有的气质。

正如马克思、恩格斯指出:"人们为之奋斗的一切,都同他们的利益有关。"利益,是激发当代青年政治参与欲望的深刻根源。青年虽然刚刚踏入社会,但改革和发展带来的许多社会经济成果已经开始直接影响他们的生活,并将持续地影响他们今后的生存和发展。经济社会巨变产生的新情况、新模式,意识形态领域出现的新观点、新问题,都使青年们面临着一个个需要发现、讨论、鉴别和选择的新课题。因而,青年必然要求参与社会政治生活,了解政治活动的运作过程,密切关注各项政策改革,从而有效地争取和维护自身的利益。在这种愿望的推动下,他们政治参与的主动性大大提高。他们重视自己的权利,对民主管理、民主作风、民主选举给予高度的关注并表现出浓厚兴趣,注重政治生活实践,参与意识强烈,积极要求参加社会改革,并希望得到社会的尊重、理解和信任。

受教育程度的普遍提高,是当代青年政治参与意识较强和较为理性的另一原因。根据西方政治学者的研究,教育与政治参与有着强烈的正相关关系。"影响政治参与和态度的唯一重要特征是教育……一个人受教育程度越高,他参与政治活动的可能就更大,对政治问题的态度更坚定,也更有思想性。"[①]"地位较高尤其是受教育程度较高的人,更可能把参与政治看作是公民的责任,而具有这种责任感的公民事实上会更加踊跃地参与。"[②]改革开放后,中国的科教文化事业得到极大发展,九年制义务教育逐步普及,高职专科院校建设长足发展,为社会主义现代化建设培养了一大批有文化、懂技术的中高级人才。接受过高等教育的青年比率,也随着高校招生人数的不断扩大而达到了前所未有的程度。

"知本家"时代的来临,为青年知识分子参与政治提供了更多的便利条件。其较高的受教育程度、较好的独立思考判断能力、较强的思想表达能力和利益敏感性,以及强烈的民主平等意识和主体意识,使青年不再迷信权威,理性地关注国家及民族的前途命运,将个人未来生活的选择与国家发展联系起来,尤其与自己切身利益密切的政策、信息、方针、制度均属于他们重点关注的对象。这种趋势,随着这一代人对社会资源的逐步掌控和主流话语权的增多,还会表现得更加突出。

近些年来,香港澳门回归、申奥、办奥、国家领导人换届选举等重大政治事件,青年不仅给予高度关注,甚至均有青年直接参与的身影。有报道称,在党的十七大召开期间,有的大学生要求调课收看开幕式及主题报告,关注大会进展情况。

(二)理智务实的政治参与态度

如果说对中国青年政治参与意识的分析是一种轮廓性描述的话,那当代青年在政治参与态度上所表现出来的奇特性有必要做细致的探讨:他们

---

① 〔美〕加布里埃尔·A.阿尔蒙德、西德尼·维伯:《公民文化——五个国家的政治态度和民主制》,徐湘林等译,华夏出版社1989年版,第201页。
② 转引自杨龙主编:《发展政治学》,高等教育出版社2006年版,第74页。

在某些政治活动中漫不经意,而在另一些政治活动中却热情高昂;对有些政治问题反应冷漠,又却对另一些政治问题高度关注;总体上看,他们对一些政治事件的评价和政治行为的选择似乎呈现出"以自我为中心"的倾向,但有时又在看似与己无关的事件中表现得积极、睿智而勇敢,如奥运火炬传递和抗震救灾中的突出表现……这些现象均说明,对当代青年政治参与意识、态度和行为的认知、评价不能简单而为,草率而论,应该有细致而深入的分析。

以在校大学生为例,他们对于自身所在班级的选举及民主管理多能主动参与,但这种政治参与往往仅限于校内参与或具体事务参与;对最能体现公民政治参与意识的基层人大代表选举,参与意愿却明显不足。多数学生是在组织的动员下被动参与选举投票的,他们认为自己"人微言轻,说了不算"、"选谁与不选谁都一样",而没有把它当做自己的权利和义务。①

这种尴尬局面,在一定程度上反映出了部分青年对现阶段国家政治生活状况的困惑:尽管国家正处于政治体制改革和经济体制改革进程之中,但短期内无法消除的某些不合理的政治行为习惯和约定俗成的潜规则,在一定程度上压抑了青年政治参与的热情,往往导致他们主动放弃参与,或以消极的态度来应付了事。

这种现象表明,当代青年的政治参与对象已经从抽象的国家、集体概念层面转到了具体的个人、自我层面。这与整个社会观念的巨大变化是密不可分的。在计划经济时代,国家、集体利益被放置在首位,当个人利益与集体利益发生冲突时,个人要无条件服从集体。改革开放之后,尤其是在市场经济逐步深入的条件下,这种一维的价值取向受到了巨大的冲击,多维最大限度地被容忍和接纳,个性越来越成为时尚,导致思想敏锐的青年价值观取向由群体本位向个体本位偏移。

70 年代中后期,如果在任何一座城市的街头做随机采访,向青年发问:

---

①　参见徐英善:《改革开放二十年大学生政治思想变化特点浅析》,《青年探索》1999 年第 4 期。

"您的生活目标是什么?""您活着是为了什么? 追求什么?"得到的答案大多数会是诸如"做一个对社会有用的人","追求真理,不断创新","为他人的幸福而努力"等,它是当时青年社会使命感、人生价值观的正常反应。

在社会风气已逐渐浮躁的今天,特别是当传统与现代、理想与现实之间产生激烈而深层的碰撞之时,青年的生活理念和日常行动日渐趋于自我。以近年一项关于"青年崇尚的生活方式"的调查为例,在所设六项选择中(A. 拼命成为有钱人;B. 刻苦学习,出人头地;C. 追求合乎自己兴趣的生活;D. 老老实实做事,清清白白做人;E. 与世无争,悠闲度日;F. 牺牲个人利益,奉献社会事业),当代年轻人选择"追求合乎自己兴趣的生活"所占比重最大,达44.5%(其他依次为 A. 9.76%;B. 14.18%;D. 17.68%;E. 8.53%;F. 6.24%)。① 尽管"合乎自己兴趣的生活"内涵不一,但注重个人感受、崇尚个体本位、强调个人价值却是其共性。

正是这种社会价值观的改变,使青年对社会现象的认识和理解多从个人的实际利益出发,政治认知直观化,政治评价功利化,政治参与实用化。如一些青年积极入党是为了在毕业分配时能找到一个好工作,一些大学生参加集体活动也仅仅是为了在综合测评时多加分、拿奖学金。他们注重政治参与"投入与产出"的比率,考虑更多的是个人参与所带来的"效益"。与以往建立在政治热情和朴素感情基础上的参与相比较,青年的政治参与模式开始出现务实化趋向。

其实,青年的政治参与倾向最终是受社会物质发展的大环境影响和塑造的。在一定的条件下可能会出现政治参与的"高潮",在另一种条件下又可能出现政治参与的"低谷"。自从党和国家将工作重心转移到经济建设上以来,社会认可的成就标准也越来越向物质财富指标倾斜,青年们实现自己人生价值的途径,由过去的政治地位的一元化转变为政治、经济、文化多元化,这些无疑都分散了他们对于政治的投入精力。市场经济从本质上说是一种选择经济,其内在的竞争机制和求利取向使青年面临着沉重的压力,导

① 参见刘世丽、李冲:《九十年代中国青年政治参与分析》,《青年探索》2001 年第 3 期。

致青年自觉不自觉地强化自己的个体意识,而个体意识的觉醒和发展又进一步促进他们对自身利益的关切和谋取。当代青年的政治参与随着青年个体意识和强烈的生存、发展欲望的增长,正在由过去理想型、奉献型、无条件服从社会或国家需要的单一化态度,转变为一种现实的、具有明确功利倾向的、个人色彩突出的多样化思想。

令人欣慰的是,青年参与政治谋求个人利益的同时,为国家大义、民族利益留下了足够的空间:1999 年,我国驻南斯拉夫联盟共和国大使馆被"误炸"之后,广大青年义愤填膺,展开了大规模的游行示威活动,抗议以美国为首的北约暴行。2008 年,为抗议某些法国政客将北京奥运会政治化、巴黎干扰奥运火炬传递事件,以及有消息称某些法商出资支持"藏独"分子活动,从4 月中旬开始,以在校大学生为代表的中国青年掀起了一股号召国人抵制法国商品的浪潮。这里,我们且不论青年们在这些事件中政治参与意识是否冲动、行为是否过激,至少可以肯定的是,他们试图通过自身的努力去维护国家和民族的尊严。2008 年,在中国的青年中间,通过网络、报纸、杂志等媒介,广泛流传着一则题为《献给坚强的中国》的短文:

> 当风雪阻断归路,我们彼此取暖!当主权面对挑战,我们亮出利剑!
> 当圣火遭遇屈辱,我们义无反顾!当病毒吞噬生命,我们用爱弥补!
> 当列车冲出轨道,我们竭诚互助!当震撼撕裂大地,我们开山辟路!
> 勇敢面对磨难,挺起中国人的脊梁!
> 加油,同胞!加油,中国!

虽然简短,但字里行间却透露出青年对祖国和民族的高度认同和深情眷恋。许多青年表示,如果国家遇到危险或困难(自然灾害、外敌入侵),可"献出自己的一切",或者至少要"尽自己所能给予帮助"。在这里,当代青年绝不仅仅以个人利益或狭隘的局部利益为唯一的出发点,当祖国有危难时,他们对国家的感情将超越个人的功利心理。

经过 30 多年的改革开放,中国青年的政治参与意识由原来激情式的参与转化为理智务实的行动。他们从空泛的自由民主口号中走出，认识到政治盲从和狂热的严重后果，从而放弃了激进主义的幻想，转向对个人利益的切实关注。青年对党和国家在政治上的大政方针和指导思想是大致认同的，对国家和民族的关切之情有增无减。可以说，虽然存在着一定的知行不一现象，但当代青年思想的主流还是积极、健康、向上的，政治参与意识较强，并在行动上趋于理性和实际。

（三）丰富多样的政治参与途径

伴随着改革开放的不断深入以及由此推动的巨大社会进步，青年的政治参与方式有了较大的改变。这种发展突出地表现在四个方面：一是参与范围越发广泛化。不论是在城市还是在农村，不论是经济发达的东部沿海地区还是欠发达的西部民族地区，青年的政治参与都极其活跃。二是参与过程全程化。既有对决策过程的参与，也有对执行过程的参与，还有对决策执行进行监督的参与。三是参与方式日益复杂化。既有现行政治体系所倡导的形式，也有个别极端的形式。四是参与类型迅速多样化。既有主动的参与，也有动员的参与；既有组织的参与，也有自发的参与；既有合法的参与，也有不合法的参与。① 在这里，我们把这些参与渠道以是否要遵循相应的规章制度为标准，分为制度性政治参与和非制度性政治参与来进行讨论。

我国宪法和法律明确规定，公民享有参加国家管理、参政议政的民主权利，享有在政治上表达个人见解和意愿的自由。这些基本的政治权利包括：公民的选举权和被选举权，公民的言论、出版、集会、结社、示威和游行的自由。

对于这些途径，当代青年大都能在生活中采用并加以实践。选举是最广泛、最普通的一种政治参与形式，青年们通过这种形式行使自己的选举权

---

① 参见周贺：《我国当代社会转型与青年政治参与的互动》，《吉林商业高等专科学校学报》2002年第2期。

和被选举权;通过在书籍、刊物、报纸及其他媒体发表评论,青年们得以发表自己对某些问题的意见或主张,甚至能够影响决策过程、监督政策执行情况。另外,在合法的前提下,青年还可以参加政治性党派或者结成政治性团体,参与有组织的政治性集会。

据中国青少年研究中心发布的《"十五"期间中国青年发展状况与"十一五"期间中国青年发展趋势研究报告》显示,加入党团组织仍然是青年政治参与的主要渠道,2005 年全国团员总数为 7215 万人,比 2000 年的 6805 万人增加了 410 万人,"十五"期间平均每年加入团组织的青年人数超过了 80 万人。报告指出,中国共产党和中国共青团目前仍然是对青年最有吸引力的政治组织,青年组织及其代表积极参加各级人民代表大会和政治协商会议,积极参与公共政策和青年政策的决策,成为"十五"期间青年政治参与的一个突出特点。[①]

大体而言,当代青年的制度性政治参与通常借助于一定的组织形式,如政党、团体、运动和集会等,而非制度性政治参与由于常常带有一定的突发性和临时性,无章可循,呈现出五花八门的态势。常见现象如下:

越级上访。主要表现为上访者未遵循法定程序逐级反映情况,跨越下级部门直接向上级部门、高层领导反映问题,试图通过上级的行政命令来解决问题。[②] 例如,有的在校大学生感到自己在违纪处分、学位授予等问题上受到不公正的对待,或感到学校相关部门制定的规章制度不符合自己的利益时,直接到当地教育主管部门上访投诉。

抗拒行为。是一些青年基于自身利益,对相关方面的某些规定产生不满,进而对有关的决定产生的不服从和不执行行为。2008 年重庆、海南等地相继发生的出租车罢运事件,就源于备感压力的司机群体对出租车公司擅自提高承租"份子钱"的抗议,其中不乏大量的青年司机。

请愿行为。区别于事先提出申请、受到法律保护的集会和示威游行活

---

①　参见宋广辉:《报告显示入党入团是中国青年政治参与主要渠道》,《中国青年报》2007 年 1 月 11 日。

②　参见张建荣、李宏伟、张维、李楷:《当代大学生非制度性政治参与的行为特征及原因分析》,《甘肃联合大学学报(社会科学版)》2008 年第 3 期。

动,这种请愿行为通常是针对政府机关某种政策或决定的群体活动,如果得不到及时妥善的解决,就有演变成群体性事件的可能。请愿常常以静坐、堵塞公共交通或占据公共场所为突出特征,在征地拆迁和市政工程中表现得更加突出。

暴力行为。由于青年的不成熟性,使得他们在参与政治事务时往往带有很强的情绪,这导致青年的参与会以比较极端的方式表现出来。

综合上述分析,我们可以看到,随着市场经济的发展和民主法治的进步,青年参与国家政治事务的途径越来越多,使青年能够获得更多机会参与到国家事务的决策和管理之中,对于加快中国的民主法治进程有所裨益,通过扩大民主政治参与使青年更清晰地认识到自己肩上的社会责任,从而增强自己的使命感。当然我们也必须看到青年们在参与政治的过程中,特别是在运用非制度性途径参与政治时的一些不恰当行为,给予积极引导和预防,防止在特定条件下引起社会混乱。

另外,对于政治不参与现象也要多加注意,政治不参与是相对于政治参与而言的,主要是出于政治冷漠而产生的一种政治行为。在当前,少数青年面对就业的巨大压力,职场的激烈竞争,政治价值观的多元倾向,对政治参与持消极冷漠的态度。具体表现为随大流、走形式,"无所谓","怎么样都行",这些相对主义倾向往往掩盖了青年的真实想法,对国家或政府实事求是地发现问题和解决问题极为不利。它潜藏着许多非稳定性的可变因素,容易由对政府失去信心而采取政治不参与的态度,在一定条件的激化下转化为政治不服从行为,甚至导致政治反抗。因此,要培养未来社会合格的建设者和承担者,减少青年的政治不参与也是必不可少的环节。

(四)虚拟网化的政治参与媒介

随着经济社会的发展和科技水平的提高,当代青年还越来越多地运用网络作为媒介来进行政治参与。① 熟练的网络技术是他们拥有的独特优势，也是这种虚拟参与所必不可少的先决条件。收入不多因而经济地位不甚高的年轻人在网络上可以就国家的政策法规，社会的经济、道德、文化等自由发表自己的意见和看法，表明自己的政治情感，表达自己的政治愿望，或对一些事情进行批评或揭露，不用担心自己"人微言轻"。

与传统的政治参与方式相比，网络政治参与为所有人提供了一个平等交流的便捷平台，有利于彰显青年们政治参与的主体性，培养青年们独立的政治人格。当代青年在网络上参与政治生活的方式有其自身的独特性。

一是获取政治信息。随着技术的发展，网络成为重要的传播工具。青年们通过阅读网络新闻、博客以及发送电子邮件等手段，可以即时获得全国乃至全世界的政治信息。尤其引人注目的是，大多数以网络为主要政治参与途径的青年开阔了视野，不再拘泥于与自己切身利益有关的事情，也对现实政治生活中的许多社会问题表现出了极大热情，如腐败问题，体制改革问题，下岗、失业及再就业问题等。此外，他们还关心国际局势，如美国的强权政治，伊拉克的战后重建，恐怖主义活动，甲型 H1N1 流感的防治等。科技的发达为当代青年参与政治提供了更加便捷的条件，除了传统的媒介诸如电视、广播、报纸等，他们还可以借助互联网实现异地交流，快速、便捷地获得第一手信息。

二是表达政治意见。作为青年表达意见的重要渠道，网络中充满了青年们对各种政治现象的关注讨论，其中不乏对国家政策的建议和意见。一些著名论坛里常常有当代青年活跃的身影，如人民网的"强国论坛"、"西祠胡同—强国之路"等等，都是青年们讨论政治话题的聚集地。而这些网络舆论也越来越受到政府的重视，甚至会影响到高层的决策。2002 年 11 月，一位自称"我为伊狂"的网民，在人民网"强国论坛"发表了一篇名为《深圳，你被谁抛弃》的文章，引起了深圳各界的强烈关注。深圳市长对该文做出了正

---

① 参见曹雅丽：《网络时代的中国青年政治参与》，《中国青年研究》2001 年第 6 期。

面回应——"谁也抛弃不了深圳"。① 可以说,网络政治参与正在日益成为当代青年体现"天下兴亡,匹夫有责"爱国情怀的有效载体。

三是取得沟通机会。在网络上,青年们还可以得到与领导人、政府机构的对话机会。网络舆论已成为一种"公开的内参",高层领导经常会亲自上网了解民意,政府也设有专门机构从网上搜集重要信息供领导参考。2005年3月14日,"两会"结束后,温家宝总理在记者招待会上说:"其实最关心两会的是全中国人民,昨天我浏览了一下新华网,他们知道我今天开记者招待会,竟然给我提了几百个问题……他们对国事的关心,深深感动了我。他们的许多建议和意见是值得我和政府认真考虑的。"②网络作为一种上与下的对话渠道,会让民众如实反映社情与民意,也让政治精英充分了解民意,将极大增强政治信息的传导和反馈功能,为社会稳定提供良性基础。

四是发起现实行动。青年人以网络为根据地,成功地发起了一些政治活动,网络成为发起政治活动的一项重要手段。普通民众的言论或者倡议,在BBS、论坛等电子空间里经常可以放大为"一石激起千层浪"的社会舆论,并进而形成有组织的集体行动。

和有组织的、控制性的、制度化的传统政治参与模式相比,网络政治参与体现出了一种自发的、松散的、非制度化的特点而受到当代青年的热烈追捧,网络政治参与逐渐呈现出取代制度性政治参与方式的趋势,成为最主流的青年表达政治见解的渠道。

首先,以网络为媒介的政治参与有着极强的开放性和自由性。基于网络的交互性、匿名性等技术特点,青年们可通过QQ、MSN等即时通信形式以及论坛、博客等新式信息发布形式,就政治话题交流信息、发表见解。他们在虚拟空间中,暂时摆脱了现实世界中的言行束缚,痛快淋漓地表达态度、交流看法。

其次,以网络为媒介的政治参与是一种全民的、自下而上的、无障碍的

---

① 参见罗迪:《青年网络政治参与与政治稳定》,《中国青年研究》2007年第3期。

② 《网民提问国事 感动共和国总理》,新华网:http://news.xinhuanet.com/newscenter/2005 - 03/14/content_2696659.htm,2005年3月14日。

政治参与。传统政治参与模式主要依靠人民代表大会、政协会议等组织形式,青年人的政治参与受到一定客观条件的限制。而网络政治参与这种亲和性更强的"草根"参与模式,在技术上允许更多人的政治参与,为民众参与政治创造了更多的便利。

但是,硬币都有两面,以网络为媒介的政治参与同样如此。受全球化和市场经济的影响,加上青年本身心理和生理的不成熟与不稳定,使得他们的网络政治参与始终伴随着感性与理性、狂热与温和、激进与保守、"左"和右的矛盾斗争,不时受制于情绪的局限,以至于产生偏激思想和冲动行为。如在西方自由主义政治思潮的影响和冲击下,有的人极端崇尚资本主义的民主、自由,主张抛弃马克思主义指导思想和现有的政治制度,在社会主义国家实行全盘西化。"这种充满着政治理想化色彩的、急切的政治情绪,往往幻想多于现实,理念多于实践,观念游离于实际。这样,他们在表达政治热情和倾向时,就会缺乏自律理性所要求的冷静思辨和自觉约束,更多地是把自己的政治主张建立在思想模型和超前社会的自我构想上,而很少考虑实践因素和现实国情的条件制约。"①

事实上,任何政治主张都不可能不受到客观现实的制约,都不能不顾及社会的承受力。因此,要引导当代青年认识此种道理,引导他们对政治问题和社会现象进行全面的、辩证的思考。唯有如此,才能防止他们被别有用心者利用和操纵。

三、敢问前路在何方

回顾历史,中国青年经历了一个从政治热情到政治狂热再到政治冷漠的历程,并逐步转向政治理性。

近代以来,青年群体长期充当着激进社会政治运动的主角,激进主义曾

---

①　张逸:《论青年学生政治参与的诉求理性》,《江西社会科学》2002 年第 11 期。

经是中国青年政治文化的主旋律。在中华民族的救亡图存运动中,在反侵略、反独裁的队伍中,青年的政治热情一再迸发。在"文化大革命"中表现出的政治狂热、个人崇拜和理性缺失,给一代青年造成了无法愈合的创伤。

经历了"下海"、"经商"、"炒股"热潮,又经历了80年代末的政治风波,虽然中国的改革进程在党和国家的正确领导下及时转入正轨,但是,青年群体的政治热情却随着经济、政治、文化的变迁明显地低落了下来。

然而,伴随着市场经济的大潮而来的平等意识、民主意识、法治观念在青年心中生根发芽,他们开始以务实的政治态度进行着有序的政治参与。

进入新世纪,世界经济正在继续走向全球化。与此相伴的,我国政治发展的价值取向、战略选择、实践推进(如制度化建设、民主化建设、法制化方略、对社会协调发展的重视、政治文化的变革等)都明显地融合了全球化的合理内核。这无疑对当代青年的现代政治意识、政治认知、政治心理、政治价值观等的形成和发展产生了重大而深远的影响。全球意识、民主观念、民族精神,将成为青年政治参与的内在思想灵魂。

归根到底,政治参与是一定社会历史阶段的产物,它与社会经济状况和国家的民主制度发展有着内在的必然联系。新中国成立后,我国建立了社会主义的基本经济制度和人民当家作主的国家政权。十一届三中全会以来,改革开放的大潮推动了中国经济体制和民主法制的不断改革。进入21世纪,中国在全球化的背景下更是积极汲取一切文明的优秀成果,不断完善国家经济政治制度。在这一过程中,我国的政治经济运行机制、社会结构以及思想文化领域都发生了深刻的变化,加上世界范围内的经济全球化、政治多极化和文化多样化的影响,这些都必然会在青年身上折射出这个时代的光华。

前面的描述和分析,已经为我们展现了一段当代青年政治参与的特有画面,把这些片段放在新中国成长和发展的历史长卷中,将他们与前辈们进行比较,我们可以总结归纳出一些共有特点,并对未来青年政治参与的大致趋势进行预测性分析。

（一）由信念性动机向利益性动机转化

信念性参与是为了某种理想、原则而参与政治生活实践的一种状态。这种参与方式在中国具有悠久浓厚的基础。中国古代儒家学说倡导以德治国，作为知识分子的"士"常有"居庙堂之高则忧其民，处江湖之远则忧其君"以及"先天下之忧而忧，后天下之乐而乐"的忧患意识；"修身、齐家、治国、平天下"的家国意识；"家事国事天下事，事事关心"的入世意识；"士不可以不弘毅，任重而道远"的责任意识等。

这种政治传统对近代的青年们仍有深刻的影响。[1] 因此，他们怀着"天下兴亡，匹夫有责"的爱国情怀，同感国家的屈辱危难，关注民众的艰辛忧烦，成为戊戌变法、辛亥革命、五四运动的先驱者。甚至在"文化大革命"时期，青年最初参与这场运动的动机也是出于"为社会做奉献"的使命感，他们坚信共产主义理想，希望把理想变为现实。[2] 在他们身上始终不同程度地表现出崇高的政治责任意识和诸多的社会关怀。这种强烈的使命感在青年的政治参与中始终发挥着重要的作用。

改革开放后，在社会主义市场经济体制逐步建立的过程中，经济成分和经济利益、社会生活方式、就业岗位和就业方式日趋多样化。在这种背景下，信念性政治参与的影响力和时效性趋于逐年下降。80年代后期，社会上出现的青年"信仰危机"，就是信念性动机整体性减弱的反映。

同时，青年在社会生产中的地位日趋重要，在某些产业领域甚至已经上升到了主力军的地位。这使得青年的政治参与更趋向于考虑和维护自己的利益，利益性参与动机日益彰显。

所谓利益性参与，是主体为获得某种利益而参与政治的实践。[3] 进入市

---

[1] 参见秦馨等：《社会转型期中国公民政治参与》，广西人民出版社2005年版，第215—216页。

[2] 参见〔加〕朱丽娅·邝：《服从与信念：青年学生投身"文革"的动因》，刘松茂译，《中国青年研究》1994年第4期。

[3] 参见秦馨等：《社会转型期中国公民政治参与》，广西人民出版社2005年版，第216页。

场经济以后,青年在政治参与过程中,越来越多地关注自身的利益诉求。很多调查均显示,大学生参与的活动,反映内容最多的是"涉及自身利益的事",他们参加党团组织、担任学生干部的目的,除了培养能力,也是为了得到综合素质测评加分、评优、评奖,为就业增加筹码;他们选举学校、班、团干和其他学生团体的干部比参加省、市人大代表选举更积极、踊跃;参加政治理论学习讲求实用,关注的政治事件也以与自身利益和所在行业密切相关的变动为焦点等等。① 这些现象均证明,青年的政治参与的利益性动机所占比重越来越大。

需要指出的是,青年政治参与动机虽然在社会转型前后发生了较大变化,但这并不意味着其信念性参与动机已经无足轻重了。事实上,青年人对社会政治理想的追求,对人类共同美好生活的向往不会随历史的发展而减弱。虽然在一定的历史时期,青年的政治参与动机会呈单极性,但从长远来看,信念性动机与利益性动机的有机结合必将是中国青年政治动机发展的总体方向。这既符合青年的自身特征,也符合中国社会发展对青年自身发展提出的新要求。

(二) 由政治动员性参与向自主性参与过渡

政治动员是作为政治主体的政党或政府利用自身所拥有的政治资源,动员社会力量实现经济、政治和社会发展目标的政治运动。② 它往往通过自上而下强有力的组织、坚持不懈的宣传、深入细致的思想政治工作、党员模范的示范等方法,来激发青年的政治热情和思想觉悟。

革命和战争年代,党和党领导的军队,总结提炼出一套政治动员的基本内容和方法:

1. 党、政府、军队的领导人,发布政治动员令、训令、宣言、声明、告人民

---

① 参见秦馨等:《社会转型期中国公民政治参与》,广西人民出版社2005年版,第216页。

② 参见秦馨等:《社会转型期中国公民政治参与》,广西人民出版社2005年版,第217页。

书等,提出鲜明、生动的政治纲领或口号,进行普遍的动员和教育。

2.进行战争形势和目的教育,讲清敌我双方进行战争的原因,揭露敌人的反动本质和暴行,明确进行革命战争、正义战争的有利条件、不利条件和克服困难、战胜敌人的办法,号召人民和军队准备战争、参加战争、支援战争。

3.通过通讯社、广播电台、电视台、报刊等宣传工具,运用布告、标语、传单等宣传手段,采取报告会、动员会、讲演会、政治课、文艺演出等形式,对群众进行宣传教育。

4.进行爱国主义、国际主义和革命英雄主义教育,宣扬英雄模范人物的先进思想和先进事迹,号召军民向英雄模范学习;传播胜利消息,鼓舞士气和斗志,提高胜利信心。

5.建立统一战线,充分发挥各民主党派、人民团体和群众组织的作用,组织集会、游行、示威等,在全国掀起政治动员的热潮。①

新中国成立初期,无产阶级革命的历史任务和社会主义社会的根本性质,决定了无产阶级政党在领导阶级革命和国家建设中仍然需要进行广泛的政治动员。为此,必须依据形势的发展继承革命和战争时期的经验。但一些经验在实际运用时被歪曲了,偏离了正确的方向。据不完全统计,新中国成立后直到"文化大革命"结束,中国自上而下发动起来的各种群众性政治运动,大大小小不下50次,在其中一些大的运动里,青年不仅积极响应,还起到了先锋作用。

十一届三中全会以后,党和国家的工作重点转移到经济建设上,而且越来越强调经济建设对社会发展的重要性,由此推进的社会主义市场经济给政治民主化的发展带来了契机。经济基础决定上层建筑,人们在市场经济中作为利益主体所形成的平等、自由的逐利行为,必然体现为公平、自主、理性等政治参与特征,敏锐的青年更是如此。人们的政治参与主要由个人来决定,由此形成了自主性政治参与范式。青年不再进行空洞无力的呼吁、呐

---

① 参见百度百科:《政治动员》,http://baike.baidu.com/view/268067.html? wtp＝tt。

喊,而是自觉地、扎扎实实地从自身做起,力图以实际行动推进社会的发展和进步。

与这种全面、深刻的社会变革相适应,国家也不再仅以政治动员作为激发青年参与政治的主要方式,而是在动员参与的同时通过民主政治建设引导青年进行合法、有序的制度性参与。

进入 21 世纪,随着经济和科技的发展,青年们所接触的世界更广阔了,所能利用的表达途径更多了,因此,在政治参与上表现出更明显的自主性。他们主动关注国家重大政治生活,及时发表自己的意见和建议,表现出强烈的社会责任感。由动员性参与向自主性参与过渡的趋势,还将在以后的青年政治参与中持续增强。

(三)由激情参与向理性参与发展

以朴素的政治感情和政治热情为基础,激情参与的政治参与范式,对于政治现象的把握一般比较直观,容易受具体情景的影响,往往带有情绪型和无序化特征。理性参与是参与者在具有一定的参与知识、技能和资本基础上形成的参与范式,参与主体在自觉自愿的基础上,意识到对国家高度的责任感,而不是对某一政治目标的盲目追随,或对某些政治口号的违心呼喊。[1]

改革开放以前,受到全国范围内"运动"不断的影响,在"群情振奋"、"群情激昂"的强烈情感氛围的刺激下,青年容易表现出盲目的行为倾向,它会遵循"同频共振"的规律和轨迹迅速扩散,以影响氛围中的每个个体。[2] 如"文革"时期"破四旧"运动的激情曾留下的灼伤,至今仍有部分难以愈合。

在 1989 年的政治风波中,大学生中出现的游行、示威等行为,很多并不是"自我"冷静思考后作出的一种理性选择,而是青年对政治制度性质、政治体制及其运作程序的了解和认识不够深入,对政治发展缺乏历史的、客观的

---

[1]　参见秦馨等:《社会转型期中国公民政治参与》,广西人民出版社 2005 年版,第 214—215 页。

[2]　参见秦馨等:《社会转型期中国公民政治参与》,广西人民出版社 2005 年版,第 215 页。

态度,对自己的参与行为、后果以及应负的责任缺乏理性审视的结果。

20世纪90年代以后,青年的政治认知与价值判断逐渐理性化。青年们开始意识到,盲目的甚至朴素的政治热情也可能会使社会达到疯狂的地步,致使整个国家的政治生活陷入无序,沉痛的教训使得理性的、有序的参与逐渐替代了激情的、无序的参与。

因此,现阶段青年政治参与一般不再追求形式主义的和短时轰动效应的参与模式,而更多地表现为落到实处的个人利益诉求。集会、游行和示威等政治行为的规模和强度大大降低。同时,年轻一代逐渐通过一些温和方式来理性地表达自己的利益诉求,如通过工会、妇联、共青团等社会团体集体性地表达意见,通过人大代表和政协委员反映问题,通过新闻媒体表达和维护自身利益及公共利益等等。

青年对市场经济的平等规则、公平制度的体会,进一步深化了关于理性参与政治生活的认识。随着青年市场化意识的增强,以有序参与为表征的理性政治参与范式正在逐渐形成。

(四)由过度参与向适度参与转变

改革开放之前,由于党和国家的号召,青年在一种无形的压力下被动地参与政治生活。这种被动员起来的广泛而深刻的政治参与,为中国共产党领导人民取得和巩固政权起到过积极的作用。实践证明,这种通过阶级动员而形成的大规模的群众性政治参与,在革命时期为社会发展提供了必要的阶级基础和政治资源;在社会主义改造时期,为使剥削阶级作为一个阶级退出历史舞台也起到了重要作用。

但是,在"文革"期间,这种猛烈的群众性运动却对中国社会发展造成了严重危害,不仅对正常的社会结构、对整个制度的权威,而且对整个价值体系都造成了破坏性的社会后果。

改革开放以来,中国青年的政治参与开始趋向于适度参与的发展态势。随着"以阶级斗争为纲"转变为"以经济建设为中心",政治参与不再是多数青年社会活动的重心,他们的注意力逐渐转移到经济领域。

同时,随着我国政治参与制度的不断完善、参与渠道的逐渐拓宽、参与机制的日益健全,青年将对社会政治的关注和对自我的关注结合起来,通过入党、报考国家公务员、开展社区服务、参加环保宣传,甚至参加各种形式的听证会等形式,将参政、议政落实到基础层面的具体实践之中。尽管国际形势变幻莫测,国内收入差距问题、权力腐败问题、就业问题等成为青年关注的焦点,但由于国内经济发展和对外政策的成功,青年内心的困惑在一定程度上得到了化解,其政治激情通过多元化的参与途径得以疏导。

青年对自身素质的审视,也促进了适度参与态势的形成。从法理上讲,我国绝大多数公民拥有政治参与的法定资格。但是,青年在实践中逐步认识到,政治参与也需要公民具有其他素质作为支持条件,如知识、技能、经验等。在国家决策、政府行为的科技含量日益提高的情况下,许多青年深感自己参与素质的不足,有部分青年也因此放弃参与政治生活。这样,就使得改革开放以来的我国社会逐步形成了适度政治参与的客观环境,并出现了深入发展的新态势。

由过度参与向适度参与转变本身是一个进步,然而,当前存在的一种政治冷漠化倾向也颇值得关注。追求实利逐渐取代了政治热情,金钱的诱惑遮蔽了政治的视野。

究其原因,一个重要的因素就是,青年的政治理性处在形成过程中,缺乏足够的心理承受力和成熟的人生价值观,往往具有政治热情和政治冷漠的双重性。在市场经济的新条件下,青年们对公众事务的关注远远没有对金钱的关注那样实在和激动。

政治冷漠和政治盲动都是不正常的,都是社会主义教育中要加以克服和避免的。唯一正确的选择就是社会各方面共同拓宽青年政治参与的制度化渠道,为他们的政治参与寻找切入点、生长点和落脚点,使青年的政治热情有合法形式释放,甚至宣泄,使他们的政治意愿有表达的机会。这样的正常渠道广了,青年的政治能量才能及时地、有序地释放,社会也就能更集中、更有力地制约那些无序的破坏性的政治盲动。

政治参与的理性化,在一定意义上依赖于政治运动的程序化和社会政治生活的民主法制化。主动积极地将青年的政治参与纳入我们的政治体系,一方面可以克服、缓解社会环境变化对政治体系的压力,另一方面可以激活青年服务社会、投身改革开放和现代化建设事业的积极性和创造性。

江泽民同志在党的十五大报告中明确指出:发展社会主义民主政治,制度带有根本性、全局性、稳定性和长期性。一个民族,如果它的青年群体使命感淡化、政治热情泯灭,那它就失去了生机和活力,任何励精治国、民族复兴的方略都将落空,历史也将在这个民族发展的进程中出现断层。

因此,当代青年政治参与是政治体系的吸纳机制中最富活力的资源。当一代青年的热情、智慧和创造力被融入社会的政治体系,他们的政治参与水平和理性逐渐得到提高时,我国社会主义政治制度的自治性、自适性和内聚力也必将随之提高。由此,我们可以预见,当广大民众,尤其是青年的政治参与及时、有效地纳入制度化轨道后,社会就可以不断地化解矛盾,保持政治稳定,实现社会的和谐与进步。

第六章　从实业经营到资本运作

在经济浪潮中,青年的身影惹人瞩目。他们拥有最火热的青春,最灵活的头脑,最大胆的作风,最强烈的成功欲望。这一群人,无疑是中国经济领域的未来精英。新中国成立至今,不同时代背景赋予了他们不同的经济参与态度。透过各个时代青年参与社会经济建设的特点,我们可以看到中国社会的变迁,看到青年价值观的变迁,看到经济全球化时代青年竞争力的变迁。

在讨论青年经济参与之前,详细界定一下"青年经济参与"的概念和范围是十分必要的。在《全球化与青年参与》一书中,作者对此做了规范的界定:"青年经济参与是指青年获得平等的经济权利、共享经济资源和社会发展成果,并在此基础上通过各种途径有序的、实际的行为投入,共同参加国家或地方经济发展规划的制定和决策。它包括经济参与意识和经济参与行为两个相互联系的方面。青年经济参与是青年获得经济地位的表现,也是青年地位上升的体现。"[①]

一、白手起家掘首金

在深入实业经营模式的讨论之前,有段历史我们不能回避,这段历史便是新中国成立初期至改革开放前。

1949 年,新中国的成立振奋人心,人民大众欢呼雀跃,仿佛已经置身于理想中的共产主义社会。但是,国内的经济状况却与这一派祥和气象格格

---

① 董小苹:《全球化与青年参与》,上海社会科学院出版社 2004 年版,第 57 页。

不入:战后的中国千疮百孔、一穷二白,经济形势岌岌可危……这样的经济状况决定了那个时代青年的创富模式:只能白手起家,从实业经营开始,别无选择。

这个时期,中国青年基本上没有自主参与经济的机会,计划经济统筹一切,资本主义的一切都是政治批判的对象,金钱成为讳莫如深的话题。人们高喊着"狠斗私字一闪念"的口号,开展轰轰烈烈的"斗私批修"运动,私营经济犹如过街老鼠,人见人打。在那样的价值评判标准下,青年只能参与国有经济、集体经济,很少有自主创富的机会,更不用提什么"实业经营"或者"资本运作"。作为社会主义事业的红色接班人,青年们绝对服从着国家的主流意识形态,对作为资本主义象征的"财富"、"金钱"嗤之以鼻。

当时的中国青年群体主要由两部分构成——青年工人和青年农民。在城市,"根正苗红"的青年工人,在统包统销的计划经济体制下,吃穿住用行等物品由国家统一配置,靠粮票、饭票、菜票、布票等各种票据购买物品。在农村,人民公社化运动风起云涌,人民公社推行工分制与供给制相结合的分配制度。僵化的生产和分配机制,将所有自主创富的机会统统堵在了门外。

值得深思的是,那一时期的中国青年对这种局面没有感到丝毫不适。而且,在1966年《五七指示》"学工、学农、学文化、学政治,就是不学商"的号召下,财富的"原罪"概念在他们心里慢慢扎下了根……

在计划经济体制中,作为个体的青年消失了:在城市,个体依附于单位;在农村,个体消弭于公社。个人财富是"政治不正确"的代名词,任何为私有财产增值的想法都是大逆不道的,甚至连养鸡养鸭也被当成"资本主义尾巴""割掉"。人有恒产,方有恒心。失去了私有财产的人们成了集体主义洪流中的一分子,对财富的欲望被压抑在人性的最底层。直到改革开放时期,这一局面才得到有效缓解。随着市场经济的发展,利益闸门被逐步打开,青年群体创富呼声日渐增强,并得到了党和国家的回应。

中国终于找到最适合自己的经济发展道路,在改革开放春风的吹动下,邓小平"让一部分地区、一部分人先富起来"的号召响彻中国大地。阶级斗争不再是人们生活的主题,商业重返中国社会,经济领域风云初起,青年们的创富欲望涌动。压抑过久的对财富的渴望,驱使他们在改革开放的大浪潮中"八仙过海,各显神通",以各种各样的方式挖掘着新时代的第一桶金。十年动乱使中国经济千疮百孔,因此,纵使政府鼓励、个人积极,青年们也只能以实业经营的方式,一点一点积累、一步一步摸索,个体化"白手起家"是这一时期最普遍的创富模式。

有必要明确的是,"实业"是一个对企业的泛指,既包括生产型也包括经营型的公司。"经营"本有筹划营造、经办管理之意,今天多用来指企业对自身发展进行的战略性规划和部署。本书的"实业经营"取的是该词在最广泛意义上的指向,不仅包括农村的承包经营,也包括城市的经济运作;不仅包括个体的独立经营,也包括集体的整体运转。下面我们将从这个意义上观察改革开放之初的实业经营。

(一)"大包干"与"万元户"

1978年底,安徽省凤阳县小岗村的18户农民,冒着可能坐牢的危险,在一张"包产到户"的契约上,庄重地摁下手印。虽然在当时,他们追求的并不是发家致富,只是想吃饱肚子,但历史的发展却往往带有戏剧性的一面,"包产到户"不只带来了他们口粮的充足,更为中国拉开了农村改革的大幕。"实践是检验真理的唯一标准",小岗村最终以实践证明,"大包干"能激发农民更大的积极性,这个经验迅速被各地效仿。

一旦放开手脚,人们对财富的渴望就得到了迅速释放。这一时期,多数农村青年依靠土地创造财富,涌现出中国第一批"万元户"。兰州市雁滩公社滩尖子大队一队社员李德祥就是其中的一个。"大包干"推行之后,李德祥带领全家6个壮劳力苦干实干,在1979年底从队里分得1万元,成为生产队里的第一家"万元户",受到当时人们的交口称赞。[1]"万元户"作为中国青

---

① 参见《新中国60年民生往事——从中山装到唐装的记忆》,腾讯网:http://news.qq.com/a/20090821/001042.htm,2009年8月21日。

年自主经济的先行者,他们的成功印证了改革开放初期人们致富的强烈渴望,折射了人们财富观念的深刻变化。从此,经历了太久"越穷越光荣"的中国青年,开始走向了"致富光荣"的新轨道。

(二)"乡镇企业"与"青年企业家"

1987 年,中国乡镇企业异军突起,产值第一次超过了农业总产值。乡镇企业被誉为中国农民的又一个伟大创造,它的成长壮大与 80 年代"青年乡镇企业家"的艰苦创业密切相关。

改革开放之后,农民手中有了一定的流动资金,一批有胆识的青年农民开始走出本地,开拓了眼界,并创立发展了一批乡镇企业。还有一部分青年农民看到了本地的资源和劳动力优势,在本乡自主创业,以实业经营的方式加入乡镇企业的大军中。

王德涛就是这样一个"青年乡镇企业家"。1982 年,26 岁的王德涛出任蓬莱北沟镇水泥厂厂长,面对这个设备陈旧、工艺落后、人心浮动的烂摊子,他进行了大刀阔斧的整顿改革。改革后当年产量就突破了 1.7 万吨,"蔚阳山"牌水泥获得省优质产品称号,并取得了国家质量认证和出口商品质量许可证,工人们的工资连着翻了两番。1992 年,水泥厂的生产规模提高到 60 万吨,远销中国香港、韩国、泰国等 10 多个国家和地区。如今,当年那个镇里的小水泥厂,已经发展成为以港口为龙头,以港口物流、水泥建材、轻工纺织、农业种植四大产业并举的综合集团公司。① 王德涛也从当年的那个乡村青年,成长为现在运筹帷幄、成竹在胸的企业家,他用改革、拼搏、创新的精神,一步步书写着乡镇企业快速发展的历史,记录着 80 年代"青年乡镇企业家"实业经营的巨大成功。

---

① 参见《乡镇企业建万吨级港口,他成为"吃螃蟹"第一人——记山东蔚阳集团有限公司总经理王德涛》,水母网:http://www.shm.com.cn/jcld/html/2007 - 07/30/content_927922.html,2007 年 7 月 30 日。

(三)"下海热"与"公司热"

在改革开放之初的城市里,仍有许多人对"捧铁饭碗,拿死工资"的工作恋恋不舍,社会上还存在"一国营,二集体,不三不四搞个体"的职业偏见。不过,当世俗的观念还原为个体行为时,后者往往会平实、功利许多。当时,到国家机关或国有企事业单位工作的青年,根本不存在与单位商议工资和待遇的问题,很少有发言权,一切都是规定好的,在职业上发展的唯一模式是按资排辈,学历的高低与起步的职位直接挂钩。

随着商品经济的日渐繁荣,"下海"的甜头显得越来越诱人。与传统就业模式相比,血气方刚的青年们更热衷于在市场经济的大浪潮中闯荡翻滚。一批"不安分"的青年开始行动起来,他们形成了 80 年代的第一轮"下海热"。这批青年就是新中国的第一批小商贩,他们所经营的事业,成为今天中小企业群体的主力军。他们中的许多人,也由当时一文不名的社会青年,成为今天叱咤风云的商界名人。

随着"下海热"大潮不断地涌来,"公司热"也逐渐兴起。1984 年被称为中国的"公司元年",这一年,联想、健力宝、海尔等纷纷创立。大浪淘沙,它们有的成为日后享誉全球的民族企业代表,有的只能经历昙花一现的短暂风光。

那是个风云初起的掘金时代,谁敢于出新招,谁就能在市场经济的大潮中收获更多的财富。这种敢为人先的意识,集中体现在"时间就是金钱,效益就是生命"的口号之中。更值得注意的是,不论是农村中的"大包干"、创办"乡镇企业",还是城市中的"下海热"和"公司热",都有一个共同之处——没有任何创业基础,摸着石头过河。"滚雪球"的方式虽然缓慢,却稳扎稳打,日夜辛劳、勤恳踏实地积累了第一桶金。新希望集团的刘永好、"汽车大亨"李书福等,都是那个年代的第一批敢"吃螃蟹"者,他们实业经营的创富模式,为那个年代增添了独有的标记。

他们不再讳言对金钱和财富的向往,而是希望在社会流动和开放的过程中,以个人的才干与勤奋来获取财富和地位;他们不再对现有的经济制度持否定、怀疑的态度,而是以积极的进取精神和风险意识,通过脚踏实地的努力和一步步的探索,在市场经济的大潮中实现个人的理想和抱负。

二、翻手为金覆手银

改革开放政策的纵深发展和市场经济体制的不断完善,使我国的经济状况在 90 年代以来得到较好的发展。一穷二白的状况显著改善,无论国家或个人都已经积累了一定的财富和资本。私营企业和个人经济行为得到政府和国家的鼓励,尤其是青年,在尝到了经济富裕的甜头,积累了一定经验以后,经济参与意识愈加高涨。

同时,由于对外开放政策的实行,国外各种先进的经营模式和经济概念传入国内,并受到青年的热烈追捧。加之 90 年代以来在青年中兴起的"淘金热"和"浮躁风",他们参与经济的方式已经越来越大胆和丰富。风口浪尖的危险地带不但不为他们所畏惧,反而成为他们聚集的密集地带。

外在环境和内在心理的双重推动,最终使青年的经济参与模式逐渐由先前的埋头苦干、创造财富的实业经营,转为利用资本技巧直接参与财富分配的资本运作。

资本运作,从纯粹经济学的意义上讲又称资本经营,是中国大陆企业界创造的概念,它指利用市场法则,通过资本本身的技巧性运作或资本的科学运动,实现价值增值、效益增长的一种经营方式。简言之就是利用资本市场,通过买卖企业和资产而赚钱的经营活动和以小变大、以无生有的诀窍和手段。[①] 迅速的收益回报是这种参与方式的一个典型特征。

在本书语境中,它特指青年在经济参与上的一种模式。在这种模式中,青年特别注重运用资本的技巧和手段直接参与财富分配。无疑,这是一种

---

① 参见百度百科:《资本运作》,http://baike.baidu.com/view/37945.htm。

比实业经营更迅速、更刺激,也更具有技巧性的方式。

(一)"股票热"的背后

绕过财富增长缓慢的实业经营,直接参与财富分配、迅速便利地进行财富增值,得到了这代青年的青睐。90 年代兴起而至今仍方兴未艾的"股票热"和"彩票热",就是这种心理的典型说明。

起始于 1991 年而后全面繁荣的"股票热",使青年的经济参与更趋直接性和广泛性。从某种意义上说,证券交易所的恢复,股票的上市以及"股票热"的席卷,是青年经济参与意识的一次重大转折。

1992 年,深圳市开始发售新股认购抽签表,吸引了全国各地怀着"发财梦"的股民涌入深圳,并引发了一场原因奇特的骚乱:由于僧多粥少,股民们为买不到股票而游行示威,在世界上堪称首例。其中,日后名噪天下的德隆掌门唐万新就混迹其中。他从新疆组织了 5000 人的队伍,以"出去玩一圈"的名义来到了深圳。每人发一个小板凳,排队一天有 50 元劳务费。唐万新将领到的抽签表换成原始股后,狠狠地赚了一大笔"快"钱。这次成功的经历,使他由创办实业转而迷上了"来钱快"的股市。

对股市的热潮到现在仍然未减丝毫,大学生炒股甚至中学生炒股都早已在媒体中广泛报道,学生们像盯着自己的期末成绩一样,盯着股票盘面,学校附近的交易所挤满了青年,熙熙攘攘,人满为患。金融证券课、证券投资课等与股票有关的课程成为校园里的新宠。股份制、股票、股市股息、红利、证券交易市场、经纪人等成为青年人的热门话题,有关股票、债券的书籍成为抢手货。《股票债券入门》更是在大街小巷售卖盗版书籍的小摊上屡见不鲜。

对这股在青年中悄然兴起的"股票热",社会上早已议论纷纷,但不外乎有两种意见。一种意见认为:青年炒股可以增强理财知识,了解经济动势,未尝不可;另一种意见则认为,青年的性格特征不适合在"股海"中沉浮,鼓励青年炒股无异于在社会上提倡不劳而获的风气。无论这两种意见谁对谁错,不可否认的是,这股"股票热"确实昭示了直接参与财富分配时代的到来。在这种经济参与模式中,开放的经济环境、良好的经济运行秩序、完善的经济机制等因素,使青年们可以并且更加热衷于避开实业经营的烦琐缓慢,通过股票直接参与财富分配、获得财富增值。股票在他们眼中,更像是有机会获得经济效益的一纸证明,或者说是直接参与财富分配的一个入口。下面这首在青年股民中广泛流行的"炒股歌",可以深切地说明这点:

起来,还没进股市的人们,
把你们的资金全部变成神奇股票,
中华民族到了最疯狂的时刻,
每个人都激情发出震颤的吼声!
涨停! 涨停! 涨停!
我们万众一心,
怀着暴富的梦想,
钱进,钱进,钱进进!!!

虽然这支歌唱起来难免令人有些啼笑皆非,但是青年想通过股票直接参与财富分配的愿望在这首"炒股歌"中可略窥一斑。

同"股民"一样,"彩民"也已经成为青年群体中一道独特的风景线。彩票从问世以来,就以其无法抗拒的魔力,席卷了全世界120多个国家和地区,并逐步发展成全球性的第六大产业。在青年群体中,甚至在受教育程度较高的大学生群体中,彩票也有着巨大的"魔力"。在百度搜索中输入"大学生彩票热"的字眼,出来一系列让笔者匪夷所思的标题:《大学生购彩票上瘾,两次寝室饿晕》《大学生省肉钱买彩票,营养差频频晕倒》《大学生买彩票中500万后立即退学》……种种迹象表明,彩票对青年的吸引力并不亚于股票。虽然说这种直接参与财富分配的经济参与方式的确表明了青年经济参与水平的提高,但是,与"股票"和"彩票"永远绑定的还有一个词:投机。

（二）是投资，还是投机？

在冯小刚的著名电影《大腕》中，男演员一本正经地说："什么叫成功人士你知道吗？成功人士就是买什么东西都买最贵的，不买最好的。所以，我们做房地产的口号就是不求最好，但求最贵。"①这部尽情嘲笑新兴暴富阶层的贺岁喜剧片，淋漓尽致地反映了部分当代青年的暴富心理。经济水平的快速提高为青年们创造了既丰富又诱人的致富机会，在这种"遍地黄金"的视觉冲击和心理错觉下，青年所特有的浮躁心理和好高骛远特质，使投机而非投资的倾向越来越明显。财富增值的快速渠道，使青年们越来越青睐于"一夜暴富"的经济快餐，而不是踏踏实实，白手起家去创造财富。上文所提到的"股票热"与"彩票热"，就是这种倾向的一个很好的反映。

英国政治经济学专家苏珊·斯特兰奇这样来形容当代资本主义金融体系的赌场性质："每天，这个赌场中进行的游戏卷入资金之大简直无法想像。夜间，游戏在世界的另一边继续进行。在俯临世界所有大城市的高耸的办公大厦里，房间里满是一支接一支不停抽烟的年轻人，他们都在玩这些游戏。他们双眼盯着电脑屏幕，屏幕上的价格不断闪烁变化。他们通过洲际电话或电子设备来玩这种游戏。他们就像赌场里的赌徒，紧盯着轮盘上咔哒旋转的象牙球，决定把筹码放在红盘或黑盘、奇数或偶数盘里。"②

斯特兰奇描述中的场景，我们是不是似曾相识？写字楼里，那些紧盯大盘走势图的白领；大学宿舍，那些研究牛市熊市的学生……

论述当代青年的投机心理，我们不得不提到一个新的词汇：赌场资本主义。

赌场资本主义是斯特兰奇在《赌场资本主义》著作中对当代资本主义经济的一种比喻，它形容当代资本主义具有高度的投机性和风险性。斯特兰

---

① 吴晓波：《激荡三十年》（下册），中信出版社 2007 年版，第 205 页。
② 百度百科：《赌场资本主义》，http://baike.baidu.com/view/1330542.htm。

奇和其他一些西方左翼学者认为,当代资本主义社会恰如一个巨大的赌场,它具备了赌场的所有要素:赌徒、赌具、赌资、筹码和赌场的规则,它也像赌场一样充满了投机和风险,少数赌徒可能一夜暴富,但更多的则是满盘皆输。

赌场资本主义理论除了强调当代资本主义社会的投机性外,也同样强调其不确定性。在后一点上,它与德国学者乌尔里希·贝克和英国学者安东尼·吉登斯等人提出的风险社会理论有异曲同工之处。贝克和吉登斯认为,全球化或后现代状态对当代资本主义体系的主要影响之一,就是使它具有极度的不确定性和高度的风险性,当代西方发达资本主义社会已经成为一个"风险社会"或进入了"风险时代"。贝克于1992年发表了关于风险社会理论的经典之作——《风险社会:走向一种新的现代性》,他指出,风险社会是一个充满着不确定因素、个人主义日益明显、社会形态发生本质变化的社会。①

虽然基本经济制度不同,但中国和中国青年对赌场资本主义和风险社会也不得不持警惕之心,因为赌场资本主义的核心实质——投机与不确定性,在我国著名企业和青年企业家中也不乏其例。

史玉柱,安徽怀远县人,这个曾让无数青年仰慕又遭到无数青年质疑的人物,其经济生涯就充满了冒险。

1989年7月,史玉柱深圳大学研究生毕业后即下海创业。为了推广自己研发的汉卡,他用向媒体赊账的办法发布广告。不惧冒险,让史玉柱迎来最初的成功,半年之后销售款达到400万元。1991年4月,史玉柱注册成立了珠海巨人新技术公司。他又一次大胆的豪赌——以不到100万元路费的代价,吸引了全国各地200多家软件经销商前来珠海参加巨人汉卡的订货会。此举迅速打开了市场,建立起庞大的营销网络。1992年,史玉柱掌握的资本已经超过1亿元,迎来第一个事业的高峰。

赊购电脑、赊购广告、以近似豪赌的方式挖得第一桶金的创业经历,如

---

① 参见百度百科:《赌场资本主义》,http://baike.baidu.com/view/1330542.htm。

果把这种豪赌叫做把握商机而不叫做投机,那么紧接着史玉柱发起的第二次冲击,又一次把握住了商机。1994年,国外软件大举进军中国,抢占中国软件市场,史玉柱与巨人集团一时陷入了困境。彼时保健业在中国风头正劲,史玉柱就把目光转向保健品,斥资开发出了一款全新保健产品——脑黄金。在暴利的保健品市场,不按常规出牌的史玉柱又一次获得了成功。

不过,一贯豪赌的商业风格,为史玉柱带来了巨大成功的同时,最终也为他酿造了一杯苦酒。90年代中期,号称"十大改革风云人物"之一的史玉柱决意在珠海为巨人集团盖一栋大厦。可在各种力量的推动下,这栋原本设计为18层的大楼,其图纸逐渐被修改为70层。史玉柱也意气风发地表示,要盖中国第一高楼。实际上,他的钱仅仅只够为这栋楼打桩。终于,他为自己的豪赌付出了惨痛的代价:没有足够的资金支撑,巨人大厦项目很快停了下来。史玉柱本人,也不得不销声匿迹了几年。

1998年,这个商界的鬼才奇迹般地东山再起,不仅还清了所有的债务,而且又一次成为人们尤其是青年人的财富偶像。史玉柱借用音译的"Giant(巨人)",注册成立了上海健特公司,并回到了保健品市场。他靠朋友借助的50万,把脑黄金改成了脑白金重新包装推出。

但是,史玉柱似乎天生的冒险性格,决定了他绝不会满足于此。2004年,网络游戏业的盛大公司在纳斯达克上市,彼时31岁的陈天桥借此成为中国首富。史玉柱为此心动不已,决定转战网络游戏业。他用一款原本不被人看好的、几乎没有任何技术优势的游戏——《征途》,颠覆了整个网络游戏业的运营模式。当时进入网络游戏需要付费,而史玉柱将《征途》作为免费游戏推出,玩家需要添置"装备"的时候才需要付费。这使得《征途》的玩家数量急剧上升,巨人的营收总额迅速超过盛大,成为中国市值最大的网络游戏运营商。

史玉柱是中国企业史上最具争议性的人物之一。他的市场直觉极好,他能迅速地找到行业爆发的时间点,并且以最为快捷和高效的方式获得成功。一贯的冒险行为方式使他被称为"史大仙",也使很多人都拒绝承认他企业家的身份。① 史玉柱曾经和马云开玩笑说:"我们两个都是做企业的,可是你看,他们都说你是企业家,而我,只是个商人。"②

像史玉柱一样的企业家在我国为数并不算少。当然,商界怎么可能毫无风浪与冒险,甚至有时候我们对企业家把握商机的能力和敢于冒险的魄力持鼓励其至敬佩态度。然而不得不承认,在当今这个充斥着"速食"的时代,"商机"与"投机"之间的界限已经越来越暧昧⋯⋯

受整个社会环境的影响,对企业家"一夜暴富"成长故事的误读,强烈的获得经济利益的渴望⋯⋯这些因素都使投机心理在当代青年中愈演愈烈。稳打稳扎的实业经营投资周期太长,且结果未卜,而投机使青年时刻充满了激情,在那一次又一次的"豪赌"中,他们相信总有一次自己将是对的⋯⋯

(三)商业道德的拷问

著名企业家王石曾公开宣称,万科从不行贿。他在一家大学的 MBA 班讲演时,现场一半以上的 MBA 表示不相信万科没行贿,似乎认为新兴企业一定存在行贿现象,不行贿是不正常的,以至于王石感慨:我们是不是已经病得很严重了?

王石的诘问声声入耳,我们是否已经病得很严重了? 不得不承认,在现代社会,"道德"这个词已经失去了它原有强大的约束力。在经济生活领域中尤其如此。伴随着经济的快速发展,各种败坏商业道德的丑行与之俱来,而现代的青年人对商业道德的失落早已见怪不怪。

仍是史玉柱,他的史式营销至今仍受到许多人诟病。在包装推销脑白金时,他将"软文"③——这种为新闻传播界所不屑的类广告宣传模式——发挥到了极致。"史玉柱亲手写了十多篇脑白金的'软文',他宣称脑白金是人

---

① 吴晓波:《激荡三十年》(下册),中信出版社 2007 年版,第 104 页。
② 百度百科:《史玉柱》,http://baike.baidu.com/view/16308.htm。
③ "软文"是传媒业术语,指那种看上去是新闻,实则为广告的报道。它以新闻而非广告的形式出现,所以可以规避《广告法》的限制。

类'长生不老'的最后秘密。美国人正疯狂抢购脑白金,它还跟'克隆技术'一样是20世纪'生命科学的两大盛会'。当美国宇宙飞船升空的时候,他则杜撰说宇航员正是吃了脑白金才改善了睡眠。"①

"今年过节不收礼,收礼只收脑白金",这则广告连续多年被有关广告测评机构和媒体评选为"中国十大恶俗广告"之首。《南方周末》在头版发表长篇报道《脑白金真相》,对脑白金中褪黑素的功用提出了学术质疑。文章列举大量事实,证明脑白金在各类广告和软文中所提供的各类数据和事实都是伪造或片面的。脑白金也因涉嫌改写产品说明、任意夸大功效以及违反《广告法》而在各地遭禁。②

黄光裕的身陷囹圄,更是给了飘摇中的商业道德底线以致命一击:2008年11月21日,一条极具爆炸性的消息在网上如风骤起,来势汹汹,而且越刮越疾,越刮越猛。该消息说,国美电器集团主席黄光裕涉嫌违规资本操作,被公安机关刑事拘传。有律师分析案情说,如属实,黄光裕有面临最高被判处十年有期徒刑的可能性。说这条消息"极具爆炸性",是因为在2008年10月才刚刚新鲜出炉的《2008年胡润中国百富榜》上,黄光裕以430亿元财富,加冕胡润版"中国首富"王冠。这已是黄光裕第三次"荣登"《中国富豪榜》的首富地位了。而中国也只有黄光裕享受过如此殊荣。黄光裕拥有香港上市公司"国美电器"35.55%的股份,同时拥有零售类非上市公司100%的权益。

2008年11月25日,媒体报道中说据知情人士透露,有关部门对黄光裕的调查,可能主要涉及三个方面:洗钱、非法募集资金、偷税漏税。还有消息说,黄光裕案案情恐怕还不止上面所列出的三宗罪。黄光裕可能还涉及动用资金炒作期货或衍生品,在资金来源和进出内地境外的过程中存在问题。③ 当然,还有在国人意料之中的行贿问题,黄光裕此次被查还牵涉到商务部前官员郭京毅案。《21世纪经济报道》称,郭京毅等多个被查官员都供

---

① 吴晓波:《激荡三十年》(下册),中信出版社2007年版,第101页。
② 参见吴晓波:《激荡三十年》(下册),中信出版社2007年版,第101页。
③ 参见魏雅华:《黄光裕:大案疑云》,《检察风云》2009年第2期。

出黄光裕曾向其行贿,并称黄光裕行贿的目的是为国美在港上市时绕开商务部相关规定。

还远不仅如此,"富豪落马"似乎已经成为一个不再新鲜的词汇。

一桩桩违背商业道德的恶性事件还在持续发生。数不胜数的触目惊心,不一样的只是名字,一样的是商业道德的失落……

很多企业家对于他们的第一桶金讳莫如深。一些富豪"出事"后,人们几乎都能看到,他们的初始资金往往是钻政策或者法律的漏洞得来的。[①] 在发家、崛起、做一番大事业的路途中,对商业道德的罔顾似乎已经得到了默认和共识,甚至已经成了潜规则。甚至,能够钻法律的漏洞而逃脱惩罚者似乎已经成了青年心目中的能人。不得不承认,在这个机遇与罪恶并存的市场经济时代,在众多的诱惑和众多的"示范"面前,青年心中对商业道德的执著已经越来越稀薄……

这是个资本运作的时代,经济参与形式的多样化,获得收益回报的迅速化,获得成功的急切化是这个时代青年最显著的经济参与特点。从实业经营到资本运作,青年经济参与模式的转向已经非常明显。当然,我们不否认多数青年还是依靠双手勤劳致富、依靠实业稳打稳扎地致富,但依靠资本运作快速致富却成为越来越多青年的追求。在这个经济模式大转向中,诸多青年企业家浮浮沉沉,不断寻求着在社会经济结构中的最佳定位和参与经济的最佳方式。

自新中国成立至今,为什么会发生如此明显的转向,其背后有什么力量在起作用?

三、穷究其变析缘由

一切变化都有因果关系。任何变化都不可能无缘无故地发生,实业经

---

① 参见白菊梅、路琰:《黄光裕谜局》,《环球人物》2008 年第 12 期(上)。

营向资本运作的转向也势必有多种力量推动。这些动因正如一条条小溪流,单个来看也许单薄无力,但一经汇合,便迸发出无限活力。

(一)创富动因:从服务社会到个人发展

新中国成立之初,在"红彤彤"的新世界中,计划经济作为社会主义的根本经济制度严格执行。私营经济被严格限制,一切都由"计划"分配,各种"票证"就是计划经济最鲜活的写实。加之当时"一大二公"情结的盛行,社会中形成了国家利益至上的价值取向。因此,在当时的政治氛围和经济氛围中,青年经济参与方式都是由国家一手包办,其经济参与的动因更是排除了个人的利益,而完全是为了满足国家需求。在工厂里甘做一颗"螺丝钉"是服务国家需求,到农村中下放锻炼也是满足社会需求。"为人民服务"成为那一代青年唯一的价值诉求。

在极左思想的影响下,集体主义被强调到了不恰当的高度。尽管理论上提出要国家、集体、个人三者兼顾,实践中却一再抹杀个性,形成自我与社会、个人与集体的割裂和对立。在集体劳动中追求个人价值的实现,自然也被认为是个人主义而遭受批判。在这种思想下,个人的理想、抱负、事业心,实现自我价值的可能性,都被湮没在纯粹的集体主义思想中。

1978年十一届三中全会以后,思想解放唤起了青年个人意识的觉醒,经济参与的动因开始渐渐由服务人民演变为个人发展。80年代兴起的"经商热"、"下海热"、"公司热"是这种转变最好的证明。一时间,很多青年干部从机关辞职下海,在初起的经济浪潮中寻求自己的经济利益,满足个人各方面的需求。对于采用哪一种经济参与的形式,套用邓小平的话,"不管黑猫白猫,捉住老鼠就是好猫",经济参与的具体形式并不重要,重要的是需求的满足、利益的实现。哪种方式使他们能够在经济参与中最大限度地获取利益,那种方式就会得到他们的钟爱。有了这股力量的推动,改革开放初实业经营的兴起和如今向资本运作的转向就都在情理之中。

（二）创富态度：从被动适应到主动参与

社会对"个体户"的价值评价有一个由低到高的发展过程。1979 年以来，国家制定了一系列新的经济政策包括发展个体经济的政策。然而，当时几乎没有多少家长心甘情愿地同意自己的孩子去摆地摊、开饭馆，青年人自己也很少有人乐意把自己一生的事业拴在个体劳动的执照上。那些在国营或集体企业就业的青年，对于沿街叫卖的个体户当然更是不屑一顾，毕竟，他们比个体户拥有着更优越的地位和更稳定的生活保障。

随着市场经济的发展，个体经营者的人数扶摇直上，个体经营的范围也越来越广，从以商业为主发展到工业、手工业、饮食业、交通运输业、建筑业、服务业等广阔的领域。个体经济站住了脚跟，青年对个体户的评价也明显发生了变化。个体户不仅来钱快，赚钱多，而且以独立劳动为主，自主性强、自由度大，发挥个人特长和才能的机遇也更多。"下海热"、"经商热"、"公司热"，说明社会上的绝大多数青年已经认可了市场经济，也愿意或者说期望以个人的能力在这片广阔的天地中畅游一番。

从青年对"个体户"的评价中可以看出，六十多年来，中国青年经济参与意识走过了一段从被动到主动的路程。青年在改革开放前的经济参与，是一种不自觉、被动适应社会需要的过程。投身经济建设追求的是为社会发展作贡献，这是一种为国家富强建功立业的"政治取向"。这与市场经济时期，青年立志自己当老板、主动创造个人财富的意识有明显的落差。即便是第一批尝到"商品经济"甜果的农村青年"万元户"，也仅仅是一种被动适应，与此后出现的主动辞职、跳槽、下海的城市青年主动进取的态度不可同日而语。

这种由客体意识向主体意识的转向无形间形成了一股力量，推动着整个经济参与模式的变迁。宽松的政治环境、丰富的市场机遇再加上强烈的参与经济的自主意识，这几代青年自觉地寻求着任何可能获得成功的方式。

(三)参与群体:从非主流到主流

这是个颇为有趣的现象,率先直接投身市场经济并尝到甜果的,不是代表支柱产业的青年工人,也不是受过高等教育的知识分子,更不是在职业技能上有明显优势的青年工匠,而是在产业结构、文化素质、职业技能都不占优势,也不代表主流趋势的,以从事农副业生产、从事个体户经营为代表的非主流青年群体。

这种现象其实很好理解,在市场经济建立初期,大多数知识青年仍持观望态度,加之本身就有被社会看好的学历或生存资本,他们并没有巨大的动力到吉凶未卜的市场经济浪潮中试探深浅。相反,在产业结构、文化素质、职业技能方面都不占优势的非主流群体,迫于经济状况的困顿和生存的压力,不得不去做"第一个吃螃蟹的人",抓住任何一次机会来改变自己的命运。囿于文化素质,这些非主流青年在创业初期不得不从事实业经营,稳打稳扎地获取财富。

但是,随着市场经济体制给人们带来的好处越来越显而易见,先前观望的主流群体也都纷纷被巨大的经济利益打动。这时期颇含讽刺意味的"搞导弹的不如卖茶叶蛋的"顺口溜,淋漓尽致地表明了主流社会青年对市场经济的认可。一时间,主流群体的青年纷纷抛弃"铁饭碗",加入了市场经济的洪流之中。就连学术味较浓的高等院校,亦形成较强的"经商热"。许多学生利用业余时间当家教,搞咨询,办培训班,搞家电维修,跑生意,做经纪人、推销员,直接参加商品直销活动。

这种由非主流群体向主流群体的转变,促进了资本运作时代的来临。无论从学识,从竞争力,还是从头脑灵活程度,主流群体的青年都显然更胜一筹。他们能更敏锐地嗅到商机,更科学地投资经营,更快速有效地获得财富与回报。在这样一代主流群体的推动下,资本运作时代的到来不仅是合理的,而且是必然的。①

　　时代的变化时时赋予经济新的内容,资本运作当然不可能是经济参与模式的终结版。在未来的道路上,青年们必将探索出更多新异的运作模式……

---

　　①　刘平:《青年经济参与的轨迹、特征及文化背景》,《当代青年研究》1994 年第 4 期。

第七章　从一元凝聚到多元消解

文化是时代的灵魂,是历史的沉淀。青年是民族的希望,是社会发展的中流砥柱。青年文化参与状况直接关系到民族文化的传承和发展。

新中国成立至今,随着中国文化格局由一元到多元的转变,青年文化参与领域不断扩大,青年群体的话语权不断增强,文化主导权也由少数精英向多数民众不断迁移。

透过新中国青年文化参与历程的变迁,我们可以看到中华民族文化软实力的变化,看到全球化时代中国青年竞争力的增强。

一、一曲红歌唱天下

中华人民共和国的成立,驱散了笼罩在旧中国上空的乌云,赋予新时代以鲜亮的红色。那迎风飘扬的五星红旗映照出火红的年代,尽人皆唱的《东方红》鼓舞着青年们火红地成长。

(一)"万众一心"的赞歌

在马列主义文化思想和《在延安文艺座谈会上的讲话》精神的指导下,40年代至70年代,中国文化领域涌现出一批具有民族风格和时代特色的作品。比如诗歌《王贵与李香香》、小说《小二黑结婚》、歌剧《白毛女》、电影《李双双》等,这些农村题材的作品,为老百姓所喜闻乐见,在解放后产生了巨大的社会影响。这些作品中既不乏"阳春白雪",也有面向工农兵大众的通俗文化,为广大人民提供了前所未有的、丰富的精神食粮。

《王贵和李香香》是现代著名诗人李季的成名作，是一首以信天游形式创作的长达七百四十多行的叙事诗，描述的剧情大致是，土地革命在陕甘宁边区获得成功后，相爱已久的王贵与李香香终于结婚。但游击队转移后，恶霸地主崔二爷抓走了王贵，并逼李香香改嫁。游击队打回后，活捉崔二爷，王贵与李香香重逢。这首诗以爱情故事为主线，反映了抗日战争时期陕甘宁边区人民在共产党领导下反抗地主恶霸、建立革命政权的曲折道路，被认为是诗歌领域实践毛泽东文艺路线的第一个硕果。贺敬之曾评价其作者说："《在延安文艺座谈会上的讲话》发表后，在伟大的毛泽东思想指引下，整个革命文艺发展的这个新阶段，其中诗歌方面的主要代表就是李季。"[1]1950年，《王贵与李香香》被改为同名歌剧，传播范围更广，受到广大群众的高度赞扬。据说每次下乡演出时，附近十里八乡的男男女女，都不辞劳苦、不厌其烦地反复观看。

动人的诗歌总有动人的艺术魅力。《王贵与李香香》的价值，首先在于它丰富的思想内容。"百草吃尽吃树杆，捣碎了树杆磨面面"，真实地呈现了当时农村深重的灾难和老百姓的贫困生活，与"崔二爷粮食吃不完"、"窑里的粮食霉个遍"形成鲜明的对比。这种贫困与奢侈的尖锐对立引发了革命斗争，促成了共产党"红旗一展，穷人都红了"的革命形势。波澜壮阔的革命斗争终于迎来了"吃一口黄连吃一口糖，王贵娶了李香香"的幸福生活。全诗以实实在在的生活再现告诉人们：劳动人民要获得美满的生活，必须起来革命，不革命就没有个人的幸福。只有共产党，才能拯救劳苦大众于水深火热之中。其次，诗歌语言深入浅出、含义深刻。"羊群走路靠头羊"是对共产党的热情讴歌；"紫红犍牛自带犋"是对劳动人民革命性的充分肯定；"上河里涨水下河里浑"又写出了人民革命的自觉性；"白生生的蔓菁一条根"隐喻着军民团结鱼水情。这些诗句脍炙人口，在当时广为流传。[2]

---

　　① 张云运：《煤油灯下诞生的长篇史诗——〈王贵与李香香〉》，http://www.nxych.cei.gov.cn/lj/13.htm。

　　② 侯凤章：《盐池草原上的一颗文化明珠》，http://www.nxych.cei.gov.cn/lj/17.htm。

可以说,这个时期的文化肩负着以中国共产党的政治立场为基点,阐释社会主义的走向、引导大众对执政党的身份认同、建构主流意识形态权威性的历史重任。这一时期,"主要的文化生产手段几乎全部由国家控制,报纸、杂志、电影厂、广播电视台、新华书店、图书馆、影剧院等,它的生产和传播均不以盈利和消费为目的,而是表达国家意志和主流话语的另一种形式。"①这种整齐划一的文化生产方式,使得文化具有高度一体化的性质,也使得几亿中国人,从青年到老年,都遵循着统一的价值规范和行为模式。在这样"万众一心"的文化生活中,青年们和全国人民一道,高唱着一体化的文化赞歌。

不可否认,经典的主旋律文化曾给几代青年留下了宝贵的精神财富,那无可替代的精神家园、炽热高昂的理想信念,多年之后依然令人心潮澎湃。正如电影导演吴贻弓所说,"50 年代留给我们的理想、信心、人与人的关系、真挚的追求、生活价值的赢取,青年浪漫主义的色彩等等,这种'人间正道是沧桑'的积极向上的参照体系,总不肯在心里泯灭"。②

然而也应看到,这种高度凝聚的一元文化并没有给青年太大的选择空间,青年群体的独立话语很容易被集体和理想的宏大叙事所代替。作为一个特殊的群体,青年们很少有自己的发言权,偶尔的话语诉求也可能被轰轰烈烈的政治洪流淹没得无影无踪。当这种文化集权倾向愈演愈烈时,青年们开始呼唤属于自己的群体文化。

(二)"众神狂欢"的理想

1978 年 8 月 11 日,《文汇报》刊登了复旦大学中文系学生卢新华的小说《伤痕》。主人公王晓华因母亲被定罪为"叛徒"而与母亲"断绝关系",投入到上山下乡的洪流中。在九年的农村生活里,她因为家庭成分问题屡屡受挫,不仅不能上大学,连和男青年苏小林的爱情也被迫中止。粉碎"四人帮"

---

① 孟繁华:《众神狂欢——当代中国的文化冲突问题》,今日中国出版社 1997 年版,第 62 页。
② 李道新:《中国电影文化史:1905—2004》,北京大学出版社 2005 年版,第 45 页。

后,王晓华接到了母亲平反的消息,当她怀着满腔期待重回家乡时,被严重摧残而患重病的母亲已经离开人世。《伤痕》的发表在全国引起了轰动。据说当天的报纸被抢购一空,买不到的人们索性聚集在小巷或街头的报栏前,在人山人海中踮起脚尖争先阅读。

作为一个时代的"证言",《伤痕》无疑真实地记录了那一时代的血泪,以稚嫩而真诚的手笔揭开了十年浩劫给人们造成的伤疤,宣泄了十年来积郁心头的痛苦和阴霾。多年之后,卢新华在接受采访时坦言,《伤痕》是全体中国人一起写的,中国人在"文革"时期演绎的一场场悲喜剧,为它提供了一个最本源的素材。①

70年代末80年代初,文字是青年们抒情言志的主要形式,小说、诗歌广为流行,"伤痕文学"、"反思文学"成为青年们津津乐道的话题;北岛、舒婷等朦胧诗人成为青年的精神偶像。这一时期,"以经济建设为中心"逐渐成为政治诉求的主要内容,借助于国内的思想解放和国际上的开放交流,中国青年"万众一心"的文化赞歌戛然而止,众神狂欢的多元消解时代悄然降临。在整体的文化内容构成中,政治性的成分降低,其他文化类型逐渐产生并丰富起来。80年代后期,"中国的文化、出版、报纸杂志以及其他宣传部门也开始转轨,这些部门过去都是由中央财政全额拨款,作为意识形态的喉舌起宣传作用。现在则要自负盈亏,走向市场,这就使文化的娱乐功能、消费功能得以形成。"②至此,中国的一元文化格局开始了打破、重组的历程。

思想总与时代的脚步如影随形,当政治化的社会文化被改革开放的春风融化开来时,中国青年的文化选择也由一元向多元转变。80年代中后期,除了诗歌和小说之外,流行音乐、后现代色彩颇浓的影视作品也纷纷登场。邓丽君的柔情蜜意、崔健的摇滚宣泄是街头最流行的吟唱;《顽主》、《一半是海水,一半是火焰》等电影公映时几乎是万人空巷;波浪头、蛤蟆镜、喇叭裤的装扮成为80年代服饰的独特符号。此外,人生意义大讨论、西方文化热的

---

① 参见陈曦、李鹏:《卢新华:"伤痕"已去》,江苏教育电视台:http://www.jetv.net/online/N‐newsshows.asp? newsid=31640,2008年7月28日。

② 陈晓明:《移动的边界:多元文化与欲望表达》,湖北教育出版社2000年版,自序。

兴起等,都说明青年们正在传统与现代的对决、中西文化的碰撞中挣扎徘徊,重新进行价值观的塑造。

然而,令人回味的是,当人们今天重审80年代时发现,无论当初的价值判断如何在是非之间辗转,始终没有挣脱审美意识形态一元化的旧有模式,无论是对理想浪漫的重新演绎,还是对主流文化的拒斥疏离,都不可避免地带有旧有的历史痕迹。正如《伤痕》中的王晓华,即使在那样的痛苦中,仍然坚定地表示"为党的事业贡献自己毕生的力量"。这种"化悲痛为力量"的结尾,无疑秉承了红色时代的政治意志。

无论如何,文化传播中有不同声音的存在,文化群体里有不同族群的存在已成为不争的事实。尽管我们还不能一厢情愿地用"文化的多元化"来形容80年代的文化格局,但是说它是一种趋势,确是无可厚非的。

二、百音天籁满园春

随着社会变革的不断深化,中国文化格局日益从单一的政治文化分化为多种文化。孟繁华曾在《众神狂欢——当代中国的文化冲突问题》一书中说,"今天的文化形态大致可以表述为'主流文化'、'知识分子文化'和'市场文化'。"[①]这里说的这三种文化可以理解为我们通常所说的"主旋律"文化、精英文化和大众文化。作为时代的一种理想诉求,文化总在既定的历史条件下表达着社会不同的愿望。三种文化并存的格局,使青年有了多元的文化选择。

那么,在这三种文化的碰撞与并存中,当代青年将"何去何从"呢? 在不同类型的文化参与中,青年群体有没有形成自己独特的文化呢?

---

① 孟繁华:《众神狂欢——当代中国的文化冲突问题》,今日中国出版社1997年版,第21页。

（一）"主旋律"文化："想说爱你不容易"

"主旋律"是一个音乐术语，指"多声部演唱或演奏的音乐中，一个声部所唱或所奏的主要曲调，其他声部只起润色、丰富、烘托、补充的作用"①。"主旋律"文化是改革开放前的一元政治文化在新时期的一个变奏。新时期以来，我国提出了"弘扬主旋律，提倡多样化"的文化发展原则。然而，在当下的文化市场上，尽管总有"主旋律"伴着"多样化"的开放论调，但更多的时候，它只是一种姿态，一种理想化的设定。

对于广大青年来说，接触"主旋律"文化，更多的是与学校、媒体联系在一起的。大多数情况下，他们对"主旋律"文化的参与是以集体的方式进行的，比如国庆、五四青年节等节日期间的重大社会活动。学校的灌输、社会的宣教，虽然也使他们有过纯粹的信念，吟唱过历史的颂歌，但当他们成长起来时，年少的天真遭遇现实的复杂，曾经的理想遭遇世俗的功利，青年的价值观、人生观在理想—现实、理论—实际的反差和断裂中渐渐定型。慢慢地，他们年少的记忆退却了，单纯的童年成为美好的记忆，潜伏在内心的某个角落，等待岁月来追寻。

然而，我们也应看到，20多年来，"主旋律"的含义无论在内涵还是外延上都悄然发生着变化。2006年10月，国家广电总局领导在全国电影创作会上指出，一切反映真、善、美的影片都属于主旋律影片。从这个意义上说，"主旋律文化在今日的范畴比以往更趋多元化，除了纪念与关注民族集体记忆、树立英雄形象以外，还包括了对正义、善良、美、爱等人类终极关怀价值和原初判断标准的探讨与召唤。"②

以影视文化为例，当下的"主旋律"影视剧不论在演员、故事情节还是感染力等方面都做着不同于以往的尝试。

---

① 陈吉德：《主旋律电影：主流意识形态的影响表达》，《电影文学》2005年第11期。
② 《〈当下中国三种文化〉观点综述》，美术博客：http://blog. art86. cn/art/user/houyichao7/archives/2006/1759. html, 2006年7月7日。

2005 年,《亮剑》在央视首播时创下当年央视一套电视剧收视率最高纪录,在很多地方台位居榜首。时至今日,主人公"李云龙"早已尽人皆知,"亮剑精神"成为社会的非正式口号。

2006 年底《云水谣》上映时,10 天内票房突破 2600 万元,将同期上映的进口大片远远甩在身后。在不少电影院里,都能看到老、中、青三代人同时观看的景象。

2007 年,《恰同学少年》运用偶像剧的形式再现了一代伟人的青少年时代,被众多青年视为"青春偶像剧",一夜之间蹿红大江南北。

2009 年,主旋律剧作《潜伏》成为人气大剧,在不少电视台均创收视神话。在网络上,《潜伏》人气节节飙升,碟片市场火爆,甚至罕见地名列"豆瓣好剧榜"数周,被赞誉为"没法按快进键的好戏"。《潜伏》的观众,从国家电影电视行业管理部门领导,到白领、知识分子、大学生,很多人成了该剧的铁杆粉丝,甚至称自己为"潜艇",连每天的见面语都成了"昨天你《潜伏》了吗?"《潜伏》的魅力在于三点。一是情节曲折、扣人心弦,不仅包含了绑架、暗杀、密电、窃取情报等吸引眼球的元素,还以真假革命夫妻的情感挣扎打动人心。二是内涵精深,诠释出信仰与忠诚的力量。剧中不下 10 次提到信仰的问题,余则成第一次谈到自己的信仰时,认为女朋友左蓝就是他的信仰。尽管他也怀疑过这种爱情的真实性,一度动摇,但当他由信仰爱情转而信仰革命时,他完成了精神上的入党,并为共产主义信仰奋斗终身。三是《潜伏》的现实意义,有人认为它就像一部"职场攻略剧",千钧一发又不失活泼轻松、悲喜交加却又不动声色。精彩的剧情和精神的召唤最终使得《潜伏》不胫而红。

好看的影视剧才更有生命力,才能真正深入人心,起到"主旋律"的宣教作用。2007 年 10 月,《中国青年报》社会调查中心曾开展过一项调查,这项由来自全国 30 个省份 2528 人参与的调查显示,45.5% 的人肯定近几年来

"主旋律"影视剧开始变得越来越好看了。① 尽管人们对这些作品的褒贬不一,但当下"主旋律"作品新颖的表现手法、大胆的技巧运作却不可否认,它们在某种程度上预示了"主旋律"文化潜在的发展空间。

（二）精英文化:"让人欢喜让人忧"

精英文化是知识分子文化、高雅文化的近义语。国内学者邹广文认为,精英文化是知识分子阶层中的人文科技知识分子创造、传播和分享的文化。② 改革开放以前,中国文化由政治精英们主导,与国家政治意识形态一体。80年代后期,"一部分知识分子的思想观念不再与权威意识形态整合一体,一部分介入社会实践,更多的则遁入学院阐发知识分子精英思想。在90年代,后者的思想倾向日益向着纯学理方向发展,它既不与政治权威意识形态相整合,也不与民众的经济实践和日常性诉求相关联,因而出现分离的知识分子意识形态。"③

精英文化之所以备受青年人的青睐,是因为一方面,它所固有的人文关怀能为青年们提供关照现实的可能性。精英文化虽然不可能以人人为受众,但它从来都以对人类、对社会的终极关怀,不断矫正历代社会人文精神的缺失以及人类生活的错位为己任。另一方面,精英文化是社会身份的表征、社会权力的隐喻。古今内外,谁拥有精英文化的话语权,谁就能跻身上层社会。

对于当代青年来说,追逐精英文化最典型的莫过于"考研热"和"考博热"了。八九十年代的研究生无疑是天之骄子,他们一面受着启蒙思想的滋养,拥有积极的心态、独立的意识和批判的精神;一面又在欧美风俗礼仪的影响之下,充满着离世背俗的叛逆。他们不用担心毕业后的去向,一出校门

---

① 参见《调查表明主旋律影视剧日益吸引观众》,中国新闻出版网:http://www. chinaxwcb. com/2007－10/29/content_92178. htm,2007年10月29日。

② 参见百度百科:《精英文化》,http://baike. baidu. com/view/693322. htm。

③ 陈晓明:《移动的边界:多元文化与欲望表达》,湖北教育出版社2000年版,自序。

就拥有可人的工作、丰厚的物质待遇以及至高的社会地位。家庭的宠爱,社会的青睐,世人的羡慕使他们高学历的光环愈加耀眼。于是,考研成了一代人毅然决然的选择,青年们期望能以学历的增加改善自身的处境。当然,"考研热"的兴起与国家的扩招和社会上学历门槛的增高不无关系,但透过一年年增长的研究生报考数据,我们还是能看到青年对精英文化的追求。

然而,当以知识和信息为主体的传媒时代到来时,精英文化的权威必然要受到严峻的挑战。一方面,极少数精英分子始终固守精英的立场,坚决与大众、通俗划清界限,孤芳自赏,他们不愿以平民化的姿态融入社会,最终与大众的品位相差甚远;另一方面,当文化市场的商品化潮流形成浩荡之势时,精英文化也可能走向媚俗化和低级化,两者都会加速精英文化的衰颓。

2009 年 4 月,《人民日报》刊登了一篇报道,"由辽宁省委宣传部、省文化厅主办,辽宁演艺集团公司等承办的为期 47 天的演出季,国内外 20 个剧团为观众奉献了 53 场精彩的剧(节)目。朝鲜平壤艺术团的话剧《春天的金达莱》、中国木偶剧团的木偶剧《真假美猴王》、辽宁艺术剧院的童话剧《天鹅湖》、美国圣·芭芭拉舞蹈团和法国贝特兰·查梅钢琴独奏音乐会等,都是常演不衰的精品。观演人数超过 5 万人次,平均上座率 90% 以上,演出的火爆程度,超出了我们的预想。""看演出的观众多是社区大妈、退休工人等低收入阶层,还有学生、小商贩。他们多是花几十元甚至 10 元购买门票进来的。"①高雅不再高价,曲高不再和寡,市场经济和"主旋律"文化的完美尝试,证明高雅文化能够利用广阔的市场潜力,走近千家万户,精英文化在青年中重新走俏将不是梦想。

仅有物质的丰裕并不能成就一个健全的社会,只有深厚的文化底蕴才能抚慰人们的疲惫和空虚。精英文化要承担起对人类生存处境和精神处境的深切关怀,文化精英们要担负起满足人类审美需求和价值判断的社会责任,它必须是人们内心深处的真诚渴求。因此,青年们只有摒弃浮华与功利,静下心来认真思索,才能真正持控精英文化的话语权。

---

① 何勇:《高雅走出高价,曲高不再和寡》,《人民日报》2009 年 4 月 29 日。

（三）大众文化："爱上你我情非得已"

"是什么塑造了大多数人的心灵？是什么构成了现实生活之外的情境？是什么融入了大家的共同记忆？是什么构成了多数人的文化生命轨迹？不是惊天动地的大事，不是厚重浩繁的学术经典，不是艺术前沿的先锋作品，而是电影电视，是流行歌曲，是通俗读物，是文娱活动——是被叫做'大众文化'的那一类文化形态。"①

大众文化诞生于改革开放的和煦春风中。它是一种消费文化，以市场流行为走向；它是一种时尚文化，以社会大众为对象。它反映了最大多数人的文化心理和取向，是最广泛意义上的群众性文化。它具有消费性、时尚性、多元性等综合特点，借助发达的传播媒介在当下日渐走红。

大众文化以低"门槛"、草根化和娱乐性向所有的"大众"敞开怀抱，也给予青年更多的参与机会。

2005 年，由湖南卫视举办的"超级女声"选秀节目红遍大江南北，成为了大街小巷、男女老少最热门的议论话题。仅 8 月 26 日一场"超女"比赛，收到的短信就超过 850 万条之多，这成为了节目短信历史上的辉煌。可以说，这是一次真正意义上平民的狂欢。从"超级女声"的比赛规则来看，极为宽松，只要是女性都可报名。这去除了一般选秀节目年龄、地域、外貌、身份等限制，给了青年人一次真正实现民主的机会。从宣传宗旨上来看，想唱就唱，秀出自己。于是，潇洒帅气的李宇春、率真卡通的周笔畅、执著自信的张靓颖、青春可爱的何洁、简单透明的黄雅莉、美艳动人的叶一茜、朴实诚恳的易慧、成熟大气的纪敏佳等纷纷脱颖而出，个性十足。而"凉粉"、"盒饭"、"玉米"、"笔迷"们为了"捍卫"自己心爱的歌手，在互联网上争得不可开交，利用各种网络手段发起一轮又一轮的"网络舆论战争"。② 从传播方式来看，

---

① 谢轶群：《流光如梦：大众文化热潮三十年》，广西师范大学出版社 2008 年版，引子。
② 张高云：《后现代主义思潮对青年亚文化的影响》，《当代青年研究》2007 年第 1 期。

"超女"采取了现场直播的方式,将评委和选手的原始状态直接推到观众面前,人们看够了绚丽的包装、炫目的光环后,反而被这种触手可及的真实深深打动。可以说,"超女"给了青年人一次张扬个性的机会,一次"我主沉浮"的机会。观众用自己的投票选出自己心目中的英雄,以偶像的成功编织着自己的梦想。"超女"是大众文化强健枝权上开出的一只娇艳花朵。

其实,当青年与大众文化相遇,冥冥中就注定了他们将成为演绎这种文化的主力军。在大众文化的各个领域,几乎都少不了青年的身影。流行服饰、畅销书籍、当红影视剧、KTV、网上冲浪……都令青年们爱不释手。尤其在互联网领域,网页、论坛、贴吧等平台,QQ、MSN、Photoshop、Dreamweaver 等五花八门的软件通通被青年们玩转,他们就是引领风尚的弄潮儿。

青年们爱上大众文化,可谓"情非得已"。首先,多元思潮下的青年们具有更加开阔的视野和多重文化需求,大众文化的多元性恰恰契合了他们的需要。其次,当代青年追求个性,渴望与众不同,而大众文化的时代气息和时尚元素凸显了他们独特的品位,满足了他们标新立异的快乐。再次,大众文化对传统文化秩序的冲击、颠覆和消解,也与青春期的活跃和叛逆不谋而合,因而大众文化常常被用来宣泄青年人的思想和情绪。

当然,对于青年们热衷大众文化,也不乏来自精英阶层的诟病。有人认为,大众文化过分强调感官欲望,对理性的价值予以否定,容易导致青年享乐主义的盛行。大众文化的可复制性和商品化会使青年们在潜移默化中缺乏思想性和创造性,从而走向平庸。此外,当今流行的一些"选秀"、"造星"活动还会使人陷入一夜成名的幻想中,从而忽视根本的艺术修养。

青年在大众文化中一方面获得了自由的权利、思想的解放和发展的空间,另一方面也受到快餐式文化消费模式的影响,甚至被一些低俗化和非理性思想所浸淫。因此,如何规范大众文化和引导青年,将是一个重要课题。

(四) 亚文化:我以我曲唱我心

无论是"主旋律"文化、精英文化,还是大众文化,青年群体始终只是作为参与者之一出现其中,而不能主宰这些文化的兴起与发展。从某种程度上说,青年与这些文化之间始终有一定的"距离"。但是充满创造力的年轻人总会找到属于自己的舞台,流行歌曲、网络虚拟世界、个性化服饰等亚文化,就是他们创建的属于自己的一片天地。

所谓亚文化是与主流文化相对而言的,是指由特定社会群体创造、信奉和推行的一种特有的文化价值体系、思维模式和生活方式。青年亚文化是存在于青年群体中的一种特殊文化,它是在主流文化的基础上生长起来的,同时也是对主流文化的一种反叛。青年是一个特殊的群体,幼稚与成熟并存,独立与依赖兼具,青年人夹杂在成功的欲望和匮乏的阅历之间,总要面对理想与现实的巨大反差。对于这种反差,他们的回应是要么拒斥,要么妥协,亚文化就是青年人生态度的最真实表达。

青年亚文化的体现无处不在,流行音乐、街舞、Hip-hop、奇幻小说、Cosplay、电玩、文化衫、人体彩绘、网络博客……无一不彰显着青年飞扬的个性,表达着青年丰富的感情。

1. 流行歌曲:追求与困惑的物语

音乐是人类心灵的伴侣,歌曲一直是人们抒发情感的重要手段,无论是琴音传情,还是山歌表意,音乐始终伴人左右,流行歌曲就是青年亚文化的一个载体。它之所以受到众多青年的追捧,是因为在流行歌曲中,青年可以无拘无束地释放自己,与歌曲的演绎者达到精神的共鸣。从流行音乐的歌词中,我们可对当代青年的精神面貌和生活状态窥见一斑。

(1)我有我的精神世界

青年人大多是叛逆的,他们厌恶苍白的说教,不情愿受缚于"主旋律"的僵硬管教。但这并不意味着他们没有理想,消极颓废。事实上,当代青年的精神追求在总体上依然是积极向上的,与其前辈们没有根本的区别。很多时候,他们不愿接受的并非管教的内容,而是被灌输的方式。这是他们崇尚自由、摆脱束缚的天性使然。这一点,从他们吟唱的流行歌曲中可看到。

《隐形的翅膀》就是青年们坚定、执著、自信、阳光的精神面貌的典型表征。"每一次都在徘徊孤单中坚强,每一次就算很受伤也不闪泪光。我知道我一直有双隐形的翅膀,带我飞,飞过绝望。"这是青年人向世人宣告:即使遇到再大的困难也不轻言放弃,因为每个人都有一双"翅膀",只要你有梦想,就能够到达希望的彼岸。同类的青春励志歌曲还有很多,诸如范玮琪的《最初的梦想》、可米小子的《青春纪念册》、孙燕姿的《梦想天空》、《年轻无极限》等等。这些流行歌曲无一不表达了当代青年积极向上的精神追求。

(2)我有我的生活方式

青年亚文化也表征了当代青年所追求的生活方式。他们崇尚无忧无虑、简单快乐的日子,在他们的生活理想中,快乐是第一位的:我生活,我开心,我无拘无束,我对琐事不在意。

花儿乐队的歌一直吟唱着这样一种生活态度,轻松诙谐,乐观向上。在《花龄盛会》这张专辑中,一首《穷开心》尽情释放了青年们轻松生活的理想:"小小的人儿啊风生水起呀,天天就爱穷开心哪。逍遥的魂儿啊假不正经吧,嘻嘻哈哈我们穷开心哪。"嘻嘻哈哈,假不正经,虽然没有丰厚的物质条件,但是只要你愿意,你就可以"穷开心"。此外,周杰伦的《简单爱》也是青年追求简单快乐生活的典型表征。

(3)我有我的青春困惑

作为青年亚文化载体的流行歌曲,在表达青年的理想追求之外,也理所应当地反映着青年的困惑与迷惘。以《只要我长大》和《不想长大》这两首歌为例来说明。

Twins 组合的《只要我长大》,倾诉的是一个女孩在情窦初开的季节对老师的爱慕之情,然而这段单纯的感情由于种种现实束缚不得不在绽放前就凋零。这首歌表达了青春期女孩的情感困惑:"只要我长大,就可以爱你吗,你教我认得爱却不能碰它……不是说努力吗,坚定就能得到吗,为何现实里面却有落差。"师生恋或恋师情结是青年生活中的一种真实写照,也是不少在校学生面临的困惑。对于老师,到底该不该爱慕呢?一旦爱上老师,该怎样处理呢?面对这些不可回避的青春问题,流行歌曲试图给出一些答案。

《不想长大》也是被青年广为传唱的一首歌:"我不想,我不想,不想长大,长大后世界就没童话;我不想,我不想,不想长大,我宁愿永远都笨又傻。""我当然知道这世界不会完美无瑕,我只求爱情能够不要那么样复杂。"歌词表达了女孩们在发现理想与现实的落差时的反叛心理。如果现实真的让人伤感凄凉,那么她们宁愿选择不要长大。只要一直停留在童年,生活就会像水晶球里的童话世界,单纯、幸福、美好。

流行歌曲是青年困惑的吟唱,道出了他们心中酝酿已久的想法,释放了他们内心不断涌流的情感,展现了他们在迷惘中徘徊的状态,为我们打开了了解青年的一扇天窗。

2. 虚拟世界:交流与消遣的秘密

当便捷、丰富、无处不达的互联网走近青年的时候,似乎就注定了与他们的缘分。青年求新求异、参与欲强、喜欢幻想的特点,与感性而娱乐的网络文化不谋而合。与此同时,网络的低成本更使他们乐于接受这种文化平台,并通过这个平台表达心声、彰显个性、宣泄感情。此外,当代青年整体知识水平较高,接受新事物的能力较强,他们在运用网络通信工具和掌控电子技术方面都游刃有余,这些都决定了他们必将成为网络时代的弄潮儿。在这样的语境下,网络成为青年亚文化的主阵地之一。

(1)我有我的话语体系

你知道"BS/B4"、"斑猪"、"见光死"、"表"、"7456"、"TMD"、"orz"、"88"、"FT"①这些语言在说什么吗？你知道"囧""槑"②这两个字怎么读吗？你知道"p(^o^)q"、"Y@_@Y"、"(^。^)y－～～。o0"是些怎样的表情或动作吗？

---

① "BS/B4"是鄙视的意思。"斑猪"是"版主"(一般是论坛上用的)。"见光死"通常指网上认识的人,在见面(见光)之后就发现,实际和想象相差太远,就不再交往了(死了)。"表"是不要的意思。"7456"意思是气死我了。"TMD"指的是国骂。"orz"这个图示的意义是一个人面向左方、俯跪在地,除了无可奈何或失意之外,开始引申为正面的对人"拜服""钦佩"的意思。另外,也有较反面的"拜托!""被你打败了!""真受不了你!"等意。"88"即拜拜。"FT"指晕倒。

② "囧"读音 Jiǒng,原义光明,网络用义是郁闷、悲伤、无奈、无语等等,示意很好很强大,指处境困迫,喻尴尬,为难。"槑"音同"梅",《康熙字典》中说槑,古文梅字。在网络语言里被用来形容人很呆,很傻,很天真。

这就是网络流行语言与表情,它们和日常文字、图片共同构成了一套网络语言。它们看似外文或错别字,在青年那里却诙谐生动、使用迅捷,因而受到年轻网民们的极端喜爱。当下,这种表达方式已经开始逐步走出网络世界,渗透到青年们的日常交际活动之中,进而逐渐蔓延到了社会生活的各个方面。青年们徜徉在一个由青年群体自身构建的话语海洋中,感到无比轻松、无比自由。这种对现存话语表达方式的偏离,给予青年们一种"特别"感、"时尚"感,他们可以对不懂这些语言的人轻易地说一句:"You are out of date!"(你已经过时了!)然后从属于自己的话语世界中获得一种"归属"感、"安全"感。他们用这种自己创造的语言和同伴交流,一定程度上将主流话语方式排斥在外,和主流文化之间划出了一条界线。这既展现了青年亚文化的力量,也表达了青年一代对自由权利的追求。

(2)我有我的消遣方式

网络上的论坛、虚拟社区、博客等等都是青年们喜爱的消遣场所。发个帖子、写篇日志,青年们便可以廉价地享受到言论自由的乐趣。在这一系列的青年消遣活动中,有一种现象不得不引起我们的注意——"网络恶搞"。

"网络恶搞"是指通过网络传播的形式,恶意搞笑或者搞怪。它是青年亚文化在网络休闲生活中的典型表现,具有张扬个性、反讽社会、颠覆经典、解构传统的特点。它通过戏仿、拼贴、夸张等手法对经典、权威等人与事物进行解构、重组、颠覆,从而表达对某些社会现象的不满与讽刺,并从中获得轻松一笑。自2005年视频短片《一个馒头引发的血案》在互联网上流传开来之后,网络恶搞逐渐火热起来,各种恶搞图片、恶搞视频层出不穷。网络恶搞开始受到越来越多的人的关注。

网络恶搞的对象广泛,形式多样。既有文字恶搞,如《大话西游》、《三国志》、《沙家浜》等都是典型的文字类网络恶搞。也有图片恶搞,其中最为著名的莫过于"小胖"了——一个胖乎乎的中学生偶然间的一个转头,眼神中略带一些鄙视的瞬间被摄像头抓了下来,随之网上就出现了各种用小胖头像制作而成的图片。还有音乐恶搞——"吉祥三宝小偷版"、"吉祥三宝股民版"就属此类。此外,影像恶搞也是其中一种,其代表作非《一个馒头引发的血案》莫属。正是这"馒头"将"恶搞"一词带入了大多数人的视野。此外，《春运帝国》、《闪闪的红星之潘冬子参赛记》等也为网民所熟知。

在这支庞大的网络恶搞大军中，青年毫无疑问地充当了主力军。他们或是恶搞作品的制作者，或是网络恶搞的忠实观众。正是由于他们的参与，才使得恶搞现象风靡一时，成为青年亚文化的表达方式之一。网络恶搞充分地表达了青年亚文化对主导文化的反叛，也反映了青年对现存社会现实问题的思考，具有较强的社会批判性。当然，恶搞的功能不仅仅是解构和颠覆，它在某种程度上使得创作者真正获得了自由，得到了前所未有的话语建构权力。

3. 服饰装扮：时尚与个性的宣言

穿着打扮是青年秀出他们文化的最鲜明的"移动"符号，也是青年亚文化的一个集中体现。低胸装、露背装、牛仔热裤，青春就是要展现热情如火的一面；"淑女屋"、"阿依莲"，青春也有最甜蜜纯美的梦想；日韩流、混搭风，青春如一阵拂面不寒的春风。当代青年在花样繁多的衣衫中，随意挑选能够张扬自我个性的服装。穿什么衣服，就表达怎样的心情。老人们嫌青年们穿得太少，露得太多，没关系，青年们不会太在意世俗的眼光，他们会从对父辈文化的反叛中寻找到自我话语的表达。这是一种无须言语的抵抗，一种温和却又刺眼的宣告。

青年亚文化是青年形象的再现，它反映了青年文化的多样性和社会生活的不同侧面。尽管亚文化对主流文化是一种反叛，是青年寻求话语权的一种表现，不可避免地会和主流文化发生一定的冲突，但这并不是不可调和的。对于青年来说，最重要的是，通过亚文化能使虚拟世界的交流更为便捷，使青春的形象更具个性，使叛逆的情感得以宣泄。更为不可多得的是，这种对主流文化的反叛和背离在一定程度上可以帮助青年找到自己的价值和潜力，甚至可以敲醒社会的警钟，消除潜在的不安定因素，成为对当下文化格局的必要补充。也许这正是青年亚文化存在的合理性。然而，一旦亚文化的发展偏离正常轨道，非理性的反叛和个性的张扬就容易走向极端，并产生与此相应的社会问题,不容忽视。

对主旋律文化的抵触疏离,对精英文化的模棱两可和对大众文化的极力追捧,都与青年在该领域中的话语权紧密相关。在主旋律文化与精英文化的发起者中,青年人数居少,更多时候,他们只是作为被动的受众来接受这两种文化的熏染;大众文化的主要传播媒体是网络,青年作为网络的主力军,对大众文化具有较大的掌控权,从而参与的积极性很强;在青年亚文化中,青年就是主人,直接掌握着该文化的创造与传播,因此,他们极力建构这个娱乐自我、发展自我的文化圈,力求凸显出自己的风采。

三、忆往展前景更新

新中国成立伊始,中国社会逐渐形成一元性的政治性文化;三十年后,中国社会开始走向多元文化;六十年后,中国文化呈现出缤纷多元的新格局。今天,当我们站在新世纪的平台上再次回顾这往昔的岁月时,新中国的文化发展历程更加明晰,青年文化参与的特点也愈加凸显。这里,我们试图对青年文化参与的特点做一简笔勾勒,并试对中国青年文化参与的走向进行展望。

(一) 青年文化参与的特点

1. 方式:由单一被动到多元主动

新中国成立以来,中国文化格局经历了一个由一元凝聚向多元消解的转变。从新中国成立之初至70年代末,文化往往带有鲜明的政治色彩。这一时期,中国社会以官方所提倡的红色文化为主导,青年们与全国人民一道,高唱着一体化的红色赞歌。

随着政策的不断开放和媒体的迅猛发展,文化的内容和形式不断多样化,无论从文化审美还是到深层的价值取向,都呈现出多元化的趋势。当下,已基本形成由"主旋律"文化、精英文化和大众文化构成的三足鼎立的文化框架。这种文化框架带给青年文化参与多样选择。在相对宽泛的文化环境里,青年们不仅在参与形式上更加活泼多样,内容上也更加丰富多彩,青年们的个性得到了张扬。在对文化的不同参与中,青年们的群体性特征日益明显,逐渐形成了独特的青年亚文化。

2. 性质:由理想神圣到世俗功利

在大众文化产生之前,文化总带有或多或少的神圣性。新中国成立初期的文化承载着新社会的理想与文明,寄予着人们对道德、伦理和审美标准的新期望,每当青年们唱起时代的赞歌,那种神圣的理想、浪漫的革命、美好的向往就会油然而生。这种由文化激起的美好情感无时无刻不激励着他们在时代的洪流中奋勇前进。

大众文化的兴起,改变了文化的内涵,消解了文化的神圣性。"大众文化有力地冲击和消解了改革开放前的那种单一的意识形态,它打破了所谓神圣的主流权力话语统天下的局面,使得我国的文化从单一的革命教化的文化向多元的大众文化的发展。"①换句话说,大众文化把浪漫的理想转向功利。这种由理想神圣到世俗功利的转变,使得文化不再专注于抽象的、理想主义的精神教义,而是更加关注人们在世俗生活中的生存状态,表现大众平凡普通的情感和体验。此外,当更多的青年将以往对主旋律文化的关注转向大众文化时,已经说明了青年不再纠结于理想的缺失,而是力求寻求精神空间,哪怕这个空间只是临时的、功利性的。

3. 目的:由政治批判到消费娱乐

从青年文化参与的目的来看,改革开放之前以政治批判为主,当下则以消费娱乐为主。

① 贾明:《现代性语境中的大众文化》,上海人民出版社2007年版,第7页。

文化是人类对现实的反思与审视,它本身就具有批判的功能,80年代以前的青年文化参与将这种功能发挥得淋漓尽致。在冷战的大格局中,社会主义与资本主义在意识形态方面的对立渗透在生活的方方面面。无论是政治上的阶级斗争,经济上的"割资本主义尾巴",还是文化领域的"反资封修",文化的政治批判目的无处不在。十年动乱间,一本《毛主席语录》成为千千万万青年手中的"红宝书",无论他们走到哪里,毛主席的话就是通行证,谁能迅速准确地引用毛主席的话解决问题,谁就是当时的风云人物,受到大家的极力拥戴。反之,倘若对答不出相应的语录,就会失去话语权。那时,青年期望以拥有政治文化为资本,为自己争取更大的优势和更多的发展空间。

改革开放后,随着现代化进程的加速,人们的生活节奏不断加快,生活压力不断增加,青年们除了关注物质财富的获得之外,更加关注精神层面的消费和娱乐,他们需要在紧张的学习工作之余有一个放松身心、消除疲惫、享受愉悦的文化空间,这也正是文化的娱乐性不断增强的一个原因。同时,由于社会竞争愈加激烈,许多文化被当成一种消费品,供青年们不断"充电",如形形色色的英语培训、管理培训和电脑操作技术速成班等等,不少青年都加入了接受再教育的大军中,以提升自己的综合才能。

4. 心理:由寻求根源到追求时尚

文化具有民族性和传承性,无论文化发生怎样的变化,它总摆脱不了民族的特色和传统的根基。在一元凝聚的红色文化逐渐被消解的80年代,青年们期望在轰轰烈烈的时代变迁中寻找到新的精神支柱,这种支柱一方面是中国的、是扎根于民族的,在这样的历史语境下,他们将探寻的目光投向了中国传统文化。他们希望能从传统文化中寻找到新时代的精神支柱,希望能以儒家的"仁、义、礼、智、信"来应对社会变革的历史大潮。于是,在80年代开始出现了"文化热"、"国学热"等文化现象。这正是一代青年在传统文化中寻求精神资源的典型表征。

然而,当代青年毕竟处于传统和现代的边缘,他们一方面渴求从父辈流传下来的传统文化中寻找信仰,另一方面又无时无刻不在接受着西方文化洪水猛兽般的侵袭。随着西方思潮的不断涌入和人们视野的逐渐开阔,西方文化日益渗透在青年生活的方方面面,这必然导致青年们情感上的失重、信仰上的迷惘和行为上的偏颇,于是在新生代青年的身上出现了文化的断层。这种断层割裂了他们与传统文化之间的血脉联系,就像浮萍,没有根基,游荡在涟漪迭起的水面。在当代青年的文化参与中,充斥着太多的物质欲望和所谓的时尚潮流。有人将其称为"漂一代",这是不无道理的。

追求时尚就是新生代青年文化参与心理的一个集中流露。大众文化时代的到来,促使文化产业不断"用新奇、易变的商品策略来激起人们的消费欲望,因而需要制造时尚"[①],以获取更大的利润。在大众化的文化语境下,"时尚是青年人追求独立与个性的象征,也是青年自我平衡和情感皈依的表现形式,它构成了青年文化中最富特色、最有活力的品格"[②],它成为一种力量,引领中国青年走向未知的远方。

(二)青年文化参与的走向

1. 重心:亚文化是焦点

虽然在当下的三种文化中都有青年主动参与的身影,但一定时期内,青年对大众文化的青睐不会有太大改变。大众文化是孕育青年文化的土壤,因而青年亚文化的成熟指日可待。在文化类型上,青年亚文化将作为一个独立的文化现象独树一帜,青年亚文化将成为青年人独有的、由青年人创造与传播的独特的文化。

在青年审美取向上,个性、时尚仍将是主导,在青年的身上,自我张扬的程度更高。在实际行动中,"青年人本身所具有的逆反心理以及强烈的自我

---

① 贾明:《现代性语境中的大众文化》,上海人民出版社 2007 年版,第 14 页。
② 贾明:《现代性语境中的大众文化》,上海人民出版社 2007 年版,第 170 页。

表现欲,不会因时间的推移而消失。因而,青年文化在这一方面的独异性与非规范性特征仍将持续。换句话说,青年仍将挑战现有的道德与行为规范。"①但也应看到,这种挑战将随着亚文化的日臻成熟而更加理智。

2. 范围:文化参与"全球化"

随着交通与传媒技术的迅猛发展,中国和世界的文化交流愈加便捷。四通八达的环球航线、日新月异的通信设施、走向开放的国际互联网平台,人们居住的星球变成了一个小小的"地球村"。青年们足不出户,就能在瞬间穿越辽阔的海洋与广阔的大洲,汲取异国文化之精华,也能随时和国际社会交流文化信息。东西方文化的交汇融合,碰撞出绚丽多彩的火花,为当代青年绘就了一幅五彩斑斓的环球文化画卷。毫无疑问,中国青年文化参与将更加"全球化"。

---

① 廖荣榆:《试析我国青年文化的现状及其发展趋势》,新浪博客:http://blog. sina. com. cn/s/blog_4b53b32001009j1n. html,2008 年 6 月 4 日。

第八章 从兼济天下到独善其身

　　有这么一所学校:每年招收的学生中,曾因违反校规校纪被开除过的学生将近十分之一;没有工人、保安、大师傅,一切后勤工作都由学生自己去做;没有寒暑假作业,学生却很少有考不上大学的……这就是在台湾享誉 30 年、以道德教育为本的忠信高级工商管理学校。台湾各大媒体招聘广告上,经常出现"只招忠信毕业生"字样。

　　说起忠信高级工商管理学校,就不得不提及它的创立者高振东,他在台湾被誉为高职教育天空中最亮的一颗星。他创办的忠信学校运行 30 年,实现了升大学、就业、没有犯罪记录三个百分之百。近年来,高振东多次应邀来大陆讲学,已被十多所大学授予"客座教授"或成人教育学院"名誉院长"的称号。

　　"天下兴亡,我的责任",是高振东的一项重要教育理念。他鼓励学生们要有责任心,不要把责任推出去,而是揽过来。比如灯泡坏了,看见了就马上去买一个安上,而不是等着别人来换。责任,特别是社会责任,这是全社会所有人必须挑起的一副重担。那么,比较台湾的责任教育,大陆青年的社会责任意识如何呢,淡漠还是热情?

　　随着时代主题的变化,中国青年的社会责任意识经历了一个从"兼济天下"逐渐转变为"独善其身"的过程。1978 年以前,虽然社会物质条件极端匮乏,朝鲜战争、越南战争先后爆发,国家百废待兴,但青年们心怀天下,具有高度的社会责任感和奉献意识,在极端困难的环境中,演绎了"多难兴邦"的古训。改革开放后,物质财富迅速增长,思想观念趋于多元,青年们形成了不同于父辈们的社会责任观。求新尚变、追逐利益、关注自我的思想开始侵入青年一代的心田,"社会责任"这个词汇似乎与他们渐行渐远。

一、留取热血照青春

对于那些生活在新中国成立初期的青年,我们似乎只能从老人的讲述和存留的资料中来认识他们。即便如此,他们"兼济天下"的情怀依然能够穿越时光,感染今天。

1951 年 5 月 11 日的《中国青年报》曾经发表过一篇题为《青年团员在朝鲜前线》的报道,讲述了抗美援朝前线那些英勇的共青团员的事迹。

在一场战役中,杨汤文和他的担架组进入了敌人的心脏广田台。那里到处是突然爆发的激战和被打乱了的敌人。他鼓励组员们积极靠前,决不让伤员多流一滴血。

在激战进行着的积雪陡山上,抬稳伤员显得无比困难。但杨汤文说:"伤员们为人民流了血,到了担架上还能让他受罪?得想办法!"担架斜得躺不住人,他们便横起抬着,横着脚步走。两人隔一步就相差大半截身,他们便把一边举到头顶,另一边弯下腰来抬平。四对肩膀闲着用不上,八双手忙不过来,还要攀牢树枝岩石。为了减少伤员痛苦,哪怕荆棘扎得手心直淌鲜血,他们也不肯松手。他们就是这样在两座山上来回抬了四趟,天也亮了,人也饿软了,而敌人的排炮也把转运的道路封锁住了。

······

他奋不顾身地抢救了一天,同志们都感动地说:"晚上还有新任务,你也该歇一歇了!"可是山上还有五个伤号,天黑了就不好抬。他顾不上吃饭,召集组员说:"同志们牺牲流了血,我们要记住:这都是美国强盗欠下的血债,我们要好好完成任务,给烈士报仇!"深受感动的担架队员们顿时忘记了饥饿和疲劳,重新投入工作。他们说:"有了任务就不饿了。千条困难挡不住一条决心。"——以青年团员杨汤文为骨干的担架组,就这样坚持了两夜一天,在火线上安全地转运了十四个伤员。①

他们对祖国、对战友的爱是如此强烈。或许,那个时代的青年的文化水平并不高,但是,他们用自己手中的担架抬起了他们应负的责任,朴素地诠释了"责任"这个词汇的深刻内涵。

在国内的农业战线上,中国青年同样演绎和诠释着"责任"的内涵和时代特征。1955 年秋天,在黑龙江省萝北县布满草甸和森林的荒原上,67 名北京青年组成新中国第一支青年垦荒队,用马拉大车、肩挑背扛的方式,犁开那一片片肥沃的黑土地,建起了一个浇灌着青春和热血的集体农庄——北京庄。他们用自己的青春、汗水和生命,书写了一个关于社会责任的动人故事。

1955 年,杨华、庞淑英、李秉衡、李连成、张生作为青年干部的优秀代表被安排到团中央集中学习,几个原本不大认识的年轻人在一次小组讨论上聚到了一起。讨论的内容在当时极具感召力:如何响应毛主席提出的"农村是一个广阔的天地,到那里是可以大有作为"的号召。杨华提议:"干脆组织一批志愿者去黑龙江垦荒。不需要国家出钱,完全靠自己的双手打出粮食,把荒原变成沃土。"

这个浸染着年轻人特有的冲动与血性的建议,自然而然地得到了另外四位年轻人的赞同,他们很快商量出一个大致方案汇报给了组织培训的一位秘书。

谁知他们的提议与团中央的计划不谋而合,几天后,团中央第一书记胡耀邦亲自接见了他们,认可了他们的想法。五个青年人以发起人的身份正式向团中央递交了志愿书,表达了开赴边疆垦荒的愿望和决心。1955 年 8 月 16 日,《北京日报》全文刊登了杨华等人的志愿书,并从即日起开始接受青年报名。

北京团市委在众多报名者当中选拔了 67 名青年,包括男队员 48 人,女

---

① 陈益民、江沛主编:《1949—1955 老新闻》,天津人民出版社 2003 年版,第 60—63 页。

队员 19 人,其中,党员 11 名,团员 42 名,组成了全国第一支青年垦荒队——北京青年志愿垦荒队。由于对东北的环境和生活几乎一无所知,团中央特地在出发前给大伙集中培训了三天。

这些热血沸腾的年轻人克服了北大荒的难以想象的严寒、物质条件的极度贫乏、劳苦的耕作生活,与狼群做伴、和蚊虫斗争,经历过同伴的牺牲,熬过青春的寂寞,始终坚定地扎根在这片黑土地上,建设出了一个又一个农场,终于让"北大荒"变成了"北大仓"。

直到现在,仍然留在共青农场的还有八位老人。由于是志愿前往,一直到退休,他们都只享受 1968 年知青的待遇,但没有一个人为此抱怨过。①

"艰苦奋斗、无私奉献、顾全大局、锐意进取"的垦荒精神,体现了那个年代青年身上强烈的社会责任感。不是为了名声,不是因为冲动,更不是追逐物质利益,支撑他们的只是一种坚定的社会责任感。50 年过去了,尽管社会环境发生了诸多变化,垦荒青年的责任精神却依然能将我们深深感动。

这些片段只是那一代青年的缩影而已。在历史的细节中,还有无数个杨汤文、杨华、庞淑英献身于那个时代的追求。尽管艰难,尽管坎坷,但他们活得单纯,活得执著,活得坚强,这些品质历经岁月而不褪色,反而显得愈加弥足珍贵。

二、独善其身顾自影

时间推移,岁月轮换,以改革开放为历史转折点,中国开始走上快速发展的轨道。在崭新时代中成长起来的中国青年——尤其是被称为"80 后"的中国青年——向人们递交了一幅怎样的责任画卷呢?

时代和社会环境的变化,必然促使青年的社会责任观发生相应的变化。从整体发展趋势上看,"兼济天下"的社会责任感在当今青年身上似乎在渐

---

① 刘可:《1955 年首批北京志愿者开垦北大荒纪实》,《北京日报》2009 年 4 月 21 日。

渐淡去,"独善其身"能够从大致轮廓上将之概括为当今青年社会责任观的总体特征。由此,我们可以做出这样一个判断:新中国青年社会责任感的变迁,大致经历了一个从"兼济天下"到"独善其身"的转变过程。

当代青年为什么会发生如此巨大的变化呢? 他们的社会责任感缘何会"萎缩"呢?

(一)"为自我崛起而奋斗"

自 20 世纪 70 年代末以来,中国经历了从计划经济向市场经济、从封闭社会向开放社会、从农业社会向工业社会和信息社会的巨大转型。这是一场从经济领域到思想、文化、心理领域的全面性变革,极大地激发了中国社会的活力,加速了社会经济的全面发展,但也给人们带来了多重压力,如利益再分配的压力、竞争的压力等。这些压力驱使青年的兴趣点,由社会、政治转向个人、经济。

众所周知,一定的经济格局,维持一定的利益分配机制。经济格局的任何变化,都会触动利益格局的变化,使一些人失去某些既得利益,这时,利益的再分配就发生了。改革必然会使一部分人付出一定的代价,感受到"阵痛"。中国三十余年来改革开放引起的翻天覆地的变化,使绝大多数人感受到了改革带来的实惠,但也有不少人感受到了这种变革带来的痛苦。为了减少或避免这种阵痛,人们开始尝试寻找适合自己生存和发展的新途径。追求个人利益的最大化,成为市场经济中通用的生存法则。

于是,读书不完全是"为了国家之崛起",更多的是为了自我的发展。当代青年的学习目的和动机不再像原来那样单一或单纯,而是变得更加多样和多元。在如今的大学校园里,学生们或是为了完成学习任务而学习,或是为了争得第一名的头衔和丰厚的奖学金而学习,很少有人明确表示为承担一定的社会责任而学习。社会目标的缺失和主体目标的迷茫使青年们学习动力不足、学习热情下降,导致在校积累的知识有限,加之学校专业设置与社会需求错位、学校教育培养目标定位不准确、技能性教育训练有限等因素的影响,使很多学生缺乏专长和社会所需要的知识技能,导致大学生在就业过程中遭遇了前所未有的严峻考验。

读书目标多元化,必然带来择业动机的多样化(很多研究证明这两者是一脉相承的正相关关系)。于是,择业不再是单纯地为了"建设祖国"之需要的一种价值选择或价值服从了。龚惠香等人对大学生职业价值观进行的研究发现,大学生对择业因素的考虑发生了一系列变化:"1995年的调查中,大学生在众多的择业因素中,把'高收入'放在第一位(53.96%),'能发挥个人特长,符合个人兴趣'放在第二位(50.99%)。而在1998年的调查中有73.80%的人选择能发挥个人特长,'符合个人兴趣',在横向上比选择'高收入'的比例(65.80%)高出了8个百分点,纵向上也比1995年选择高出了20个百分点。再从'能实现个人抱负'的因素选择上看,1998年的比例(38.90%)比1995年(28.80%)高出10个百分点。这一切说明大学生在职业选择上,对自我发展、自我实现因素的倚重。"①青年们挤破头想涌入大城市、好单位,争相宣传推销自己,力求"嫁"个好"婆家"。这是个人利益最大化追求在大学生身上的一种具体表现。

社会机制转型、个人利益追求最大化均给青年带来巨大的竞争压力。有这样一个故事:一个猎人带着他的猎狗追一只受了伤的兔子,结果兔子跑掉了,猎人很不高兴地斥责了猎狗,猎狗很委屈地说:"我已经尽力了。"兔子跑回了洞窟,兔妈妈又是惊讶又是心痛地问:"孩子,你怎么跑得这么快,连猎狗都没追上你。"兔子说:"我是拼了命了,不然,我就会被他们吃掉了。"一个尽力地做,一个拼了命地做,其结果是不一样的。适者生存,是市场经济下的生存逻辑。

面对激烈的竞争局面,每一个成长在此中的青年,都在潜移默化中学习如何在激烈的竞争中生存。此时,谁会成为青年人的偶像?在本书第一篇讨论社会偶像时,我们看到90年代以后青年们的偶像,是比尔·盖茨、周星驰、姚明、李宇春、易中天等人。

---

① 黄希庭、郑涌等:《当代中国青年价值观研究》,人民教育出版社2005年版,第164页。

我们不禁要问,为什么是比尔·盖茨?因为比尔·盖茨虽然大学没毕业,却成为微软公司主席和首席软件架构师,拥有令无数人羡慕的丰厚财产。为什么是周星驰?因为他四次打破香港票房纪录、六次拿到年度票房冠军、二十九部作品名列年度十大卖座电影,同时也以嘲弄一切严肃事物、调侃一切权威和正统的"无厘头"式表演,成为青年心目中的叛逆英雄。为什么是李宇春?因为她通过"超级女声"的选秀节目一举成名,获得了无数人梦想的光环和荣誉,成为一个名利双收的明星。为什么是姚明?为什么是易中天?⋯⋯答案还是围绕着一个中心:他们不仅是社会的成功人士,而且成功能够为他们带来可观而丰厚的物质财富,这是在巨大社会竞争压力下青年对偶像的共同认识。

追求个人成就已然让当代中国青年筋疲力尽,想要顾及离自己眼前生活更遥远的事情显得力不从心,终极关怀、社会共同理想和远大理想的事情更显得遥远。加之,消费文化的兴起,消费主义、享乐主义思潮也逐渐把青年的生活导向非精神化和非价值化,追求个人享乐成为不少青年的唯一价值目标。当然,这股思潮不是缘起于当代中国,而是缘起于二战以后的西方世界。中国作为现代化道路上的后起国家,在引进西方先进科学技术的同时,消费主义、享乐主义等思潮不免也鱼目混珠,进入中国。部分青年受到这些影响,倾向于追求本能的满足、感官的刺激等生活方式。"消费主义的意识形态使人们放弃道德追求和共同价值,而关注个人化的消费符号和消费利益,这使得个体自私化、平庸化和物质化,从而使生活中的价值选择非道德化。"①

另外,在社会管理强调人文化、社会规范强调人性化、社会人际关系强调仁爱和谐的今天,少数人的思想和行为不仅拒绝融入这一社会大趋势的要求,而且钻法律和规范的空子,利用善良人的善良,坑蒙拐骗偷,无恶不作,致使社会局部领域出现严重的失范状态。以社会捐助为例,从媒体报道中,从学校的倡议中,甚至在喧嚣的马路边,人们都可以看到形形色色需要

---

① 鲁洁:《道德教育:一种超越》,《中国教育学刊》1994 年第 4 期。

帮助的人。他们或者身患绝症无力接受治疗,或者生活窘迫无法继续求学,或者遭遇某种不幸需要特别帮助。面对如此场景,很多青年人解囊相助。但是事实往往令人愤懑,乞讨者是行骗集团设下的苦肉计,求学者是靠招摇撞骗发家的伪学生,即使身患绝症是真实的,人们捐出去的"爱心"又有多少是"好钢用在了刀刃上"?做好人有可能会付出巨大的代价,而且是人为造成的代价。面对如此社会现实,困惑的青年自然而然地就会选择收起自己的爱心,缩减自身的社会责任承担范围,以免一腔热血换来一场欺骗和伤害。这是一个值得社会花时间和精力去反思的深层问题。

(二)"熟悉的陌生人"

新中国成立以来,中国人的生活方式发生了巨大的变化。在通信技术变迁和城市化发展的共同作用下,人们逐渐成为"熟悉的陌生人",行色匆匆地为生存奔波,无暇他顾。

中国自古就有用书信互递信息的传统。新中国成立后,人们的通信方式仍是以书信为主。这样的情形一直持续到上个世纪90年代,直到BP机、电话机陆续进入寻常百姓的生活。随后,移动电话、互联网也成为人们日常的沟通工具,Email、MSN、QQ等新式沟通方式渐渐被人们所熟悉,通信方式变得更加丰富。由此而来,人们的交往方式也由现实交往变为现实与虚拟相交叉的交往。两个素未谋面的人通过互联网完全可以形成朋友、师生、竞争对手抑或合作伙伴等关系。事务往来、信息沟通可以在不见面的情况下完成,大大提高了信息传递的速度,扩大了人们交往的范围。

但是,互联网在给人们带来诸多便利的同时,也带来一些负面影响。一些青少年沉迷于网络的虚拟世界中,对网络以外的现实人际交往不屑一顾,懒得去结识身边的朋友,对集体活动嗤之以鼻,对与自己无关的事情态度冷淡,全然一种"事不关己,高高挂起"的姿态。他们的乐趣全部来自于网络,整个生活逐渐从人群中退出,扎进由显示器、键盘等构成的"冷伙伴"关系中无法自拔。社会责任感对他们来说,是"无稽之谈"。

　　难道发达的通讯方式只能带来人际关系的冷漠吗？其实,"发达的 In-ternet 技术,不应该成为人们交往、沟通的障碍,而应该成为不断增加人与人之间的'可沟通性'的有益桥梁,网络应该只是青年人接触社会、了解世界的一个渠道、一种手段,任何时候都不应该忘却活生生的人,Email 永远代替不了握手,学会在生活中接近人、理解人、关心人,在生活中接近人远比在网上接近人要富有情趣意味。"①

　　与此同时,人们的现实交往也因城市化速度的加快而显露出新的特点。一个国家的城市化水平是衡量这个国家现代化程度的重要指标。伴随着改革开放的伟大进程,越来越多的人聚集到城市,中国开始了由乡村社会向城市社会的现代化转型。人们的现实交往也因这一进程而逐渐改变,城市特有的生活方式和居住条件给人们之间的交往带来了新的模式。单元楼里对门的邻居几个月都碰不上一次面,见面也就是寒暄一下,不再有过去邻里乡亲的热乎劲,少了一些人情味。人与人的关系看似很近,事实上却成了"熟悉的陌生人"。

　　除此之外,城市生活的便捷也是有目共睹的:24 小时营业的超市、搬家公司、家政服务公司、送货上门的购物方式等等。以往炒菜缺棵葱都可以去邻居家"借",现在这种富有人情味的现象已经很少出现了,人们关起门来过自己的日子,有需要时只需一个电话就可以通过商业的方式解决问题。

　　互相帮忙的机会越来越少,自然,彼此亲近的机会也越来越少。这一方面确实省去了很多"人情债";另一方面,没有了邻里之间的你来我往,人与人之间变得陌生起来。每个人都是"颗粒状"的存在,行色匆匆地忙着自己的事情。能够把人聚集到一起的理由,无非是婚丧嫁娶之类的大事。除此之外,"无事不登三宝殿"成为一些人的交往方式,但是这样的交往已经失去了最初联络感情的意义。有人曾把城市比喻为"石头森林",冰冷坚硬,恰似城市人的冷漠。这样的城市,社会责任感何处找寻？

---

　　①　余志平:《E 时代、新经济与中国青年的责任构成》,《上海青年管理干部学院学报》2000 年第 2 期。

（三）知行不一的责任教育

"我父母撇下我跑了！"

2009 年 1 月 7 日，一个奇怪的求助电话打进《青岛早报》新闻热线，求助人叫王建（化名），今年 28 岁，家住青岛四方区。当问及父母离家原因时，王建支支吾吾，费半天劲才挤出一句话："大概是让我逼走的吧。"王建说，可能自己过于"啃老"逼得父母离家出走。他说，看了早报最近报道的一位八旬修鞋匠孙大爷，心里触动挺大，"我也该改改了，爸妈你们快回来吧。"

……

2009 年 1 月，山东新闻网登出了这样一篇名为《山东 28 岁儿啃老硬赖在家，终日老人堆中打扑克》的报道。

王建是家里独生子，从小受父母疼爱。因为高考没发挥好，王建进了高职校。毕业后，王建开始了"家里蹲"的生活。头一两年，王建还经常跑跑人才市场，但求职屡屡受挫以后，他跑人才市场的次数越来越少，后来就干脆不去了。

"在家里住着挺舒服的，就是父母整天唉声叹气。"王建说，待在家里的日子非常无聊，他主要靠玩电脑游戏消磨时间，虽然也报了很多培训班、辅导课，但学学就感觉没什么用，几乎没有一门课程能坚持到底。除了上街帮家里买点油盐酱醋，王建几乎不见外人，偶尔能找同学玩玩，"一般不说工作，说我也敷衍过去，不上班不是好事。"在家的日子里，王建隔三差五就能从母亲那里领到一二十块钱零花，他自己花得也很节省，最大开销就是买喜欢的漫画和杂志。

2007 年年初，王建的舅舅帮他找到了一份工作，在一家洋酒行跑业务。干了没几天，王建就跑回家了，"不是我挑活，实在干不了，净往里搭车钱，卖不出去酒。"王建说，这份工作不适合他。接下来，在亲友的安排下，王建又先后尝试了多份工作，都没有干长久的。2008 年 10 月，王建终于在父母的安排下,找到一份称心如意的工作——在货代公司负责收发材料。

　　虽然每天都要坐一两个小时的车,但王建仍坚持不住宿舍,天天回家吃饭睡觉。后来实在跑得太辛苦,上月中旬,王建第一次搬出了生活28年的家。尽管如此,王建还是天天回父母家吃饭。1月3日是周末,当王建再次回父母家时,却发现门上挂着一把新锁,等了半天不见父母回来,王建又打了一圈电话,最后确定:父母撇下他跑了。"我不知道怎么办了,你们能不能帮帮我啊?"王建惶恐地说,他的衣服还都放在家里,现在已经没有衣服换了。……①

　　王建的故事告诉我们,在大多数当代青年为个人发展而努力奋斗的同时,有一个群体也在无声无息中壮大,这就是——"啃老族"。他们主动放弃就业的机会,赋闲在家,不仅衣食住行全靠父母,而且花销不菲。其年龄基本上在23—30岁之间,多数有一定的谋生能力,但仍靠父母供养。社会学家称之为"新失业群体",其实就是到了该自己挣饭吃的岁数却还要依靠父母的人。

　　"啃老族"的出现和当代青年社会责任淡漠有着直接的联系。一个对自己对家庭尚且毫无责任意识的人,何谈对国家对社会的责任呢!反过来,一个人对国家对社会的责任感的萎缩,也会反映到他对家庭的责任意识上。多年来,在我们高举培养"四有新人"旗帜之下,为什么会出现这样的人群呢?这绝不是教育想要达到的效果,但不可否认,它又与现存教育方式与教育体制有着紧密的关系。

　　在这个社会不断变革的时代,中国的教育也在摸索中逐步发展。但发展的过程并非一帆风顺,无论家庭教育还是学校教育都存在不少矛盾和问题。

　　家庭是孩子的第一个课堂,父母是孩子的第一任老师,家庭教育的影响力自不用多言。因此,家庭教育的缺陷对青年社会责任感的淡漠负有不可

---

　　① 《山东28岁儿啃老硬赖在家,终日老人堆中打扑克》,山东新闻网:http://www.sdnews.com.cn/news/2009/1/9/710273.html,2009年1月9日。

推卸的责任。"言教"与"身教"的矛盾就是其中之一。许多父母一边给孩子讲"孔融让梨",一边却争先恐后地挤上公共汽车为孩子抢座位;一边给孩子讲"童叟无欺",一边却在买东西的时候占老年售货员的小便宜;一边给孩子讲"勤劳自立是美德",一边一应俱全地伺候孩子穿衣洗脸;一边给孩子讲"孝感天地"的故事,一边却与公婆大吵大闹……究竟是让孩子相信父母"说的",还是相信父母"做的"?

出生于 60 年代甚至更早的人们,饱受了时代的磨砺。在物质极度匮乏的时代走过来的他们,不想再让子女受自己年轻时的苦,于是"再穷不能穷教育,再苦不能苦孩子"的观念,在每个家庭中得到了充分体现。计划生育政策的施行,又给这一想法的实现提供了便利的条件。于是,过腻了苦巴巴日子的父母竭尽全力给子女最好的安排,让他们感受新时代的幸福生活,事事都要亲力亲为,恐怕孩子受到半点委屈。上学太远火车票不好买就搭飞机,食堂不好吃就下馆子,衣服一年四季花样不断,甚至一周七天都不重样,宿舍不舒服就出去租房,甚至有的父母到学校附近陪读等等。如此一来,孩子在父母的娇惯下将"得到"视为理所应当。然而,从习惯"得到"到习惯"傍老"之间并不是一段很长的距离。

另一方面,父母嫌弃子女娇生惯养,好吃懒做,于是用勤俭节约、家贫出孝子的千年古训来教育孩子,希望孩子能够懂得珍惜、懂得感恩、懂得付出。

但是,很难想象,在这种教、行相悖的环境中成长起来的青年,怎么会真正明白"感恩"与"付出"的道理。不懂得"付出"的一代又怎能挑起社会责任的重担呢? 这知行不一的家庭教育造成了社会责任的淡漠,并且让青年一代习惯说一套做一套,最终导致一些青年可以心安理得地"傍老"。

除家庭教育存在不少问题外,学校教育也存在着诸多矛盾与困惑,尤其是教育目标与教育手段之间的错位。

学校教育的目标是培养具有创新精神和实践能力,自尊、自信、自强,会学习、会合作、会生存、会做人的新型人才。但应试教育对中国人的影响根深蒂固,人们评价学生的好坏仍是以知识的掌握程度作为最主要的依据。虽然在中小学和大学中都开设了思想品德课,并以此作为学校德育的主渠道,但缺乏实践性的理论灌输、说服、规劝显得空洞无力,使这种教育更多地停留在学生的认知层面,难以有效地深入到学生人格建构和创新能力的培养中去,这导致了教育过程中的重智轻德,甚至以智代德的现象。素质教育在中国这片以考试为核心的教育制度土壤中很难茁壮成长,开花结果,多是杂在借助外来教育理念倡导下的一时、一地、一事的喧闹之后昙花一现,青年最关注的仍然是自己的考试成绩、升学机会、赚钱平台,个人素质、社会责任多得为此让道。

在教育过程中,教育内容与社会需求之间的矛盾日益突出。2008年世界性的金融危机波及中国,重中之重的民生问题再一次被吹到了风口浪尖,其中大学生就业成为民生问题的一大难。如此多的人面临找工作难的问题,必定会促使其中一部分人选择"啃老"的生活方式。生存与发展的困难,也会在一定程度上促使青年人过多地关注自我,无暇顾及他人的冷暖和社会问题。究其原因,其中一条是现行学校教育与社会需求的脱轨,使受过高等教育的大学生无法适应社会的需要。为此,如果在本书开篇时我们问,在全球化的激烈竞争中,中国青年何为的问题? 在这里,似乎应该问一问另一个问题,在全球化的激烈竞争中,中国教育何为? 如果一个社会的教育系统都无法给她的下一代以正确的指引,又怎么能指望他们拥有强烈的社会责任感呢! 这不是否定新中国成立以来取得的教育成就,而是希望中国教育能够正视自身发展中存在的问题,在面向未来的时候,因为有因其培养的无数英才辈出而使中国走得更加稳健。

在这里,不得不提及在教育这个巨大运转齿轮中的一个关键性部件——教育者。必须承认,绝大多数教育者,教书育人、为人师表,为中国教育的进步和发展呕心沥血,贡献了自己的青春、才智,但也有部分教育者没有起到良好的示范作用。青年学生很可能被社会舆论所误导,将关于部分教师的社会负面新闻定格在脑海里,从而得出对教师群体失望、对社会失望等消极结论。如何转变这些对社会和自我怀着失望心情的青年去承担社会责任,是对教育的一大考验。

某种程度上讲,关注自我是时代赋予当代青年的特质。在这样一个经济飞速发展、竞争无处不在的社会中,个人利益在社会中普遍被人们所重视,市场意识已成为这代人的自觉意识,竞争成为一种习惯。另一方面,西方各种思潮在开放的政策环境中不断涌进,社会文化在东西方思想的碰撞中变得空前开放与多元化,金钱、个人、自我,这样的字眼不断地涌入人们的心中。这样的社会环境,使得当代青年比前辈们在某种程度上减少了利他行为,更重视自我价值的实现。

给当代青年的社会责任意识作出这样一个评价之后,我们不得不追问,"独善其身"是不是意味着绝对自私?显然,不能简单地给当代青年贴上这样一个负面标签。关注自我,并不代表就是完全利己、毫不利他。

三、时至今日当刮目

中华民族是一个敢于担当的民族,"天下兴亡,匹夫有责"的责任意识自古有之。儒家文化一直在人我关系中提倡"仁者爱人",崇尚与人为善。在中国传统价值观熏陶下,青年心中其实埋有家国观念、集体意识、奉献精神的种子,一旦条件适宜就会生根发芽。尽管当今的中国处于社会大变革时期,存在诸多困难和矛盾,但是青年人对国家、对社会的责任意识,却并没有因为这样的变革和岁月的转换而完全褪色。2008 年,让我们看到了当代青年社会责任的集体转型。

(一) 奥运圣火与我同在

2008 年 4 月 19 日,在法国巴黎的共和国广场,一个戴着眼镜的中国年轻人用流利的法文发表了一番慷慨激昂的演讲。他用法国人的语言和法国人能够接受的逻辑充满感情地表达了自己情感受到的伤害,表达了广大留学生共同的心声。一时间,网络上关于他的视频和演讲稿的链接随处可见。人们纷纷为他的才学和胆识而折服。

这个年轻人就是李洹,26 岁,西安人,中国留法学生。这篇题为《不能让祖国受委屈》的演讲稿和现场视频,随后在网络上迅速流传。

在这次巴黎集会前,组织者收到威胁和恐吓,对方扬言要枪击或搞爆炸。但李洹最后还是登上了演讲台,他说"不这么做我会后悔"。

为此,李洹成为"80 后"的英雄。

李洹不仅仅只有一个。历史在 2008 年 4 月的风云际会,让中国留学生群体一举完成了一次社会身份塑造,"四月青年"作为一个全新的社会角色宣告诞生。在北京奥运火炬境外传递的这个美丽四月里,最初在欧洲和北美,而后在拉美和非洲,月末在大洋洲和亚洲,到处可见"四月青年"的身影。"我参加了二零零八年四月的集会运动",这句话成为全球"四月青年"的共同名片。这些来自不同学校、学着不同专业、有着不同职业规划的中国留学生,在这个特殊的四月里众志成城,一起为奥运火炬传递护航加油。让这些原本颗粒状存在于各个国家、不同社会角落、为自己打拼的留学生们聚集抱团、齐声呐喊的凝聚力,正是两个词——"祖国"、"责任"。这不是刻意组织起来的事情,完全是一次在"责任"使命感召下的自我惊醒。

"四月青年"与北京奥运一起诞生,是奥运火炬境外传递所产生的最大的社会效应。奥运的精神与文化,奥运的激情和梦想,为这个群体赋予了丰厚的内涵。他们从容地要求公正,执著地坚持正义,克制地展开斗争,用自己的呼吁捍卫了中国尊严。奥运的光彩属于他们,并伴随他们。

（二）灾区人民与我同在

2008 年,一场百年不遇的大地震牵动着每一个中国人的心。在这样一场灾难面前,当代青年表现出了超乎人们预料的勇敢与爱心,高校大学生和基层官兵都为社会做出了良好的表率。

地震发生不久,全国各高校大学生自发捐款捐物,校园内到处可见捐献爱心的长队。"江西东华理工大学学生、党员张玮蔚,将 4000 元国家奖学金作为'特殊党费',上交学校党委组织部,支援四川抗震救灾。……武汉大学研究生吴斌捐赠了价值 50 万元的自己公司生产的医用敷料,用于医治受伤群众……""5 月 14 日,中南大学学生主动与长沙市血站联系,将采血车开进校园,立刻就有 1000 余名大学生自发地来到采血车边集结,排队等候献血,用自己的行动表达对灾区人民血浓于水的真情。"①这样的例子,还有很多很多。

在抗震救灾现场,以青年为主体的基层官兵,在危险和困难面前表现出了军人应有的刚毅执著。虽然年轻,他们的英雄事迹却随处可见——"成都军区抗震救灾部队失事运输直升机牺牲的 5 名机组成员中的李月、陈林和张鹏等 3 位烈士都是'80 后'军人。济南军区'铁军'部队炮兵指挥连二期士官武文斌,今年 26 岁,自 5 月 12 日主动向部队请战赶往四川灾区以来,全力以赴抗震救灾,终因劳累过度牺牲在抗震救灾一线。"②

像这样的青年英雄还有很多。对于他们来说,语言显得过于苍白,只有行动才能写出最漂亮的"责任"二字!

2008 年的中国可谓命途多舛。在国家民族利益受到损害的时候,积压在中国青年心中的爱国情感和奉献之情得到了充分的释放。这一代青年用他们高度的社会责任感、强烈的爱国热情向世人证明,他们已经成长为有担当精神的成熟个体和群体,同时,也再次印证了"多难兴邦"的古训。

(三)服务奥运与我同在

从奥运会前期宣传、筹备,再到奥运盛事的圆满成功,奥运志愿者的贡献不可小视。2008 年的夏天,走在北京的任何地方,人们都会被那些穿着淡蓝色服装的年轻人所吸引,他们就是被称为"蓝立方"的奥运志愿者。这些年轻人从全国各地涌向北京,"用最美的微笑服务奥运、奉献奥运"。据说,为北京奥运服务的志愿者有 107 万人。在北京的大街小巷以及任何一个公

---

① 刘诚、李健:《"80 后"是党和人民可以信赖的一代》,《光明日报》2008 年 7 月 12 日。
② 刘诚、李健:《"80 后"是党和人民可以信赖的一代》,《光明日报》2008 年 7 月 12 日。

共场所,都活跃着这些蓝色的年轻身影。他们大多是在校的大学生,经过层层选拔,最终组成了这群光荣的服务大军。

正是在这些无私奉献的奥运志愿者的协助下,奥运赛事得以顺利进行。他们克服了酷热、克服了疲乏,放弃了休假、放弃了个人事务,在各个奥运服务点周围,用真诚和友善服务着身边的每一个人。他们秉承了中华传统文化艰苦奋斗的奉献精神、精益求精的敬业精神以及团结协作的集体主义精神,用勤劳的汗水向世人展现了当代青年最阳光、最乐于奉献、最生机勃勃和充满希望的一面。

无论是"兼济天下"还是"独善其身",都只是对一代青年整体的一个粗略评价。当然,每一代青年中都不乏"兼济天下"者,也不乏"独善其身"者。况且,就算是同一代人,在不同的社会大环境之中,也会表现出不一样的自己。2008年,当代青年完成了一个漂亮的集体大转型。

尽管相对于前辈们,当代青年表现出的"独善其身"的集体特征,仍面临是否能承担起社会责任的拷问,但他们在2008年的一系列事件中的出色表现,至少让人们看到了希望。他们用事实向世人说明,当代青年是值得信赖的一代新生力量。

和前几代人相比,当代青年无疑是"赶上了好时候"。生长在这样一个经济飞速发展、文化逐渐多元的时代,他们接受新事物的速度之快,思想观念与行为方式的独立与多样,都是上一代人难以企及的,这使他们具有很强的可塑性。只要对其加以正确引导和沟通,这一代人将会理性地承担起应当担负的社会责任,以更加崭新和朝气蓬勃的面貌出现在人们眼前。

与父辈更不同的是,当代青年是在全球化、网络化的背景下成长起来的,网络不仅改变了他们的观念、思维和表达方式,也给他们搭建了认识世界、走向世界的平台。这使得他们更具有国际眼光,视野更宽阔,思维更理性。网络信息的快捷、透明,网络的交互性、平等性,使他们有更多渠道发表自己的见解,民主意识与参与意识大大提高。一旦他们接过国家社会的重担,他们将比父辈们更好地促进中国的现代化,更好地引领中国经济、文化、社会等各方面的发展。

　　总之，当代青年尽管存在着这样或那样的不足，我们依然可以从他们的身上看到祖国未来的希望。中国青年政治学院的陆玉林教授如此评价"80后"："'80后'将是从根本上改变中国文化面貌的一代，是前无古人的一代。以前的大家庭不复存在，他们的成长中承担着过多的关注，也承担着没有兄弟姐妹的孤独与痛苦，在他们身上，文化整个都变了，无论社会、家庭还是学校从培养模式到管理方法上都没有前车之鉴，这造成一些问题在他们身上出现。现在，我们注意到整个社会已从'80后'身上汲取了经验与教训，正在'90后'的身上采取措施。但总的来说，'80后'作为改革开放的时代结晶，将开启未来许多代人的文化和社会性格，并深刻地影响我国未来的社会走向。所以，我们必须关注他们的成长，理解他们的状况，而这都需要建立在深入的认识基础上。"[1]

----

　　① 王庆环：《是"垮掉"还是"充满希望"？用新视角理性看待80后》，《光明日报》2009年2月5日。

第九章　全球化的惊涛骇浪

　　全球化是一个以经济全球化为核心、包含各国各民族各地区在政治、文化、科技、军事、环境、安全,以及意识形态、生活方式、价值观念等多层次、多领域的相互联系、影响、制约的多元社会状态。在这样的状态下,各国都在发生着变化,而且是巨大的变化,但变化又是不一致和不均衡的。

一、浪潮滚滚的全球化

　　对中国青年来说,这种变化意味着什么? 它从哪些方面对中国青年产生着影响? 中国青年在如此情形下又将走向何方?

(一)硬币的两面

　　"做人不能太 CNN!"2008 年,中国网民中流行着这样的一句口头禅。这句话的背景来自于"反 CNN 网站",23 岁的清华毕业生饶谨是这一网站的创办人。

　　在一次偶然的机会中,饶谨和旅居国外的朋友聊天时,获悉 2008 年西藏"3·14 事件"经过 CNN 等西方媒体的歪曲和偏向性报道,扭曲失真并严重误导了西方民众对此事件的认识。CNN 是美国有线电视新闻网的英文缩写,它开创了每天 24 小时新闻播报的先河,以全球各地的突发事件为报道重点,几乎成为西方世界最强势的电视媒体,在西方世界有着巨大的影响力。CNN 等西方主流媒体对于西藏"3·14 事件"的歪曲报道,引起了中国网民的公愤。

2008 年 3 月 18 日,饶谨迅速建立 Anti – CNN.com 网站,并发出公开信,号召"收集整理西方主流媒体作恶的证据,发出中国人民自己的声音"。

2008 年 3 月 20 日,反 CNN 网站上线,当天点击量将近两万。饶谨在博客里这样写道:"西藏事件再次说明媒体就是战场,杀人于无形。"

在最初的几天,只有一个简单页面的反 CNN 网站并没有受到特别的关注。不久后的中国外交部新闻发布会上,一名外国记者的提问,使得饶谨和他的网站迅速成名。

3 月 27 日外交部新闻发布会上,一名西方记者提问,反 CNN 网站是否得到了中国政府的资助。外交部发言人秦刚驳斥了这一怀疑:"这种现象难道还用中国政府去煽动吗? 这完全是中国各界群众对这种不负责任、违反职业道德的报道予以自发的谴责和批判。"

发布会后,Anti – CNN.com 网站迅速得到海内外华人、留学生的响应,并引起了国内外一些主流媒体的关注。数百名志愿者报名参与网站的资料收集整理、翻译、技术支持等工作。网站点击率迅速升高,进入公共视野,并广为大众所知。

同时,在 2008 年 4 月的全球火炬传递和华人爱国浪潮中,以"80 后"为主的"四月青年"突然崛起,成为一支强大的、团结一致的、充满希望的新生力量。"四月青年"和 Anti – CNN 网站的影响力不断扩大,尤其是 Anti – CNN,积极参与国内火炬传递、汶川大地震、奥运会等活动的报道,并且发起抵制跨国公司辱华广告、"捍卫中国版图"等多项活动,迫使多家国际知名媒体、外国政府机构、民间组织和个人对损害中国形象的言行做出道歉或改正。

饶谨希望能有更多媒体人士来出谋划策,"我们一直想听取各方面的建议。希望自己在发出声音的同时,用西方人更容易理解和接受的方式来引导他们对中国的认识。"

这位出生于 20 世纪 80 年代的年轻人,本科毕业于清华大学工程物理系,现在北京经营一家互联网信息公司,曾参与校内网(中国国内著名的一家以在校大学生为主体的社交网站)初始期的创业,且担任水木清华(清华大学论坛)一个时尚版 Gentleman(绅士)的版主。①

饶谨在 Anti – CNN 的介绍中写道:"本网站是网民自发建立的揭露西方媒体不客观报道的非政府网站。我们并不反对媒体本身,我们只反对媒体的不客观报道。我们并不反对西方人民,但是我们反对偏见。"

这个 23 岁的小伙子决心凭借着自己的微薄之力来对 CNN 这个媒体巨头说"不",这需要勇气,需要才智。当然,发达的互联网助了他一臂之力,全球范围内的关注使得 Anti – CNN 网站和饶谨走进了公众视野。

2008 年,中国国内还涌现了很多"饶谨",通过"msn 红心行动"等方式表达了自己的爱国之心。饶谨们和"四月青年"向世界展示了新一代中国青年的形象:他们拥有自己的判断能力,他们希望与强势力量沟通而非屈服,他们希望全世界听到他们的声音,他们为了自己的目标可以通力合作、付出而不求回报。从饶谨们和"四月青年"的身上,我们或许能够感受到这一代青年的力量。

这一代的中国青年大多出生于 20 世纪 80 年代,到今天,出生于 90 年代的青年正在加入这一群体之中。当我们在为饶谨们感到骄傲的同时,也不得不担忧:对这一代吃着麦当劳、肯德基,喝着可口可乐、百事可乐,穿着耐克、乔丹,看着日本动漫、好莱坞大片成长起来的青年,西方的文化和生活方式的大量涌入,其中不乏一些消极颓废的因素,是否会在根本上影响并改变中国青年的价值观?

随着 20 世纪 90 年代以后消费主义的大行其道,逃避责任和追求感官刺激成为西方大众文化的主要精神内核。在这一背景下,《猜火车》等反映这种消极文化的电影不断涌现出来。影片中有一句台词:"把你最好的性高潮乘以一千倍也比不上嗑药的 high。"以一种直白的方式表达了边缘状态的青春立场——high。它还反映了 90 年代西方青年的颓废和沉沦。影片中,马克的伙伴对着天空大喊:"苏格兰,苏格兰,你是世界上最丑陋的地方。"其他

---

① 参见《饶谨——与偏见沟通的 80 后》,《21 世纪经济报道》2008 年 11 月 25 日。

人则对他大肆嘲笑。电影以这样一种方式,来表达青年对这个世界的无奈与愤怒。这种类型的影片受到许多中国青年的欢迎,并且模仿影片中颓废青年寻找 high 的大有人在。

正如每一块磁铁都有正负两极一样,全球化带给中国青年的,既有展示中国形象的新机遇,也有冲击传统价值观的新挑战。如果说全球化是一把剑的话,那它就是双刃剑;如果说全球化是一枚硬币的话,那它则有正反两面。

(二)戴安娜与地球村

网上曾经流行一则笑话,以一种幽默的方式解释了全球化:

问:什么是全球化最准确的定义?

答:戴安娜之死。

问:为什么?

答:一个英国王妃和她的埃及男友在法国的隧道里发生撞车事故,被撞的车子是荷兰工程师设计的德国轿车,司机是比利时人,事故原因是他喝了苏格兰出产的威士忌。整起车祸经过被意大利的自由摄影师跟踪拍下,该摄影师当时骑的是辆日本摩托车。伤亡者经一个美国医生进行了急救,使用的是巴西生产的药物。后来一个中国人使用比尔·盖茨的产品把这条消息告诉了你,你正好在一台 IBM 电脑上读了这条消息,那台电脑是孟加拉国的工人在新加坡的工厂里组装出来的,然后由一个印度司机开车送出工厂的,结果中途印尼人打劫,卖给了西西里岛人,又被墨西哥的不法商贩倒卖,最后你从一个以色列人那里买到了这台电脑。

笑罢,我们有所体悟,现在的社会是一个开放的社会,旅游已无疆界,资源全球共享,人员全球流通,网络的发展使人们可以随时随地进行交流,世界越来越小,变为一个地球村……

三度普利策奖获得者托马斯·弗里德曼在《世界是平的》一书中,将全球化理解为世界正在变平的过程。在弗里德曼看来,我们所处的世界之所以变平,是因为"墙倒窗开"(柏林墙的倒塌和 windows 视窗操作系统的建立)、互联网时代的到来(web 的出现和网景上市),还有那工作流软件、开放源、外包、离岸经营、供应链、内包、提供信息的 Google、雅虎、MSN 搜索服务和轻科技"类固醇"等"碾平世界的十大动力"的作用。

弗里德曼认为,全球化不只是一种现象,也不只是一种短暂的趋势,它是一种取代冷战体系的国际体系,是资本、技术和信息超越国界的结合。这种结合创造了一个整体化的全球市场,同时平坦了我们的竞争场地,在某种程度上形成了一个全球村。从此,不同地域的人们能够相互合作、竞争以及彼此联系和交流。

学术界从不同的角度对全球化有着不同的阐释,并没有统一的界定。通常意义上,人们认为全球化就是指"经济全球化"。早在 1997 年 5 月,国际货币基金组织(IMF)发表的一份报告中明确指出,"经济全球化是指跨国商品与服务贸易及资本流动规模和形式的增加,以及技术的广泛迅速传播使世界各国经济的相互依赖性增强。"[1]即指商品和服务的跨国流动,资金的全球周转,信息与技术在全球范围的广泛传播,各国的经济活动依赖程度逐步增强的发展趋势。

现代意义上的全球化不仅包括经济全球化,而且还包含了社会文化、政治、军事、环境等方面的全球化。具体而言,"社会文化全球化"是指商业文化、思想、娱乐、影像、信息的世界化,以及载有各种信息载体的人的全球性流动,如影视作品的传播,留学高潮的兴起;"政治全球化"指"国际干预的不断扩大和国家主权日益受限制的趋势"[2],比如美国以世界警察的身份对其他国家进行核武器排查;"军事全球化"是指"远程的利用武力和武力的威胁和允诺的相互依存的网络"[3],比如冷战期间美国和苏联的"恐吓平衡";"环境全球化"主要指"在空中或海洋里远距离的物质传送,或影响人类健康与

---

① 孙放主编:《全球化论坛 2001》,北京邮电大学出版社 2001 年版,第 2 页。
② 董小苹:《全球化与青年参与》,上海社会科学院出版社 2004 年版,第 2 页。
③ 孙放主编:《全球化论坛 2001》,北京邮电大学出版社 2001 年版,代序 2 页。

安宁的生物物质,如病菌或遗传物质的远距离传送,以及臭氧层的损耗,人类引起的全球变暖,从中非传到世界艾滋病病毒。"[1]

可见,全球化是一个以经济全球化为核心、包含各国各民族各地区在政治、文化、科技、军事、环境、安全,以及意识形态、生活方式、价值观念等多层次、多领域的相互联系、影响、制约的多元概念。

(三) 无所不在的全球化

无论如何理解全球化,在世界变平之时,全球化已不再是一个束之高阁的理论词汇,而是每时每刻都在我们身边发生着的事实。我们不再可以通过衣着、饮食、爱好、生活习惯来判断一个人的国籍,不同国度的人们可以在相隔万里之外同时收看奥斯卡的直播,可以在同样布局的麦当劳吃着同样口味的汉堡,可以用同样的语言无阻碍地尽兴交流,可以穿着同样的晚礼服同时走在不同国家不同城市的红地毯上……更具有冲击力的事实无疑是2008年底发源于美国的金融危机,在一夜之间爆发出全球性的影响,从美国到英国、比利时、日本、印度……世界诸多国家都出现了股市暴跌、楼市低迷等现象。蝴蝶效应在翅膀的一张一合中发生了,全球化将人类紧紧联系在了一起。

对于中国而言,全球化的魅力在公众生活中无所不在:肯德基、麦当劳、可口可乐改变了我们的饮食习惯和就餐方式,也大大丰富了食品种类;西服、婚纱、套装使我们和其他肤色的人们着装一致,颠覆了中国传统的穿衣风格;手机、网络以及信息高速公路的普及,大大缩短了信息的传播过程,让我们可以在最短的时间内与任何人取得联系;出国留学、跨国就业也不再是新鲜的事情……

在异国他乡,中国文化更是大放异彩,中国菜、筷箸、武术、汉字在全球各地流行起来,甚至一些外国人也过起了中国节日,春节开始"东节西渐"。

---

[1]　孙放主编:《全球化论坛2001》,北京邮电大学出版社2001年版,代序2页。

全球化加速了中西方文化的交融。据教育部统计,国外学习汉语的人数已达3000万人,有83个国家建立了孔子学院。

毋庸置疑,中国已经卷入了全球化的浪潮,全球化对于中国社会的方方面面都产生了极大的影响,正在成长的中国青年也不例外。正如前文所述,全球化给中国青年带来了积极的影响,也带来了很多消极的因素,这两种力量在同一平台上并存。那么,中国的青年如何在全球化的舞台上把握机遇,战胜挑战呢?

二、取舍两难的利益选择

要回答上述问题,我们首先需要回答另一个问题:全球化给中国青年到底带来了怎样的影响? 弗里德曼在他的《世界是平的》一书中提到这样一个故事:2005年春天,弗里德曼在哈佛大学讲授一门关于全球化的课程。有一天课后,一个学生找到弗里德曼说:他和他的哈佛同学与中国学生们组成了一个学生组织。他们彼此帮助对方做各种事情,从写简历到参加学习项目。他说,有趣的事情在于他们之间如何交流。他们使用Skype,这是一种基于互联网技术实现免费通话的软件。弗里德曼说,对他而言更有趣的事情是中国的学生介绍美国学生使用Skype,而且哈佛的那个学生还提到,那些中国学生中的大多数并非来自大城市,而是来自中国各地的中小城镇。①

在全球化的背景下,这一代中国青年的朋友遍布世界各地。凭借网络技术和通信技术的支持,当代中国青年正在与此前从来没有竞争过的人竞争,正在与此前从来没有合作过的人合作,正在做此前做梦都没有想到的事情。按照弗里德曼的说法,世界正在平坦化,已经形成了一个全球性的、以网络为基础的平台,在这个平台上,世界上任何地方的个人、群体、公司和大

① 参见〔美〕托马斯·弗里德曼:《世界是平的》,何帆、肖莹莹、郝正非译,湖南科学技术出版社2007年版,第165—166页。

学都能够出于创新、生产、教育、研究、娱乐等目的进行合作，这是一个创造性的平台。这一平台的运作目前已经不再受到地理、空间、时间的限制，在不久的将来甚至不再受到语言的限制。

所以，这一代的中国青年，眼界较之前人更为开阔，比过去任何时候都更容易观察到"地球村"的故事。从伊拉克战争、美国大选到金融危机、日本政局，从奥斯卡、英超足球联赛到联合国绿色行动，无不进入他们的视野。他们不仅关心自己的学业、事业和家庭，还关注国家的经济、政治、文化的发展，关注世界文明的发展与演变。中国青年研究中心的一项调查显示，中国青年比较关心世界政治、经济、文化等各个领域的发展与变化，加强与其他国家的青年的交流与对话，是大多数青年的普遍愿望。[①]

幸运的是，他们的愿望不难实现，这一时期的中国青年赶上了改革开放，参与各种国际事务不再受到以往诸多的制度性制约。他们逐渐形成了一种全球意识，无论在个人问题还是在社会问题上，逐渐学会了在整个世界范围内来考虑。他们已经意识到，国际政治、经济局势的风云变幻会给自身造成深刻的影响。他们中的一部分，正在感受着 2008 年以来弥散在全球的金融危机带来的就业压力。

他们吸取了世界上，尤其是西方发达国家的一些观念，看待社会问题的角度更加全面。针对环境保护、生态破坏等世界性问题，他们充分认识到经济的发展不能以牺牲环境、生态为代价，而应该寻求一条更集约的发展道路；在公共政策上，他们不再是一味地服从或者反对，而是认真审视政府的决策，进而给出自己的反馈；针对 CNN 等西方媒体的不实报道，他们勇敢地站出来作话语抗争……这一切，都显示着中国青年负责任的一面。他们看待问题的态度不再偏激，不再局限，而是能够站在全球化的高度上来审视。

中国青年在逐步确立全球意识的同时，强调接纳和遵守国际标准和规范的全球化，也正在不断地试图冲击民族国家的壁垒，这些对中国青年同样

---

① 参见赵永富：《嬗变与导向：全球化与中国青年价值观》，《广西民族学院学报（哲学社会科学版）》2002 年第 5 期。

产生着影响。全球化的基本共识之一,就是必须遵守业已存在的国际惯例、国际公约与相关协定,但这些国际性的契约大多数是根据发达国家的利益和标准制定出来的。为了把全世界都变成他们的势力范围,发达国家打出了"民族国家主权过时论"、"人权高于主权"、"全球民主化论"等意识形态化的理论观点。对国际形势了解不够透彻的青年,很容易成为这些理论的支持者和拥护者,从这一方面说,全球化在一定程度上弱化了青年的国家主权意识。

关于"人权高于主权"等理论观点的实质是,发达资本主义国家借经济全球化推行霸权主义和强权政治,实现全球政治的一体化、西方化。这种观点不仅为发达资本主义国家扫除资本在全球扩张的障碍、为推行资本主义扩张提供了辩护,也为这些国家用它们的人权模式来否定发展中国家的主权、干涉他国内政,在全球推行西方政治社会制度和价值观念制造了舆论。主权是现代国际关系的基础,是国家平等的前提,也是一国人民当家作主、内政自主以及人权保护的前提。破坏了主权原则,不仅导致国际关系的混乱,也使民族国家的民主难以实施,人权难以保障。全球化并非各国在政治、经济和文化等方面的完全同一,而是在接纳和遵守那些普遍的国际准则时,始终没有忘记本国的传统与国情,并将国际准则与本国国情相结合,使国际准则本土化的过程。但这些是超出多数青年的知识程度和认识深度的,他们很容易弱化自己的国家主权意识,成为西方政治思想的拥护者和支持者。

与之伴随的,还有青年民族意识的弱化趋势。经济全球化在推动世界经济向前发展的同时,"地球大同"、"全球主义"、"超民族主义"等西方社会思潮蜂拥而至。西方发达国家凭借其经济、科技、军事等方面优势对我国进行经济、政治和文化等方面的渗透,企图在削弱我国主权的同时,消解我国的民族文化和民族精神。"在经济全球化的过程中,世界多元经济和多元文化不可避免地对人们产生重要影响,使一些人淡忘国家意识,消解民族意识,失去对传统的认同感。"[①]

———————

① 戴华兴:《浅论大学生的民族精神教育》,《天府新论》2004 年第 3 期。

在全球化进程中,面对环境污染、艾滋病蔓延等难以靠一个国家单独解决的问题,民族国家的政府不得不求助于国际组织或寻求国际合作,不得不将一部分管理职能让渡给超国家的国际组织,致使主权不可分享转让的观念正在发生变化。联合国作为最重要的国际组织,其活动越来越多地跨越了主权界限;欧盟经济政治日益一体化,导致其成员国政府机构制度面临前所未有的挑战。作为国际社会的重要成员,中国在积极投入全球化的进程中,同样不可避免地会遇到类似问题。这使得国家主权不可侵犯、国家利益至高无上的传统观念,与"全人类共同利益的时代需要"出现了某些矛盾。对此,许多青年深感困惑。在这种情境下,由于青年们乐于接受新事物和"敢为天下先"的特点,使得他们更倾向于接受"大民族"和"大国家"观,从而削弱了民族国家意识。

不可否认,在一定程度上,全球化让中国青年趋向于独立思考,并且开始在政治舞台上发出自己的声音。但值得注意的是,社会还要引导他们正确地思考,而非盲目地跟风,以至于发出错误的论调。

由于知识和阅历的局限,他们可能做出错误的判断。西方国家一直企图用其意识形态来消解我国的意识形态,而青年正是他们主要的目标群体。在内外因的相互作用下,一部分中国青年就陷入了西方国家设计的圈套之中,他们跟在西方媒体的后面,鼓吹"人权高于主权"、"民族国家主权过时论"、"全球民主化论"等理论,认为我国也应当向美国等西方国家学习两党或多党轮流执政的模式,这些都是不了解我国历史和现实国情的表现。

三、尴尬困窘的工作机会

20世纪70年代以来,新自由主义思潮在西方经济领域复兴,成为资本主义市场经济运行的指导理论。在经济全球化条件下,新自由主义取代凯恩斯主义,成为当代资本主义的主流意识形态。① 新自由主义虽然承认一定限度内的政府干预是必要的,但是它主要以自由放任为原则,强调以私有制为基础的市场机制对资源配置的自发作用。在新自由主义的影响下,自由竞争的资本主义精神得到进一步的确认与强化,并从西方向全球不断蔓延。

随着我国市场经济体制的不断完善,西方社会大力提倡的自由竞争的观念传入中国,并且对中国青年产生了深刻的影响。这一代的中国青年多数出生于80年代,在一个提倡竞争的环境下成长,和主要享受计划经济时代社会福利的父辈相比,这一代人更加具有经营头脑,他们不羞于"言钱",他们坦诚财富是自己的追求目标,并能够熟练地运用各种理财手段来管理自己的财务。这一代人有着更敏锐的市场嗅觉,他们密切注视着市场动向,并且在时机成熟时迅速介入,部分人还取得了惊人的成就,"80后"的企业家已经不再鲜见。

但是,一些腐朽的思想也随之而入,把追求金钱作为人生的唯一目标,以金钱的多少作为衡量人生价值和人生幸福的唯一标准,这种思想对中国青年产生了非常消极的影响。许多青年信奉"金钱就是万能的",凡事都以金钱为衡量尺度。此外,以崇尚和追求过度占有和消费作为人生目标的价值取向,导致了部分青年在消费模式和生活方式上的攀比、模仿,这与我国社会提倡的勤俭节约、艰苦朴素的传统美德背道而驰。

全球化在经济领域内除了影响到价值观外,更严重的是还带来了就业压力。可以说,全球化时代,就业机会越来越多,工作却越来越难找。

随着全球化进程的加速,经济领域出现了两种令人瞩目的生产经营方式——外包和离岸经营,这两种方式给中国青年带来了许多就业机会。

外包是这样的一种经营方式,即把一项工作分拆,把其中的一部分分包给别人或别的公司去做,这一部分工作通常有固定的程序和模式。外包工作一般是为了削减成本和提高公司效益,所以外包的目的地一般是成本低

---

① 参见李其庆、刘元琪主编:《全球化与新自由主义》,广西师范大学出版社2003年版,第1—8页。

廉且有足够人才的地方。就目前来说,美国和西欧、日本等发达国家的公司为了节约成本,通常把工作外包到印度、中国、墨西哥等发展中国家。

以中国大连为例,在那里有很多公司承担着外国公司尤其是日本公司的外包工作,曾在麦肯锡日本公司担任顾问的具有传奇色彩的大前研一辞职后成立了一家自己的公司,并且把技术含量较低的日本工作外包到了大连。大连有宽阔的林荫大道、美丽的绿化带、众多的科研院校和广阔的软件园区,大连是诸多中国现代化都市的缩影,它们竭力争取的是知识密集型的商业机会,而不仅仅是大规模的制造业。① 外包给这样的中国城市提供了机遇,也给到这些城市寻梦的年轻人带来了希望。

除此之外,离岸经营也为中国青年带来许多发展和就业机会。离岸经营是一种不同于外包的国际合作方式,外包意味着将有限的、特定的业务(如数据输入)交给其他公司去做,然后将完成了的工作再融入整体的经营体系。离岸经营却是一种完全不同的经营方式:如果一家公司将它在美国俄亥俄州的工厂通过离岸经营的方式整个转移到中国广州,这就意味着广州工厂将以同样的方式生产出完全相同的产品,只不过劳动力更为低廉,税收、耕地、能源得到补贴,医疗成本也更低。

中国加入世贸组织将中国和世界带到了一个全新的离岸经营水平上,更多的外国企业将生产环节转移到中国,然后将其融入全球供应链。② 中国的适龄劳动力非常多,离岸经营的工厂给他们提供了许多就业和接触国际先进技术的机会,这在中国的东部沿海地区非常明显。正如《世界是平的》一书中所描述:你可以到一个之前从未听说过的东部沿海城市,你会发现那里的一个小镇供应了世界上绝大多数的眼镜框,而相邻的小镇则生产了世界上大多数的打火机,还有的小镇给戴尔生产计算机屏幕,有的则专门生产手机。前面提到的大前研一在他的《中华合众国》一书中提到,在香港北部

---

① 参见〔美〕托马斯·弗里德曼:《世界是平的》,何帆、肖莹莹、郝正非译,湖南科学技术出版社2007年版,第27—29页。

② 参见〔美〕托马斯·弗里德曼:《世界是平的》,何帆、肖莹莹、郝正非译,湖南科学技术出版社2007年版,第107—108页。

的珠江三角洲有 5 万家电子零件供应商。① 这些企业为中国的农民工提供了大量的就业机会,并显著地改变了他们的经济状况。

最近几年,由于沿海生产成本的增加,制造业正在向中国西部迁移,这里能够提供比东部地区更低的地租,地方政府为了发展经济,会有更优惠的税收政策,劳动力的成本也更低。这样的趋势将会给中国西部青年带来更多就业机会。

当然,现在有很多人指责说,这一“世界工厂”的角色给中国造成了极大的危害,比如说环境的恶化,资源的浪费以及对工人的过度利用,而且这种技术含量不高的制造业不利于中国产业结构的升级,也不利于在与世界其他国家的竞争中占据有利地位。

但是,不可否认的是,制造业工厂的涌入还是给中国带来非常大的好处,包括新技术的引进,新的管理经验的引进,本土企业家的培养等等,都或多或少受益于此。而且,中国现在并没有满足于现状。世界上劳动力更为廉价的国家也都在制定政策,鼓励外商到当地投资设厂。在内外共同的压力下,中国正在改善和提高生产率,同时提高自主创新的能力,希望能向产业链的上游转移。世界大企业联合会的研究发现,1995—2002 年,中国的私营工业部门每年的生产率增加 17%,这主要是因为中国吸收了新科技和现代化的商业模式的结果。中国政府和企业也都在致力于实现“中国制造—中国创造”的目标。

但尴尬的是,尽管外包和离岸经营给青年们带来了越来越多的就业机会,他们却无奈地发现,工作越来越难找。

人口众多的国情特点,导致中国劳动力市场出现了严重的供过于求和结构性失衡。根据国家统计局解释,经济活动人口是指 16 岁以上有劳动能力,参加或要求参加社会经济活动的人口,包括从业人员和失业人员。② 中国的经济活动人口数目非常巨大,其中青年占据了很大的比例。据国家统

① 参见〔美〕托马斯·弗里德曼:《世界是平的》,何帆、肖莹莹、郝正非译,湖南科学技术出版社 2007 年版,第 109 页。
② 参见国家统计局编:《中国统计年鉴 1999》,中国统计出版社 1999 年版,第 133、134、177 页。

计局的数据,2007 年,我国 16—34 岁的青年占总人口的比率约为 29%,①这说明,我国青年劳动力数量非常庞大。随着青年劳动力数目的不断增加,他们面临的就业形势越来越严峻。

目前,每年新增的就业人群,主要来源于农村剩余劳动力和高校毕业生。农业剩余劳动力是世界各国工业化过程中的普遍现象。与其他国家不同的是,我国农村剩余劳动力不仅存在,而且是超量存在,已经成为制约农民收入增长、影响农业劳动生产率提高以及农村社会稳定的重大问题。我国 13 亿人口,8 亿多在农村,农村劳动力基数巨大。目前耕地面积只有 19 亿亩,人多地少的矛盾非常突出;进入 20 世纪 90 年代以后,资本要素向农业流入,在农业投入要素结构中更多地替代了劳动,农业生产率不断提高,由此释放出大量农村剩余劳动力;我国加入 WTO 后,国际农产品市场直接冲击我国的农业,使农村剩余劳动力问题更加突出。实质上,我国许多农民正处于失业和半失业的状态。总体上说,农村剩余劳动力的数量越积越多,农村剩余劳动力的出路问题越来越严峻。

如何解决中国的大量农村人口就业问题? 农村人口城市化成为现实的方式。工业化初期,劳动密集型企业从农村吸收了一些劳动力,大量的农业剩余劳动力涌入了城市。随着全球化时代的来临,农业剩余劳动力在城市中的就业也出现了一些新问题。由于农村劳动者教育水平低下,越来越难以符合城市工作的要求。

清华大学的胡鞍钢教授把中国面临的就业局势描述为"世界上最大的就业战争"。不仅普通的青年难以找到工作,部分寒窗苦读数十年,甚至漂洋过海学得最先进技术的青年人才在国内也找不到合适的岗位,只能让自己的学识和技术荒废,或者到美国等一些发达国家寻求发展的机会。

近年来,高校毕业生就业难一直是中国的一个突出社会问题。中国高校自 1999 年开始大规模扩招。1999 年和 2000 年,招生规模分别比上年增

① 《2007 年按年龄和性别分人口数》(整表/年度/人口)国家统计局数据库:http://219.235.129.58/reportView.do? Url =/xmlFiles/6c277f7927604b7ebd2aa27c2dc92e2f. xml&id = 7a58a19b207e473ea432bb2b911f64c2&bgqDm = 20070000。

长了41.20%和30.77%。2003年第一届扩招毕业生涌入就业市场后,高校毕业生总数量连续几年大幅增长,找工作变得越来越难。中国人力资源和社会保障部就业促进司的数据显示,2009年应届高校毕业生的数量为610万,而2007年和2008年毕业的495万和560万大学生分别还有100万人和150万人没有找到工作,加上2008年的全球性金融危机,无疑对大学生就业雪上加霜。①

目前,大学毕业生普遍倾向于留在大城市中从事较为"风光"的工作,不愿意到外地发展,也不愿意从事技术含量较低的工作。然而,中国当前的产业链布局,导致大学生在寻找理想工作时面临很多困难。著名学者朗咸平在他的博客文章《产业链阴谋——一场没有硝烟的战争》中这样谈到:

今天的国际竞争已经不是企业的竞争,已经不是产品的竞争,而是进入到了一个前所未有的,一个产业链的战争市场。什么叫做产业链战争?以芭比娃娃为例,我们制造出价值一美金的芭比娃娃,但是最后在美国沃尔玛的零售价格是9.99美金,将近十美金。从一美金升值到十美金的过程当中,十减一,这九美金的价值是从哪里来的?

实际上,任何行业的产业链,除了加工制造,还有六大环节:产品设计,原料采购,物流运输,订单处理,批发经营,终端零售。正是这六大环节创造出了九美金的价值,这六大环节就是整条产业链里面最有价值、能创造出最多盈余的一环。

我们的制造业工厂,对外拖欠原料和组件货款,对内延长劳动时间等等,真可谓不择手段,然而放在全球产业链的视角下,只不过是只针对一美金这部分做文章,在最不赚钱的领域不停压榨!

那么,产业链跟我们大学生就业难有什么关系呢?关系很大。在整条产业链六加一的环节里面,真正需要大学生的是六而不是一。但是,今天的中国是一个以一为主而不是一个以六为主的产业结构。这个产业结构本

① 苗苗、丁逸旻:《中国大学生"就业难"问题与出路何在?》,http://news.xinhuanet.com/news-center/2009-01/08/content_10625611.htm,2009年1月8日。

身,构成了大学生失业问题的源头。我国的产业现状不足以支持这样的大学生比例,这就是大学生找工作难的原因。①

可能在多数大学生眼里,层次较低的劳动加工类工作,是留给农民工的。他们没有想到的是,农村剩余劳动力在城市中的就业也存在严重的问题。

在沿海地区的就业市场上,往往出现这种尴尬的局面,一方面适龄经济人口存在着失业压力,另一方面企业招不到合适的员工。近年来,中国很多大城市的劳动密集型工业已经过渡到资本密集型和技术密集型,对低教育程度劳动力的需求进一步减少。资本、技术、人才的全球化流动,导致生产技术、生产方式变化加快,对就业青年的素质提出了更高的要求。

在中国沿海地区,受经济发展水平和技术发展水平的影响,大部分青年从事低技术含量的非正规职业以谋生,70% 的中国青年从事体力操作性职业和简单技术性职业。当发达国家的青年已经在用先进信息技术进行模型设计的时候,中国大部分的青年还在学习简单的制图。② 对于一些稍具技术含量或者信息含量的工作,大学生放不下架子去做,农民工也干不了,只能望“工作”兴叹。城市能为中低教育水平的农民工提供的就业机会是有限的,他们大多只能做一些诸如建筑工人、车间工人的边缘性工作。

即使从事建筑、加工这些边缘性工作,农民工也存在严重的就业不稳定问题。改革开放 30 多年来,中国的经济取得了飞速的发展,人力成本也随之增加,中国工人的工资水平有所上升,这使得原本打算到中国开设工厂的公司更倾向于转向劳动力更为廉价的其他发展中国家,如印度、越南等国。世界彼岸一咳嗽,我们就感冒了。2008 年下半年以来席卷全球的金融危机,使得我国青年的就业形势变得更为糟糕,尤其是沿海的出口加工业,工厂大量倒闭,使失业的农民工不得不像候鸟一样迁徙回到家乡。

----

① 参见朗咸平官方博客:《产业链阴谋——一场没有硝烟的战争》,http://blog.sina.com.cn/s/blog_4120db8b01009ze7.html,2008 年 7 月 22 日。

② 参见张丽宾:《全球化与中国青年就业》,《中国大学生就业》2007 年第 2 期。

而且,中国农民工对城市源源不断的供给,导致了严重的供过于求,从而使得人力资源开发问题严重。中国新增劳动力需求主要在私营部门,这些企业经营灵活,对劳动者的素质要求不高,是大部分青年就业的部门。在竞争压力下,一些私营企业极力压缩劳动成本,造成人力资源的严重浪费。比如轮换使用18—25岁的青年,只使用不培养。一旦劳动力过了这一"黄金"年龄段,就解雇再招用新人。对于过了"黄金"年龄段的青年来说,他们没有接受过高等教育,没有经受过专业的职业培训,再想找一份工作十分困难,只能流入失业群体之中。这种竭泽而渔的做法,导致今天的劳动力变成社会未来的包袱,进一步增大了总量和结构性的就业压力。[1]

四、泥沙俱下的文化分享

在《世界是平的》一书中,弗里德曼认为有一种重要的力量导致了各国文化从本土化走向全球化,即人们开始具备了"上传"的能力。现在,世界各地的人都可以利用网络上传自己感兴趣的任何内容:本地的新闻报道、自己的观点、自己的音乐、自己的视频、自己的照片、自己的软件、自己的百科全书、自己的字典。这些个人行为汇集成一种强大的力量,把本土文化展现给了全世界。[2]

弗里德曼在书中介绍了一个中国播客(播客是一个可以自己上传音频、视频文件的网络平台)的例子,即土豆网。2005年10月,弗里德曼访问了32岁的王微——土豆网的创立者。王微介绍说:"我们的网站已经拥有1.3万个频道,其中约有5000个频道会定期更新。"在土豆网上,任何人都可以创建自己的视频或音频内容,同时其他人可以通过注册获得该频道上传的新内容。

---

① 参见张丽宾:《全球化与中国青年就业》,《中国大学生就业》2007年第2期。
② 参见〔美〕托马斯·弗里德曼:《世界是平的》,何帆、肖莹莹、郝正非译,湖南科学技术出版社2007年版,第374页。

只需要一个摄像头和一台电脑就可以制作自己的视频,操作简单、成本低廉,因此,这种文化内容的制作方式在中国逐渐流行起来。"我们有(与美国)不同的歌曲,我们想表达不同的想法,不过愿望是一样的",王微说,"我们都想被看到、被听到,都想能够创造出自己喜欢的素材,并且想同他人分享……世界各地的人们将可以从同种科技平台里获取知识和灵感,平台的技术虽然一样,不过在这个平台上繁荣的却是各种不同的文化。土壤是相同的,但生长的树木却是不同的。"①

就这样,中国的食谱、文学、艺术等逐渐被上传到网上,并被全世界的人们所分享。以全球化为背景、网络化为基础的平台,使得中国青年也能登上世界的大舞台来展示源远流长的中华文化。

当然,尽管当代中国青年有了展示自我的机会,但是这些内容的大部分受众都是中国人以及华人华侨。造成这种现象的原因有很多,正如后殖民主义揭示的那样,西方社会对于东方文化的接受是选择性的,符合他们文化欣赏口味的内容才能获得他们的青睐。同时不可否认的是,中国青年虽然有了展示和表现自我的意愿,并且也在某种程度上付诸行动,却没能找到一种有效传播的方式和途径。在现代社会,西方话语权和思维方式依然处于主导地位,中国青年很多还是按照自己固有的方式来"上传"我们的文化作品,而未能以一种让西方人易于理解的方式与之沟通。所以,一方面中国青年获得了展示自我的机会,另一方面,这种表演大多数时候只能是自娱自乐。

无论如何,中国青年有了更多传播本国文化的机会,也有了更多接触他国文化的机会。在全球化的平台上,东方文化与西方文化不断碰撞;前现代文化、现代文化和后现代文化不断交汇。好莱坞的大片每年都源源不断地输入中国,当代中国青年对西方文化的熟悉程度远远超过了他们的父辈。

人类文明史表明,文化的保留有两种不同的形式:一种是吸取异质文化

① 〔美〕托马斯·弗里德曼:《世界是平的》,何帆、肖莹莹、郝正非译,湖南科学技术出版社2007年版,第379—380页。

中的积极成分,通过与自身文化的整合得到发展,形成一种新的文化观念,原有的文化观念以扬弃的形式在新的观念中得到保留;另一种是某种文化观念的积极成分为其他文化所吸收,在其他文化中以扬弃的形式保留下来。前者使一种文化的生命延续下来,后者则使一种文化自身的生命消亡。①

显然,这两种文化保留形式的区分,对于作为该文化的载体和文化拥有者的民族来说是性命攸关的。因此,越是主动吸取其他文化来补充和发展自己,就越能促进本国民族文化的发展。全球化正好给我们提供了这样的机遇。

全球化为中国青年吸纳世界优质文化提供了机遇。中国青年正在努力利用世界的优质教育资源,积极学习和吸纳其他文化的精华。根据耶鲁大学的数据,1985 年秋季毕业班只有 71 名研究生和本科生是中国人;2003 年秋季毕业班就已经有 297 名中国毕业生了;耶鲁大学留学生的总数从 1985 年秋季毕业班的 836 名增加到 2003 年秋季的 1775 名;中国高中毕业生申请到耶鲁读本科的人数也从 2001 年毕业班的 40 人增加到 2003 年毕业班的 276 人。②

除了到国外接受教育外,在全球化的背景下,人们利用各种便捷的交通、通信方式,在中国同样也能分享世界上先进的科技成果。《世界是平的》一书中有这样一个例子:耶鲁大学校长理查德·列文介绍说,耶鲁大学在中国有两大研究中心,一个在北京大学,一个在复旦大学。耶鲁大学和复旦大学在研究遗传学和癌症及其他神经变性疾病方面合作,这种研究需要大量的实验支持,需要在动物身上研究基因突变问题。列文解释说:"为了找到导致某些疾病的特定基因,你需要测试很多基因,你需要做很多实验。人力的增加自然是很大优势。"因此,耶鲁通过复旦—耶鲁生物医药研究中心将实验工作转移到了复旦大学,在中国从事基础性技术工作,需要的大量技术

---

①　参见刘艳军、陈永利:《关于全球化和当代青年价值观问题的几点思考》,《浙江青年专修学院学报》2004 年第 1 期。

②　参见〔美〕托马斯·弗里德曼:《世界是平的》,何帆,肖莹莹,郝正非译,湖南科学技术出版社 2007 年版,第三章。

人员和实验动物的成本要低得多,耶鲁方面主要从事数据分析这种高端工作。通过合作,复旦师生和技术人员可以接触到高端研究,耶鲁也可以得到大规模实验的支持。

"收获是双向的,"列文说,"我们的实验人员得到的是显著提高的生产效率,中国方面则培训了他们的研究生,而且他们年轻的教学人员和我们的教授成了合作者,后者都是该领域的领头兵。这一合作给中国增加了人力资本,给耶鲁带来了创新。"①

尽管这些高科技研发领域的合作在全球化浪潮之前也存在,但是全球化创造的更为便捷的交往平台让这类合作更为广泛,耶鲁—复旦的合作虽然是各取所需,但是也确实给中国青年带来了在更高的平台上与世界顶尖级的人物合作交流的机会。

在与别国的交往中更新自己的文明,固然是全球化送给我们的一份礼物,但是不同文明之间的冲突和较量也是在所难免的。中国青年在吸收异质文明积极因素的同时,也面临着一些消极因素的冲击。

随着全球化的发展和深入,大量西方学术著作、文化读物源源不断地被翻译、介绍进入我国。各种西方社会思潮不断地涌入,比如个人主义、享乐主义、后现代主义、实用主义、新自由主义等,引起了一波又一波的思想"热潮"。西方社会思潮在一定程度上扩大了我国青年的知识面,对我国青年的主体意识、独立意识、民主意识等现代意识的形成产生了积极的影响,但对我国青年的消极影响也是深远的。

比如享乐主义认为,"趋乐避苦"是人性的自然要求,因此,人生的一切目的和行为就是为了物质享受。享乐主义者认为,只要自己幸福和快乐就行,至于自己的幸福与享乐是否损害或牺牲他人的幸福,则可以不考虑。

再如全球主义思想,强调世界时空的缩小、人类相互依赖的加强和共同利益的增多,即所谓"地球村"时代的来临。青年很容易接受这种"趋同论",

---

① 〔美〕托马斯·弗里德曼:《世界是平的》,何帆、肖莹莹、郝正非译,湖南科学技术出版社2007年版,第254—255页。

相信社会主义和资本主义的矛盾与对立将不复存在,各民族国家正在走向所谓共同的"信息社会"。因此,他们对全球和人类整体利益的关注强于对本国、本民族利益的关注,也就是说,全球主义弱化了青年的民族国家意识,削弱了他们的爱国主义热情。

这其中影响最大的应当是个人主义思想。个人主义是一种以个人为中心对待社会和他人的思想和理论观点。简言之,个人主义就是先替自己打算,把个人利益摆在国家、人民利益之上,甚至采取非法手段获取个人利益的满足。个人主义在当代青年生活中表现为以自我为中心,一切从个人需要和个人幸福出发,在家里唯我独尊,在社会上自封为天之骄子,在学校我行我素。在这一代青年内心深处,只相信自己、只崇拜自己,要做的也只是自己,无论多么普通平凡,只要自己高兴、满意、喜欢就好。

西方电影电视和音乐是青少年业余生活的重要内容之一。据中共中央宣传部和教育科学研究所教育理论研究室的一项全国十三省市的调查显示,喜欢译制片和港台片的中学生分别为47.4%和44.9%,其中30%的学生常听外国音乐。

西方文化通过广播、电视、电影等文化传媒渠道进入中国,并广泛渗入社会各个领域,促使当代青年生活方式发生了深刻变化。我们不否认,他国文化有很多正面的价值观,比如美国人的乐观主义精神、开拓创新精神,韩国人的执著与对理想的不懈追求等等。但在某些方面,西方文化确实给中国青年带来了极大的消极影响。

如西方电影中蕴藏的暴力文化。获得奥斯卡奖的《贫民窟的百万富翁》中,杰玛与哥哥重新回到了孟买寻找少年时的女友,在这里,当年摧残自己的那个坏蛋出现了,后面跟着的哼哈二将,是他魔鬼世界里两个不能离开的帮凶——一个是人高马大的打手,另一个是弄瞎孩子眼睛的技术工。这一帮决定着孩子生死存亡命运的恶煞出现在杰玛的面前,眼看着杰玛解救童年女友之旅面临夭折,于是,导演毫不犹豫地选择了暴力,张扬起依靠暴力改变自己命运的好莱坞主题。杰玛的哥哥舍利姆拔出手枪,瞄准了三个恶鬼,许多观众在这一刻站到了支持暴力的立场上。于是,我们看到,一个孩子选择了暴力,枪最终开火。在电影镜头下,我们突然觉得杀人是一件顺理成章的事,一件大快人心、一解心中郁闷的事。这对喜欢新事物、"敢为天下先"的青年来说,产生了一种怎样的影响? 近几年我国青少年的犯罪率不断上升与西方暴力文化有没有关系?

当然,我们对西方文化并不采取一概排斥的态度,但这些文化本质上属于资产阶级意识形态。对于中国青少年来说,由于对西方生活缺少真正了解和实际体验,又在某种程度上缺乏鉴别和批判能力,这往往会使他们疏远和冷落民族文化,并影响他们的思维和生活方式。

五、洗刷心灵的社会责任

2008 年中国发生了很多大事,包括年初的冰雪灾害,5 月的汶川大地震和 8 月在北京举办的奥林匹克运动会,而在这些重大场合,都活跃着青年志愿者的身影。

目前,志愿服务在世界范围内很流行。这个观念从西方传入中国后,得到了中国青年的积极支持和拥护,他们成立了自己的志愿组织,积极参与各种志愿活动。甚至还有一些青年志愿者奔赴国外,参与各种各样的志愿服务活动。无疑,这是他们彰显社会责任感的重要途径。而以往,中国传统文化倡导人们互帮互助,却很少强调自愿无偿地服务他人、服务社会的观念。

除了志愿服务社会外,青年们还积极参与环境保护。环境治理是一个全球性问题,气候变暖、臭氧层空洞等问题影响着全球的生态环境。面对愈演愈烈的环境问题,世界各地都展开了各种各样的环境保护活动。世界范围内的环境保护活动,同样受到了中国青年的拥护和支持,在中国出现了很多由青年组织或参与的环保组织,其中有些组织还是跨国界的,比如"日中绿化交流基金",积极支持日本与中国青年志愿者共同参与内蒙古地区的植树造林活动。在这些活动中,中国青年与其他国家的青年交流合作,提高了他们的实践能力与交往能力。

但是我们也看到,虽然青年的环保意识有很大增强,在实际行动中却落实不够。中国的公益、志愿、环保活动还存在很多问题，很多青年参与这类活动仅仅是流于形式，使活动难以达到预期效果。

不能否认，还有很大一部分中国青年环保意识不够强，或者把"环保"当作是"奢侈"的事，认为经济发展优先、消费优先，因而在生活中对于严重污染坏境的物品没有做出正确的处理。例如，对于垃圾分类、废旧电池回收等这种小事，很多青年不会身体力行地去做。

无论是否乐意，全球化时代确实到来了，在为其带来的巨大机遇欣喜的同时，严峻的挑战也随之出现在我们面前。随着全球化程度的加深，中国青年的社会责任感面临着严重的冲击，在西方个人主义、拜金主义等价值观的冲击下，越来越多的中国青年以个人利益为重，从而导致了社会责任危机、社会约束力降低和社会凝聚力下降等一系列的问题。

中国青年能在未来的竞争中把握住机遇并且战胜挑战吗？他们稚嫩的肩膀上承载的是中国的未来，我们当然希望，这一代的青年能够在全球竞技场上无往不胜。然而必须承认的是，他们所要面对的是一批强大而极具竞争力的对手，与世界其他国家的青年相比，他们有哪些优势和不足？这正是我们在后面的讨论中力求分析的问题。

第十章 地球村的亲密近邻

　　1993年,一篇题目为《夏令营中的较量》的文章,在中国掀起轩然大波。青少年问题专家孙云晓在这篇纪实文章中,剪辑出了中日青少年共同参加内蒙古草原探险夏令营的四个缩略图,并告诉国人:在那场较量中,无论是体质还是精神意志,中国青少年都输给了日本青少年。

　　同年,美国学生代表团在成都,通过《中外少年》杂志向中国学生发出挑战:"在下个世纪,我们将会是竞争的对手,小心你们会输给我们!"

　　时过境迁,浓厚的硝烟味道却没有散去。日本忧患意识教育已在全球闻名;而美国总统奥巴马则在其新书《我们相信变革》中,谨慎地提醒美国家长:小心中国孩子抢饭碗。奥巴马毫不避讳地道出了实情:全球化的时代浪潮将全球变成了一个竞技场,各国青年将是相互竞争的对手。

　　让我们略感欣慰的是,这个竞技场正日渐平坦、自由和开放,中国青年已经以积极的姿态参与进来了:跨国公司的中国员工比例不断攀升,出国留学的热潮甚至在全球经济危机形势下都未有冷却迹象,学习国际语言英语的热潮在青年中不断泛起……

　　然而,积极的姿态并不能与必胜的信心画上等号。承载着民族希望的中国青年能否带领中国进入一个全新的高速发展时代?吃着汉堡薯条,在家长百般呵护中长大的他们能否直面残酷的竞争?他们在全球竞争中的优势何在?劣势又何在?这些都是关系国家命运的重大课题,而且必须得到回答。

　　从这个意义上来说,与其他国家的青年进行横向比较便是十分必要的,它将直接回答以上问题,直接关系到我国未来的发展竞争力。在这里,为了兼具普遍意义和典型意义,我们选取两个国家进行比较——美国与日本。

这两个国家都是发达的现代化国家,美国作为资本主义世界的翘楚,其文化是资本主义精神的代表,在以自由竞争和民主法治为主要特征的西方资本主义文化氛围下取得了成功;而日本是东方社会里最早成功实现现代化的国家,与中国在地理位置上很接近,并同属儒家文化圈。

根据前文对中国青年特点的分析维度,我们仍然从政治、经济、文化和社会责任等几个方面来对中美日青年进行比较,并补充了社会心理的维度。一样的青春年华在不同的国度却表现出了不同的特点,这些特点将直接决定各国青年在未来的竞争力。中国青年在比较中显露了哪些优势?又暴露了哪些缺点?面对强有力的对手,他们是否有应对的能力?

需要说明的是,对各国青年在不同方面的特点概括,都只是对该国多数青年总体倾向的描述。我们不否认存在一些与所概括特点不符甚至完全相反的个例,但这些个例不在本书的研究范围内。

一、国之兴衰,事可关己?

政治参与状况无疑能表露青年在一个国家中的地位和作用。美国青年对待政治事务的态度可谓理性而负责。在这样一个具有浓厚的法治、民主、自由传统的国家里,美国青年从小就耳濡目染,政治意识和公民权利观念非常强烈。他们很自然地认为,每个公民都有表达自己的政治意愿的权利,每个人都是一个不能侵犯的独立个体。每个人都应该且可以根据自己的利益,理性地表达自己的政治诉求,并对自己的政治行为负责。

美国的公民意识教育在社会、学校、家庭和个人的日常生活中潜移默化地进行,形成了一种理性负责的政治文化。四年一度的美国大选是美国政治教育的实践课堂,在 2008 年 11 月 5 日美国大选日,宾夕法尼亚大学的学生选择未来四年白宫主人的场面,就向我们展示了美国青年的政治参与态度。

上海外国语大学赴美大选报道团成员戴天娇,在自己的博客中说,美国学生很忙碌,但仍愿意抽出时间来行使他们的投票权,表达他们的政治意愿。"在这次选举中宾夕法尼亚州并没有实行提前投票,所以这些忙碌的学生不得不在这一天的时间里完成很多事——上课、为考试焦头烂额、当然还有投票选出未来四年白宫的新主人。""'许多年了,还没有看到如此多的年轻人站出来投票。这数量真的太惊人了。'宾州州立大学学生活动中心投票站内的一名退休老人志愿者 George Mitchell 说。"[①]

我们当然不排除,美国青年积极参与 2008 年总统大选,很大程度上可能是缘于奥巴马的个人魅力。实际上,回顾以往历届大选,美国青年的参与态度并不积极,热情程度至少不如这次。2000 年美国大选之际,《中国青年报》驻华盛顿记者张兴慧就在报道《美国青年人看不上总统大选》[②]中指出:美国著名的民意测验公司——皮尤人物与新闻研究中心公布的一项民意调查显示,2000 年美国大选中,18 岁至 29 岁的青年人中只有 55% 进行了选民登记,而他们父母的选民登记率却达 87%。到了选举日时,这些进行了选民登记的青年人还会有相当一部分不去投票。对年轻人对投票不感兴趣的解释有多种,但最重要的一种解释,如"青年选举 2000"的新闻发言人约翰·德尔文所言:"现在的青年人比 1992 年更加玩世不恭。他们认为,目前的美国当权政治家丑闻不断,竞选资金充满腐败,因此普遍对政治活动产生了厌恶感。"

2000 年大选时,"许多美国青年人宁愿待在自己的家里、办公室、体育馆等地方,也不愿走出去投票"[③]——如果我们换个语境去理解,一个有趣的解释会浮出水面:不参与投票并不有损于他们理性负责的政治参与态度。甚至从某种意义上来说,珍视自己的投票权,在不信任候选人的情况下拒绝参与投票,正是他们理性负责态度的一种反映。

---

① 戴天娇:《上外学子带你去看美国大选》,腾讯日志:http://qzone. qq. com/blog/611994124 - 1225866436,2008 年 11 月 5 日。

② 张兴慧:《美国青年人看不上总统大选》,新浪网:http://news. sina. com. cn/world/2000 - 10 -24/137559. html,2000 年 10 月 24 日。

③ 张兴慧:《美国青年人看不上总统大选》,新浪网:http://news. sina. com. cn/world/2000 - 10 -24/137559. html,2000 年 10 月 24 日。

相比之下，日本青年已经不复 50 年代青年在政治上的敏感与狂热。物质生活丰富的日本青年虽然大多受过高等教育，但并没有很高的政治参与热情，他们对政治往往抱着一种淡漠的态度，这种淡漠表现在社会生活的方方面面。调查结果显示："在日本青年中，了解人权知识和行使结社权利的人已大为下降。在政治效果方面，20—35 岁的青年群体对选举、示威或请愿以及公共舆论反映产生的有效政治影响力持怀疑态度。对上述三项政治活动有效的认同比例明显低于其他年龄群体。调查显示，在 1973—1993 年的 20 年中，16—35 岁的青年，有一半人不支持任何政党。"①

日本青年对本国的政治生活也毫不在意，甚至对遭到国际聚焦的政治丑闻也是这样。1976 年，日本政界爆发了震惊世界的"洛克希德丑闻"，内阁总理大臣田中角荣受此牵连而被迫辞职。这一事件在日本甚至在全世界都引起了广泛的关注。但让人深思的是，从来对新鲜事物无比敏感的日本青年却对此漠不关心。据朝日新闻社进行的《全国舆论调查》表明，30 岁以下的男青年，有半数以上的人反应淡淡，认为"没有受到冲击"。②

20 世纪 90 年代以来，日本青年对政治似乎更加淡漠。日本某电视台记者在 1999 年底在一个青年聚集地采访一位穿着时髦的女青年，当问及"你知道美国总统是谁吗？"对方一脸迷惑的表情，随口答出一个名字。"那不是歌星吗？"记者反问道。时髦女郎答道："管他总统是谁呢，与我没有任何关系！"记者仍不甘心，又问道："那你知道日本首相是谁吗？"这回，女青年似乎有把握了，说："是村山。"③这种连本国当政者的确切人选都不明白的现象，在我国是不可想象的。

不仅如此，日本青年在选择职业时也尽量避免进入政治圈。有关媒体对日本高中生就职愿望的调查表明，他们最不愿意选择的职业就是"从政"，这与我国青年中的"公务员热"大相径庭。据日本总务厅对世界 11 个国家

① 转引自董小苹：《全球化与青年参与》，上海社会科学院出版社 2004 年版，第 41 页。
② 大山茂：《青年人向何处去》，《朗日杂志》1976 年 6 月 8 日。
③ 何培忠：《中日青年生活观比较》，经济管理出版社 2000 年版，第 150 页。

的比较调查结果,日本年轻人想为国家做点贡献的心情在世界上是最淡漠的①。经济的快速发展转移了日本青年的视线,这一代日本青年转向了明显的个人主义倾向。私人领域是他们关注的重点,而作为公共领域的政治则已经难以引起这一代日本青年的兴趣。加之日本模仿西方的政治体制,也使用了多党制和普选制,因此,日本青年对政治领域中各个政党的起伏早已见怪不怪,除非涉及重大的政治变革,否则他们对政治政策是不关心的。

而向来以政治热情高涨著称的中国青年,在政治上的态度逐步趋向敏感而务实。虽已不再像50年代的老一辈那样对政治狂热而执著,但中国青年特有的社会责任感和忧患意识仍然在他们身上延续着。

1999年,关于《中、日、韩、美中学生21世纪之梦》的调查报告显示,较之其他三国的中学生,中国中学生更富于政治责任感和政治参与意识。另据中国青少年研究中心连续几年对全国各文化层次的青年所做的调查显示,当代青年中的大多数人非常关心我国社会政治发展形势,关注国内外的重大政治事件,对于国家和政府近年来的一系列重大政策,不仅关心,而且给予积极的评价。

仍是上个世纪90年代的那个调查,当日本青年绝大多数不知道美国总统和日本首相的准确人选时,我国青年却有将近80%做出了正确的回答。对政治的敏感性使他们仍然扮演着自"五四"以来青年在政治舞台上先锋军的角色。对于各种政治事务,他们了熟于心,并将之作为日常谈资。对于各种政治事件,他们的反应迅速而又激烈。近年来发生的一系列事件都以事实说明了中国青年对于政治的敏感性。中国驻南斯拉夫联盟大使馆被炸后的游行示威;奥运火炬在法国遭到袭击所引起的"抵制法货",爱国情绪的高涨和对政治的敏感性,甚至使西方国家震惊,以至于西方媒体用"民族主义复兴"来形容我国的青年。

虽然保持了在政治上的敏感性,但是这一代的中国青年绝不像五六十年代青年那般盲目地、无条件地参与政治,他们采取了一种更加务实、理性

---

① 参见董小苹:《全球化与青年参与》,上海社会科学院出版社2004年版,第41页。

的方式。相比较五六十年代的青年,他们不再单纯追求"高大全"的理想主义政治理想,而更加关注政治生活给个人带来的影响。"如 90 年代对上海青年政治参与意识的调查表明,青年所关心的改革项目依次为:A. 住房改革为 49%;B. 医疗和养老保险制度改革为 37%;C. 物价改革为 34%;D. 企业制度改革为 21%;E. 政治体制改革为 19%。"①

从这个调查中可见,青年对改革的关注点已经趋于实际,这直接反映出了中国青年政治参与意识的务实化。他们不再冲动,不再偏激,不再盲从,而是转向从现实的角度去关心和参与政治。这种由激情式到务实式的转向,在我国青年身上体现得十分明显。

三国青年相比较,中国青年的优点是突出的:对政治的关心和敏感使中国正在进行的改革能够得到积极的反应和回馈,同时得到有力的监督。另一方面,高度的政治敏感性也使我国青年能够有效防止西方的意识形态灌输。

虽然对政治的敏感有助于在全球化时代维持与巩固我国的国家主权,但其衍生出的副产品——民族主义情绪,也不得不引起我们的注意。血气方刚的青年人在看待和处理一些政治、经济问题的时候,极容易受情绪尤其是民族主义情绪的影响。他们思维敏感、多变而起伏不定,世界观、人生观、价值观尚未定型,极容易在泥沙俱下、鱼龙混杂的环境中意气用事,产生巨大的情绪和行为波动。再加上青年人的社会经验不足,对一些政治经济事务的理解往往不够深刻全面,这都为民族主义倾向的滋生提供了可乘之机。

提及狭隘的民族主义情绪,无论是站在本国的立场上,还是从外国的立场考虑,都是要不得的。从本国立场上讲,狭隘民族主义严重的排外特征,将使我国部分青年拒绝向国外先进文化学习,势必会使我国的"后发优势"无法得到充分发挥,从而造成严重的损失。从外国立场上考虑,狭隘民族主义将使西方资本主义有更充足的借口来干扰我国正常的发展。因此,在保有我国青年政治敏感性较强的传统特点的同时,对于危险的狭隘民族主义

---

① 董小苹:《全球化与青年参与》,上海社会科学院出版社 2004 年版,第 51 页。

情绪,我们不得不随时持有警惕之心。

二、君子爱财,取道有异

在马克斯·韦伯的《新教伦理与资本主义精神》一书中,转引了这样一段本杰明·富兰克林的话,用以说明经济意识在资本主义社会的重要地位:

记住,时间就是金钱。一个每天能靠自己的劳动赚取十先令的人,如果有半天是在闲逛或赖在家里,那么即使他只花了六便士在这休闲上,却不该只计算这项,除此,他实际上还多支出了或毋宁说浪掷了五先令;记住,信用就是金钱。如果有人将钱存放在我这里超过该交换的日期,那么他等于是把利息或在这期间借着这笔钱我所能赚得的都赠送给我。这总计起来会是相当可观的数目,如果一个人的信用既好又大并且善加利用的话;记住,金钱天生具有孳生繁衍性。钱能生钱,钱子还能生钱孙,如此生而又生。五先令一翻转就是六先令,再一翻转就成七先令三便士,然后一直翻转到一百镑……①

美国作为资本主义国家的代表,这个迄今世界上最发达的国家,秉承了资本主义精神中的经济至上性原则。因而,成长于其中的美国青年在经济参与方面有着传统的积极性与创新性,表现出了成熟的理性主义特征。

美国青年从小所接受的独立性教育,培养了他们的经济参与能力和竞争意识。给邻居送报纸、剪草坪,到餐饮行业打工挣零花钱,都是这种教育的重要方式。当到达一定年龄后,他们便开始通过创业和购买股票、房子等资本投资的方式参与经济,追求实现"自己给自己当老板"的梦想,其中不乏一些"年少即富"的例子。尤其在创业方面,美国青年注重创新,善于把握机

---

① 〔德〕韦伯:《新教伦理与资本主义》,康乐、简惠美译,广西大学出版社 2007 年版,第 24—25 页。

会,有很多令人称赞的"金点子"。比如,专门为客户寻找祖籍的寻根服务公司,提醒人们如何装束才能给别人留下好的印象的形象顾问公司,指导客户养成良好的生活习惯的专业营养顾问,提示客户重要日子的提醒服务公司,预示未来的趋向预测公司等等。①

在美国,青年人创业得到很多的支持,如政府政策、投资资金、父母协助、咨询公司出谋划策等。这个国家十分关注青年创业,有着浓厚的创业气氛,这是很多青年人创业成功的重要原因之一。

在投资方面,购买股票、保险、房子等经济行为在美国青少年中广为流行。随着网络的普及,网上炒股逐步兴起,"在美国,小孩子因为年龄未达标准不能直接入股市,必须由父母以监护身份代为开户。所以到底有多少孩子投身股市不好统计,但是有越来越多的青少年在股海中翻腾却是不争的事实。美林公司最近的一项调查显示,美国12—17岁的孩子中11%的人拥有股票,购买基金的甚至更多一些。"②家长在孩子很小的时候就开始注重培养他们的理财观念,当孩子成绩优异时,家长送与股票以示奖励;当孩子开始对投资产生兴趣时,家长会帮助其建立基金账户、介绍投资顾问,帮助他们掌握运作金钱的规律。来自于家庭和社会的良好理财教育和氛围,培养了美国青少年理性、独立的经济参与意识,他们会在课余第一时间关注证券和经济形势的变化,也会在得到一笔零花钱的时候首先考虑如何投资,而不是全部浪费在游戏机上。

日本青年在经济参与上的特点,可以通过其职业观窥见全貌。日本青年向来以工作热情高而闻名于世,并以吃苦耐劳、忠于职守、对企业极端忠诚著称。"猛烈人"、"工作中毒者"都是对日本青年的形容。然而,时至今日,传统的工作作风已不复存在。作为发达资本主义国家的日本,财富丰裕是其国家繁荣的重要标志,同时滋生出享乐主义的种子。

70年代中期以后,日本青年已经普遍出现了劳动欲望下降的现象。相

---

① 参见恕非:《美国青年眼中的新经济一代有限公司》,《北京晚报》2001年12月3日。
② 铁军:《美国青少年流行网上炒股》,《中国青年研究》2006年第6期。

当多的日本青年人贪图享乐,更愿意从事电影、音乐、艺术、新闻等有趣味的职业。生产性企业的吸引力减弱,建筑、修路等粗活,即便是高收入工作,他们也不想问津。牺牲个人日常生活而刻苦工作,已经被日本青年视作愚蠢。青年人不再视工作为首要事务,很多人认为学习和工作仅仅是为生存而必修的人生课程,充满艰辛,毫无乐趣。目前,缺乏工作热情的青年数量逐渐增多,"从被调查者的工作态度上看,认为'应该主动干好工作'者大约只占总数的47%;而对工作持消极被动态度,认为'叫我干我才干,不叫干则不干'者已高达总数的53%。"①

日本青年中两个特殊的群体——飞特族和 NEET 族,也许能说明正在蔓延的享乐主义情绪。"飞特族"的英文名字叫 Freeter,是一个混合词,来自英语的 free(自由)和德语的 arbeiter(工人),指那些连续从事兼职工作不满5年的年轻人。日本官方对"飞特族"的定义是:年龄在15岁至34岁之间,没有固定职业、从事非全日临时性工作的年轻人。在日本,它是当前非常风行的工作方式。根据统计,日本15岁至34岁的"飞特族",从1990年的183万人,至2001年已增至417万人,在这个年龄层每九位就有一位是"飞特族"。"飞特族"往往只在需要钱的时候去挣钱,从事的是一些弹性很大的短期工作。钱挣够了就休息,或出门旅游,或在家赋闲。② 在他们的字典里,工作与事业无关,而只是为下一个好假期储蓄资金的途径。

比飞特族有过之而无不及的是近期出现的 NEET 一族,"NEET 一词源自于20世纪90年代末的英国,是英语 not in education,employment or training 的首字母的缩略语,原意是"不读书,不工作,也不接受培训"的"三无"人员③,相当于我国的"啃老族"。近年来,在日本出现了大量的 NEET 一族,他们没有正式工作,也不在学校里上学,更没有去接受职业技能培训,必须寄生于父母。NEET 一族不断增加,已经逐渐成为日本的社会问题。由于 NEET 的发音与日语"2月10日"的数字念法相近,日本甚至把"2月10日"

---

① 张胜康:《浅析日本青年的生活价值观》,《黑龙江社会科学》2005年第5期。
② 参见百度百科:《飞特族》,http://baike.baidu.com/view/511979.html。
③ 参见百度百科:《NEET》,http://baike.baidu.com/view/122156.html。

定为"NEET 日",足见 NEET 一族在日本的风行程度。

不能否认,两个特殊群体的产生都与日本就业环境的恶化和巨大的经济压力有关,但日本青年本身享乐主义的经济参与态度也是无法绕开的重要原因之一。物质生活的丰富使日本青年已经不再愿意劳碌奔波,而更趋向于享受生活。大多数的日本青年对金钱、地位、创业等词汇已经不再感兴趣,他们更感兴趣的是如何让自己生活得更舒适、更自由、更符合自己的内心愿望。

而生活在发展中国家的中国青年,在经济参与上的态度可以用进取主义来形容。在当代中国社会,可以发现最有活力、最有进取心的当属青年阶层。为了能够获得更高的经济地位,他们充分利用自己的年龄优势,以快节奏、高压力的生活方式为自己充电。MBA 被青年极力追捧,社会上各种快速辅导班林立,许多青年人宁愿做薪水低、工作累的"北漂一族",只为给自己提供一个学习提高的机会。

与美国、日本等发达国家相比较,我国的物质生活仍然相对匮乏。因此,创业、财富对中国青年来说仍然有着巨大的诱惑力。股票、彩票、基金在青年人中炙手可热,他们依凭尚不成熟的商业嗅觉捕捉任何可以创业的机会,寻求着各种可能的投资理财方式,比如在学校附近开店或加盟连锁,以及愈来愈受欢迎的网上购物小店等,"国内最大的个人电子商务网站'eBay易趣'统计数据表明,在'eBay 易趣'上万个网上店铺中,在校大学生开的'店铺'占了40％左右。据一家网络交易平台的负责人介绍,大学生网上开店卖的东西很多,主要有服装、鞋子、装饰品、化妆品和女性内衣等。"①

比较结果显而易见,较之日本青年,中国青年虽然保持了旺盛的斗志和积极的进取心态,但离美国青年理性成熟的经济参与状态却还差得很远。相比于美国青年成熟的理财意识,中国青少年在投资方面尚处于"初成长"阶段。社会主义市场经济体制的建立为中国引入了竞争机制,提高了人们

---

① 刘淳、任沁沁:《大学生开启"财"商,小乔潮儿投资理财花样多》,http://news. xinhuanet. com/newscenter/2007 - 08/04/content_6471252.html,2007 年 8 月 4 日。

经济参与的意识。但是经济改革伊始,社会上曾出现的"暴发户"、"一夜暴富"现象也让中国青年染上了凭机会致富、靠投机营利的心态。

问题还不仅如此,经济落后的事实虽使我国青年保持了强烈的进取心,但从另一方面来说,也为拜金主义提供了滋生的土壤。市场经济体制下,人们已无须隐讳对财富的渴求,财富的多寡甚至已经成为衡量一个人成就大小的标准。在这种环境下,拜金主义风气的滋生显然是自然的。这种风气甚至已经蔓延到校园,中小学生的攀比、斗富现象频繁出现,青年们为获取财富而不择手段的现象也屡屡发生,甚至有青年理直气壮地称自己为"拜金男"、"拜金女"。

因而,我们面前的任务无疑是艰巨的:无论是国家、社会,还是家庭,都应该努力为青年营造一种学习投资与理财知识的氛围,帮助其树立正确的金钱观,使其在经济参与中能脚踏实地而不乏创造性,头脑冷静而不失预见性,在全球化的经济热潮中快速成长。

三、文化旗帜,飘扬比拼

谈及文化,美国无疑是世界上民族、文化、语言最多元化的国家。在纽约地铁里,你可以一睹从白到黑、从浅到深的各种肤色,听到英语、西班牙语、汉语、法语、日语等各种语言,可以看到印度锡克人的缠头布、黑人花样烦琐的小辫,也可以看到犹太人的小圆帽、穆斯林女子的面纱。①

每一个生活在其中的人们,都会被美国特有的文化气息所感染,并从中找到自己想要的生活。其最根本的原因是,美国是一个崇尚个性自由的国家,以个人主义为核心特质的美国文化对人的束缚很少,对个人能力和价值持一种肯定的态度,对多样化也保持着尊重态度。在美国,率性与自由的品

---

① 参见孙力舟:《奥巴马现象:美国变革的象征》,新浪博客,http://blog.sina.com.cn/s/blog_546ee59c0100b5ox.html,2008 年 11 月 15 日。

质散发出巨大活力,使得美国文化成为最富有想象力和创造性的一个范本。

在这个以白头雕为国鸟的国家,自由、勇猛、力量和胜利是其文化精髓。奔腾无畏的活力,使得美国社会得以在充满个性的文化张力中维持下去,并在短短的时间内创造出一个当今世界最为繁荣的国家。

个性、自主、多元的创造活力与社会责任感、民族凝聚力的融合,使得美国当代青年在文化多元、个性自主的氛围里悄悄地改变自己,寻求着个人和社会之间的最佳融合点。据 CIRP/ACE 的调查显示,20 世纪 90 年代的美国青年与 70 年代相比,在别人遇到困难时更愿意给予帮助,更愿意积极参与社会事务。在 18—29 岁年龄段的青年中,有一半人在一年前甚至就在一个月前参加过社区的自愿工作。青年参加社区自愿工作的比例与成年人基本不相上下。种种迹象表明,他们正在自我与社会之间寻求着平衡[1]。

而对日本青年来说,等级分明的社会结构和激烈残酷的升学就业竞争并没有在他们中间营造出严肃沉闷的氛围,相反,资本主义国家的意识形态和一直以来的"崇美"心态,在日本青年中逐渐滋生出了一种轻松调侃的西式文化氛围。

日本一直以来都是个学历化社会,在学校里的成绩、分数直接决定了个人的前途和发展机遇。因此,对日本青年来说,学习成绩好应该是一项非常值得炫耀的资本。可是,在 1990 年日本青少年研究所进行的"日本、美国、中国初中生生活调查"中发现,在日本的初中生中,威信最高的学生并不是学习成绩优秀之人,而是能说俏皮话之人。日本初中生认为"幽默"的人威信最高。而学习好,反而成为受鄙视的事情。在日本学生中,有个专门形容学习用功之人的词,叫作"嘎利笨",译成中文就是"傻用功"、"死用功"、"书呆子"等意思。[2]

对轻松调侃文化的青睐还体现在青年群体中流行的通俗读物上。日本民族是世界公认的求知欲最旺盛的民族,其人口扫盲率已经达到 99%,是世

---

① 参见杨雄:《第五代青年价值观变化趋势和预测》,http://www.sass.org.cn/qsn/articleshow.jsp? dinji=188&artid=27012。

② 参见何培忠:《中日青年生活观比较》,经济管理出版社 2000 年版,第 122 页。

界上扫盲率最高的国家,其国民人均购买书籍的数量也超过了世界上任何一个国家。因此,"日本的文化市场十分繁荣。虽说人口不过是中国的十分之一,出版社却有4300余家,是中国的9倍。若按人口计算,日本不足3万余人就会有一家出版社,中国则是近300万人才平均拥有一家出版社。日本的书店有近30000家,平均4000余人就会有一家书店,书刊销售点1300万家,平均不到10人就会有一家书刊销售点。有人算了一笔账,发现日本书刊销售点的数量甚至超过了与日常生活密切相关的副食品店的数量。"①

但是在如此繁荣的文化市场上,青年们最喜爱的书籍不是科幻书,更不是学习参考书,而是漫画书籍。"80年代初,日本青少年一年至少看60册以上的漫画书。90年代的调查表明,95%的日本青少年都看漫画书,其理由是'好玩'、'轻松'、'看得快'。近十几年来,日本各出版商发行的漫画书已达到惊人的程度。据日本出版科学研究所统计,1970年日本发行的漫画是4.6亿册,1979年是8.7亿册,从80年代起,便超过了10亿册大关。"②

这种"调侃风"的兴起是有原因的,一方面,这是长期以来日本在美国扶植下崇美仿美的结果;另一方面,也是日本新一代青年面对森严的等级结构和繁重的学历压力时产生的自然的反叛与抗议。

中国青年群体又是怎样一种风貌呢?像世界上任何一个国家的年轻人一样,中国青年也是叛逆的。在文化选择上,他们更加前卫、多元,而不像父辈只认同一种主流文化。年轻朋友重逢,他们会用西式大拥抱来表达久别后的思念;如果你发现他们的头发忽红忽绿、忽长忽短、忽直忽卷,就更无须讶异,他们会告诉你那是年轻人的一种生活方式。

但令人欣慰的是,中国的青年并没有一路叛逆到底。随着中国综合实力的不断增强和中国五千年文明魅力的不断凸显,他们越来越热衷于传统文化:近年来兴起的"国学热",于丹、易中天等"国学明星"在青年中的大受欢迎,中国传统节日在青年中的复兴,都适时证实了这一现象。

---

① 何培忠:《中日青年生活观比较》,经济管理出版社2000年版,第118页。
② 何培忠:《中日青年生活观比较》,经济管理出版社2000年版,第120页。

可以说,在激烈的碰撞中,出于对西方文化中独立个性的借鉴,中国青年群体所体现出来的文化兴趣是复合型的:既有对一元主导文化的尊重和叛逆,又有对中国传统文化的反思与回归。全球化的到来使他们拓宽了眼界,他们对西方先进的科学文明和人类文化持尊重欣赏的态度,并以兼收并蓄的心态努力与之融合。另一方面,中国青年从未放弃本土传统文化的阵地,他们以本国深厚的文化积淀为傲,并积极探寻着使古老文化在新时代重放光芒的途径。

不难发现,这种文化参与的特点有一定的优势,适当的叛逆有助于他们打破沉闷的一元文化格局,更自如地吸收异质文化中的有益成分。而对传统文化的反思又使我国悠久璀璨的文化积淀能充分发展其强大的后坐力。但是,不能回避的是,与美国青年相比,我国青年在文化自主多元方面仍不能做到游刃有余;较之日本青年,在对异质文化的包容和吸收方面我国青年仍力有不及。如何能营造出一种适合我国青年发展的文化氛围,这种文化氛围既能使我国传统文化发扬光大,也能对异质文化吸收自如,这将是引领我国青年发展需要深入思考和解决的问题。

四、心理模式,各有千秋

美国青年社会心理最典型的表现,莫过于对宗教的信仰和弥漫在社会生活中的宗教伦理。在所有发达国家中,美国是宗教气氛最浓厚的一个国家。3亿国民中有84%的民众属于基督教的各种教派,其中56%的居民信奉基督教新教,28%信奉天主教,2%信奉犹太教,信奉其他宗教的占4%,不属于任何教派的占10%[1]。美国新教徒恪守教义,遵守教规,丝毫不敢怠慢。就连美国新任总统奥巴马每次向国民公开讲话时,都必须在开头或结尾说:

---

① 参见《美利坚合众国概况》,人民网,http://world.people.com.cn/GB/8212/72474/72478/4932239.html,2006年10月18日。

愿上帝保佑美国！在美国，若一个人没有宗教信仰，就会被认为是没有底线的，不可信任的，甚至是恐怖的。宗教既是美国文化的核心内容，也是美国民众集体的社会心理。可以说，不了解美国的宗教，就不可能了解美国的政治、社会、生活和民众心理。

新教信条是美国的立国基石。从"五月花"号航船上下来的人们，正是抱着一种浓厚的宗教信仰和对自由平等的强烈渴望的心理创建了美国。他们认为，人生而平等，造物主赋予他们若干不可让与的权利，其中包括生存权、自由权和追求幸福的权利。

爱上帝的宗教伦理和个人主义文化结合在一起，形成了所谓的资本主义精神①——一种合乎道德伦理的明确的生活准则。在这样一种宗教伦理氛围中，貌似松散无序的社会中却有一种巨大的无形力量规约着人们的思想和行为：上帝看管着世间的一切，人们要好好生活就需要热爱上帝。

生活在这样一个宗教伦理氛围浓厚的国家中的美国青年，自然也具有了突出的宗教信仰特征。这种特征不仅给予了这些青年以无形的道德束缚，更给予了他们在社会中获得良好发展的基础。美国总统奥巴马在他的著作《无畏的希望》中，就特别有一章详细描述了自己由一个不信教的青年转变为一个信仰新教的青年的过程。在浓厚的宗教氛围里，奥巴马认为宗教信仰可以给艰苦奋斗的人们很多生活下去的智慧和勇气。而正是成为了一个新教徒，才使他在这个国家拥有了更多成功的砝码。可以说，对美国青年们来说，宗教贯穿他们生命始终，从出生、结婚生子到死亡，虔诚的宗教心理驱使他们向善，驱使他们爱人，驱使他们赎罪。在极度崇尚自由的美国，这种以爱上帝为中心的宗教伦理在维护社会稳定、保证青年的健康发展方面起到了不可低估的作用，也成为美国青年的社会心理的一项重要表征。

而对日本来说，因为其发展从来都以模仿海外先进文明为特点，长久以来的模仿心理便积淀了下来。"明治维新以前，日本模仿的是中国。特别是唐代，举凡学术、技术、文艺、音乐，以及佛教庙宇的建筑、雕刻、绘画以及有

---

① 参见〔德〕韦伯：《新教伦理与资本主义精神》，龙婧译，群言出版社 2007 年版，第 42 页。

关服饰、器皿、生活方式等,都在学习唐朝,'只要是唐朝的东西,不论什么都要尽快地传来——这是企图让人们看到,日本也是不亚于唐朝的文明国家。'明治维新以后,日本又把欧美视为模仿的对象,将欧美的自然科学、社会科学统统引进日本,使日本迅速发展成亚洲强国。"①

　　模仿、引进、吸收是日本对待先进科学技术的一贯态度,也是日本经济不断获得成功的法宝。这种态度也深深地体现在青年一代的身上。无论是经济运行方式还是日常的生活娱乐方式,日本青年都表现出了明显的崇美心态,也处处表现出了模仿的痕迹。迪斯尼乐园在日本的极大成功,就说明了这个事实。东京迪斯尼乐园被誉为亚洲第一游乐园,依照美国迪斯尼乐园而修建,是目前世界上最大的迪斯尼乐园,比美国本土的两个迪斯尼乐园还要大。日本还曾一度出现过"迪斯尼热现象":迪斯尼服装热、迪斯尼游乐热等,而迪斯尼经典动画形象在日本更是长盛不衰。这种模仿心理给日本带来的益处是不言而喻的,日本在二战后迅速创造出经济奇迹,成长为公认的经济强国,或多或少都得益于其强烈谦逊的模仿心理。

　　而当代中国青年的社会心理又是怎样的呢?当代中国青年是在中国的发展过程中起过渡作用的一代人。在全球化时代,中国社会正在发生迅猛激烈的变化,整个国家追赶工业文明、后现代文明的急切心态,使生活在其中的中国青年熏陶上了一种实用心理。一方面他们深受中国传统文化心理尤其是儒家文化的影响,在社会和生活中讲究"仁爱之道"和"实用理性"。他们是十足的无神论者,是典型的实干家;他们根据自己实际生活的需要,在儒道佛的传统文化中寻求自身的生存之理和精神寄托,在"入世"和"出世"之间做灵活的穿梭。另一方面在全球化和多元化的时代条件下,面对机遇和挑战,背负着压力和动力,他们不得不时刻为生存而奋斗。他们讲求实际,不喜欢虚幻,尤其是在关系到自己的利益时更是如此。

　　胡适,中国新文化运动的倡导者,就曾经有段经历准确地描摹了中国青年的实用心理。胡适回忆,曾有一位西方传教士向他传教,举起一只手说,

---

　　① 何培忠:《中日青年生活观比较》,经济管理出版社 2000 年版,第 174 页。

这只手代表人间,它充满犯罪与丑恶,又举起一只手说,这只手代表上帝,它象征着真善美,你选择哪只手呢?胡适回答时也举起一只手说,这只手里有一美元现钞,是真的,又举起一只手说,这只手里有一张一百万美元的支票——是空头支票,你选择哪只手呢?据胡适自称,他竟然折服了那位传教士。"一张一百万美元的空头支票"当然不如"一美元的真实钞票"来得实在,在宗教与实用之间,中国青年毫不犹豫地选择了实用。

显然,没有美国式的宗教信仰,中国青年在这个变化迅速的时代中少了一层道德束缚,没有日本式的谦逊模仿,难免会滋生出些许夜郎自大的情绪,懒于真正低下头来谦逊学习。而中国青年所表现出来的实用心理,某种程度上来说,未免会使他们过于浮躁和功利化,冷落了一些实用功用不强但对人类发展却至关重要的基础学科,例如哲学。但并不能因此就指责实用心理一无是处,毕竟在这个机会稍纵即逝的战略发展期,实用主义一方面使中国青年少了许多夫子式前怕狼后怕虎的顾虑,憋足了一股劲往前冲,另一方面也使他们眼光精准,能够跳出意识形态思维的框架,吸收一切有利于自身发展的养分。

五、责任意识,各具特色

谈及美国青年的社会责任感,我们可以从奥巴马说起。陈杰人在《奥巴马的底层经验启示中国青年》一文中谈及奥巴马时,指出:"一个没有历史责任感和社会责任感的人,一个没有悲天悯人情怀、时刻只顾个人利益的功利主义者,注定不能成为社会和国家的领袖。"奥巴马虽然出身贫寒,但是他丰富的社区义工服务经历和为"穷人"说话的社会责任感,深深感染了每一个美国青年。在竞选总统期间,他也多次强调公民要为国家和社区服务。奥巴马的经历让我们看到了社会责任感对一个人成长的重要影响,也深切感受到了美国社会对培养公民社会责任感的重视。

在美国,无论是学校教育还是家庭教育,都将既有文化又有爱心、奉献社会、德才兼备作为育人标准,鼓励孩子参加社区服务和志愿者活动。美国社会有不成文的规定,志愿服务时间长、表现优异的人,在升学、就业等方面,会更被看重或被优先考虑。如美国的不少名牌大学在招生时,会将学生的责任感作为一个重要衡量指标,"美国的高中生能否获得毕业证书,除了学分、成绩等要求外,还要求无偿地为社会服务数十个小时。一般来说,高一需要 5 小时,高二需要 10 小时,高三需要 10 小时,高四需要 35 小时。而要进入名牌大学则需要参加更多的社区活动,并且必须是自愿的……美国更多的高中生还参加社区内的公益活动,做一些帮助老人、救助失业者之类力所能及的公益活动。也有一些孩子自己组织出有创意的服务性活动,从策划到组织实施,搞'一条龙服务'。这种活动既能表现学生的领导才能,又能表现关心他人的美德,而这也会受到名牌大学的欢迎。"①做义工志愿者既是美国人的一种历史传统,也是他们回报社会的主要途径,更是他们"活到老,做到老"的生活方式,"半数美国人平均每年花在做义工上的时间大约有 100 个小时,这相当于在美国有 1.5 亿人,每三到四天就会去做 1 个小时的无偿义务社会服务工作。"②

义工服务备受美国青少年的重视与偏爱,是他们社会责任感的表达。参与志愿活动的青少年人数的增加,带动了美国总体志愿者人数的激增。很多学校针对青少年的志愿者服务,开展了社区服务培训和服务学习,将课堂学习、社区实践和志愿活动合为一体,为青少年的社区服务提供了更为专业和有效的指导。美国这种以服务为主旨的志愿者活动,大大培养了青少年的社会责任感,正如肯尼迪当年在总统就职演说中曾说的一句名言:"不要问你们的国家能为你们做些什么,而要问你们能为国家做些什么。"

而在日本,特殊的地理位置和环境为日本社会培养公民社会责任感创造了得天独厚的条件。日本是一个岛国,国土狭窄,资源有限,而又因其地处环太平洋地震带,国内多发地震等地质灾害,因此,日本青年从小就在学

---

① 罗杰:《普林斯顿大学并不只盯着成绩单:美国式高考波澜不兴》,中青在线,http://qnsx. cy-ol. com/gb/qnsx/2005 - 03/31/content_1060379. html,2005 年 3 月 31 日。

② 安静:《解读美国》,中国旅游出版社 2007 年版,第 83 页。

校接受地震、海啸等防灾救灾知识，并定期开展防灾演习。也许是从小耳濡目染的关系，每个日本学生在参加防灾演习时，都非常认真、投入。在这种应对自然灾害的教育方式下，社会责任感在潜移默化中渗透到了日本青少年的思维模式里：当遭遇灾害时，除了保全自己之外，还要尽可能地帮助其他受灾的人。日本人的团队精神在自然灾害面前体现得尤为突出，于是就出现了这样的场景：地震发生后，受灾的人们井井有条地排队领取救灾物资，大批志愿者队伍自发前往灾区从事救援工作。

但是，令人感到有趣的是，除去自然灾害的威胁，曾经以强烈的民族精神而著称的大和民族，却越来越多地表现出了独善其身的特点。有资料表明，在青年范围内，传统的三重结构——自己人、他人、外人已经简化为二重结构——自己人、外人。如图所示：

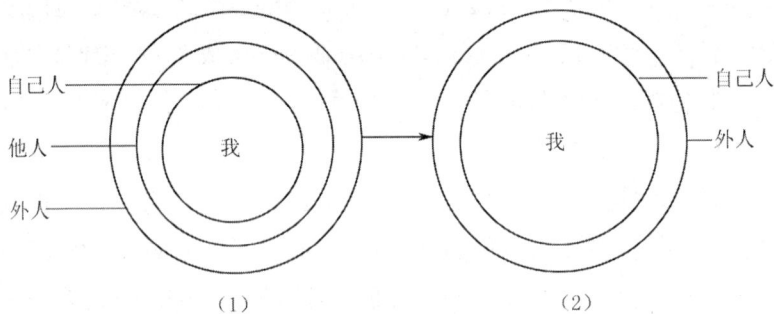

人际关系结构图①

在传统的三重结构中，第一重结构"自己人"与个人的种种利益相关，关系密切，自然会得到重视。而第二重结构"他人"虽与"自己人"不同，但也不是毫无关系。日本人有一种极度讲礼节的心理特征，总怕给别人找麻烦，所以，对和自己有关的人保持尊敬，尽量不去添麻烦，所以"他人"也往往能受到普遍的尊敬。而第三重结构"外人"则完全是于己无关的人，对待他们，日本人通常态度冷淡，拒之于千里之外。然而，这种传统的三重结构已经渐渐

① 引自何培忠：《中日青年生活观比较》，经济管理出版社2000年版，第170页。

丧失了其对日本青年的解释性,因为在当代日本青年的思维模式中,"他人"的概念已经趋于消亡。

原有的第二重结构的破灭,使日本著名的"耻感文化"逐渐趋于淡化。在新的二重结构的格局下,青年以自我为中心,将自我以外的人统统划分为外人:在学校将老师视为"外人",在家庭将父母视为"外人",在企业,将同僚视为"外人"。在他们的视界中,个人的地盘被无限扩大,而对个人以外的领域,他们的兴趣则不高。因此,"我很开心"成了日本青年人的流行语,无论做什么,他们都认为是为"自己"做的,既不是为国家、为民族,也不是为集体、为他人。即使是为别人做了一些事情,如到福利院为卧床的老人洗澡擦背换尿布等,在他们做完这些"好事"后谈及感想时,决不会说:"我做了一些有意义的事,感到很高兴。"也不会说:"我为别人做了一点事,感到很高兴。"而是简简单单地说:"我感到很开心。"奥林匹克运动会上采访获奖的日本选手,谈及感想时,他们往往不会说:"我为祖国争得了荣誉,感到很高兴。"而几乎都是只是简单地说:"我很开心。"这显然同我国选手获奖后披国旗绕场的行为大相径庭。日本青年认为,这些事情是自己愿意干的事,没人动员、没有强迫,所以只是很开心,没有什么"了不起"的感觉。①

因此,对这一代日本青年来说,说他们完全没有社会责任感是不公平的,在危急时刻,在紧要关头,他们的团结一致常常令世界震惊。而一旦涉及日常生活领域,独善其身则是对其最好的概括。性格多样复杂的日本民族,在社会责任感方面也表现出了双面性。

中国青年也经历过"独善其身"的历史阶段。由于我国特殊的国情和长期以来的集体主义教育,很长一段时间以来,青年的个体性是被忽略的。直到改革开放以来,随着国门的打开和西方思潮的传入,我国青年也开始接触到个人主义价值观。对个体意识长期的压制早已积蓄了一股潜在的力量,随着闸门的打开,这股力量也爆发了出来。因此,改革开放初期,我国青年确实经历了一段"独善其身"的历史过程,在那个时期,"自我规划"、"自我

---

① 参见何培忠:《中日青年生活观比较》,经济管理出版社2000年版,第169—173页。

完善"、"自我实现"是最热门的词汇。不过,令人欣慰的是,在经历了这个时期以后,中国青年已经能越来越理性地对待个人主义价值观,传统儒学中"治国平天下"、"天下兴亡,匹夫有责"、"先天下之忧而忧"的情结仍然存在。因此,随着我国社会转型的逐步成熟,中国青年逐渐恢复了兼济天下的社会责任感。

2008 年就是对中国青年强烈的社会责任感的最好诠释。"5·12"汶川大地震时的团结一致,面对外国挑衅时的同仇敌忾,为 8 月北京增加亮色的"志愿者微笑"等等,如今,"红色中国心"已经成为青年中最流行的元素,T 恤上的图案,胸前的徽章,QQ 上的头像,网络交友平台上互送的礼物……到处都闪耀着青年们的一颗爱国之心。可以说,随着我国综合国力的增强,中国青年对传统优秀价值观的自信也逐渐增强。在这一代青年中,为祖国贡献力量,为社会尽一份责任,是值得自豪的作为。

当今的青年生活在和平时期,虽然时代赋予他们的不是"抛头颅"、"洒热血"的革命使命,虽然他们不再把"为中华之崛起而读书"的豪言壮语挂在嘴边,却未减少过对国家对社会的爱。他们平淡而朴实地用行动证明着自己对祖国、对民族、对同胞的爱,于细微之处见真情,于平凡之中显伟大,和平时代的社会情操在每一个青年默默的付出中熠熠生辉。每个时代都有着它特定的时代使命,而今,国家和社会更多地要求青年提高自身的核心竞争力,这不仅指在危难面前所承担起的社会责任,同样指在优越的条件下仍不忘感恩的拳拳之心。当代中国青年把社会责任感融入了每一个力所能及的细节之中,虽无铮铮誓言,却在用行动彰显着自己大写的"爱",在每个"独善其身"举止的背后,是整个群体"兼济天下"力量的积蓄。

显然,中国青年的优点是明显的,兼济天下的胸怀将使他们在全球化时代有更宽广的视野。这个世界有太多东西值得他们去学习,而开阔的视野,宽广的胸襟将会使他们受益无穷。这一代青年的形象与中国力争成为"负责任的大国"的形象是匹配的,而且无疑将迅速推进这个过程。

但并不能因此就无视他们的缺陷:显然,他们兼济天下的胸怀尽管宏伟美丽,却常常会流于形式化,相比起美国青年融合在日常生活里的义工精神,我们似乎只有在社会发生重大事件时才能一睹中国青年炽热的责任心。汶川地震发生后,社会对青年一代的印象普遍得到了扭转,而在此之前,他们是一直被当做"垮掉的一代"、"没有社会责任感的一代"来批判的,为什么本来社会责任感极强的他们会给人以如此错觉? 这跟他们并没有在日常生活与个人行为中时刻贯穿这种社会责任感是分不开的。因此,"兼济天下"的胸怀固然难能可贵,但更重要的问题是如何能使这种胸怀日常化、规律化,以使其能真正落到实处,贯穿到青年的具体生活行为中。

我看中国教育

—— 一个"90 后"高中生对中国教育的感悟

文/贾邱皓

我觉得就现阶段来说,中国的教育存在很大的缺陷。所谓专家、学者通过数据阐述的观点往往不能够令人信服,毕竟数字可以愚弄不知情者。而一个适逢高三的学生,用切身的体会看待教育制度,是不是有一些说服力呢? 我努力用较为客观的态度,评价我所接受的教育。

和高三学生联系最紧密的就是考试,我们在这"最后"一年的学习里奉献给考试的时间,多过于用来吃饭睡觉娱乐思考的时间的总和。人生很长,这一年只不过是七八十分之一。用"最后"来形容这一年是不恰当的,体现了中国教育扎根在人们思想中的腐朽部分。在我们天天沐浴的"这将来一年奠定你一生"的嘱咐中,一种错误的价值观潜移默化地侵蚀了我们的思想。"这一年,是这一生中最重要的学习阶段,我拼上了好大学,以后的路就平坦了,就可以不用那么辛苦学习了。"所以,可以理解为什么如今很多本科生、硕士生甚至是博士生找不到工作,因为一个重要因素就是,部分人在这个思想的指导下,考上大学后就松懈了学习,以至于就业时不能符合就业市场选人的要求。

其实我们能够理解,学校为什么要用无数次大考小考锻炼我们——为了耀眼的成绩。所以在高三,可能也只有在高三,考试最像考试,也最背离考试。

说它最像考试,是因为只有在这个高度紧张的时期,学生们最自觉,最少作弊,最认真对待它。它让人感觉到,考试绝不只是个"衡量学习情况"的标准。没有哪个学生,或者说极少有学生,单纯地认为考试只是考试这么简单。因为,卷子上的分数关系到父母的监管力度,关系到自己的零花钱数量,关系到可以做多少自己想做的事情,还关系到父母和老师的沟通程度和频率。说白了,自己的生活质量很大程度上要依赖一个愚蠢的数字。

说它最背离考试,是因为考试就像一条线,要一丝不苟地划分出对和错。这是不合理的,起码用政治课上讲的唯物辩证法来看,不能说绝对的对或错。可考试就偏这样,有本事你就继续你的清高无视"标答"。但这不大可能,没有多少人愿意付出这样的代价。所以,我们的教育最终培养出一批善于答"标答"的学生,也就是和出题人心心相印的学生。这些学生长大后很可能成为善于揣摩别人心理的"专家",而不是发散思维、创新能力较强的科学家、作家、画家……

语文考试就是最好的例子。我的语文成绩忽上忽下,和出题人想法一致时可以接近满分,和出题人想法不一致时,分数就低得可怕。

鲁迅经常出现在阅读材料里。那句"大约孔乙己的确死了",我们分析了半节课。还有他们家后院的枣树,一直是老师们喜欢的内容。可是不管我们怎么推测他的政治观点如何,他要表现的意思是什么,他的寓意又是多么深刻,我们都很难和鲁迅有着完全一致的心灵沟通。毕竟我们都不是鲁迅,并且没有参加创作,你怎么就知道他想的和你想的是一样的?凭什么他写"大约孔乙己的确死了"就有深远寓意,我写就是病句?现在这个时代,作者已经失去了作品的解释权,或者说任何作品都不再只有一种解释了。读者阅读作品时,可以根据自己的生活经验和文化素质得出自己的判断。可是,我们的考试制度却明显忽视了这个文化特点。

再比如阅读延伸题,有这样一道题目:

《大学》中引用了一句谚语,"人莫知其子之恶",意思是做父母的因为爱孩子而不知道孩子的缺点。你作为孩子,如何看待父母对待孩子的爱呢?谈谈你的看法。不少于200字。(10分)

我们解题的思路是这样的："你作为孩子，你猜，我——出题人，如何看待父母对待孩子的爱呢？"

如果你说父母不该溺爱孩子，这个立意可以。你说父母要客观地对待孩子的缺点，也可以。可是如果你说，父母之爱很伟大，大到可以让他们忽略掉孩子身上的缺点，那你得到的会是残酷的 0 分。

人的大脑不是机器，没有统一的数据和算法程序。正因为大脑内不规则的想法碰撞出了火花，我们才有了引以为豪的，推动人类历史发展的种种发明创造。我觉得应该鼓励这样的思维，即便是他没有什么创造性，可起码他把思考的东西认真写下来，这也是一种诚实。可凭什么给人家 0 分？这难道不符合题目要求吗？他明明在 200 字以内用简洁的语言表达了自己读完材料后的想法啊！原因只有一个，他写的是他的想法，不是出题人的想法。这样的教育，其实是一种消灭创造性的教育。

还有高中数学。我很讨厌数学，但我很喜欢我们的数学老师，因为他教会我在明明不懂的情况下把题做对。尽管我觉得这很好，但是客观评价，这是不是也是我们教育的一个讽刺？

教育种种的奇怪现象，说到底是制度的问题。按照媒体的说法，高考是目前"最不坏"的人才选拔方法。在没有更合适的制度出现之前，我们只能依靠高考来选拔人才，于是分数成为方便快捷的衡量标准。

关于我们的教育制度向来争议比较多。

支持者多半是成年人，或者再老一点的，但大部分是体制内的。说我们的基础教育好，你看外国小孩整天傻乎乎的就会玩，老大了连加减乘除都算不对；说高考好，这是现行状况下唯一相对公平的制度。

反对者多半是学生、些许家长和真正踏实做学问、做研究的人。学生说高考没人性；家长说太累孩子；踏实做学问、做研究的人说，基础教育留在体内的毒素太重，缺少创造性，以致培养不出"大家"，顶多成为"学者"。

其实每一个制度都有它的优缺点。比如在正统中国教育模式下成长起来的学生们，虽然鲜有创造性，但是基础教育比较扎实，出国上学比较轻松；再如中国教育制度在"抑制"学生的创造力的同时，给一些可能一辈子都要待在穷乡僻壤的孩子们提供了出路。但关键在于,我们的制度体现出来了多少利,又有多少弊?利大于弊,还是弊大于利?

所以,改革是必要的,要让教育的利最大化,弊最小化。但是较为彻底地改革要经历一个长远的过程,因为,渐渐发展起来的中国,还需要时间来检验、来调整我们几千年的文化传承的"好"和"坏"。我们有着比西方更悠久的历史,应当借之垫高我们看问题的高度,提高我们判断是非的能力。

不妨从社会评价体系开始改革。不能再凭借单纯的成绩,特别是高考这个一次性的成绩,来衡量一个人成功与否、优秀与否。我们以往的评价体系很少涉及人品、性格、总体态度等方面指标,即使有,也往往名不副实,走个程序而已。所以,改革的方向不妨从人性化的角度入手,从对学生的人格完善的角度入手。

这有点站着说话不腰疼的架势。毕竟,我可以说得天花乱坠,但实践起来,就会出现各种大窟窿小眼。比如在这种学生们向往的评价体系里,数字的地位不会再高高在上,相应地,老师的评价将举足轻重。那我们就不得不考虑教师,甚至学校自身素质的问题。我们不能否认,在中国,许多学校的大门向广大优秀学子敞开的同时,后门也正向广大有权有钱家庭背景的学子敞开。而如果评价重心转移到了个人品行、性格、素质上面,会不会导致这种负面问题更加严重?那么,新的评价体系会不会也因内部的种种问题而最终崩溃?

说到底,这种新的评价体系是建立在高度的社会诚信水平上面的。而我们现在的国民,有多少可以挺胸抬头地站出来说自己遵守诚信?看看大学生考试作弊的现象就可以知道,为什么我们的教育现在无法负荷那种令人向往的体制。

乐观的是,不管社会现在有多少毛病,但发展的方向却是不断完善的。因此,我们有理由相信,在每个人的共同努力下,美好的那一天终会来临。

本篇结语

六十多年来,特别是改革开放三十多年间,中国青年在政治参与、经济参与、文化参与、社会责任等方面形成了一个鲜明的特点:实用理性的精神。

追求实利取代了政治热情,金钱的诱惑在一定程度上遮蔽了政治的视野。在经历了一个从政治热情到政治狂热再到政治冷漠的历程后,中国青年逐步趋向于政治理性。

他们不再讳言对金钱和财富的向往,渴望直接参与财富分配、尽快获取财富积累。其经济参与模式逐渐由先前稳打稳扎的实业经营,趋向于更注重资本技巧的资本运作。

由被动适应到主动创造;由神圣理想到世俗功利;由政治批判到消费娱乐;由寻求根源到追求时尚……对"主旋律"文化的相对疏离,对精英文化的模棱两可以及对大众文化的极力追捧,形成了当前青年文化参与的特点。

从"兼济天下"到"独善其身",他们的社会责任感大致经历了这样一个转变过程。不过,2008 年在汶川地震后的"抗震救灾"和护卫"奥运圣火"的活动中,他们又用实际表现向社会宣告:关注自我,并不等于完全利己。

回首新中国成立以来中国青年价值观的变迁,我们发现了这样一个大致趋势:中国青年的价值观基础由群体本位向个人本位偏移;价值判断标准由理想化转向现实化、实用化;价值取向由依赖型转为自我导向型。

由新中国成立伊始的理想与激情,到"文革"时的狂热与迷乱,再由 80 年代的反思与迷茫,到 90 年代以来的个性与张扬,几代中国青年在成长历程中,经历了服从协调——怀疑反叛——失落浮躁——充实更新——理性务实的思想轨迹。追求政治权利、消除经济贫困、参与文化娱乐、阐释社会责任,在这方方面面的对自由的追求过程中,无不渗透了实用理性的精神。

今天的青年,在社会需要和自身能力之间的平衡调适中,日益凸现出理性、务实的价值理念。他们看待问题的视角逐渐从国家移向了个人,但这并不意味着他们对集体、国家、社会不再关注,而是学会了用一种更加理性和务实的态度来平衡个人与国家、社会的关系。

这种实用理性的精神,与全球化的精神有一定的相通之处。著名社会学家安东尼·吉登斯认为：全球化的本质是一种流动的现代性。而现代性的核心,正在于理性。

毋庸置疑,中国已经卷入了全球化的浪潮中。然而,全球化的"双刃剑"给中国青年既带来了积极的影响,也带来了很多消极的影响:在培养了中国青年全球意识的同时,也在一定程度上弱化了他们的主权意识、民族意识;带来了更多的就业机会的同时,也使工作越来越难找;促进他们形成主体意识、民主意识的同时,也使他们更关注个人前途而非国家命运;提高了他们实践社会责任的能力的同时,也使得很多青年参与公益活动流于形式。

全球化将中国青年推入了一个全世界共同参与的竞技场。一样的青春年华在不同的国度却表现出了不同的特点,这些特点将直接决定各国青年的竞争力。

就对待政治事务的态度而言,相比较美国青年的理性负责、日本青年的淡漠,中国青年更加敏感而务实。这一特点使中国的改革能够得到积极的反应和有力的监督。然而,其衍生出的副产品——民族主义情绪,却很容易导致血气方刚的青年人在复杂的国际政治经济环境中意气用事。因此,中国的青年在政治事务上需要更理性的精神。

在经济参与上,美国青年表现出了成熟的理性主义特征,日本青年抱着享乐主义的态度,中国青年则可以用进取主义来形容。较之日本青年,中国青年保持了旺盛的斗志和积极的进取心态,但离美国青年理性成熟的经济参与水平却还相差甚远。而且,强烈的进取心也为拜金主义提供了滋生的土壤。因此,中国青年在经济事务上也需要更多的理性精神,以提高自己的经济参与能力,并克制住对财富、金钱的贪婪欲望。

美国文化以个人主义为核心特质,营造出了一个鼓励自主创造的多元文化氛围;日本文化更注重轻松调侃的随意性,对异质文化有着很大的包容性和吸收力;中国青年群体所体现出来的文化兴趣是复合型的:既有对一元主导文化的尊重和叛逆,又有对中国传统文化的反思与回归。这一特点有助于他们打破沉闷的一元文化格局,更自如地吸收异质文化中的有益成分。但是与美国青年相比,我国青年在文化自主创造方面仍不能做到游刃有余;

较之日本青年,在对异质文化的包容和吸收方面仍力有不及。如何培养我国青年海纳百川、与时俱进的胸怀与能力,使之既能发扬光大传统文化,又能对异质文化有效鉴别和自如吸收,这是一个需要深入思考和解决的问题。

弥漫在社会生活中的宗教伦理,为美国青年划定了一条最低防线的道德底线;模仿、引进、吸收是日本经济不断获得成功的法宝,这种态度也深深地体现在青年一代的身上;中国青年则因为儒家传统、马克思主义和现实改革政策引导的高度融合而孕育出了一种实用心理。在他们看来,现实最需要的是实干。"80后"出生的青年优秀代表,他们以"实干家"的形象证明了上述分析的实存性。显然,没有美国宗教式的道德底线,中国青年在这个变化迅速的时代中少了一层道德束缚;没有日本式的谦逊模仿,难免会滋生出些许夜郎自大的情绪。因此,如何克服实用心理所带来的浮躁和功利,如何在经济发展的同时保持道德上的坚守,是值得我们深入研究的重大理论课题。

义工服务备受美国青少年的重视,是他们社会责任感的重要表达方式;曾经以强烈的民族精神而著称的大和民族,却越来越多地表现出了独善其身的特点;改革开放初期,中国青年确实经历了一段独善其身的历史过程,随着我国社会转型的逐步成熟,中国青年也逐渐恢复了兼济天下的社会责任感。但是,相比美国青年融在日常生活里的义工精神,我们似乎只有在社会发生重大事件时才能一睹中国青年炽热的责任心。因此,兼济天下的胸怀固然难能可贵,但更重要的问题是如何能使这种胸怀日常化、规律化,以使其能真正落到实处,贯穿到青年的具体生活行为中。这需要从道德教育的层面深入思考。

他们关心国家时事,却又极易意气用事;他们渴望财富,经济头脑却尚未成熟;他们勤奋扎实,却又浮躁功利;他们善于创新,却又囿于传统;他们胸怀天下,却常常疏于在日常生活中表达责任感。因此,中国的青年在全球竞争中,有积极进取、勤奋务实、谦虚谨慎等优势,也有理性精神不足、道德约束不够、思想过于保守等劣势。

全球经济的崛起以及文化在全球的扩散和交融,都被视为出现一个全新的世界秩序的证明。各国和社会都正在经历一场深刻的变革,以努力适应这个联系得更加紧密的世界。因此,针对中国青年在全球化竞争的时代中展现出来的优势与劣势,我们必须做出针对性的工作,以扩大其优势、扭转其劣势。

在信息爆炸、思想激撞、价值多元的全球化时代,尚显稚嫩的中国青年仍然需要路标,需要一个清晰并能有效引导他们改进不足的路标,指引他们更快更好适应全球化的竞技场。

参考文献

［1］陈芬森：《西方饮食在中国》，中国社会科学出版社 2007 年版。

［2］张海惠：《一天又一天：六七十年代北京人生活素描》，中国文史出版社
　　2007 年版 。

［3］旷晨、潘良：《我们的 1950 年代》，中国友谊出版社 2006 年版。

［4］旷晨、潘良：《我们的 1960 年代》，中国友谊出版社 2006 年版。

［5］旷晨、潘良：《我们的 1970 年代》，中国友谊出版社 2006 年版。

［6］旷晨、潘良：《我们的 1980 年代》，中国友谊出版社 2006 年版。

［7］陈重伊：《中国婚姻家庭非常裂变》，中央编译出版社 2005 年版。

［8］韩泰华主编：《新中国 50 年》，红旗出版社 1999 年版。

［9］单光鼐等主编：《中国青年发展报告》，辽宁人民出版社 1994 年版。

［10］华梅：《服饰与中国文化》，人民出版社 2001 年版。

［11］付林编著：《中国流行音乐 20 年》，中国文联出版社 2003 年版。

［12］居奇宏：《新中国音乐史》，湖南美术出版社 2002 年版。

［13］乐锋：《理性与躁动——关于青年价值观的思考》，学林出版社 2002
　　年版。

［14］周晓虹、周怡主编：《大过渡时代的中国青年》，南京大学出版社 2000
　　年版。

［15］李泽厚：《中国古代思想史论》，天津社会科学院出版社 2003 年版。

［16］〔美〕阿妮达·陈：《毛主席的孩子们——红卫兵一代的成长与经历》，
　　史继平等译，渤海湾出版公司 1988 年版。

［17］简雄：《80 中国：转型中的影视文化》，古吴轩出版社 2005 年版 。

［18］李道新：《中国电影文化史：1905—2004》，北京大学出版社 2005 年版。

［19］程光炜：《中国当代诗歌史》，中国人民大学出版社 2003 年版。

［20］洪子诚、刘登翰：《中国当代新诗史》，人民文学出版社 1993 年版。

[21] 王家平:《文化大革命时期诗歌研究》,河南大学出版社 2004 年版。

[22] 郝海彦主编:《中国知青诗抄》,中国文学出版社 1998 年版。

[23] 梁启超:《梁启超文集》,陈书良编,北京燕山出版社 1997 年版。

[24] 王树村主编:《中国年画发展史》,天津人民美术出版社 2004 年版。

[25] 邹跃进:《新中国美术史:1949—2000》,湖南美术出版社 2002 年版。

[26] 陈映芳:《"青年"与中国的社会变迁》,社会科学文献出版社 2007 年版。

[27] 燕帆编著:《大串联——一场史无前例的政治旅游》,警官教育出版社 1993 年版。

[28] 刘文杰:《激扬与蹉跎》,河南人民出版社 1994 年版。

[29] 徐友渔:《直面历史》,中国文联出版社 2000 年版。

[30] 李立志:《变迁与重建:1949—1956 年的中国社会》,江西人民出版社 2002 年版。

[31] 朱政惠、金光耀主编:《知青部落:黄山脚下的 10000 个上海人》,上海古籍出版社 2004 年版。

[32] 李友梅主编:《中国社会生活的变迁》,中国大百科全书出版社 2008 年版。

[33] 赵丰:《青春中国:走近"80"后》,科学普及出版社 2007 年版。

[34] 刘一平:《生活方式、体育运动与健康》,福建人民出版社 2007 年版。

[35] 谢友国主编:《体育的道理》,湖南人民出版社 2008 年版。

[36] 马乐、沈洪:《健康哲学》,合肥工业大学出版社 2007 年版。

[37] 李建军:《我国青少年自杀问题研究》,中国社会科学出版社 2007 年版。

[38] 何齐宗:《世纪之交的教育沉思》,中国社会科学出版社 2001 年版。

[39] 杨宏雨:《困顿与求索:20 世纪中国教育变迁的回顾与反思》,学林出版社 2005 年版。

[40] 董宝良主编:《中国近现代高等教育史》,华中科技大学出版社 2007 年版。

[41] 师吉金:《构建与嬗变:中国共产党与当代中国社会之变迁(1949—1957)》,济南出版社 2003 年版。

［42］程凯主编：《当代中国教育思想史》，河南大学出版社1999年版。

［43］张雷声、郑吉伟、李玉峰编著：《新中国思想理论教育史》，高等教育出版社2005年版。

［44］黄希庭、郑涌等：《当代中国青年价值观研究》，人民教育出版社2005年版。

［45］教育部考试中心编：《难忘1977：恢复高考的历史实录》，天津人民出版社2007年版。

［46］SOHO小报编著：《那一年》，江西人民出版社2004年版。

［47］谢轶群：《流光如梦：大众文化热潮三十年》，广西师范大学出版社2008年版。

［48］张秋山：《大学生社会角色时代变迁》，人民出版社2007年版。

［49］王义祥：《当代中国社会变迁》，华东师范大学出版社2006年版。

［50］何小忠编著：《偶像亚文化与青少年榜样教育》，江西人民出版社2007年版。

［51］岳晓东：《我是你的粉丝：透视青少年偶像崇拜》，上海人民出版社2007年版。

［52］焦润明等编著：《当代中国社会文化变迁录》，沈阳出版社2001年版。

［53］刘建军：《追问信仰》，河北人民出版社1998年版。

［54］张荣明：《中国思想与信仰讲演录》，广西师范大学出版社2008年版。

［55］中共北京市委教育工作委员会、北京高校德育研究会主编：《北京高校德育二十年（上、下册）》，北京邮电大学出版社2000年版。

［56］任建东：《道德信仰论》，宗教文化出版社2004年版。

［57］董艾辉：《信仰沉思——当代大学生信仰教育论》，湖南人民出版社2004年版。

［58］张伟瑄、刘五一、肖星主编：《共和国风云四十年（上、下册）》，中国政法大学出版社1989年版。

［59］〔法〕卢梭：《爱弥尔》（上卷），李平沤译，商务印书馆2008年版。

［60］刘建军：《马克思主义信仰论》，中国人民大学出版社1998年版。

[61] 康来云：《中国农民价值观的变迁》，河南人民出版社 2008 年版。

[62] 翟作君、蒋志彦主编：《中国学生运动史》，学林出版社 1996 年版。

[63] 〔德〕马克思、恩格斯：《马克思恩格斯全集》（第 1 卷），中共中央马克思恩格斯列宁斯大林著作编译局译，人民出版社 1956 年版。

[64] 〔法〕米歇尔·克罗奇、〔日〕绵贯让治、〔美〕塞缪尔·亨廷顿：《民主的危机》，马殿军等译，求实出版社 1989 年版。

[65] 〔美〕塞缪尔·亨廷顿、琼·纳尔逊：《难以抉择》，汪晓寿等译，华夏出版社 1989 年版。

[66] 吴晓波：《激荡三十年》，中信出版社 2007 年版。

[67] 董小苹：《全球化与青年参与》，上海社会科学院出版社 2004 年版。

[68] 孟繁华：《众神狂欢——当代中国的文化冲突问题》，今日中国出版社 1997 年版。

[69] 陈晓明：《移动的边界：多元文化与欲望表达》，湖北教育出版社 2000 年版。

[70] 贾明：《现代性语境中的大众文化》，上海人民出版社 2007 年版。

[71] 陈益民、江沛主编：《1949—1955 老新闻》，天津人民出版社 2003 年版。

[72] 李惠斌主编：《全球化与现代性批判》，广西师范大学出版社 2003 年出版。

[73] 〔美〕托马斯·弗里德曼：《世界是平的》，何帆、肖莹莹、郝正非译，湖南科学技术出版社 2007 年版。

[74] 孙放主编：《全球化论坛 2001》，北京邮电大学出版社 2001 年版。

[75] 李慎之、何家栋：《中国的道路》，南方日报出版社 2000 年版。

[76] 李其庆、刘元琪主编：《全球化与新自由主义》，广西师范大学出版社 2003 年版。

[77] 杨雄：《当代青年文化回溯与思考》，河南人民出版社 1992 年版。

[78] 〔德〕马克斯·韦伯：《新教伦理与资本主义精神》，龙婧译，群言出版社 2007 年版。

[79] 安静：《解读美国》，中国旅游出版社 2007 年版。

［80］何培忠：《中日青年生活观比较》，经济管理出版社2000年版。

［81］陈先达：《陈先达哲学随笔——回归生活》，北京师范大学出版社2008年版。

［82］冯仑：《野蛮生长》，中信出版社2007年版。

［83］陈先达：《陈先达哲学随笔——哲学心语》，北京师范大学出版社2008年版。

［84］孙英：《幸福论》，人民出版社2004年版。

［85］智邦编：《人怎样拯救自己——西方哲人的信念》，花城出版社1988年版。

［86］〔法〕安德列·莫罗阿：《人生五大问题》，傅雷译，生活·读书·新知三联书店1986年版。

［87］〔法〕霍尔巴赫：《自然的体系》（上），管士滨译，商务印书馆1964年版。

［88］〔法〕卢梭：《社会契约论》，何兆武译，商务出版社2003年版。

［89］〔英〕罗素：《幸福之路》，曹荣湘、倪莎译，文化艺术出版社1998年版。

［90］〔以〕泰勒·本-沙哈尔：《幸福的方法》，汪冰、刘骏杰译，当代中国出版社2007年版。

［91］许倬云：《万古江河——中国历史文化的转折与发展》，上海文艺出版社2006年版。

［92］〔美〕史景迁：《追寻现代中国：1600—1912年的中国历史》，黄纯艳译，上海远东出版社2005年版。

［93］丁振国主编：《就业指导教程》，中国地质大学出版社2002年版。

［94］黄希庭、郑涌等：《当代中国青年价值观研究》，人民教育出版社2005年版。

［95］〔美〕S. E. Taylor、L. A. Peplau、D. O, Sears：《社会心理学》，谢晓非等译，北京大学出版社2005年版。

［96］李泽厚：《中国古代思想史论》，天津社会科学院出版社2003年版。

后　记

限于团队水平,书中尚有不少粗浅、疏漏、偏颇之处,恳请使用和阅读本书的同志批评指正,以便今后进一步修改完善。

感谢中国人民大学马克思主义学院的支持,感谢人民出版社的努力和责任编辑卓有成效的工作。本书能尽快出版,得到了各方面的关心、帮助,我们在此表示真诚的谢意。

感谢本团队所有成员,这本书的每一个字,都是大家共同推敲完成的,都凝聚着团队共同的心血。正是基于大家的团结勤奋,我们才能携手并进,克服一个个的困难。我们的团队成员是:邱吉、王易、王伟玮、李文苓、张云莲、谢庆、刘玲霞、陈慰、陈媛媛、程金歌、郭芳丽、盖梓昕、江丽娜、贾靓、王瑞萍、杨存存、张博婉、张莉、张培、朱舒坤、朱胜利。

本书在定稿过程中,共青团中央张宇同志对书稿提出了诸多修改意见并作了相应补充,中国传媒大学贾邱皓同学承担了本书的校对工作。在此一并表示衷心感谢!

编者

2012 年 1 月于中国人民大学

责任编辑:陈光耀

图书在版编目(CIP)数据

轨迹:当代中国青年价值观变迁研究/邱吉 王易 王伟玮编著.
——北京:人民出版社,2012.10
ISBN 978-7-01-010945-9

Ⅰ.①轨… Ⅱ.①邱…②王…③王… Ⅲ.①青年-人生观-研究-中国-现代 Ⅳ.①D432.62

中国版本图书馆 CIP 数据核字(2012)第 120565 号

轨迹
GUIJI
——当代中国青年价值观变迁研究

邱吉 王易 王伟玮 编著

人民出版社 出版发行
(100706 北京东城区隆福寺街 99 号)

北京市文林印务有限公司印刷 新华书店经销

2012 年 10 月第 1 版 2012 年 10 月北京第 1 次印刷
开本:710 毫米 ×1000 毫米 1/16
印张:22.5 字数:320 千字
ISBN 978-7-01-010945-9 定价:45.00 元

邮购地址 100706 北京东城区隆福寺街 99 号
人民东方图书销售中心 电话(010)65250042 65289539